KB146827

한국의 과학과 문명 025

한국 수학문명사

"이 저서는 2010년도 대한민국 교육부와 한국학중앙연구원(한국학진흥사업단)을 통해
한국학 특정분야 기획연구(한국과학문명사) 사업의 지원을 받아 수행된 연구임."(AKS-2010-AMZ-2101)

한국 수학문명사

ⓒ 전북대학교 한국과학문명학연구소 2022

초판 1쇄	2022년 5월 27일		
지은이	김영욱·이장주·장혜원		
출판책임	박성규	펴낸이	이정원
편집주간	선우미정	펴낸곳	도서출판 들녘
편집	이동하·이수연·김혜민	등록일자	1987년 12월 12일
디자인	고유단	등록번호	10-156
마케팅	전병우	주소	경기도 파주시 회동길 198
경영지원	김은주·나수정	전화	031-955-7374 (대표)
제작관리	구법모		031-955-7376 (편집)
물류관리	엄철용	팩스	031-955-7393
		이메일	dulnyouk@dulnyouk.co.kr

ISBN	979-11-5925-721-6 (94910)
	979-11-5925-113-9 (세트)

값은 뒤표지에 있습니다. 잘못된 책은 구입하신 곳에서 바꿔드립니다.

한국의 과학과 문명 025

한국 수학문명사

김영욱·이장주·장혜원 지음

들녘

지은이 **김영욱** 金英郁

서울대학교 수학과를 졸업하고 UCLA에서 기하학으로 이학박사학위를 받았다. 미분기하학을 연구하며, 대한수학회와 한국수학사학회에서 활동한다. 수학사 분야에서는 동양의 방정식 이론을 연구하였고 조선의 기하학 발전에 대하여 연구하고 있다. 최근에는 인공지능 이론에도 관심을 두고 공부 중이다.

지은이 **이장주** 李章周

성균관대학교 수학교육과를 졸업하고 서강대와 단국대에서 수학교육 석사학위와 "담헌(湛軒) 홍대용(洪大容)의 '주해수용(籌解需用)의 이해와 수학교육적 의의'"로 박사학위를 받았다. 성균관대학교, 국민대학교에서 수학사와 수학교육 분야를 가르치고 있고, 전국 교육청의 교사 연수에서 우리의 수학문명을 주제로 강연하였다. 대한수학회와 한국수학사학회에서 활동 중이며, 한국고전번역원과 한국연구재단에서 각종 정책 연구에 참여하였다. 저서로는 일반인을 위한 『우리 역사속 수학이야기』 등이 있다.

지은이 **장혜원** 張惠媛

서울대학교 수학교육과를 졸업하고 동 대학원에서 수학교육 석사학위와 박사학위를 받았
다. 현재 서울교육대학교에서 초등예비교사 양성에 힘쓰고 있다. 한국수학사학회의 조선시
대 산학서 번역 연구 참여를 통해 한국 수학사와 인연을 맺어 현재까지 관련 연구 및 수학
교육과의 연계를 모색하여왔다. 관련 저서로는『산학서로 보는 조선 수학』,『수학박물관』,
『청소년을 위한 동양수학사』,『세종대왕도 수학 공부를 했을까?』등이 있다.

〈한국의 과학과 문명〉 총서

기획편집위원회

연구책임자_ 신동원

전근대팀장_ 전용훈

근현대팀장_ 김근배

전 임 교 수 _ 문만용

　　　　　　김태호

　　　　　　전종욱

전임연구원_ 신미영

일러두기

- 명사의 붙여쓰기는 이 책의 키워드를 이루는 단어는 붙여쓰기를 원칙으로 했지만, 경우에 따라서는 가독성을 위해 띄어쓰기를 했다.

- 주석은 각 장별로 미주로 한다.

- 인용 도판은 최대한 소장처와 출처를 밝히고 저작권자의 허락을 얻었으나 일부 저작권자를 찾지 못하여 게재 허가를 받지 못한 도판에 대해서는 확인되는 대로 통상 기준에 따른 허가 절차를 밟기로 한다.

〈한국의 과학과 문명〉 총서를 펴내며

우리나라는 현재 세계 최고 수준의 메모리 반도체, 스마트폰, 디스플레이, 철강, 선박, 자동차 생산국으로서 과학기술 분야의 경이적인 발전으로 세계의 주목을 받고 있다. 그것을 가능케 한 요인의 하나가 한국이 오랜 기간 견지해온 우수한 과학기술 문화와 역사 속에 있다고 우리는 생각한다.

문명이 시작된 이래 한국은 항상 높은 수준을 굳건히 지켜온 동아시아 문명권의 일원으로서 그 위치를 잃은 적이 없었다. 우리는 한국이 이룩한 과학기술 문화와 역사의 총체를 '한국의 과학문명'이라 부르려 한다. 금속활자·고려청자 등으로 대표되는 한국 과학문명의 창조성은 천문학·기상학·수학·지리학·의학·양생술·농학·박물학 등 과학 분야를 비롯하여 금속제련·방직·염색·도자·활자·인쇄·종이·기계·화약·선박·건축 등 기술 분야에서도 다양하게 분명히 드러난다.

우리는 이런 내용을 종합하는 〈한국의 과학과 문명〉 총서를 발간하고자 한다. 이 총서의 제목은 중국의 과학문명에 대한 새로운 인식의 지평을 연 조지프 니덤(Joseph Needham)의 『중국의 과학과 문명』을 염두에 두고 만들었다. 그러나 니덤이 전근대에 국한한 반면 우리는 전근대와 근현대를 망라하여 한국 과학문명의 총체적 가치와 의미를 온전히 담은 총서의 발간을 목표로 한다. 나아가 한국의 과학과 문명이 지닌 보편적 가치를 세계에 발신하고자 한다. 지금까지 한국은 세계 과학문명의 일원으로 정당한 가치를 인정받지 못한 채, 중국의 아류로 인식되어왔다. 이 총서에서는 한국 과학문명이 지닌 보편성과 독자성을 함께 추적하여 그것이 독자적인 과학문명이자 세계 과학문명의 당당한 일원임을 입증하고자 한다. 우리는 이 총서에서 근현대 한국 과학기술 발전의 역사와 구조를 밝힐 것이며, 이로써 인류의 과학기술 발전사를 새로이 해명하는 데에 기여할 것이다.

이 총서에서는 한국의 과학문명이 역사적으로 독자적인 가치와 의미를 상실하지 않았던 생명력에 주목한다. 이를 위해 전근대 시기에는 중국 중심의 세계 질서 아래서도 한국의 과학문명이 독자성을 유지하면서 발전을 지속한 동력을 탐구한다. 근현대 시기에는 강대국 중심 세계체제의 강력한 흡인력 아래서도 한국의 과학기술이 놀라운 발전과 성장을 이룩한 요인을 탐구한다.

우리는 이 총서에서 국수적인 민족주의나 근대 지상주의를 동시에 경계하며, 과거와 현재가 대화하고 내부와 외부가 부단히 교류하는 가운데 형성되고 발전되어온 열린 과학문명사를 기술하고자 한다. 이 총서를 계기로 한국 과학문명에 대한 관심과 이해가 더욱 깊어지기를 기대한다.

마지막으로 〈한국의 과학과 문명〉 총서의 발간은 교육부와 한국학중앙연구원 한국학진흥사업단의 지원에 크게 힘입었음을 밝히며 이에 감사를 표한다.

〈한국의 과학과 문명〉 총서 기획편집위원회

　수학은 인류의 진화와 함께 시작되었고, 모든 문명의 중심에 서서 발전을 함께해왔다. 수학의 힘이 없이는 문명의 발전도 이룰 수 없다는 것은 세계 4대 문명인 메소포타미아, 이집트, 황하, 인더스 문명 등을 보아도 알 수 있다. 이것은 수학이 사고의 핵심이자, 수를 사용하는 방법으로 농경의 발전에 따른 인구의 증가나 부의 축적, 토기, 치수, 직물 제작과 교역, 도시 형성 등 모든 분야에 가장 효율적으로 적용되었기 때문이다.

　중국 황하 문명과 함께 발달한 동양의 전통수학은 기원전에 이미 수학의 체계를 갖춘 것을 볼 수 있는데, 진시황 때 분서를 당하는 등 어려움을 겪었지만 한나라 때에 다시 정리되어 동양 각지에 전해졌다. 우리나라에서도 삼국시대부터 이미 수학을 연구했고 교육에 힘썼다는 기록이 있지만 자세한 내용은 남아 있지 않아 과학 및 문화적 유물을 통해 그것을 유추해 짐작할 수 있다. 수학의 연구와 교육이 국가 발전의 핵심임을 알아보고, 제도에 반영하는 등의 노력이 이어져서 조선시대에는 다양한 분야에 걸쳐 수학의 발전을 이루게 된다.

　동양에서의 수학이 중국을 중심으로 태동했다고 해도 우리나라에 전해온 수학은 중국 수학의 변화와는 별개로 우리만의 특색을 가진 학문으로 독특하게 발전해왔다. 특히 중국의 주변국들 중 과학과 수학에 관심이 깊은 나라는 우리나라뿐이었다고 과학사가들이 평가하고 있을 정도이다. 조선시대에 이르러 꽃을 피운 우리의 전통수학은 자의든 타의든 중국과 일본으로 전파되기도 했었다. 이는 당시 서양 수학의 유입으로 침체되었던 중국의 전통수학을 다시 부활시키는 계기가 되었고, 외진 섬나라로 아직은 미개했던 일본을 동양 수학의 세계로 진입시키는 원동력이 되기도 했다.

그러나 이런 수학의 역사는 묻히고 잊혀져 우리의 수학자들조차 모르고 있고, 우리에게는 수학을 발전시킬 역량과 수학의 역사가 없었나 하는 의구심을 갖고 있었던 것이 사실이다. 그러나 우리의 수학의 역사에서 보면 국가의 발전이 최고조에 이르렀던 조선 세종조에 와서는 수학의 수준이 세계 최고였다는 것을 간과해서는 안 될 것이다. 그리고 18세기 초의 우리 수학자 홍정하는 산가지라는 도구를 이용하여 우리만의 독특한 계산법을 만들기도 했고, 19세기에 들어와 이상혁은 중국에도 공식만 들어와 있었던 구면삼각법의 공식을 혼자서 증명해내기도 했다. 왕은 물론이고 영의정에서부터 시골의 가난한 양반까지 수학을 즐겨 공부하고 연구했다는 기록도 많이 볼 수 있다.

우리 수학문명사 집필을 시작하면서 무엇을 어디까지 다룰 것인가 하는 고민이 많았다. 수학은 사람들의 생활 전반에 걸쳐 밀접한 관련이 있는바, 전문적인 수학의 역사 기록에만 의존해왔던 필자들로서는 타 분야와의 연계된 내용을 다루는 것이 너무 광범위하고 역부족이라 이는 최소한으로 쓸 수밖에 없었다. 실제로 수학 발전의 큰 원동력이 된 역과 천문과의 관계도 수학적 부분에 국한했고, 천문 관련 수학의 역사는 이것만을 다루는 연구가 따로 필요하다고 생각하고 있다.

수학이 우리 문명에 기여하는 방법도 여러 가지여서 이 책은 그 내용에 따라 분리해서 저술하였고, 따라서 이 책은 총 7개의 장으로 구성하게 되었다. 1장에서는 고대에서 고려시대까지의 수학에 대한 간단한 개관을 살펴보았다. 2장은 수학이 우리 생활의 발전에 얼마나 영향을 주었는지 살펴보았고, 3장은 조선을 건국하는 과정에서 수학이 어떤 역할을 했는지와 세종조에 이르러 활발히 연구된 수학을 중심으로 기록했다. 4장은 그 결과 조선의 수학이 어떤 형태로 자리잡았는가를 살펴보았다. 5장은 조선 후기의 수학 발전에 대하여 적었고, 6장은 이 과정에서 들어온 서양 수학을 우리가 어떻게 수용했는지를 기술했다. 7장은 지금까지의 내용에 대한 이해를 돕기 위해 필요한 전통수학의 내용을 역사적 관점에서 해설하였다. 마지막의 부록은 중국과 일본의 수학의 변천과 우리나라와의 교류 등을 간략히 적었다. 특히 5장과 6장은 조선 중기에 들어서며 외세의 침입 등으로 황폐해졌던 나라를 다시 일으키는 과정에서 수학이 어떻게 부활했는지, 조선 후기의 수학이 어떤 양상을 띠고 얼마나 다양하게 변했는지, 그리고 서양 수학을 수용하는 과정이 얼마나 힘들었으며 이를 극복한 조선의 수학자들은 어떤 놀라운 업적을 이뤘는지를 적었다.

이 책을 쓰는 데 많은 분들의 도움이 있었다. 저자로 이름이 오른 세 분 외에도 계영희, 박상호, 박창균, 이용복, 정해남 교수님 등의 원고가 부분적으로 첨가되었다. 그리고 20여 년 동안 1달에 한 번씩 계속된 한국수학사학회 콜로키움에서 홍성사, 홍영희 교수님 내외분의 가르침은 이 책의 뿌리가 되었다. 이 과정에서 조선 후기의 산학자들이 각각 어떤 일을 했는지가 밝혀졌으며 그 가운데서도 홍정하와 이상혁의 뛰어난 수학적 내용을 밝혀낸 것은 이 이전의 우리 수학사의 연구 결과와 아주 잘 대비된다.

마지막으로 이 저술이 가능하도록 연구비를 지원해준 교육부와 한국학진흥사업단, 책의 저술을 처음부터 가이드해주고 원고를 자세히 검토해준 신동원, 전용훈, 전종욱 교수님, 신미영 전임연구원 등의 노고에 감사드린다.

저자 소개와 총서 기획편집위원회   4

일러두기   7

발간사_ 〈한국의 과학과 문명〉 총서를 펴내며   8

서문   10

1장 한국의 고대 수학문명 개관

1절   고대 수학문명에 대한 간략한 이야기   19

2절   고구려, 백제, 신라, 발해의 수학문명   34

3절   신라, 통일신라와 발해   52

4절   고려의 수학문명   61

2장   한국의 수학문명

1절   평민 속에 스며든 수학: 수(數)를 통해 본 우리 문화   75

2절   선기옥형과 해시계   96

3절   역학(易學)과 수학   118

4절   『임원경제지』「유예지 권2 산법」   134

5절   건축, 문양 그리고 놀이   147

6절   상업에 쓰인 수학   170

3장 국가의 바탕을 이룬 수학

1절 양을 재다: 도량형 _도량형 제정을 통한 국가 제도 확립   185

2절 하늘을 읽는다: 계몽산법과 『칠정산내편』   193

3절 조선의 산학제도   200

4장 전통산학의 발전

1절 조선의 전문 인력 중인   223

2절 조선 산학의 사회적 특징   234

3절 조선의 산서   241

5장 수학의 부활

1절 폐허에서 새로운 황금시대로   265

2절 동양 수학의 절정: 홍정하   293

3절 다독과 기록의 양반 수학: 황윤석   300

4절 실용적 수학 연구: 홍대용, 정약용   305

5절 대를 이은 수학 사랑: 달성 서씨 집안과 홍길주   308

6절 한국 전통수학의 마지막 열매: 이상혁과 남병길, 남병철   312

6장 한국 전통수학과 근대 서양 수학의 만남까지

1절 새로운 역법의 출현   329

2절 서양 수학을 바라본 두 가지 관점   336

3절 삼각함수의 등장   342

4절   천원술과 차근방   352

5절   구고술과 구면삼각법   369

6절   본격적인 서양 수학의 등장과 개화기   388

7장   한국 전통수학 방법론

1절   산대 계산법   411

2절   천원술   425

3절   개방술과 증승개방법   438

4절   구고술   445

5절   구면삼각법   462

부록   중국과 일본의 수학

1절 중국 수학과 그 영향   485

2절 일본의 수학   493

3절 삼국의 교류   498

주석   501

표 및 그림 일람   544

참고문헌   551

찾아보기   558

Contents in English   575

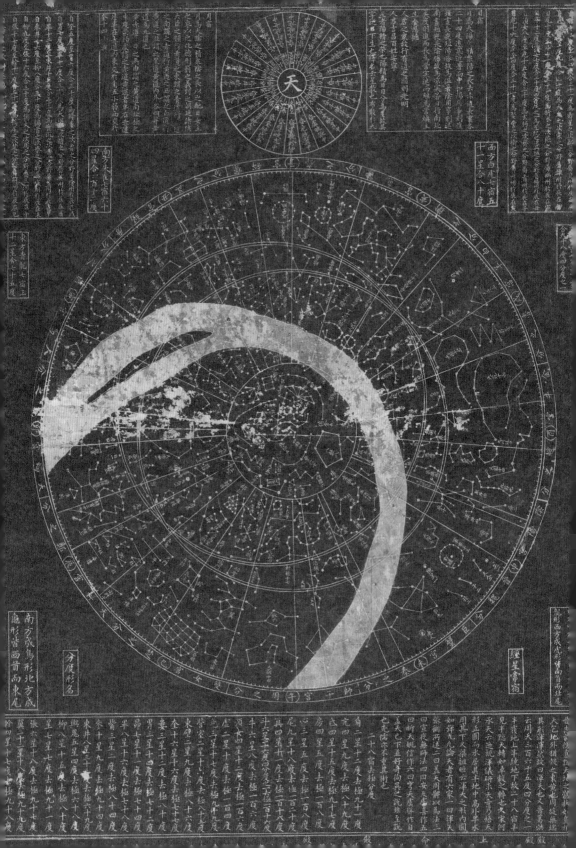

1장

한국의
고대 수학문명
개관

고대 수학문명에 대한 간략한 이야기

수학문명은 동서양 모두 역사의 시작과 함께 형성되어 발전해왔다. 비록 지금 남아 있는 자료가 없어서 초기의 상황을 정확히 파악하기는 어렵지만, 인류는 이미 수천 년 전부터 체계화된 계산법과 기록법을 지녔던 것으로 보인다. 바빌로니아시대의 수메르 점토판은 지금부터 대략 6,000년 전의 것들부터 발견되며 이 가운데 약 3,800년 전의 점토판에는 역수의 계산 결과 또는 지금의 피타고라스 수일 가능성이 있는 수들이 발견되고 있다. 이것은 대략 기원전 1800년 전후의 것으로 추정되었으며 지금부터 4,000년 전쯤에 이미 피타고라스 수를 계산할 필요가 있었다는 것으로 해석된다.(그림 1-1) 이 시기에 벌써 체계적인 계산법을 활용하고 있었다는 뜻이다. 피타고라스 정리는 모든 문명에 공통으로 보이며 수학의 한 가지 기본을 이룬다는 사실로부터 이런 수학이 모든 문명의 바탕에 있음을 유추해볼 수 있다. 이런 수의 계산과 관련된 것은 인류의 발전에 지대한 영향을 미쳤으며 사람들의 일상생활과도 밀접한 관련을 가지고 사용되어왔다. 수학문명 속에 나타나는 여러 생각을 보여준다. 그리고 수에 관한 여러 생각이 수학문명 속에서 나타난다. 세계 모든 문명은 그 발전의 바탕에 수학을 두고 있다.

〈그림 1-1〉 바빌로니아 점토판 '플림톤 322'. 대략 기원전 1800년경 것으로 쐐기문자로 쓰여 있다.

중국 신화에서는 지금부터 4,500년보다 더 전에 중국을 통치했다는 황제(黃帝)가 그의 신하 예수(隸首)에게 산술을 만들게 했다는 내용을 찾아볼 수 있다. 이러한 이야기는 상징적인 것으로 받아들여야 하지만 적어도 그 시절, 무엇인가 수학적 사고가 가미된 산물과 방식을 만들려고 애썼다는 것을 추측하게 한다. 즉, 수학문명의 한 부분은 계산이 발전되면서 나타난 방법과 결과를 체계적으로 정리한 것이라고 생각된다. 그 방법 가운데 가장 먼저 정리된 것은 측량 방법이다. 중국 신화의 경우, 여러 곳의 돌(비석)에 새겨진 복희와 여와의 그림에서 곡자(曲尺)와 컴퍼스가 나타난다.(그림 1-2)[1] 이것은 그리스의 기하학적 도구와 흡사하다.

고대 문명에서 수는 신비한 대상으로 여겨졌으며 그 계산법을 사용하는 것도 매우 신기한 일로 생각되었을 것이다. 동양에서는 수 개념이 철학에 반영되어 수와 관련된 철학이 발전하였다. 자연의 모든 현상의 변화와 관련하여 음양과 오행의 이론이 발전하였으며 수는 특별히 이런 사상과 연계되어 일상생활에 큰 영향을 미쳤고 오늘에 이르기까지 사라지지 않고 있다.

대표적으로 중국 서안에서 발견된 쇠로 만들어진 판에 새겨 있는 마방진을 들 수 있다.(그림 1-3)[2] 이 철판은 아라비아에서 만들어진 것으로, 신비한 능력이 있는 것으로 간주되었다고 추측되고 있다. 단순한 수의 배열인 마방진은 덧셈의 특별한 성질을 나타내는 경우가 많다. 이 시초는 중국 전설 시대인 복희씨 때 만들었다는 하도(河圖)와 하(夏)나라의 우(禹)임금 때 거북이 등에 새겨져 있었다는 낙서(洛書)이다. 이것이 동양에서 특별한 의미를 지닌 여러 가지 배열들, 특히 팔괘와 같은 철학적인 상징부호로 발전해나갔다. 수학문명의 역사는 이런 것들을 다루면서 수의 관계

〈그림 1-2〉 중국 신화의 복희와 여와가 곱자와 컴퍼스를 들고 있는 비림의 비석 탁본

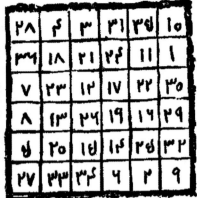

<그림 1-3> 철제 마방진 사진(왼쪽)과 탁본

를 파악하고 이를 통해서 수학적 개념을 분화해나갔다고 이해할 수 있다.

고대에 수학이 발전하면서 체계화된 양상은 현재 전해지는 약 2,000~3,000년 전의 저술들에 나타난다. 지금까지 많은 사람이 공부한 한나라시대의 『구장산술』과 『주비산경』은 물론 20세기 말에 중국의 고분에서 발굴된 『산수서』나 그 밖의 죽간(竹簡)들은 적어도 지금부터 약 2,500년 이전부터의 수학 내용을 모은 것이다. 여기에는 기본적인 계산과 방정식의 해법이나 수열과 급수의 계산 같은 것이 현대의 관점에서도 이해 가능할 만큼 잘 정리되어 있다.

1. 우리 수학의 뿌리

우리의 문명 속에서 구체적인 수학의 흔적이 발견되는 것은 『삼국사기(三國史記)』, 『삼국유사(三國遺事)』 등의 역사서이다. 조선 중기에 이르기 이전까지 수학에 대한 역사적 기록은 손에 꼽는다. 따라서 수학 안에서 우리의 수학문명에 대한 논의는 조선 중기 이후의 자료에 의존할 수밖에 없다. 우리 민족사에서 수학이 어떤 위치를 차지하고 있었는지 알기 위해서는 수학이 우리 문명에서 어떤 뿌리를 내리고 있었는지 먼저 알아야 한다.

모든 문명에서 수학은 가깝게는 문제를 해결하고 과학을 설명하는 도구로서 역할을 하며, 거시적으로는 인간이 철학적 생각을 정리하고 표현하는 데 큰 영향을 미친다. 예를 들어, 고대로부터 발전해온 시간의 개념은 연결된(연속적인) 직선 개념의 발달과 궤를 같이하며 이는 또다시 수(특히 실수) 개념의 발달과 연계된다. 원시적인 수학적 개념을 다루던 기원전 그리스에서도 제논의 역설이 보여주듯이 시간의 연속성과 두 시점의 비연결성의 개념적 상충이 사람들에게 매우 어려운 문제로 다가왔음을 본다. 즉, 고대 사람들은 현대적 관점에서도 매우 어려운 개념적인 문제를 마주하고 살았음을 알 수 있다. 이런 근본적인 수리철학적인 문제에 대해서 사람들은 자신의 시대에 맞는 적절한 해법을 제시해왔고, 이런 것들은 문명 속에 새겨져 내려오고 있고, 우리의 먼 조상들도 같은 문제에 직면했을 것이다.

우리의 독특한 수에 관한 사상이나 관념은 여러 가지 설명들이 결합되면서 생겨난 관련 개념들의 문명적인 집합체이다. 글자를 쓰기 힘든 보통의 백성은 간단한 금전 계산이나 이자, 세금 등을 생각해보기도 하고 물건을 사고팔 때 개수를 기록하거나 시간을 기록하는 등의 방법을 위해 간편한 도구가 필요했을 것이다. 이와 같은 필요에 따라 등장한 매듭(結繩)을 이용한 수 표기법은 우리나라에서 약 100년 전까지 널리 쓰였다고 알려져 있다. 이런 사실은 시골의 촌부도 자신의 역량 안에서 최대한 수학적 도구와 방법을 익혀 사용했음을 나타내는 예로서, 특정한 몇 사람만이 수를 다루고 사용했다고 단정할 수 없음을 보여준다.

수에서 범위를 넓히면 여러 가지 표기법이 나타나는데 표현의 확대에 의한 수학적 개념의 확장을 보여주는 사례라 할 수 있다. 제주도의 집에 대문 역할을 하는 정주목과 정낭(錠木) 역시 이에 해당한다. 가로 걸친 기둥의 조합으로 정보를 전달하는 방법은 다소 원시적으로 보여도 조상의 지혜로운 수학적 개념의 활용이다. 그리고 조상들이 수를 나타내기 위해서 아무데나 그려놓은 막대들도 고대부터 내려오는 공통되는 수 표기법 및 수 개념과 연결됨을 볼 수 있다. 계산 또는 수학을 나타내는 한자에도 이 개념이 나타나 있는데, 계산 도구로 사용된 막대를 뜻하는 '산(筹)'이란 글자나 이를 사용해서 계산을 한다는 뜻의 '산(算)'이란 글자의 모양算은 대나무와 이를 다루는 손을 나타낸 것이라고 한다.

대나무로 만든 계산 도구를 산대(算木) 또는 산가지라고 부르며 한자로

〈그림 1-4〉 '산(算)'자 전서체   〈그림 1-5〉 정주목과 정낭. 가로로 걸쳐놓은 나무 정낭과 이를 걸쳐놓을 수 있도록 만든 기둥 정주목 (도서출판 들녘 촬영)

는 '산(筹)' 또는 '주(籌)'라고 나타낸다. 그리고 보자기에 싸서 놓았던 산대를 펼쳐놓고 계산하는 것을 '포산(布算)'이라 한다. 중국에서 이런 도구를

사용하기 시작한 기록은 『노자(老子)』[3]에 처음 나오며, 한반도에서 언제 이런 도구가 쓰이기 시작했는지는 알 수 없지만 당나라 학제가 수입되어 수학을 정식 과목으로 가르치기 시작했을 때는 이미 널리 쓰이고 있었다고 하니 백제, 고구려, 신라의 삼국시대 이전으로 보아도 될 것이다. 이 산가지 계산은 단순한 계산뿐만 아니라 고도로 발전된 고차방정식 풀이에 활용되는데, 정작 중국에서는 명대 이후 주판의 보급과 함께 산대가 자취를 감추나 우리나라는 신라부터 조선 말까지 한 번도 단절됨 없이 사용되고 연구, 발전되었다.

우리나라와 같은 농업 국가에서 가장 중요한 학문에는 날씨와 절기와 달의 운행으로 인한 밀물 썰물을 알려주는 천문역법(天文曆法)이 포함된다. 농사를 제대로 지을 수 있게 1년을 단위로 시간의 흐름을 파악하는 역법은 천문학의 도움을 받아 우리나라에서도 일찍이 발전하였으며 이 과정에서 수학이 필요하였다. 그리고 고대로부터 지진과 혜성 등의 자연현상들을 관찰하고 기록한 것이 『삼국사기』나 『삼국유사』 등에 남아 있다. 서양은 모든 계산을 기하학에 의존하였다고 해도 과언이 아니지만 동양에서는 발전된 방정식 이론 덕분에 최소한의 도형만을 사용하여 역법 문제를 풀어나갔다. 따라서 동아시아에서 전문적 수학 계산을 위한 방정식 이론은 일찍부터 발달하였다. 중국에서는 이미 2,000여 년 전부터 이차방정식의 풀이에 대한 제대로 된 근사해 풀이법을 발전시켰으며 이를 삼차방정식까지 확장시킬 수 있었다. 중국 밖에서 그 결과를 이해하고 고도로 발전시킨 나라는 우리가 유일할 것이다.

일상생활에 더 밀접한 부분에서는 개수를 세고 넓이를 계산하며 세금을 매기고 이자를 계산하는 등의 일상적인 계산이 널리 쓰였고, 전쟁과 관련해서도 개수를 세고 부피를 계산하며 군대를 진으로 구성하기 위해서 여러 가지 수학적 기법들이 활용되었다. 이런 수학적 문제와 그 풀이법이 모이고 정리되어 '산학(算學)' 또는 '산법(算法)'이라고 불리는 학문의 기틀이 수립되었다.

이런 문제들이 얼마나 오랫동안 발전해왔는지는 알 수 없지만 동양에서는 적어도 3,000년 전부터 기초적 셈법들이 널리 쓰였다고 추정된다. 서양에서는 기원전 3세기경 당시의 모든 수학을 유클리드가 집대성하였다면 동양에서는 비슷한 시기에 이러한 책들이 여럿 있었다고 보이며 현재까지 전하는 것이 『구장산술』과 『산수서』 두 종류이다. 『구장산술』은 기원전 1세기 전후하여 저술되었다고 보이며 그 내용은 진시황의 '분서갱유' 이전에 이미 책으로 전해지던 내용이라고 책의 서문에 밝혀져 있다. 이런 책들부터 나중에 저술된 수학의 보다 깊은 지식을 위한 책들이 우리나라에서는 나랏일을 담당하도록 선발된 관리에 의해 연구되고 면면히 발전되어 내려왔다. 우리는 이들을 일반적으로 '산원'이라 부르기로 한다. 현재까지의 기록을 보면 신라 때부터 이런 수학자들이 선발되고 수학 관리로서의 역할을 충실히 수행했다. 신라, 고려, 조선에 이르기까지 우리의 모든 역사 속에서 그 산원들은 보다 더 깊고 심화된 수학문명의 기틀을 제공했다.

2. 우리 민족의 고대 수학문명의 발자취

일찍이 먼 옛날 우리 조상들은 자연을 극복하면서 먹고, 입고, 거주하는 문제들을 해결하기 위해 문명의 역사를 만들었다. 규모가 작은 국가라도 나랏일을 하는 데 공동을 위한 세금과 건축, 그리고 천문, 기상, 국방을 위한 준비나 전쟁 수행 과정상의 여러 문제에 수학적 사고는 필수적이었다. 더 나아가 의학과 지리학과 같은 우리나라 고대 과학기술은 수학적 사고 없이는 불가능하다. 기원전에도 우리의 조상들이 상당히 높은 수준의 기술 경험과 과학 지식을 쌓았다는 사실은 우리의 수학문명이 장구하다는 것을 말해준다. 고조선이나 부여, 마한, 진한, 변한의 유물이나 유적에서 등장하는 기록은 이를 잘 보여준다. 예를 들어 물에서 잡은 생선을 벌여놓고 대소를 비교하는 데서 셈을 알게 되었고, 마한은 5월에 파종하고 부여는 12월에 하늘에 제사를 지내되 음식과 춤과 노래를 즐겼으며 별자리를 보고 풍년과 흉년을 미리 예측하였다는 기록은 그 시대 우리 민족의 천문 발달의 증거로 볼 수 있다. 또, 부여와 마한에 궁궐과 성곽이 있고 진한에 무늬 없는 쇠돈이 있었다는 사실은 건축과 경제를 위한 수학이 존재했음을 의미한다. 즉, 국가가 유지되는 기본 조건에 수학이 존재했다는 것을 잘 말해준다.[4]

고구려, 백제, 신라의 삼국이 하늘에서 갑자기 만들어져 땅으로 내려온 것이 아닌 만큼, 그 뿌리인 여러 작은 국가들의 수학적 사고로 이루어진 문명도 자연스럽게 융화되어 삼국의 문명이 성립되었을 것이다. 즉, 삼국 이전의 과학기술 분야에서 이룩된 수학적 사고의 경험과 지식은 정치, 경제, 문화의 모든 분야를 반영하여 풍부해져서 뒷날 삼국시대 문명 발전의 기본적인 자양분이 되었을 것이다.

우선 삼국시대 이전의 유적으로 강화의 참성단[5]을 들 수 있다. 『세종실록』「지리지」에 적혀 있는 바에 따르면, 이곳은 단군이 하늘에 제사 지내기 위해 산정에 건축되고 천문관측대의 역할을 하였다. 흔적기단은 원통이고 형상부는 방형이다. "조선시대에도 이곳에서 제사를 지내고 관측을 했다."[6]는 글로 보아 그 중요성이 수천 년을 내려온 것이다. 역(曆)과 산(算)은 고대에서 항상 같이 묶어 역산(曆算)이라고 쓰였다. 즉, 산은 역을 위한 바탕이었다. 우리 민족이 『삼국유사』나 『삼국사기』에서 보듯, 유달리 천문 기록을 정확히 하고 그 전통이 신라의 첨성대와 조선조의 역서인 『칠정산』까지 내려오는 것은 수리적 사고의 대물림이었다고 할 수 있다.

수는 개수를 세는 기능 외에 동양 철학에서 만물을 형상화하는 사유의 산물로 간주된다. 우리의 신화인 단군왕검의 이야기에도 천부인 3개, 환웅의 무리 3,000명, 인간의 360가지 일, 마늘 20쪽, 100일 동안 햇빛을 보지 않으면 사람이 된다는 환웅의 말, 3·7일[7] 동안의 금기, 1,500년 동안 나라의 지속 등 수와 관련지어 구체적인 수가 나온다.[8] 숫자는 동서양을 막론하고 수학적 사고의 현실에서의 표출이다. 수에 대한 생각이 서양에서는 수를 신비화하고 그것의 성질을 규명하려 하는 방향으로, 동양에서는 대상을 형상화하는 상수 철학으로 나타난다. 수비학(numerology)[9]과 주역의 64괘의 생성은 양자의 사례이다. 그 진위를 떠나 단군시대 것이라 하는 대종교의 경전인 천부경(天符經)[10] 수로 구성되어 있다.

수학은 인류문명의 초기부터 크게 대수와 기하로 구성된다. 즉 '셈·헤

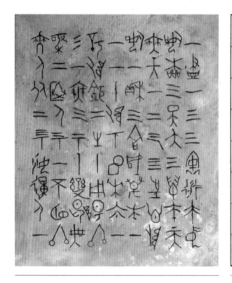

〈그림 1-6〉 천부경

〈그림 1-7〉 64괘

〈그림 1-8〉 울주 천전리 고대 암각화

아림'과 '그림'이 수학이었다. 고대 수학을 의미하는 셈과 그림을 설명하기 위해 대수가, 대수를 설명하기 위해 다시 기하가 나오는 방식으로 기하와 대수는 서로 구분되지 않고 발전된다. 이와 같이 수에 대한 생각은 우리 역사에서 수, 특히 대수에 민감하였던 조상들의 수리적 사고를 잘 보여준다.

다음으로 삼국시대 이전의 우리의 기하적인 사고를 엿볼 수 있는 울산광역시 울주군 두동면에 있는 천전리 유적을 살펴보자. 유적이 있는 경상남도 울산광역시 울주 지역의 옛 지명인 언양은 본래 언양분지를 중심으로 한 거지화(居知火)라는 작은 나라였다. 일찍이 신라에 예속되어 헌양(巘陽)이라 이름을 고쳐 신라 9주의 하나인 양주(良州)의 현(縣)으로 신라의 중심 세력의 하나가 되었다.

청동기시대로 추측되는 이 암각화 유적(천전리 각석)에는 고대 우리나라 사람의 기하적 사고의 상징인 마름모, 동심원, 꼬인 나선, 물결 모양 등 기하무늬가 돌 위쪽에 다채롭게 새겨져 있다. 천전리 각석이 새겨진 바위는 높이 약 3m, 너비 약 10m의 장방형에 선사시대 암각화와 신라시대 명문, 가는 선 그림(세선화) 등이 새겨져 있고, 바위 전체가 15도 정도 앞

으로 기울어져 있어 비바람으로부터 마모를 막아주는 자연 보호막 역할을 한다.[11]

이 문양들의 해석에 관해서 신화적 해석과 그 지역의 지형 및 지도를 나타낸다는 해석, 그리고 태양과 제의를 표현한다는 해석과 고래 사냥을 표현한다는 등의 해석이 있는데, 그중 신화적 해석에 근거하면, 천전리 기하무늬와 동물의 조각은 시베리아의 암각화와 유사하므로 우리 민족의 기원을 풀어주는 자료라고 주장되기도 한다. 그리고 암각화의 내용으로 미루어 반구대 사람들은 농경과 육지 사냥을 하던 사람으로 추측된다.

또한 화랑들의 기록과 함께 기하학적이고 추상적 문양이라는 점에서 기록의 의미를 가지는 내용으로 해석되기도 한다. 3중 동심원과 4중 나선형이 있고, 동심원은 태양 혹은 빗방울을 나타내는 물을 표현하며 나선형 소용돌이형 동심원 문양은 세계 도처에서 볼 수 있다고 한다. 동심원과 연속된 겹마름모꼴의 문양들은 해신 또는 용왕으로 숭배되었던 고래의 이미지이며, 동심원은 바다의 수평선으로 지는 태양 형상과 함께 고래가 돌아가며 춤출 때의 물결 문양으로 볼 수 있다. 겹마름모는 고삐처럼 이어 나타나기를 바라는 고래 떼를 의미하며, 나선형 또는 동심원들은 고래가 나타나는 바다의 물결, 겹마름모는 자세히 보면 선사시대 암각화에 자주 나타나는 톱니 모양의 뱀 문양과 같은 계통으로 해석된다. 톱니 모양이 될 때는 암수 양끝으로 머리가 보이는 반면, 겹마름모 문양은 암수가 서로 꼬고 있는 모양인데, 이러한 모양은 서양의 용 그림인 이브와 아담 모양이나 복희, 여와씨의 중국 신화에 등장하는 그림에서도 보인다. 둥근 것은 선사시대 암각화에서 바다의 해신이 올라오는 소용돌이 물결이며 그와 같은 문양과 함께 다리를 꼰 모습이 겹마름모로 표현된 것이 천전리 암벽화의 특징이라고 한다. 동심원도 여러 개로 표현되듯이 겹마름모도 여러 개로 표현될 수 있으므로, 바위에 새기려면 복희, 여와 또는 아담과 이브 또는 환웅과 웅녀처럼 짝을 지어 간단하게 동심원과 겹마름모의 연속적 표현이 가능하다고 본 것이다.[12]

이제 이 도형들의 의미를 찾기 위해 "도형이란 무엇인가?"라는 물음을 수학적 시각에서 접근해보자. 도형이란 지극히 수학적이다. 좁게 말하면 기하(geometry)이다. 즉, 실용적 목적이나 사고의 표현을 위해 수리적 사고의 힘을 빌려 생각을 그림 혹은 도형으로 표현하는 것이 기하이다. 표현된 그림은 도형이 주가 되나 다른 모양도 포함할 수 있고 다른 형태로도 표현 가능하다.

이 기하학적 도형들은 추상화와 일반화를 거쳐 종교와 같은 인류문명의 한 부분을 담당한다. 상징화될 수 있고 제례의식에 쓰일 수 있고 건축, 미술, 철학 심지어 음악에도 들어간다. 따라서 이 천전리 암반의 도형들은 그 용도가 무엇이었느냐는 질문과 답을 찾기에 앞서 고대 석기와 청동기시대, 고조선이나 삼한시대, 아니 그 이전 한반도에 살았던 까마득한 우리 선조들의 수학적 사고와 감각을 잘 보여준다. 동양 철학에서 우주 원리, 천지자연의 이치와 법칙을 파악하는 방법인 상수학(象數學)은 세상만물을 수로 표현할 수 있다고 믿었다. 이것은 주역의 괘와 효로 나타난다. 이 도형들은 이 땅의 선조들이 동양 문명의 한 부분을 담당하여 동양 철학을 생성하는 데 공헌했음을 분명히 보여준다.

이와 비슷한 예로 위상수학(Topology)에서 나타나는 매듭(knot)을 들 수 있다. 매듭이론이 발달하면서 수학적으로 중요한 매듭이 많이 나왔으나 이의 기본에는 가장 단순하고도 원시적인 세잎매듭(trefoil knot)이 있다.(그림 1-9)

수학에서는 이 구조를 단 한 번 매듭지어진 닫힌 매듭이라고 말한다. 세잎매듭을 수학적으로 조금 모양을 달리하여 예술적으로 나타낸 것이 〈그림 1-9〉의 오른쪽 위 그림이다. 이 돌 조각상에서 느끼는 대칭성

(symmetry)의 아름다움은 두 가지 수학적인 규칙인 매듭과 극소곡면을 동시에 내포하고 있다. 이것은 고대 북유럽 해양문명인 바이킹족의 표상에도 잘 나타나 있는 것을 볼 수 있다. 즉, 고대의 세잎매듭은 〈그림 1-9〉의 왼쪽 그림들에서와 같이 여러 형태로 문명의 시간에 따라 종교와 수학적 변형을 거듭한다.

마찬가지로 울산 천전리 암각화도 시간에 따라 우리 민족의 수리적 사

〈그림 1-9〉 세잎매듭의 여러 가지 구조[13]

고가 내포되어 변형을 거듭한 다양한 형태의 뿌리로 볼 수 있을 것이다. 한반도의 여러 유적에서 먼 선조들의 수학적 추상성을 발견할 수 있는 것은 우리의 수학적 전통과 그 뿌리가 우리의 역사와 함께했다는 것을 보여주는 장면이다.

고구려, 백제, 신라, 발해의 수학문명

1. 고구려의 수학, 천문역량(歷算)의 본보기
: 고구려 첨성대와 하늘 관측

앞서 언급한 강화도 마니산의 참성단은 우리 민족의 역사에서 가장 오래된 천문대로, 단군조선시대의 천문 제단으로 알려져 있다. 고려 공민왕 때 이암이 편찬한 『단군세기』에는 "1세 단군왕검 51년(BC 2283)에 단군께서 운사(雲師)인 배달신(倍達臣)에게 명하여 혈구(穴口)에 삼랑성을 축조하고 마리산(摩璃山)에 제천단을 쌓게 하였으니 지금의 참성단(塹城壇)이다."라고 하였으며, "10세 단군 노을 35년(BC 1916)에 처음으로 별을 관측하는 곳(監星臺)을 설치했다."고 기록하고 있다.

『세종실록』「지리지」는 "참성단은 돌로 쌓아서 단의 높이가 10척이며, 위는 모지고 아래는 둥글며, 단 위의 네 면은 각기 6척 6촌이고, 아래의 너비는 각기 15척이다. 세상에 전하기를 '조선 단군이 하늘에 제사 지내던 석단이라' 한다. 예로부터 매년 봄, 가을에 대언(代言)을 보내어 하늘의 별들에 제사를 지내었다."라고 설명하고 있다. 따라서 참성단은 고대의 우주관을 따라 지은 천문관측대였음을 알 수 있다. 또 조선 시대에 편찬된 『서운관지(書雲觀志)』에는 혜성 등의 관측을 위해 참성단에 관상감 관원이 파견되었던 기록이 있다.

참성단은 제천단(祭天壇)이 중심 기능이고, 감성대는 단군이 계신 도성 궁궐 근처에 세운 천문대였다고 하는 학설도 있으나, 『삼국사기』나 『삼국유사』의 기록을 보면 우리 민족은 아주 오래전부터 천문관측의 전통이 있었음을 참성단의 예로써 추측할 수 있다.

고구려나 백제 그리고 신라의 첨성대는 그 모양이 완전히 같을 수는 없지만, 기능과 위치 선정, 첨성대를 축조한 기술적 측면에서 삼국의 정보 교류를 통해 자연스럽게 유사성을 가졌을 것이다. 고구려의 천문에 관한 지식은 여러 서적에 언급되어 있는데 그것은 조선까지 이어져 내려온다.

『세종실록』 「지리지」 평양부에는 "평양성 안에 있는 연못 옆에 첨성대가 있었다."는 기록이 있다. 실제로 18세기 중엽에 제작된 평양전도에는 평양 남쪽의 외성과 내성 사이에 첨성대의 위치가 표시되어 있어 그 존재를 확인할 수 있다. 그 천문대가 언제 지어진 것인지는 알 수 없으나, 천문대는 대체로 왕궁 가까운 곳에 건축되고 운영하므로 고구려의 수도인 평양성 안에 있는 첨성대는 고구려의 천문대로 추정된다.

2011년 북한 김일성종합대학 역사학부 연구집단이 고구려 때 첨성대 터(그림 1-10)를 발굴했으며, 이 첨성대의 사각형 중심 시설의 가운데 부분에서 나온 숯 판정에 의하면 이 유적의 연대는 지금으로부터 대략 1,500~1,600년 전으로 추측된다. 이것은 고구려가 427년 평양으로 수도를 옮기면서 안학궁을 건설할 때 이 첨성대도 함께 계획되고 동시에 축조됐다는 것을 말해준다. 이는 신라 27대 선덕여왕(재위 632-647) 때 건립된 것으로 추정되는 경주 첨성대보다 200년가량 앞선 것이다. 평양 첨성대 터 유적은 안학궁성 서문에서 서쪽으로 약 250m 떨어진 곳에 있으며, 4각으로 된 중심 시설과 그 밖으로 7각으로 된 시설로 구성됐다. 유적의 4각 기초는 띠 모양으로 연결돼 있으며, 비교적 큰 강돌을 석회와 섞어 축조했다. 기초 시설 깊이는 1.3m로, 지금까지 발굴된 삼국시대 건축물 가운데 기초가 가장 깊다.[14]

〈그림 1-10〉 고구려 첨성대 발굴 터 사진

경주 반월성 동북쪽에 있는 신라 첨성대는 신라 선덕여왕(재위 632-647) 때에 축조된 것으로, 현존하는 세계에서 가장 오래된 고대 천문대이다. 『세종실록』 「지리지」 경주부에는 "첨성대는 당 태종 정관 16년(633) 신라 선덕여왕이 쌓은 것이다. 아래는 원형으로 높이가 19척 5촌, 위의 둘레가 21척 6촌, 아래 둘레가 35척 7촌이다. 그 가운데를 통하게 하여 사람이 가운데로 올라가게 되어 있다."고 설명되어 있다. 『증보문헌비고』에는 "선덕왕 16년(647)에 첨성대를 만들었다."고 기록되어 있다.

이 천문대는(경주 첨성대는) 우아한 미와 천문 지식과의 융합과 조화를 한눈에 볼 수 있는 천문관측대이기도 하다. 음력 한 달의 날수 29층으로 원형 몸통부의 석재를 쌓고, 위에 덮인 판석까지 더하여 모두 365개의 석재가 첨성대 몸통부의 외부를 구성하고 있다. 고려와 조선시대의 천문대와 마찬가지로 궁궐의 평지에 축조되었다. 높이는 9.5m로, 높이가 2~4m 정도인 고려시대와 조선시대의 현존 천문대들보다 규모가 훨씬 크다. 이 경주 첨성대는 백제 점성대(占星臺)의 영향을 받았다고 한다. 신라 첨성대의 영향을 받아 일본에서는 점성대(675)가, 중국의 당나라에서는 주공측경대(723)가 축조되었다.

〈그림 1-11〉
천상열차분야지도
(국립민속박물관 소장)

고구려 고분의 별자리는 조선 초기의 태조, 태종, 세종조에 이르러 완성된 〈천상열차분야지도〉와 통한다. 〈천상열차분야지도〉는 조선 태조 4년(1395)에 돌에 새겨 제작한 천문도이다. 〈천상열차분야지도〉에는 그 제작 유래에 대한 조선 초기의 학자 양촌 권근의 설명이 있다. 그 설명에 따르면 〈천상열차분야지도〉는 고구려 석각 천문도의 인본을 원본으로 삼고, 태조 4년 당시 하늘의 모습을 관측 참조하여 천문도를 일부 고쳐 새긴 것이라고 했다. 다음 권근의 명문은 그 사실을 잘 보여주고 있다.

"위의 천문도 석본은 옛날에 평양성에 있던 것인데 전란 중에 강물에 빠져 잃어버렸다. 세월이 오래 지났기 때문에 그 천문도의 인본을 가진 사람조차도 없게 되었다. 우리 전하(태조 이성계)께서 임금이 되는 천명을 받으신 초기에 탁본을 바치는 사람이 있었다. 전하께서 이를 소중히 여기어 서운관에 명하여 돌에 다시 새기도록 하였다. 서운관에서 전하께 아뢰기를 이 천문도는 세월이 오래 지나 별의 도수가 차이가 나니 추보를 다시 하고, 네 계절 초저녁과 새벽에 남중하는 별을 관측하여 바로잡아 새로운 천문도를 만들어 후세에 길이 전하소서."[15]

〈천상열차분야지도〉에 새겨진 별들은 실제 별의 밝기 등급에 맞추어 그 크기도 다르게 표현되어 있다. 그런데 별의 실제 밝기를 반영해 표현한 정도가 중국의 그 어떤 별의 지도보다도 더 정확하다는 사실이 밝혀졌다. 〈천상열차분야지도〉를 측정한 결과, 천문도 중앙부인 북극 주변은 '조선시대 초' 근처로, 그 바깥에 있는 대부분의 별들은 서기 1세기경인 '고구려시대 초'로 그 시기가 밝혀졌다.[16] 동서를 막론하고 일찍이 이만큼 이른 시기의 온 하늘의 별자리를 한데 모아 그린 성도(星圖)는 없었다. 고구려의 별자리 그림이 바탕이 된 〈천상열차분야지도〉가 관측 연대상으로 세계에서 가장 오래된 별의 지도이고 가장 정확한 세계 최고(最古)의 별의 지도라는 사실은 우리 민족의 역산(歷算) 역량을 잘 보여준다.

이로써 2천 년 전 고구려는 건국 초기부터 수학과 천문관측 역량이 뛰어났다는 것이 밝혀졌고, 앞서 언급했던 『세종실록』「지리지」 평양부에 설명된 "평양성 안에 있는 연못 옆에 첨성대"를 고구려가 건축한 천문대로 추정해도 어긋남이 없을 것이다.[17]

조선시대에 들어 세종은 재위 16년(1434)에 대규모의 간의대를 세웠다. 『세종실록』은 "호조판서 안순(安純)에게 명하여 후원 경회루 북쪽에 돌을 쌓아 대를 만드니, 높이는 31척(9.5m)이고 길이는 47척(14.4m), 넓이는 32척(9.8m)인데 돌로 난간을 두르고 간의를 엎드려놓았다."고 설명해놓았다. 이 경복궁 '대간의대'에는 혼천의, 혼상, 규표 등 천문관측의기가 설치되고 관측이 수행되었다.

같은 시기에 북부 광화방 관상감 터에 설치된 '소간의대'는 7단으로 되어 있다. 조선시대에 설치된 것으로 현존하는 또 하나의 천문대는 숙종 14년(1688)에 세종대 소간의대의 전통을 이어받아 축조된 '관천대'이다. 현재 창경궁에 있으며 높이 2.2m 5단 화강암 석대로 지어져 있다. 상단부 가운데에는 작은 석대가 위아래로 포개져 있다. 그 위에는 관측기구를 올려놓고 고정하는 데 쓰였던 구멍이 있다. 이 외에도 조선시대에 지어진 천문대가 여럿 있었으나 근대 이후 모두 파괴되거나 유실되어 전해지지는 않는다.

2. 고구려 건축의 수학적 사고

497년에 만들어진 평양시 대성 구역의 금강사 절은 8각 탑을 중심으로 여러 채의 축조물들이 기하학적으로 배치되어 있다. 8각탑의 바닥면은 한 변의 길이가 10m 정도인 정8각형으로 되어 있다. 동, 서로 탑으로부터 같은 거리에 있는 건물들이 있는데, 북쪽의 금당은 금당의 남쪽 변을 밑변으로 하는 정삼각형의 정점이 8각탑의 중심점에 닿도록 만들어져 있다. 각 전당의 평면은 1:2의 반올림 비례이고 금당의 평면은 1:√2인 금강 비례이고 금당 뒤의 강당의 평면은 1:1.616인 황금 비례가 됨을 확인할 수 있다. 이때 기준 단위 길이는 8각탑 기단의 한 변의 길이를 택하였다. 그리고 8각탑 바닥 단의 중심점과 금당의 계단 남쪽 변까지의 거리를 반지름으로 하는 원을 그리면 그 원이 동쪽과 서쪽의 전당들과 문터의 안쪽 변에 접하도록 하였다. 하나의 절을 짓는 데도 그것에 들어 있는 측량과 계산, 그리고 많은 기하학적 지식의 힘은 고구려 건축의 특징이다. 물론 이 모든 건축의 축조와 설계는 중국과 다른 수학문명임을 확실하게 보여주는 고구려 고유의 '고구려척'[18]이라는 길이 측정 단위와 기구가 있기에 가능했다. 이는 중국과 다른 수학문명임을 확실하게 보여주는 사례

〈그림 1-12〉 평양 청암동 금강사 디지털 복원도

이다. 이와 같은 건축 설계 및 시공에는 수학적 사고와 지식이 더욱 다양하게 발전, 적용되었으며 신라와 백제와의 활발한 교류로 인해 두 나라의 건축에도 영향을 주었다.[19]

고분 무덤에 별을 새겨 죽은 자의 영혼을 기리는 풍습은 고구려의 고분벽화에 나타난다. 현재까지 발견된 총 91기의 고구려 고분벽화 중에서 별자리 그림이 발견된 곳은 모두 22군데이다. 우리는 벽화에 나타난 수많은 별자리 흔적을 통해 고구려인들의 하늘에 대한 생각과 관측 역량과 역산에 대한 실력을 엿볼 수 있다.[20] 그런데 이런 별자리 그림이나 신화 속의 삼족오를 품는 해와 달 같은 원 및 여러 도형뿐이 아니라 이 고분 자체에서 다음 그림과 같이 많은 기하학적 도형이 등장한다.

예를 들어 고구려의 안악3호 고분과 강서 고분은 천장의 돌을 쌓는 구조에서 정사각형에 내접하는 정사각형이 계속 보이는데(그림 1-13) 현재 우리나라 고등학교의 무한 등비급수 단원의 대표적인 설명 그림과 같은 구조이다. 이와 같은 다양한 예를 통해 고구려의 기하학적 사고와 판

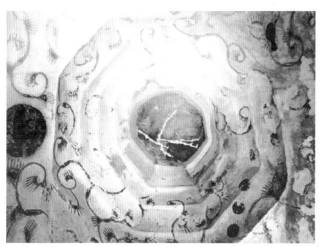
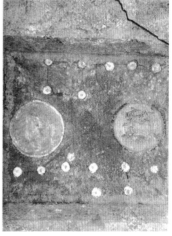

〈그림 1-13〉 고구려 고분의 내부. 왼쪽은 고구려 각저총 천장, 오른쪽은 고구려 창천 1호분

단 및 응용을 볼 수 있다. 즉, 고분을 설계할 때 복잡한 천정 구조, 기둥, 들보 등의 형태와 크기를 골라 수학적 지식과 원리를 능숙하고 자유롭게 적용하였다.

3. 백제의 수학적 사고

백제 문명의 형성 과정에서 수학적 사고가 이용된 것은 자명하다. 그러나 백제의 수학책은 아직 발견되지 않고 있다. 우리는 몇몇 유적이나 문화재 속에서 백제인의 수학적 사고의 결과물을 확인할 수 있고 외국의 역사서 속에 등장하는 백제의 수학에 관한 기록을 볼 수 있다. 중국의 『주서(周書)』에 의하면 백제의 사공부, 일관부, 도시부 등이 수학과 관련된 업무를 보는 관청이었다.[21] 이곳에서 공작, 역산, 도량형에 관한 업무를 볼 때 수학이 쓰였다. 이런 공적인 벼슬을 하는 수학자들의 전통은 중국, 일본과 달리 조선시대까지도 꾸준히 이어졌다. 701년에 일본에서 만든 율령인 '대보령' 속에 "백제의 산박사 2명, 산생 30명"이라는 문구는 일본에 영향을 준 백제 수학을 잘 보여준다. 이와 같이 타국에 전달할 수 있을 정도로 백제의 수학적 지식이 뛰어났다는 사실은 여러 문헌에서 발견된다. 백제의 선진 기술학자들은 전문직 종사자로서 자신의 지식을 일본에게 전수하였다.[22] 잘 알려진 왕인박사나 고흥박사 말고도 백제의 선진화된 문화, 문명은 꾸준히 일본으로 흘러간 것을 확인할 수 있다.

근대로 들어오면서 수학이 발전됨에 따라 역학도 발전하였다. 역학에서 수치로 물리적 현상을 설명하는 '수치화'는 19세기부터 비로소 시작된다. 르네상스 시대에 발견되고 회자된 '황금비'는 문명의 산물들을 수치화시키려는 생각의 결과일 것이다. 모든 문명의 결과는 수학적 사고가 필요하다는 가정이 성립한다. 따라서 문명의 결과를 역추적하여 수치화시키려는 생각이 문명 속의 수학을 발견하는 역할을 하였다. 모든 자연법칙도 분석해보면 수치화되고, 다시 역추적하여 표현 가능한 것이 수학적 합치이다. 백제시대의 건축이나 고분들의 배치, 그림, 불상에 대해서도 자연스럽게 이러한 수학적 추론과 해석이 가능하다.

예를 들어 일본 법륭사에 있는 백제 관음보살상 뒤의 광배는 측정과 수학적 해석이 가능하다. 동심원들의 모양에서 원시로부터 수학의 발전을 볼 수 있다. 구체적인 수학 지식 외에도 수학적 사고가 깃들어 있는 건축과 관련 있는 부분들이 여러 곳에 남아 있다. 다른 예로 고구려의

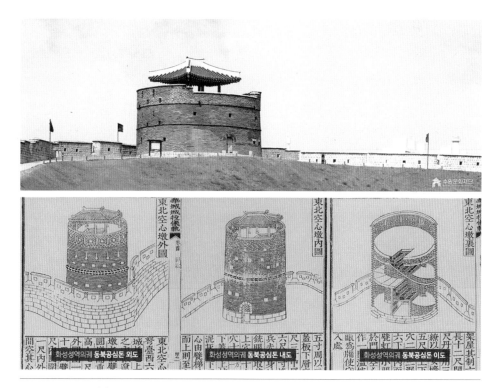

〈그림 1-14〉 수원 화성(위)과 투시도(아래). 조선시대에는 현대적 의미의 설계도에 해당하는 자세한 투시도를 만들었다. 이 그림은 사진에 보이는 높은 망루의 구조를 그림으로 나타낸 것이다. 이 망루는 공심돈(空心墩), 즉 속이 빈 돈대(솟아나온 평평한 곳)라고 부른다.

〈천상열차분야지도〉도 조선에 와서 보정을 한 것인데 보정을 하려면 수학이 뒷받침되어야만 한다. 기록이 현존하지 않아 수학적 접근 자체가 어느 정도인지 자세하게 설명할 수 없지만, 삼국시대로부터 조선까지 수학은 엄청나게 많이 발전했다고 추론할 수 있는 근거가 된다. 삼국시대 가옥과 궁궐의 구조를 보여주는 설계도면이 없지만, 조선시대에는 집을 지은 사람을 위한 투시도가 다수 존재한다. 그것은 삼국시대로부터 내려온 기법을 바탕으로 하고 있다고 추측된다. 한옥 설계 평면도나 수원 화성의 투시도 같은 많은 도형이 포함된 그림은 오늘날의 형식과 다르지만 그 시대의 도면이라고 이름 붙일 수 있다. 그리고 정확히 측정해보면 기본적인 수학 개념의 응용으로서의 세부적인 건축 설계의 의미를 부여할 수 있다.

4. 백제 부여 정림사지 오층석탑

백제시대의 뛰어난 탑 건축물로 부여 정림사지 오층석탑과 익산 미륵사지 석탑[23] 등이 있다.

부여 정림사지 오층석탑(扶餘定林寺址五層石塔)[24]은 지금까지 온전한 형태로 남아 있는 돌탑이다. 4각 5층탑으로, 매 층의 높이와 너비, 지붕너비 등의 균형이 탑 전체적으로 잘 잡혀 있다. 역학적으로 견고하고 합리적이 되도록 비례관계가 면밀하게 계산되었다. 길이의 단위로서 '고구려척'[25]을 따른다. 정림사지 오층석탑 각 부의 특이한 양식은 한국 석탑 양식의 계보를 정립하는 데 매우 중요하며, 미륵사지 석탑에서 시작된 백제 석탑의 형식을 정비한 결과이다. 이 탑 이후 백제 석탑의 형식은 다소의 세부 변화는 있었으나 고려시대까지 계속 이어졌다. 정림사지 오층석탑의 설계

〈그림 1-15〉 정림사지 5층석탑   〈그림 1-16〉 미륵사지 석탑

상의 양식은 백제가 지은 일본 법륭사의 5층탑과 같기 때문에 일본에 전
래된 백제 과학을 실증해준다.

　　부여 정림사지 오층석탑의 기단은 각 면의 가운데와 모서리에 기둥
　　돌을 끼웠고 탑신부의 각 층 몸돌에는 모서리마다 기둥을 세워놓았
　　다. 좁고 얕은 1단의 기단과 배흘림[26]기법의 기둥 표현, 얇고 넓은 지붕
　　돌의 형태는 목조 건물의 형식을 충실히 따르면서도 단순한 모방이 아
　　닌 세련되고 창의적인 조형을 보여주며, 전체의 형태가 매우 장중하고
　　세련되었다.[27]

　부여 정림사지 오층석탑을 홍이섭(1946)[28]은 『조선과학사』에서 "건축물
의 과학적인 측정에 의해 그 건축 기단부에 응용된 수학적 비례를 찾을
수 있고 대략 백제의 건축기단지는 고구려척을 가지고 복원하여 비례식
을 가지고 계획한 것을 볼 수 있다."고 분석한다.

백제의 건축물들은 과학적인 측정에 의해 그 건축 기단부에 응용된 수학적 비례를 찾을 수 있다. 대략 백제의 건축기단지는 고려척을 가지고 복원하여 비례식을 가지고 계획한 것을 볼 수 있다. 이 탑의 기단은 기본적 구성 조건으로 정사각형을 이루고 구한 변의 길이를 배가한다든지 정삼각형 모양 또는 정사각형의 대각선을 전개하였다. 이 수리적인 기조를 둔 건축의 조영에는 여러 무늬가 정비되어 있음을 볼 수 있다. 백제의 관청인 사공부(司空部)는 이런 모든 건축기술 부문을 담당하고 있었고, 백제는 이런 건축과 조형기술을 신라에게 전수하였다. 경주 황룡사 9층탑은 백제의 장인 아비지가 신라에 가서 기술을 지도한 것이고, 백제의 토목 공사로 왕궁이나 사원의 신축, 개보수, 정원 공사 등을 보면, 경험적인 기술의 발전이 있었을 것이다. 부여 인근의 왕릉리 고분의 축조에는 대리석 재료를 사용했고 벽화는 그 원형이 고구려와 비슷하나, 현실(玄室)의 구조는 신라의 그것과 비슷하다. 이것은 신라, 백제, 고구려의 기술의 공유, 즉, 삼국의 문명의 동질성을 보여준다.[29]

5. 백제 쌍북리 직각삼각형 구구단목간

비교적 최근인 2011년 6월, 사비 백제의 도읍지인 부여 쌍북리 주택 신축 공사장에서 구구단이 새겨진 목간 1점(그림 1-17)이 발견되었다. 쌍북리는 백제의 관청과 관영창고, 공방이 밀집했던 지역이었다. 백제 관리들은 예산을 짜거나 물품을 주고받을 때 직사각형 구구단표를 손에 쥐고 검산했을 가능성이 크다. 구구단은 고구려에서도 등장한다.[30]

목간은 당대의 생생한 기록이고,[32] 목간에 쓰인 기록을 읽으면 그 시대 사람들의 생활을 알 수 있다. 지금까지 한반도에서 확인된 목간은 500여

적외선 촬영본

판독결과(□: 미판독)
(「: 희미한 판독, ⊓ ⊔: 불분명)

九
二
八
十
一
二
八
二
六
十
四
七
二
冊
六
二
冊
五
二
廿
五
四
二
十
六
「
二
三
「
四
「
⊔

八
九
七
□
□
七
八
五
十
六
六
七
冊
二
五
□
冊
四
五
廿
三
四
十
二
二
三
六

七
九
六
十
三
六
八
冊
八
五
□
廿
五
四
六
廿
□
三
五
十
五
二
四
八

五
八
冊
四
七
廿
八
⊓
⊔⊓
⊔

〈그림 1-17〉 백제 쌍북리 직각삼각형 구구단 목간(왼쪽)과 판독 내용[31]

점에 달하는데 그중 백제시대 목간은 70여 점 정도이고 대부분이 사비백제 시기의 것들이다.

이 구구단 목간은 한쪽 면에서만 묵서가 확인되었고, 판독할 수 있는 글자는 103자였다. 9단부터 2단 순으로 기록되었고, 각 단 사이에 가로줄을 한 줄씩 그어 경계선을 만들었다. 각 단이 시작하는 첫 행에서 동일한 숫자의 중복을 피하려고 반복 부호(〃)를 사용했다. 예를 들어 9×9는 9〃, 8×8은 8〃 등으로 축약했다. 또 20(입), 30, 40의 표기법도 흥미로웠다. 결과가 자명한 1×2, 1×3, 1×4…는 생략했다.

지금의 구구단 패턴이 아닌 맨 위의 단을 보면 "9×9=81, 9×8=72, 9×7=63…"이 아니라 "9×9=81, 8×9=72, 7×9=63…"으로 이어졌다. 두 번째 단 역시 "8×8=64, 7×8=56, 6×8=48"로 써내려갔다. 9×9, 8×9로 시작되고, 중복된 계산은 생략함에 따라 밑으로 갈수록 구구단은 줄어든다.

예컨대 6단의 경우 6×6부터 시작해서 5×6, 4×6, 3×6, 2×6으로 이어진다. 6×7, 6×8, 6×9는 7단, 8단, 9단에서 이미 계산됐다. 3단은 3×3, 2×3, 2단은 2×2만이 남는다. 그래서 밑으로 갈수록 좁아지는 실용적인 직각삼각형의 구구단 목간이 되었다. 구구단을 단순히 적거나 외우려고 기록한 게 아니고, 구구단의 각 단을 명확하게 구분하고 시각화해서 각 단의 공식을 쉽게 볼 수 있도록 배열할 목적으로 고안한 '구구단 공식표'이다.[33]

중국과 일본의 구구단 목간은 '칼' 같은 부여 쌍북리 구구단 목간과는 확연히 다르다. 물론 중국·일본의 구구단 목간도 위에서 아래로 단을 내려가며 기록한 사례는 있다. 그러나 쌍북리 목간처럼 9단-8단-7단-6단-5단-4단-3단-2단 등으로 선을 그어 구분하고, 각 단을 하나의 단에 완결해서 쓴 경우는 없다. 일본의 오사와야치 유적의 구구단 목간은 특히 이상하다. 틀려서는 안 될 구구단 목간인데 중간에 '6×9'의 정답이 54가 아니라 74로 표기돼 있다. 또 3×9도 27이 아닌 24로 돼있다. 이것이 주술적인 의미에서 일부러 틀리게 한 것인지, 아니면 구구단 전체를 외우지 못한 사람이 만든 목간인지는 모른다. 그러나 어떤 경우든 각 단별 구분선이 있고, 계산마저 정확한 부여 쌍북리 구구단 목간과는 다르다.

그리고 중국과 일본의 구구단 목간에는 '二三而六'이나 '一九又九' 같은 표기법이 보이는 경우가 있다. 어떤 경우엔 이(而)나 우(又) 대신 여(如)자가 사이에 끼어 있기도 한다. 이것은 단지 글자수를 맞추기 위한 허사일 수도 있다. 예컨대 답이 한 자릿수로 나오는 '二三而六'(2×3=6)과 두 자릿수로 계산되는 '二六十二'(2×6=12)와 글자수를 맞추기 위한 역할, 아니면 '2×3=6' '1×9=9'를 표시하는 등호(=)일 수도 있다.

그러나 쌍북리 출토 구구단 목간에는 이런 글자(而, 又, 如)가 보이지 않는다. 그냥 '二″四'(2×2=4)이고, '二四八'(2×4=8)이다. 중국과 일본에 비하면 아주 깔끔하다. 모든 면을 종합하면 쌍북리 목간은 그야말로 백제인들이 실제 계산을 하면서 썼던 실용적인 구구단 목간일 가능성이 크다. 부여 쌍북리 일대는 사비기 백제시대의 관청과 관영 창고 및 공방, 그리고 관리 시설들이 집중된 곳으로 알려져 있다. 당시 백제 말단 관리들은 예산을 정확하게 계산해서 신청하고 결산해야 했다. 계산하면서 외운 구구단대로 정확하게 했더라도 재차 검산하는 과정이 필요했을지 모른다. 구구단 목간이 백제인들이 손에 쉽게 쥐고 활용할 수 있는 직각삼각형 모양인 것은 언제 어느 때라도 손쉽게 들고 사용하는 실용적 목적의 검산용 구구단표일 가능성이 짙다.[34]

역사 시작부터 구구단은 우리나라에서 누구나 외울 줄 아는 기초적인 산수였다. 한반도에서 구구단이 실생활에 사용되었음을 알려주는 문헌 및 고고학 자료들은 제법 발견되고 있다. 우선 『삼국유사』 '고조선조'에 등장하는 '삼칠일(三七日)' 기록이 그것이다. 『삼국사기』 '신문왕조'는

"682년(신문왕 2년) 국학을 설치하고 산학(算學)을 가르쳤다."고 기록했다. 극적으로 되살아난 가장 오래된 구구단 백제 목간은 또 한 번 역사의 공백을 메워주었다. 구팔칠십이(9×8=72), 칠육사십이(7×6=42) 등등을 외우고, 다시 한번 그 계산이 맞는지 직각삼각형 구구단 표를 들고 검산하는 백제인들에 의해 동양 수학문명사의 오류는 정정된다.[35]

6. 대칭 속의 미학: 백제 공주 무령왕릉 장신구

우리나라의 여러 전통적인 무늬 속에서 테셀레이션이나 수학적 특성인 대칭(Symmetry)과 동형(Isomorphism)을 살펴볼 수 있다.[36] 아래 사진들은 우리나라의 궁궐이나 사찰의 문과 벽, 전통 매듭에서 대칭과 동형을 이루는 아름다운 디자인이다. 수학적인 감각과 미적 감각을 가지고 많은 도형을 이용하여 전통적인 우리만의 무늬가 만들어진다. 무령왕릉이나 기타

〈그림 1-18〉 일본 법륭사의 백제관음상(왼쪽)과 무령왕릉의 금귀걸이(국보 제156호, 국립공주박물관 소장)

백제의 유물에서도 무늬 속의 수학을 볼 수 있고, 백제가 고대 일본에게 하사한 일본 교토 법륭사의 관세음보살상[37]에서는 여러 동심원을 관찰할 수 있다. 이로부터 백제인들의 수학적인 디자인 감각과 문화를 관찰할 수 있다.

신라, 통일신라와 발해

기원전 57년부터 935년까지 세계사에 유례없이 긴 기간 존속했던 신라는 고신라와 통일신라로 구분할 수 있다. 통일신라(676-935)란 신라가 고구려와 백제를 정복하고 한반도 일부를 병합한 이후를 지칭하는 용어이다. 조선 정조 시대의 문신이자 실학자인 유득공(柳得恭, 1748-1807)은 발해를 지칭하는 진국(振國, 북국)과 대비하여 통일신라를 남국(南國)이라 부르기도 했다.

통일신라는 고구려와 백제 그리고 중국 당나라의 여러 문물을 흡수, 통합하여 발전하였는데 발해는 여기에 북방유목민족의 문명까지 더하였다. 즉, 발해와 신라는 한반도의 위와 아래에서 찬란한 문명을 꽃피운 두 나라였다. 문명의 존재는 필연적으로 수학문명의 존재로 이어지기 때문에 그 유적과 유물 속에서 수학이 반영된 문명을 보게 된다.[38]

발해의 수도인 상경은 외성으로 둘러싸여 남북으로 넓은 주작대로를 내고, 그 안에 궁궐과 사원을 세웠다. 궁궐의 온돌 방식은 우리 민족 특유의 난방 건축문화를 보여준다. 수도에서는 잘 계획된 건축 설계를 통해 대칭과 기하학적 동형 같은 수리적 사고가 들어 있는 점을 확인할 수 있다. 발해 왕궁 터의 도자기와 조형물은 아직도 많이 남아 있는데 자체의 모양과 문양은 발해인들의 기하학적 감각을 보여준다.

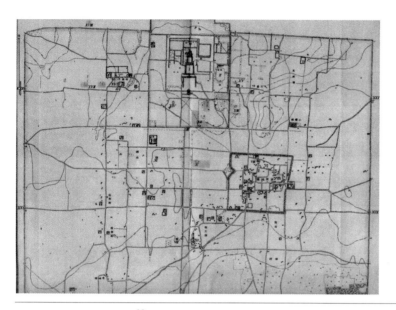

〈그림 1-19〉 발해 상경성 도시 전도[39]

〈그림 1-20〉 발해 도자기의 대칭미

〈그림 1-21〉 상경용천부 출토 용머리상

신라 초기의 별자리나 일식에 관한 기록, 고분의 구조 이상으로 통일신라 초기의 불국사, 석불사(석굴암), 첨성대부터 말기까지의 찬란한 문화유산은 우리나라 고유의 빛나는 수학적 사고를 총체적으로 보여준다. 특히 석불사(석굴암)의 모든 조형 속의 수학은 신라의 수학을 웅변해준다. 예를 들어 정육각형 밑에 붙은 정사각형의 대각선을 회전 이동시킨 정교한 측정, 원주율 π의 소수점 아래 두 자리가 아닌 적어도 8자리까지의 계산, 동해 바다로부터 시작된 한 줄기 빛이 부처님 이마에 부딪혀 반사되어 떨어지는 지점 등 밝혀진 사실만으로도 컴퓨터가 없었던 시대에 컴퓨터와 버금가는 고도의 측량과 계산 등 '석굴암 속의 수학'은 신라 수학 전체를 대표한다 해도 과언이 아닐 것이다.(그림 1-22)

〈그림 1-22〉 경주 소재 석굴암의 천장 디자인

1. 나무를 깎아 만든 정밀한 14면체 주사위: 목제 주령구

동궁(東宮)과 월지(月池)[40]의 유물 발굴 결과 나온 나무로 만든 독창적인 14면체 주사위인 '목제 주령구'는 1,300여 년 전 통일신라 귀족들이 술자리 연회에서 굴리며 놀았던 고도의 수학적 계산으로 만든 확률이 계산된 주사위이다. 이것은 1975년에 출토된 정사각형면 6개와 육각형면 8개로 이루어진 14면체 주사위로서, 참나무에 흑칠을 해서 만들었다. 이 주령구의 높이는 4.8cm로 손에 딱 잡히는 크기이다. 정사각형 면의 넓이는 6.25cm², 육각형 면의 넓이는 6.247~6.265cm²인 것을 보면 각 면이 나올 확률을 $\frac{1}{14}$로 균등하게 맞추려고 한 것을 알 수 있다. 긴 변 2.5cm, 짧은 변 0.75cm의 육각형 8개, 가로·세로 각각 2.5cm의 정사각형 6개가 서로 정교하게 맞물려 있고, 각 면의 넓이와 크기도 똑같다. 당시 신라의 발전했던 수학 지식과 정교한 세공기술을 짐작케 해준다. 또한 각 면에는 다양한 벌칙이 적혀 있어 신라인들의 옛 놀이문화의 정수를 보여준다.[41]

14면체인 이 주사위를 던지면 정다면체가 아님에도 불구하고 각 면이 나올 확률이 거의 같다. 〈그림 1-24〉에서와 같이 한 변의 길이가 4.1*cm*인

〈그림 1-23〉 발굴 당시의 목제 주령구와 복제품(국립민속박물관 소장)

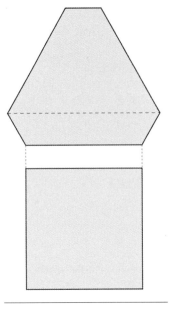

〈그림 1-24〉 목제주령구juryeong

정삼각형의 각 꼭짓점에서 0.8*cm*를 잘라내면 긴 변이 2.5*cm*인 육각형을 만들 수 있다. 정다면체가 불가능한 14면체의 각 면의 넓이를 거의 비슷하게 만들어 각 면이 나올 확률을 비슷하게 만든 것은 이 주령구의 디자인 단계부터 정교한 수학적 계산이 들어 있음을 볼 수 있다.

높이가 4.8cm이고, 작은 14개면(6개의 사각형면과 8개의 육각형면)으로 이루어진 이 주령구에 주목하는 이유는 이 주사위가 수학적으로 단순한 정다면체가 아닌 준정다면체로 파생된 것이기 때문이다.

정다면체와 유사하지만 주령구를 자세히 뜯어보면 정다면체와는 다른 모습인 것을 알 수 있다. 정다면체가 모든 면이 정다각형으로 이루어져 있는 다면체의 모습이라면 준정다면체는 두 종류 이상의 정다각형으로 이루어져 있으며, 각 꼭짓점에 모인 면이 배치가 서로 같은 볼록 다면체이다. 이러한 준정다면체는 〈그림 1-25〉와 같이 여러 종류가 존재한다.

13가지 준정다면체는 아르키메데스가 발견했고 1619년에 케플러에 의해서 재발견되었다. 정팔면체의 모서리를 깎아서 생기는 '깎인 정팔면체'가 되고 신라인은 이것의 모양을 바탕으로 점점 더 깎아 넓이를 이웃면의 정사각형의 넓이와 같아지도록 그 주사위의 각 면의 넓이를 계산했다. 이 사실로부터, 넓이를 계산하는 데 나오는 무리수의 값까지 굉장히 작고 미세한 기구의 실측, 혹은 직관을 가지고 여러 가지 각도와 삼각형의 모양과 넓이에 관련된 정리를 완벽하게 현실에서 응용하여 만들 수 있었던 신라시대의 위대한 수학적 힘을 볼 수 있다. 소수점 아래 두 자리인 0.01cm^{2}의 오차는 실제적인 목측이 불가능함을 감안할 때 실측으로 했

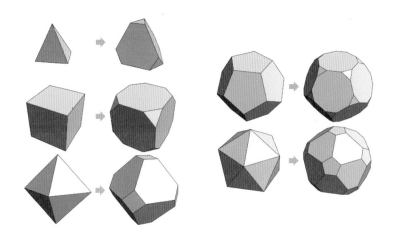

<그림 1-25> 여러 종류의 준정다면체 (Wolfram Mathematica를 사용했음)

거나 목측의 감각으로 했거나 둘 다 도저히 인간이 한 솜씨라고 믿기 어
려울 정도로 신비하다. 수학적 확률이 바탕이 된 정교한 주사위로 불국
사의 다보탑만큼 현란한 모양새를 보여준다.

국내에서 가장 오래된 정육면체 주사위는 경주 북쪽 지역 신라 왕경(王
京) 유적을 발굴 조사한 결과 발견된 주사위이다. 이 주사위는 너비 0.7cm
가량 되는 정육면체에 원형인 점을 새겨 숫자를 나타낸 상아로 만들어
졌다. 이 단순한 주사위로부터 훨씬 나중에 만들어진 것으로 추측되는
14면체 목제 주령구는 신라 수학문명의 발전의 추이를 보여준다.

정육면체에서 정팔면체를 자르는 각도는 경사가 옆면의 영향을 바로
받는다. 따라서 기하학적으로 아주 뛰어난 이 목제 주령구 단면체는 아
무나 함부로 손댈 수 없는 기술이다. 신라시대에 만들어진 아주 작은 이
목제 주령구로부터 석불사(석굴암), 불국사 등 재질에 관계없이 모든 조형
물에는 조화와 균형을 볼 수 있는데 기하나 각도, 즉 수학을 모르면 제
작을 못 했을 것이다. 그 당시 조형물들의 비율과 확률적 배치와 건축물

〈그림 1-26〉 국내에서 가장 오래된 신라의 정육면체 주사위

자체로도 안정감 있는 비율을 유지하고 있는데 이것은 수학 지식이 잘 정리되어 있음을 뜻한다.

2. 신라의 산학제도: 국학

신라의 수학과 관련되는 산학제도에 관한 기록은 그리 많지 않다. 『삼국사기』[42]에 국학[43]에서 행하여졌던 수학 교수방법에 관한 기록이 있다.

혹 달리는 산학박사(算學博士)와 조교(助敎) 1명이 『철경(綴經)』, 『삼개(三開)』, 『구장(九章)』, 『육장(六章)』을 가르쳤다.[44]

이로부터 국학의 교육자와 교재에 대해 알 수 있다. 국학의 실질적인 교육자는 산학박사와 조교였고, 산학박사라는 명칭은 조선시대 말까지 존재한다. 삼국통일을 이룬 시기에 중국 당나라의 교육기관도 수학을 교수했으나 신라의 그것과는 상당히 다르다. 우선 신라의 수학 교재인 『철경(綴經)』, 『삼개(三開)』, 『구장(九章)』, 『육장(六章)』에서 『구장』과 『철경』만 일치할 뿐이다. 수업연한 또한 9년으로 당나라보다 길고 입학 자격과 입학 연령도 다르다. 그 이유로 통일 후 급격히 늘어난 영토와 세금, 관청의 확장 등을 들 수 있을 것이다.[45] 따라서 실무 관리의 양성과 교육을 위한 현실의 요구에 대응할 필요가 컸음을 추측해볼 수 있다. 산학박사와 조교에 관련된 기록은 다음의 기록에서도 보인다.

국학(國學)의 여러 학업 과정에 박사(博士)와 조교(助敎)를 두었다.(747년 01월(음))[46]

또한 국학에서 강의한 수학 교재로 미루어 신라 전반의 수학적 역량을 살펴볼 수 있다. 『철경』 혹은 철술은 고려시대까지 사용된 중국의 산서인데 조충지(祖沖之)[47]가 지은 것으로 배우는 사람이 없을 정도로 어려웠다는 기록이 있다.[48] 『구장산술(九章算術)』 혹은 『구장(九章)』은 9개의 장으로 구성되어 있는데 『육장(六章)』은 6개의 장으로 구성되었고 『구장』의 내용과 대동소이할 것이라고 추측된다. 『삼개(三開)』는 『삼개중차(三開重差)』와 관련이 있다는 기록이 있다.[49] 『양휘산법』 부록에 중차술이 있고 유휘(劉徽)의 중차(이순풍의 『해도산경』), 그리고 『조선왕조실록』 세조 6년 6월 16일 기사에 보면 구고 중차라는 말이 나오는데, 단순하게 말해 기둥을 세워 직각삼각형의 닮음비를 이용한 측량술로 이해할 수 있다. 이런 수학적인 역량이 있었기에 신라장적(新羅帳籍)[50] 같은 수학을 토대로 만든 행정문서가 만들어지고 신라의 한반도 통일시대가 열렸을 것이다.

석불사(석굴암)나 다보탑 그리고 목제 주령구 등의 예에서 보이는 놀라

운 신라의 수학은 아마도 국학에서 수학 분야의 수준 높은 강의가 가능
했기 때문이며, 그것을 오랜 기간 학습했던 수학자들을 주축으로 이루어
졌을 것이다.

고려의 수학문명

고려의 수학문명은 고구려, 신라, 백제, 발해시대의 수학문명과 조선의 수학문명으로 유추가 가능하다. 수학은 하루아침에 갑자기 이루어지는 것이 아닌 만큼 길고도 장구한 세월에 걸쳐 천천히 계승, 발전되었을 것이다. 신라의 장적이 고려의 토지, 조세를 이해하는 원류이고 나아가 조선의 전품 측량으로 되는 것은 면면히 이어진 흐름이 있었을 것이다. 우리 민족 특유의 구들 난방 방식인 온돌도 고조선부터 조선에 이르는 북방 난방문화의 꽃인 독자적 건축양식으로 볼 수 있다.

고려는 천문도 발달했다. 고려의 천문대로는, 개성부 읍지인 『중경지』에 "첨성당은 만월당 서쪽에 있다."는 기록이 있다. 고려 왕궁이었던 만월대의 서쪽에는 지금도 고려시대 천문대의 축대 부분이 남아 있다. 다섯 개의 사각기둥이 동서남북 네 방위에 맞춰진 네모난 상판을 받치고 있다. 기반석 위에 남아 있는 부분의 높이가 2.8m이며, 축대 상판에는 관측기구를 고정하는 데 쓰였다고 생각되는 크고 작은 구멍이 여럿 있다. 『고려사』에 기록된 많은 천문관측이 이와 같은 천문대에서 수행되었다고 추정된다.

즉, 수학문명은 역사의 흐름과 함께 긴 시간 사이에 잠시 단절된 것같이 보여도 면면히 흘러 다시 기억되고 돌이켜서 계승, 발전됨을 위의 예로 알 수 있다. 고려시대에 나타난 동전을 주조해서 만든 건원통보, 해동통보도 조선시대의 상평통보의 밑거름이 되었을 것이다. 화폐는 자연스럽게 경제 규모 및 유통의 흐름을 이해할 수 있는 수학문명과 상관관계가 있다.

상업에 쓰이는 부기와 길이와 넓이, 부피를 재는 도량형도 꾸준하게 실제로 사용되면서 조금씩 변동이 일어나서 사용하고 측정하기 좋은 방향으로 개선되었을 것이다. 아마도 오늘날 우리가 사용하는 미터법의 측정 단위는 과거와 단절된 혁명적인 서양의 측정 단위로, 반만년 우리 역사에서 이러한 대변혁은 보기 드문 사례이다.

고려시대의 건축과 불교에 관련된, 예를 들어 팔만대장경의 분류와 배열도 현대 도서정보의 분류와 같은 방식이 들어 있다. 부석사의 배흘림 기둥 같은 건물 구조 속의 수학문명은 수학이 어떻게 쓰였는가 하는 관점에서 실측과 함께 보다 심층적인 연구가 필요하다. 그리고 고려청자와 건축물 처마들의 곡률과 신라, 백제, 조선시대의 건축과 도자기의 곡률을 비교하는 작업도 의미 있는 수학문명의 분석이 될 것이다.

〈그림 1-27〉
고려청자의 아름다운 옆선

수시력이 처음 들어온 시대가 고려인만큼 그것을 사용하려면 당연히 역산의 지식이 필요할 것이다. 따라서 고려의 수학은 삼국시대와 발해를 뛰어넘어 계속 발전하였음을 어렵지 않게 추측할 수 있다. 또한 고려의 수도인 개성 일원에는 많은 왕릉과 수학과 관련된 유적이 있으리라 추측된다. 이런 것들도 보다 심도 있는 남북한을 어우르는 연구가 필요할 것이다.

고려의 수학문명은 이런 수학문명을 가능하게 하고 유지, 발전시킨 산학제도에 주안점을 두어 기술하고자 한다. 다행히 조선 초에 만들어진 『고려사』에 기록이 남아 있어 그 흔적을 찾아볼 수 있다.

1. 고려의 산학제도[51]

고려는 초기에 통일신라의 제도를 계승하였다. 성종 11년(992)에 국자감이 정비되었으나 이때는 국자감과 태학, 사문학만이 편성되어 각각 박사와 조교를 두었다. 그러던 것이 문종(재위 1046-1083) 때에야 비로소 국자감 속에 서학과 산학을 두고 박사(종9품) 두 명씩을 배치하여 기술학을 교육하기에 이르렀다. 그러나 국자감, 태학, 사문학, 율학, 서학, 산학의 경사 육학을 갖춘 고려의 교육제도가 확립된 것은 식목도감에서 학식을 상정한 인종(재위 1123-1146) 때의 일이었다. 공양왕 원년인 1389년에는 제도가 더욱 정비되고 모든 분야는 전문화되어서 각 소관아문에 교수관을 두어 독립적으로 교육하게 되었다. 따라서 예학은 성균관, 악학은 전악서, 병학은 군후소, 율학은 전법사, 자학은 전교사, 의학은 전의사, 풍수음양학은 서운관, 이학은 사역원에서 전문 교육을 실시하였다. 이 외에도 『고려사』에는 수학에 관련된 혹은 수학을 어떤 사람들이 배우고 활용했는가에 대해서 추측할 수 있는 여러 기사가 보인다. 직업적인 산사는 물론

이지만 그들에게 여러 계산과 실무행정의 수학적 요소를 사대부는 모르는 채로 맡기는 것은 있을 수 없으므로 조선과 마찬가지로 사대부들도 수학을 배우고 공부한 기록이 있는 것은 당연한 현상으로 보인다. 조선시대 말기의 위대한 중인 전문 수학자인 이상혁(1810-1883)은 합천 이씨 첨사공파인데 이 집안은 고려시대의 정3품 동궁관(東宮官)으로 동궁을 교육시키는 역할을 담당한 양반이었다. 이와 같은 사실로부터 고려시대 수학 연구의 한 축이었던 사대부에 의한 수학의 갈래를 유추할 수 있다.

산학은 십학 중 하나였다. 그리고 산학은 해당 관계 부서로 볼 수 있는 판도사, 즉 호부에 있었을 것이다. 고려시대 산학을 비롯한 율학, 서학 등 기술학부의 입학 자격은 8품 이하의 자제와 서인 출신으로 하되 7품 이상의 자제도 청원하면 입학이 허락되었다. 이것은 신분에 관계없는 수학 연구의 중요성과 실용성을 말해준다. 그리고 산학을 배우기 위해서 국자감에 입학한 후 3년이 지나면 산학 과거시험에 응시할 수 있는 자격을 주었다. 수업 최대 연한은 유학부가 9년, 기술학부는 율학이 6년으로 되어 있고 서학과 산학에 대해서는 언급이 없다. 그러나 기술학 중에 율학에만 중점을 두었던 것으로 보아 서학과 산학도 또한 6년 이내였으리라 추정할 수 있다. 즉, 산학은 입학한 지 3년이 되면 과거에 응시할 수 있는 자격이 주어졌다. 산학의 교육과정은 자세히 알 수 없으나 『고려사』 인종 14년(1136) 11월의 기사를 통해서 수학관리, 즉 명산업(명산과, 산학, 수학 분야)의 시험을 보면 다음과 같다.

무릇 명산업(明筭業)의 시험 방식은 (다음과 같다.) 첩경(貼經) 시험을 2일 간 치르는데, 첫째 날에 『구장(九章)』의 10개 조항을 접어 가려서 시험 보고, 다음 날에 『철술(綴術)』 4개 조항, 『삼개(三開)』 3개 조항, 『사가(謝家)』 3개 조항을 시험 보는데 이틀간 모두 다 통과해야 한다.

『구장』 10권을 읽는데 문장을 해독하고 겸하여 뜻과 이치[義理]는 6궤(机)에 통해야 한다.

글의 뜻마다 6개를 묻는데 문장을 해독하고 4궤에 통해야 한다. 『철술』 4궤를 읽는데 그 안에서 겸하여 뜻을 묻는 것이 2궤이며, 『삼개』 3권을 읽는데 겸하여 뜻을 묻는 것이 2궤이고, 『사가』 3궤를 읽는데 그 안에서 겸하여 뜻을 묻는 것이 2궤이다.[52]

위에서 나온 첩경 시험은 시험의 한 방법으로 경서 중에서 한 줄만 보여주고 앞뒤를 외우게 하는 시험방식을 말한다. 이틀에 걸쳐 첩경 시험을 본다는 것은 그 수학책을 완전히 암기하였다는 뜻이다. 지금도 수학을 공부할 때, 기본 정의와 정리들을 외워야 함은 물론이고 그 뜻과 논리적 이치를 알아야 한다. 즉, 문제를 푸는 방법과 그 방법이 성립하는 원리를 이해함을 물었던 것이다. 이것은 현대적으로 보아도 손색없는 수학 테

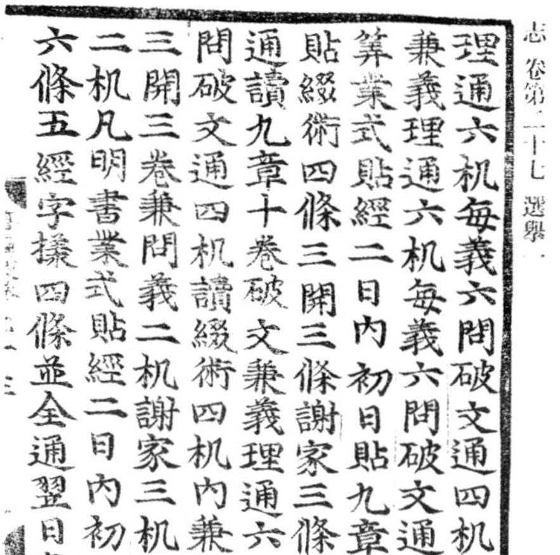
志 卷第二十七 選擧 一
理通六机每義六問破文通四机讀令破文
兼義理通六机每義六問破文通四机凡明
筭業式貼經二日內初日貼九章十條翌日
貼綴術四條三開三條謝家三條兩日並全
通讀九章十卷破文兼義理通六机每義六
問破文通四机讀綴術四机內兼問義二机
三開三卷兼問義二机謝家三机內兼問義
二机凡明書業式貼經二日內初日貼說文
六條五經字樣四條並全通翌日書品長句

〈그림 1-28〉
『고려사』 권73 중 수학관리 선발 관련 내용

스트 방법이다. 그리고 '궤'라는 것은 책상을 의미하는데 이것은 시험관이 앉은 책상을 의미한다. 즉, 6명의 시험관 중에서 4명의 시험관 앞을 잘 통과하여야 합격할 수 있었다는 의미이다. 위의 문장만으로 수학관리 선발시험의 방식을 명확하게 설명하기 힘든 부분이 있지만, 적어도 고려시대의 산학관리 선발을 위해 관리자의 상층부가 생각한 중요성과 들인 정성을 체감할 수 있다.

『고려사』를 보면 『구장산술』이 총 10권으로 되어 있음을 알 수 있다. 압도적으로 많은 분량의 『구장산술』은 이른바 동양 수학의 기본 교과서로서 그 구조는 현대 수학적 구조를 가진다. 이 책 10권이 고려시대 산학의 기본 텍스트였다. 그 외에 『철술』, 『삼개』, 『사가』 같은 수학책은 지금은 그 내용이 전해지지 않지만 내용의 난이도는 상당히 어려운 수학책이라고 하니, 고려시대의 수학은 그 당시 동양 수학의 높은 경지에 있었음을 확인할 수 있다.

관리 선발과 관련한 사례로서, 목종 원년(998) 정월에 네 명, 같은 해 3월에 11명이 급제한 사실이 『고려사』에 보인다. 그러나 명산과가 2번밖에 실시되지 않았다고 보기는 어렵다. 왜냐하면 고려시대의 과거급제자는 갑과, 을과, 명경, 진사 등 유학부에 한해서 기록되어 있는 점으로 미루어 보아 산학 등 기술학부에 관한 기록은 누락되었을 것으로 생각된다. 고려시대에는 중앙집권적인 관료체제하에서 각 관서에서 재정과 관련하여 사무 처리와 계산 기술이 능숙한 전문적인 산사들을 배치하였다. 표에서 보면 삼사에 가장 많은 4명의 산사가 배치되어 있음을 알 수 있다. 이것은 삼사에서 중외 전곡의 출납과 회계 사무를 총괄하여 맡아보았기 때문에 당연하다. 그 밖의 관서에서도 그 업무 내용에 따라 각각 1~2명씩 산사를 배치하였다. 내직에 36명과 외직에 14명의 산사를 배치하여 총 50명의 산사를 채용하여 배치하였다. 이 밖에 이속인 계사는 내직에만 삼사에 2명을 비롯해 총 9명이 배치되었다. 『고려사』 백관지(百官志)에 나와 있는 고려시대 각 관서에 배치된 산사와 계사표를 보면, 조선시대와 비교하여 영·정조 시대의 인원의 대폭적인 증가 전까지 큰 차이가 없음을 확인할 수 있다.

배치관서		정원	
		산사	계사
중앙 정부	상서도성	1	
	삼사	4	2
	상서고공	1	1
	상서호부	1	1
	상서형부	2	1
	상서도관	1	1
	상서공부		1
	어사대	1	1
	전중성	1	
	예빈성	1	
	대부사	1	
	소부감	1	
	장작감	1	
	사재사	2	
	군기감	2	
	상식국	1	
	상약국	2	
	중상서	1	
	대관서	1	
	장치서	1	
	내원서	1	
	전구서	1	
	대창서	2	
	대영서	1	
	도평의사사	1	

	영송도감	1	
	산정도감	1	
	팔관보	1	
	내장택	1	
	본청	1	
	의조	2	
	호조	2	
외직 (서경)	병조	2	
	보조	2	
	창조	2	
	공조	2	
	제학원	1	
합계		50	8~9

〈표 1-1〉 고려시대 각 관서에 배치된 산사와 계사표 (『고려사』 百官志)

2. 산학관직의 변천

다음으로 고려와 조선의 산학관리인 계사, 산사, 산학교수들을 간략히 설명하면 다음과 같다.

계사는 조선시대 호조의 종8품의 중인 관직으로 산사(算士)와 함께 회계 실무를 담당하였다. 초기의 『경국대전』에는 정원이 2인이었으나, 후기의 『속대전』에서는 1인으로 줄어들었다. 산사와 계사는 모두 중인 체아직(遞兒職)으로서 1년에 두 번씩 교대로 근무하게 되어 있었고 근무일수 514일을 채우면 1계급씩 진급되고, 종6품에 이르면 퇴직하여 취재(取才) 시험을 통하여 일반직으로 나아갈 수 있었다. 그러나 회계직에 계속 있기를 원하면 허락하는데, 근무일수 900일마다 진급되어 정3품에 이르면 퇴직하게 하였다.[53] 고려시대에도 마찬가지로 행정조직상 산사 밑에서 같이 협조를 하며 수학과 관련된 업무를 실무적으로 담당하였다.

산사는 고려시대의 서리직(胥吏職)으로 산학청(算學廳)의 미입사직(未入仕職)이며 26개 관청에 소속되어 오늘날의 회계사와 같은 경리일을 담당하였다. 〈표 1-1〉과 같이 상서도성(尙書都省)·상서고공(尙書考功)·호부·형부·상서도관(尙書都官)·어사대·전중성·예빈성에 각각 1인, 삼사에 4인을 비롯하여 제서(諸署)에 1인씩 소속되어 있었다. 조선시대에도 호조 소속인 산학(算學)의 종7품 관직으로 정원은 1인이었다. 원래는 산학박사(算學博士)라 하였으나 1466년(세조 12) 산학을 호조에 부속시키면서 산사로 개칭하였다. 처음에는 정원이 2인이었으나 『경국대전』을 편찬하는 과정에서 1인으로 조정되었다. 산사는 종8품 계사(計士) 1인, 종9품 회사(會士) 1인과 함께 궐 내외 각 부서의 회계 업무를 총괄하였다. 이들은 모두 6개월마다 교대 근무하는 체아직(遞兒職)으로서, 산원(算員) 정원 30인(후에는 60인) 중에서 근무일수를 계산하여 윤번으로 보직되었다. 이들은 근무일수 514일마다 1계급씩 승진하여 종6품이 되면 복무 의무가 해제되고, 계속 근무하기를 희망하면 허가하는데, 근무일수 900일마다 1계급씩 승진하여 정3품에 이르러 그쳤다. 그 뒤 특별시험을 거쳐 서반체아직을 받을 수 있었다. 이들은 전문기술직으로서 산학에서 교육받고 산과(算科)를 통해 관직에 나아갔다.

앞서 보았듯이, 산학박사(算學博士)는 그 명칭의 유래가 신라시대로 거슬러 간다. 신라시대 국학(國學)에서 산술 교육을 담당한 교수직인데, 신라는 682년(신문왕 2)에 국립교육기관인 국학을 설립하였고, "717년(성덕왕 16) 산학박사 1인을 두어 산술을 교육하였다."는 기록이 『삼국사기』에 있다. 조선의 『세종실록(世宗實錄)』에 산학박사(算學博士)에 관한 기록을 보면 "1419년(세종 1) 한성부(漢城府)에서 산학박사 두 사람 중 지리와 산수를 겸해서 통하는 자 한 사람은 본부(本府)의 토지 측량 사무를 겸임하게 해달라는 뜻을 조정에 올려 그대로 실시되었다."고 기록되어 있다. 또,

1423년에 이조에서 수학의 중요성을 강조하여 각 아문(衙門)의 아전을 산학박사에 임명하여 모든 회계가 한낱 형식이 되고 만 폐단을 없애기 위해서, 앞으로는 산학박사는 양반의 자제로서 시험하여 등용하고, 그들로 하여금 항상 산법(算法)을 연습하여 회계 사무를 전담하도록 해달라고 건의하여 그대로 실시되었다는 기록이 있다.

　조선시대의 『조선왕조실록』이나 그 밖의 기록에 산학자들의 품계가 소상히 나온 것에 비해 고려시대의 기록은 품계보다 일반적인 '산사'라는 명칭으로 조선시대 산학교수, 산사, 계사를 포괄하여 기록되어 있고 그 수학관리들의 배치가 자세히 『고려사』에 적혀 있다. 신라시대의 산학교수라는 명칭이 조선에도 등장하는 것으로 보아 당연히 고려에서도 산학자들의 세분화된 품계가 있었으리라 추측된다. 살펴본 대로 중국의 송, 원의 수학 문물제도와는 판이한 우리 고유의 산학제도는 신라시대 이래 고려와 조선으로 이어지는 것을 확인할 수 있다.

九九母數象圖

右為目數
左為綱數
夫綱而妻目也。○此圖即蔡氏範數方圖

2장

한국의
수학문명

평민 속에 스며든 수학
: 수(數)를 통해 본 우리 문화

수학을 글자대로 풀이한다면 수[1]에 관한 학문이다. 그런데 수학의 대상인 수를 다루는 방식은 문화에 따라 다르다. 실제로 동양에서는 수로써 농사를 짓는 데 필요한 율력이나, 왕조의 운명과 관련된 천문, 도량형, 음악을 위한 음률뿐만 아니라 현재의 기준으로는 과학 밖의 영역이라고 할 수 있는 역수(易數)를 통합적으로 설명한다.[2] 즉, 수는 통일적 원리로서 이 모든 영역을 연결하는 매개변수로 기능했다고 볼 수 있다. 도량형이나 음률, 천체(天體)의 운행(運行)과 기후(氣候)의 변화(變化)가 철을 따라서 돌아가는 차례(次例)인 역수(曆數), 음양(陰陽)으로 길흉(吉凶) 화복(禍福)을 미리 아는 술법(術法)인 역수(易數)에 이르기까지 수는 실제적 삶을 광범위하게 지배하고 있었던 문화의 핵심 코드였다.

일상적으로 사람들은 수를 계산하는 것을 수학이라고 생각한다. 도형에 관한 수학 문제도 결국은 수를 계산하는 것으로 환원되었다. 한자 '算'은 수를 셈하기 위해 양손에 대나무(竹)로 만든 산가지를 갖춘 데서 유래한 글자라고 하는데, 이것은 수학적으로 계산하는 것에만 한정되지 않고 점을 치는 행위와도 관련된다. 동양에서 수는 단순한 기호가 아닌 상징이고 문화적 함의를 가지기 때문에 실용적 계산 체계와 함께 광범위한 문화적 수 체계가 공존한다. 수와 연관된 표현 중에는 흥미로운 것이 많다. 수를 계산하는 산수(算數)는 이미 언급했거니와, 이미 정해져 있어 사람의 힘으로는 어쩔 수 없는 운수(運數)나 일상에서는 계략의 의미로도 많이 사용하지만 민속적으로는 길흉을 점치는 것을 의미하는 술수(術數)에도 '수'자가 붙어 있다.

우리 전통사회에서는 물건을 사고팔고 음악을 즐기는 등 일상적인 삶에서의 수 체계와 인간의 운명을 계산하는 형이상학적인 수 체계가 공존했다. 후자에 의해 전자가 영향을 받았다는 점에서 후자, 즉 형이상학적수 사상이 우리 전통사회의 문화를 형성하는 데 중요한 요소였다. 수는 단순히 계량적으로 취급하여 계산하는 대상이 아니라 질적인 상징이었다. 우리 전통사회에서 수는 인간의 운명을 가리키는 특별한 상징의 의미를 가진다.

1. 수로 문화 보기

문명이나 문화를 한마디로 정의하기는 쉽지 않지만 자연과 대비되는 개념으로 인간이 개입된 산출물을 총칭한다고 할 수 있다. 문화는 자연과의 관계 속에서 이루어지는 것이므로 하나의 문화를 이해하기 위해서는 인간과 환경을 포괄하는 다면적이고 다층적인 구조를 살펴보아야 한다.[3] 그럼에도 불구하고 문명이라는 실타래에서 매듭을 수 문화를 매개로 풀어보기로 하자. 즉, 수(數)를 통해 우리 문화, 문명을 들여다보고자 한다.

수(數)는 우리 생활과 밀접하게 관련된다. 인간 문명에서 삶을 구성하는 것들의 여러 요소는 수(數)로 표시된다. 인간은 몸의 치수, 곡식의 양, 집의 크기, 기온의 고저, 음률의 높이와 길이, 태풍이나 지진의 강도 등을 측정하며 삶을 영위한다. 그리스에서 시작되는 서양 수학문명은 수 자체에 대한 연구, 예컨대 소수(素數)가 무한한지 여부, 무리수의 존재와 표시 방법 같은 수학적 지식에 관심이 컸던 반면, 동양 문화권에서는 수가 학문적 대상이라기보다 실용적인 이유에서 그 존재 의미를 지녔던 것으로 여겨진다. 여기서 실용적 이유라는 것은 생활에 필요에 따른 요청으로서 수의 기능을 의미한다. 또한 경제적 이유로 계량화하는 것은 물론 자연 이치에 따른 삶의 길흉화복을 예측하고 이를 극복하고자 하는 열망을 포함한다. 따라서 우리 전통사회에서 수(數)는 단순한 산술의 수(數)가 아닌 '문화적 수(數)'로서 기능했다고 할 수 있다.

2. 수를 중심으로 본 전통사상

동양 전통사상에서 수(數)는 형이상학적 의미를 축약하여 나타내는 상징이었다. 이는 존재의 본질을 형이상학적으로 나타낸 것으로서 문화적 함의를 가진다. 이 항(項)에서는 음양론, 오행론 그리고 이를 종합한 음양오행설(陰陽五行說)과 전통사상의 다른 한 축을 이루는 삼재론(三才論)을 다룬다.

숫자 2, 3, 5는 각각 음양론, 삼재론, 오행론을 상징하는 것으로 간주한다.

음양론(2)은 농경문화를 토대로 한 2수 분화체계의 산물이다. 2수 분화체계는 1(太極)은 2(陰陽)로, 2(陰陽)는 4(四象)로, 4(四象)는 8(八卦)로, 8(八卦)은 64(64卦)로 확장되는 체계이다.[4] 음양론은 중국과 한국에서 뿌리가 깊은 전통사상이지만 중국의 음양론이 이분법적 대립 관계였던 데 반해 한국은 음양의 역동적 조화를 강조했다. 그리고 그 조화의 중심에 인간이 있어 우리 문화에는 인간 중심적이고 현세 중심적 사고방식과 우주관[5]이 심층에 면면히 흐르고 있다.

한편 수렵문화에서 발현한 삼재론(3)은 태양숭배사상과 동북방 시베리아의 샤머니즘과 연결된 것으로 3수 분화를 특징으로 한다. 이때 3수 분화란 0(무)에서 1(도)로, 1(도)에서 3(삼재)으로, 3(삼재)에서 9(3×3)로, 또 81(9×9)로 전개된다.[6] 3재(천, 지, 인)를 기본으로 하는 3은 음양의 대립에 하나를 더 보탬으로써 완성, 안정, 조화, 변화를 상징하고 있다.[7] 이어 짝수인 2처럼 둘로 갈라지지 않고 원수인 1의 신성함을 파괴하지 않은 채 변화하여 완성이라는 의미를 나타내게 된다. 따라서 3이라는 숫자는 세 개로 나누어져 있지만 전체로서는 완성된 하나라는 강력한 상징을 띠고 있다.[8]

한편, 동서양을 막론하고 행성은 5개가 있다고 생각했다. 이는 인간이 육안으로 관찰할 수 있는 행성의 수이다. 따라서 5는 하늘이 정한 신성한 수였고, 각 행성을 목, 화, 토, 금, 수라고 명명했다. 이 다섯 가지 요소로 세상을 설명하려는 오행론의 흥미로운 특징은 상생(相生)과 상극(相剋)이라는 두 상반된 원리를 갖는다는 점이다. 또한 오행론은 다음 〈표 2-1〉과 같이 방위, 계절, 도량형, 음률, 관직 등이나 1에서 10까지의 수를 다섯 가지로 분류하는 데 사용되었다.[9]

오행	방위	도량형	계절	음계	벼슬
목	동	규	춘	각	전
화	남	형	하	치	사마
토	중앙	승	사방	궁	도
금	서	구	추	상	리
수	북	권	동	우	사공

〈표 2-1〉 오행론의 활용

음양론과 오행론은 각각 독립적으로 전개되어오다가 하나의 체계적 이론으로 결합되었다. 이것이 설명적 연관을 가지고 이론으로 정립된 것은 한(漢)나라에 이르러서였다. 동양 문화의 주요한 코드라고 할 수 있는 10간과 12지는 바로 음양과 오행이 조화를 이룬 것으로 볼 수 있다. 이를 표로 정리하면 아래 〈표 2-2〉와 같다.[10] 이들 이론은 2+3=5라는 단순한 생각에서 음양론과 삼재론을 융합해서 오행론을 만들 수 있을까 고려할 수 있지만 이들 사이의 관계는 독립적인 것으로 파악되고 있다.

음양론	양					음				
삼재론	천				인		지			
오행론	목		화		토		금		수	
10천간	갑	을	병	정	무	기	경	신	임	계
상수의 배당	3	8	7	2	5	10	9	4	1	6
12지지	인	묘	오	사	축·진	미·무	신	유	자	해

〈표 2-2〉 음양오행론, 삼재론, 십간십이지의 연관 관계

수의 형이상학적 의미를 잘 보여주는 예로서, 우리 문화의 큰 자랑이고 과학적인 문자라고 칭송받는 한글이 있다. 우리가 주목하는 것은 한글의 제자 원리에 바로 삼재론과 음양오행론을 주축으로 하는 역사상(易思想)이 가미되었다는 점이다.[11] 즉, 하나의 글자가 초성, 중성, 종성으로 이루어진 것과 천지인을 상징하는 세 기본 모음(ㆍ, ㅡ, ㅣ)은 삼재론에 따른 것이고, 자음은 음양오행론에 입각하여 5개의 기본 자음(ㄱ, ㄴ, ㅁ, ㅅ, ㅇ)을 설정한 후 이에 획을 더하여 만들어졌다. 『훈민정음』 제자해 첫머리에서 "천지 만물의 이치[道]는 오로지 음양과 오행일 뿐이다. 곤(坤)과 복(復)의 사이에서 태극(太極)이 생겨나서, (태극이) 움직이고 멈춘 후에 음양이 생겨난다. 세상에 살고 있는 생명체가 어찌 음양을 버릴 수 있겠는가? 그러므로 사람의 소리도 모두 음양의 이치[理]를 갖고 있는 것이다. 생각하건대 미처 사람이 살피지 못할 따름이다."[12]라고 하였다. 또한 『훈민정음』 말미의 정인지서(鄭麟趾序) 첫머리에서도 "천지자연의 소리[聲]가 있으면 반드시 천지자연의 글이 있다. 그래서 옛사람이 그 소리를 바탕으로 글자를 만들어 만물의 뜻[情]을 통하게 하고 삼재의 도리[理]를 (글자에) 실었으니 후세에도 바뀌지 못하는 것이다."[13]라고 해서 사람의 성음(聲音)을 태극과 음양, 오행, 삼재 등의 역리(易理)로 설명하였다. 그리고 이러한 역학 원리를 바탕으로 훈민정음을 창제했음을 아래의 제자해 내용 중 여러 곳에서 밝히고 있다.

초성 가운데 스스로 음양과 오행 그리고 방위의 수가 있는 것이다(是則初聲之中,自有陰陽五行方位之數也). (…) (중성을 만듦에 있어) 하늘·땅·사람을 본뜸으로써 삼재의 이치[道]를 갖추었다(取象於天地人而三才之道備矣). (…) 초성·중성·종성이 합쳐져 이루어진 글자로 말할 것 같으면, 동(動)과 정(靜)이 서로 뿌리가 되고 음과 양이 서로 변하는 뜻이 있으니, 동이

란 하늘[초성]이요, 정이란 땅[종성]이며, 동과 정을 겸하는 것은 사람
[중성]이다(以初中終合成之字言之, 亦有動靜互根陰陽交變之義焉. 動者, 天也. 靜者, 地
也. 兼互動靜者, 人也).[14]

이렇듯 한글은 그 기원과 구성 원리가 잘 알려진 문자이다. 훈민정음
은 음양론, 오행론, 삼재론이 정교하고 치밀하게 결합되어 있는 동양 사유
의 산물로서 전통사상에 대한 이해가 선행되지 않으면 그 논리성을 이해
할 수 없을 것이다.[15]

3. 문명 속 상징으로서의 수

앞 항(項)에서 우리는 동양 문명 안에서 수들이 그 문명의 핵심 구조와
연관이 있음을 보았다. 그리고 이 수들은 단순히 개개의 숫자로서 상징
성을 가질 뿐 아니라, 조합적인 성질로부터 문명의 기본 구조들을 더 크
고 세밀한 구조로 설명하였다.

우리가 수학에서 수를 다루며 소수(素數)들의 다양한 곱을 써서 모든
자연수를 만들어내듯이 고대 문명도 문명의 다양한 현상을 몇 가지 기
본이 되는 수의 상징으로부터 단계적으로 설명하였다. 이런 면에서 각 문
명에서 다양한 현상을 설명하는 기본이 되는 수를 '문화적 소수'라고 부
르기로 하고, 이 항에서 '문화적 소수'들이 가지는 상징의 의미를 간략히
알아본다.

1) 문화적 소수: 1, 2, 3, 5, 7

(1) 일

일(一)은 동서양을 막론하고 특별한 지위를 가진 수이다. 피타고라스에게 영향을 받은 필로라오스는 1을 모든 사물의 원리로, 크세노파네스는 여기서 더 나아가 1을 신이라고까지 간주했다.[16] 서양에서는 1이 존재하는 모든 것의 아버지와 같은 수로 여겨졌고 특히 중세에는 명상적으로 접근된 신성한 수였다. 1은 단순한 수가 아니고 더더욱 파생된 수가 아니라 모든 수의 시작점이 되는 상징으로서 신의 수였다. 동양에서는 1은 모든 존재의 원리인 도(道)에서 비롯되었다고 한다. 1에서 2가 나오고, 2는 3을, 3은 만물을 창조하였다고 본다.[17] 한국인이 좋아하는 시인 윤동주의 「별 헤는 밤」에서

> …별 하나에 추억과/ 별 하나에 사랑과/ 별 하나에 쓸쓸함과/ 별 하나에 동경과/ 별 하나에 시와/ 별 하나에 어머니, 어머니,…

와 같이 말했듯이 하나는 모든 수의 출발점이고 "우리는 하나"와 같은 구호처럼 다양성의 일치를 상징하기도 한다.

(2) 이

이(二)는 음양론을 상징하는 수임은 이미 언급하였다. 2는 강신표(1985)가 한국전통문화의 모델을 언급하면서 "음양적 원리에 입각한 대대적(對待的) 인지구조"로 정의할 만큼 한국인의 인식적 틀을 형성하고 있는 수이다. 그에 따르면 여기서 대대적이라 함은 "상대하고 반대하는 대(對)요, 대접하고 대우하는 대(待)이다."[18] 2로 대표되는 음양론은 식생활, 주거생활,

혼례, 상례에 이르기까지 문화적으로 광범위하게 영향을 끼쳤다.

우리 문화에서 기수(奇數)와 우수(偶數) 사이에는 가로 넘을 수 없는 경계가 존재하는데, 기수, 좌, 남을 한 맥락으로, 상대적으로 우수, 우, 여를 또 다른 맥락으로 나눠볼 수 있다.[19] 예컨대 1월 1일(설날)을 비롯해서 3월 3일(삼짇날), 5월 5일(단오), 7월 7일(칠석), 9월 9일(중양절) 등 양의 기운이 강한 기수가 겹친 날을 예외 없이 기념한다. 8월 15일(추석)은 비록 우수 8이 있지만 15는 기수이고 민족의 큰 명절로 지키고 있다. 그러나 명절이나 절기 중 모두 우수인 명절이나 절기는 찾기가 어렵다.

음양론의 입장에서 보면 죽음은 음이고 삶은 양이라고 할 수 있다. 그래서 제사를 지낼 때 엎드려 드리는 절의 수는 음의 수이다. 제사상에 오르는 과일의 수, 사찰의 탑의 층수도 우수이다. 오늘날 주민등록번호에 남자에게 기수인 1을, 여자에게는 우수인 2를 각각 부여하는 것도 모두 음양론에 기인한 것으로 보인다.[20] 우리의 조상들은 수가 양수(陽數)인 기수와 음수(陰數)인 우수로 구분되는 것을 상징화하여, 전자에 길(吉)을 후자에 흉(凶)을 대응시켜 행복한 삶을 추구했다.

(3) 삼

라틴어로 "Tria est numerus perfectus, Omne trinum est perfectum"[21]라는 말이 있듯이 3은 서양에서는 어떤 일을 완성시키는 조화의 수이다.[22] 한편 동양 문화권에서 3은 삼재론으로 대표되는 삼수분화 수체계의 핵심에 위치한다. 또한 우리나라에는 지역을 가리지 않고 유난히 3과 관련한 속담이나 길조어 또는 금기어가 많다. 한국인이 일상적으로 많이 사용하는 "삼 세 번", "수염이 석자라도 먹어야 양반이다.", "코가 석자", "서당개 삼년이면 풍월을 읊는다."와 같은 표현에서 삼(三)이 우리와 매우 친근한 수임을 엿볼 수 있다.[23]

전래동화의 줄거리도 3에 의해서 지배되고 있다. 동화의 시작은 "옛날, 옛날, 아주 먼 옛날에"에서와 같이 세 번 반복되고 줄거리 중간에도 세 번의 반복이 나타난다. 즉, "주인공에게 재난이 닥쳐도 세 번이고 그가 문제에 부딪혀도 역시 세 번이다. 하다못해 고개를 넘어도 세 번이다."[24] 가장 보편적 정서에 호소한다고 할 수 있고 세상을 바라보는 관점을 형성하는 전래동화의 형식이 3과 관련하여 정형화되어 있다는 것은 3이 우리 문화에 얼마나 친근한지를 보여준다. 3에 대해서는 아래에서 다시 다룬다.

(4) 오

오(五)는 각 문화권에서 결합과 만남의 수로 작동한다. 즉, 여성적인 수인 2와 남성적인 수인 3을 합한 5는 남녀합일을 상징하였다.[25] 5는 오행을 표상하는 수이자 "모든 것을 갖춘 수"[26]로 음양오행의 원리가 완비된 수이다. 이러한 생각은 삶의 여러 영역에서 완전함을 만드는 노력으로 이어져 동서남북에 중앙을 첨가하고, 빨강, 노랑, 파랑, 세 가지 색에 흰색과 검은색을 더함으로써 다섯 가지를 기본색으로 설정했다. 구미래(1992)에 따르면 맛이나 신체의 장기, 감각기관, 음악 등에도 이러한 사상은 반영되어 있다. 즉, 오행사상에서 짠맛, 쓴맛, 단맛, 신맛, 매운맛의 오미(五味), 간장, 심장, 비장, 폐장, 신장의 오장(五臟), 눈, 혀, 몸, 코, 귀의 오관(五官), 궁, 상, 각, 치, 우의 오음(五音) 등이 파생되었다.[27] 서양에서 5가 결합의 의미이듯이 우리 전통문화에서도 5라는 숫자는 오행의 원리에 따라 모든 것을 갖춘 완전함을 표상한다.

(5) 칠

오토 베츠(2009)는 칠(七)을 완전함과 전체성의 수[28]라고 규정했다. 아테네의 시인 솔론은 7년을 단위로 인간의 삶의 변화를 노래했다. 7이 갖는 상징성의 기원에 대해서는 창세기에 근거하고 있다거나 일곱 개의 행성 또는 달의 주기와 관련된다는 입장 등이 제시되어 있다. 동양에서는 특히 달의 주기와 관련하여 7의 상징성을 부여한 것으로 보인다.

7일은 달이 기울고 차오르는 과정에서 하나의 단위가 된다. 7일을 단위로 완전히 기울어진 달에서 반달, 반달에서 보름달, 보름달에서 다시 반달, 그리고 기울어지는 순환을 목격할 수 있다. 달이 차고 기우는 것의 경계를 만드는 것이 7일이고, 7은 음력을 구성하는 기본 단위로 기능한다. 단군신화에도 삼칠일이 등장한다. 왜 한 달인 사칠일이 아닌 삼칠일인가? 삼칠일은 기수인 데 반해 사칠일에 해당하는 28일은 4와 함께 우수로 구성된 것이 걸림돌이 된 것으로 보인다.[29]

2) 그 밖의 수

(1) 사

숫자 사(四)는 죽을 사(死)와 발음이 같기 때문에 불운의 숫자로 취급되기도 한다. 그러나 세계적으로 보면 4는 오히려 균형과 안정의 수[30]로 알려져 있고, 특히 피타고라스학파에서는 4를 신성한 수로 여겼다. 고대인들이 4원소가 결합하는 방식에 따라 만물이 생겼다고 본 것은 잘 알려져 있다. 동양에서 4는 전체를 아우르는 수로 간주된다. 이때 전체는 주로 공간적인 데에서 출발하여 다른 영역으로까지 확장된 듯하다. 그런데 4에서 주목할 점은 이 4의 독립적 지위의 중요성보다 그 중심에 인간이 있다는 것이다. 인간을 둘러싸고 사방(四方: 동, 서, 남, 북)이 있고, 인간의 운명과 관련하여 4주(四柱: 연, 월, 일, 시), 그리고 사해(四海: 세계, 온 천하), 사민(四民: 온 백성), 사천왕(四天王), 사고(四苦: 생, 노, 병, 사), 사군자(매, 난, 국, 죽), 문방사우(붓, 먹, 종이, 벼루), 사상의학(태양인, 태음인, 소양인, 소음인) 등은 모두 이러한 관점에서 출발한 것이다.[31] 그런데 4의 상징성을 고찰함에 있어서 주목할 것은 늘 그 중심에 인간을 위치시키고 있다는 점이다. 따라서 4는 가장 인문학적인 수라고 할 수 있다. 또한 4는 공간적 개념을 상징하는 데 사용하는 것으로부터 그 배수인 8과 함께 사방팔방(四方八方), 사팔허통(四八虛通), 사통팔달(四通八達) 등과 같이 원래의 의미를 더욱 강조하는 사자성어(四字成語)를 유통시켰다.[32]

(2) 구

구(九)는 삼(三)을 제곱해서 나온 수로 길수(吉數)인 양수(陽數)의 정점에 있다. 서구에서 9는 완성과 성취를 상징하는데 이와 유사하게 동양에서도 "양의 기운이 가득히 충만된 수"로 "높다, 깊다, 길다, 많다"[33] 등의 의미를 지닌다. 가장 높은 하늘을 구천(九天), 땅속 가장 밑바닥을 지칭하는 구천(九泉), 오랫동안 길게 계속되는 홍수를 구년지수(九年之水), 그리고 많은 죽을 고비를 넘겼다는 의미로 구사일생(九死一生)이 사용된다. 이 개념을 공간적으로 확장하여 구(九)는 넓다거나 멀리 떨어진 곳을 지칭하기도 하는데 중국 전체의 국토를 구역(九域)이라 하고 몹시 먼 나라를 일컬을 때 구역(九譯)이라고 하는데, 구역(九譯)을 문자대로 해석한다면 아홉 번이나 통역을 해야 할 정도로 멀리 떨어진 곳을 의미한다. 양의 기운이 충만한 수로서의 상징성 때문인지 9는 왕과 관련되어서도 자연스럽게 등장한다. 구중궁궐(九重宮闕)은 아홉 번이나 거듭해서 쌓은 담 안에 위치하여 접근하기 어려울 만큼 깊은 곳에 있는 궁궐을 말한다. 또 고려 전기에서

〈그림 2-1〉 구절판

조선 말기까지 국왕이 제례(祭禮) 때 착용한 관복인 면복(冕服)에다 아홉
가지의 수를 놓고 구장(九章)이라 하기도 하였다.

　길수(吉數)의 정점에 있는 9는 우리나라 지역명이나 산천의 이름으로
자주 등장한다. 서울시 어느 지역에는 '구룡마을'과 '구룡산'이 있고 '구룡
포'는 포항과 황해도에 있는 포구의 이름이며, 폭포, 강, 등에도 '구룡'은
나타난다. 또한 신성시되는 동물인 용과 결합하여 구룡(九龍)으로 사용되
기도 하는데, 이 단어는 한때 우리나라의 한 정당에서 대통령 후보 경선
에 나온 사람의 수와 일치하여 회자되기도 했지만, 원래는 석가모니가 탄
생할 때 9마리의 용이 입에서 물을 뿌렸다는 설화에 근거한다.[34]

　음식과 관련해서 구(九)는 충족함을 상징한다. 구절판(九折坂)은 아홉 칸
으로 나누어진 그릇에 9가지 음식 재료를 담는데, 둘레에 배치한 여덟
가지 재료를 가운데에 담은 밀전병에 놓고 싸서 먹는 음식이다.

(3) 십(열)

10은 산수의 수로는 우수이지만 문화의 수로서는 기수로 취급된다. 즉, 하나의 열과 두 개의 열은 다르다. 이 점은 일백에도 적용되어 일백은 이백과는 다르게 기수로 취급된다고 한다. 그 이유는 짐작하듯이 '두'와 '이'는 우수이기 때문이다. 문화적인 수체계에서는 그 기수와 우수를 결정짓는 기준이 다르다.[35]

갑(甲), 을(乙), 병(丙), 정(丁), 무(戊), 기(己), 경(庚), 신(辛), 임(壬), 계(癸)의 십천간(十天干)은 10이 가지는 상징성의 핵심을 이룬다. 생명이 쇠하여 사라짐과 성하여 자라나는 패턴을 총칭하는 수 10은 전통사회에서뿐만 아니라 오늘날에도 우리의 일상생활에 지대한 영향을 주고 있다. 또한 10은 하나의 단락이 맺어져 완결된 의미로 통용되기도 한다. 예컨대 '십년감수'는 사전적으로는 "수명이 십 년이나 줄 정도로 위험한 고비를 겪음"[36]이라고 정의되어 있지만 위험한 상황이 일단 매듭지어져 한숨을 돌릴 수 있게 되었음을 뜻하는 것으로도 이해할 수도 있다. '구사일생'도 결국은 10번째에야 비로소 살아나는 것으로 매듭지어진다. 오토 베츠(2009)는 10을 완성과 경계의 수로 규정했는데 우리 문화에서도 10은 일단락되었다는 완성의 의미와 일단락되기에 충분한 과정이나 다양함을 표현한다. "열 번 찍어 안 넘어가는 나무 없다."는 속담이나 밥 열 술이 한 그릇이 된다는 것을 뜻하는 십시일반(十匙一飯), 아주 충분하고 넉넉하다는 십분(十分), 모두 갖추어져서 결점이 없다는 십전(十全) 등은 이러한 10이 상징하는 바를 잘 드러내준다.

(4) 수 단위(백, 천, 만, 억, 조)의 상징

10의 연장선에서 수의 단위가 되는 백, 천, 만, 억, 조 역시 상징적 의미가 풍부하다. 대체로 많다, 길다, 넓다, 다양하다와 같은 의미로 통용된다. 백(百)은 순수한 우리말로는 '온'이라고 하는데 이것은 전체를 아우르는 것과 온전하다는 뜻을 동시에 가지고 있다. 백성(百姓)은 일반 국민을 예스럽게 이르는 말이지만, 문자 그대로는 백가지의 성(百個의 姓)이라는 많은 사람 또는 백성 전체를 아울러서 표현한 것이라 할 수 있다. 구미래(1992)는 백(百)과 관련하여 다음과 같이 정리한다.

> 여러 학자들을 백가(百家), 모든 벼슬아치를 백관(百官)이라 불렀다. 다양하다는 뜻으로 쓰일 때는 백과사전(百科事典), 백화점(百貨店), 백방(百方: 여러 가지 방법), 백출(百出: 여러 가지 모양으로 많이 나옴), 백해무익(百害無益), 백행(百行), 백화(百花) 등이 있고, 많음을 나타내는 것으로는 '백문(百聞)이 불여일견'을 비롯하여 백록(百錄: 많은 복록), 백만장자, 백배사죄 등의 말이 있다. 또한 오래고 길다는 뜻으로 사용되는 것을 보면 백년손님, 백년가약, 백년대계, 백년해로 등 백 년 동안이나 되는 긴 세월이라는 말을 즐겨 쓰고 있으며, 이 외에도 백일해, 백일기도 등이 있다.[37]

억(億)과 조(兆)는 주로 다른 수와 결합되어 표현을 강조하는 데 주로 사용된 것으로 보이는 데 반해 천(千)과 만(萬)은 이들보다는 상대적으로 가까운 수여서인지 독자적인 상징성을 가지고 많이 사용된 것으로 보인다. 천(千)은 멀다든가 아주 길다는 표현 또는 아주 많다든가 크다는 것을 상징했다. 멀다는 개념이 반영된 것에는 타향천리, 천리경, 천리마, 천리안 등이, 천고불멸, 천추(오랜 세월) 등은 길다는 개념이 반영되었으며, 많다는 것을 상징하는 천(千)은 천금(千金)이나 천석꾼(千石꾼) 등이다.[38]

한편, 만(萬)에 대해 ①시간적으로 길고 ②공간적으로 넓거나 긴 것을 표현하거나 ③양에 있어서 많음과 양태의 다양함, ④강조하기 위해서 천, 만, 억, 조가 서로 결합되어 표현된 예를 다음과 같이 정리할 수 있다.[39]

①에 해당하는 것: 만고강산, 만고불멸, 자손만대, 만년설, 만년필,
　　　　　　　　　　만수무강

②에 해당하는 것: 만리장천, 만리타국, 만리경

③에 해당하는 것: 만국, 만금, 만능, 만물, 만반, 만병통치, 만부득이,
　　　　　　　　　　만사형통, 萬一(만약), 기고만장, 파란만장

④에 해당하는 것: 천군만마, 천신만고, 천년만년, 천만다행, 천추만대,
　　　　　　　　　　천만뜻밖, 천만부당, 억천만겁, 억만장자, 억조창생

　천이나 만에 비해 빈도가 낮아서 그렇지 억(億)이나 조(兆)가 단독으로
사용되지 않은 것은 아니다. 무한한 오랜 시간을 뜻하는 억겁(億劫)이나
모든 백성을 뜻하는 조민(兆民)과 같은 것이 그 예이다.

(5) 십이

　수 12는 고대 문화권에서 완전함을 나타내는 상징이었다.[40] 우리 전통
사회에서도 이와 유사하게 12는 최댓값을 표현하거나 많음의 극치 혹은
충족함을 나타낼 때 사용했다. 이런 맥락에서 지상에서의 변화를 열두
동물로 표상한 십이지지(十二地支)는 이 땅에서의 패턴을 표현하기에 충분
하다고 할 수 있다. 전통사회에서는 열두 대문을 통과해야 저승에 이르
게 된다고 보아 이를 '12개의 가시문'이라고 하였는데, 고통을 겪기에 충
분한 수의 문이다. 또한 혼인할 때 새 신부를 따르는 계집종을 '열두하님'
이라 하는데 몸 하님, 함 하님, 경대 하님, 폐백 하님, 시겟박 하님, 족두리
하님 등 각 하님당 한 쌍씩 모두 12명이었다. 이는 신부를 돕기에 충족한
수를 의미한 것이 아닌가 싶다. 식생활에서도 12는 완벽하게 충족된 것
을 의미한다. 임금의 수라상에서는 12첩이 허용되었고 민가에서는 반상

에 9첩까지 가능했는데 이는 12가 충족의 최댓값을 표상함을 보여준다고 할 수 있다.

4. 삼(三): 한국인의 정체성을 담지한 수

삼위일체를 나타내는 조화의 수인 삼(三)은 주목할 만한 상징성을 가진 수이다. 우리 전통문화에서 천, 지, 인의 삼재(三才)를 표상하는 3은 양수의 시작인 1과 음수의 시작인 2가 만나서 완성된 음양이 조화된 수이다. 오랜 옛날부터 길수(吉數)로 신성시되었고, 특히 우리 민족의 삶과 문화에 밀착된 우리 민족의 정체성을 담고 있는 수라고 해도 과언이 아니다. 그래서인지 단군신화에서부터 3은 의미 있는 숫자로 등장한다. 단군신화에는 환인-환웅-단군, 환인(桓因)이 환웅(桓雄)의 의지 실현을 위해 선택한 장소라는 삼위태백(三危太白)과 천부인 세 개, 풍백-운사-우사, 환웅이 3천 명의 무리를 거느리고 강림하는 등의 내용이 있다. 이런 이유로 단군신화는 국조신화(國祖神話)가 아닌 수조신화(數祖神話)로 부를 수 있을 정도이다.[41] 우리의 정신적 심리적 상태를 각각 나타내는 삼고(三苦)나 삼매(三昧)도 삼(三)과 관련된다. 내적인 상태뿐만 아니라 환호나 바람 등을 밖으로 표출할 때도 우리는 '만세삼창'을 한다.

문화재 속에서도 3이 우리 민족에게 얼마나 특별한 수인가를 확인하는 것은 어렵지 않다. 우선 우리나라에서 3이 가지는 특별한 의미는 멀리는 고구려 고분벽화의 삼족오(三足鳥)에서 발견된다.

또한 신라의 경주 천마총에서 출토된 6세기에 제작된 청동 솥은 동글납작한 몸에 뚜껑이 있고, 어깨 부분에도 고리 모양의 손잡이가 달려 있다. 여기서 주목할 것은 이 청동 솥에는 어떠한 요철 바닥에서도 안정되

〈그림 2-2〉 쌍영총의 삼족오 (출처: 한국민속문학사전)　　　　　〈그림 2-3〉 청동 솥

〈그림 2-4〉 용주서원　　　　〈그림 2-5〉 태극선　　　　〈그림 2-6〉 북
(1598, 파주시)　　　　(국립민속박물관 소장)　　　　(국립민속박물관 소장)

〈그림 2-7〉 창덕궁 주합루 계단의 우선태극(왼쪽)과 경복궁 근정전 월대계단의 좌선태극[43]

게 설 수 있도록 동물의 다리를 본뜬 3개의 다리가 있다는 것이다.[42]

삼태극이 삼족오가 변화를 거듭하여 최종적으로 만들어진 형태라는 학설이 있으나, 삼태극은 중국이나 일본과는 차별적으로 우리나라에서 두드러지게 나타난다. 다른 나라에서는 음양에 기초한 태극이 주로 보이나 우리나라에서는 많은 경우 삼재론에 따라 주로 삼태극이 사용되었다. 삼태극은 향교나 서원의 대문, 태극선, 북과 같은 악기, 돌계단 등에서 쉽게 관찰할 수 있다.

3이 연관된 민속 문명은 의식주나 출산 및 제례, 문화 활동에 걸쳐 광범위하다. 조선시대 여성의 장신구로서 저고리고름이나 치마허리에 착용하였던 다양한 모양의 삼작노리개는 한복의 아름다움을 더욱 돋보이도록 발전하였다. 간장, 고추장 그리고 된장 등 3장은 우리 식생활에 빠질 수 없는 기본적인 음식이다. 또한 나물도 명절이나 잔치, 제사에 꼭 등장하는 반찬인데, 특히 도라지, 시금치, 고사리를 한 접시에 올린 것을 삼색나물이라고 하였다. 조선시대에 물건을 넣는 수납장으로 삼층장을 사용했는데 물론 이는 당시 사용되던 장의 유일한 층수는 아니었으나 3이 상징하는 바와 전혀 무관하지는 않다.

〈그림 2-8〉 삼작노리개
(국립고궁박물관 소장)

〈그림 2-9〉 삼색나물

〈그림 2-10〉 삼층장
(국립중앙박물관 소장)

아기가 태어나서 금줄을 칠 때 아들의 경우 고추와 숯을 각각 세 개씩 매달았고, 딸의 경우에는 숯과 백지를 마찬가지로 세 개씩 꽂아두었다. 또 사람이 죽으면 삼우제(三虞祭)나 3년상(喪)을 치렀다.

고려 중엽부터 발달한 시조는 초장-중장-종장의 3장으로 구성되어 있고 전통춤의 기본도 어르고, 맺고, 푸는 삼박자이다. 또한 우리 전통음악은 1박자를 2등분하는 중국이나 일본과는 다르게 3분박을 기본으로 하여 가락의 장단을 묘하고 조화롭게 한다.[44]

3이 두 번 겹친 33에 대해서 언급하는 것으로 이 항을 마무리한다. 33은 여러 문화권에서 특별한 의미를 가진 것으로 특히 그리스도의 지상에서의 삶의 햇수이기도 하다. 불교에서 33은 세상의 중심에 있는 수미산 정상에 인도어로 33을 뜻하는 '도리'천(33천)이 있다고 하는데, 이때 33은 지상의 가장 높고 세상을 포괄하는 수를 상징한다.[45] 33이라는 수가 들어간 입학제도는 신라의 화랑도(花郞徒) 및 동자군(童子軍)의 선발에서도 보이고, 고려시대나 조선시대 과거시험의 문과 정원도 33명이었다. 아마도 이 인원이 나라의 모든 일을 포괄할 수 있다는 생각이 반영된 듯하다. 가장 높고 전체적인 것을 아우르는 것을 상징하는 33은 근대 이래 단체의 발기인 수에도 적용되어 한말 보부상들의 발기인 수가 33인이었고, 3·1독립선언의 민족 대표의 수도 33인이었다.[46] 이는 33이 전체를 아우르는 것을 상징한다는 것을 반영한다.

이와 같이 우리 문화를 구성하고 있는 주요한 원리라고 여겨지는 음양론, 오행론, 삼재론 등은 수와 관련이 있다. 따라서 수를 매개로 문화를 보는 것은 특이한 발상이 아니다. 단순화의 위험에 빠지지만 않는다면 오히려 수라는 상징을 통해 문화에 함축된 의미를 구조적으로 정렬시켜주는 효과가 있다. 1, 2, 3, 5, 7 등은 우리 문화의 구조가 존재한다면 그것을 포착하는 데 문화적 소수로서 매우 중요한 역할을 한다. 이 문화적 소수로부터 다른 문화적 수인 4, 6, 8, 9, 10, 12 등이 파생된다. 우리의 문명도 하늘의 뜻을 수로 나타낼 수 있다는 생각에서 형이상학적 역수(易數)를 음악(律數)이나 도량형(度量衡)에 적용하거나 달력(역수[曆數])에 사용하였다. 수(數)를 통해 조화로운 세상과 미래를 예측할 수 있다고 보았던 선조들에게 수(數)는 단순한 하나의 숫자가 아닌 삶을 좌우하는 중요한 상징이었다고 볼 수 있다.

선기옥형과 해시계

천문학은 전형적으로 수학을 응용한 학문이다. 천체 운행은 복잡하지만 이것은 공간기하에 의해서 완전히 결정되는 물리적 문제이다. 우리나라는 예로부터 천문학과 이에 필요한 기하학에 여러 사람이 관심을 가지고 연구했다. 이를 잘 보여주는 것은 우리나라에서 만든 천문의기와 해시계이다. 그리고 이것은 동양 수학에서 우리나라만이 가지는 독특한 면모를 유감없이 보여준다.

예로부터 사람들이 하늘에 관심을 두게 된 것은 인간 활동과 인간의 본성이 모든 자연현상과 유기적 관계를 항상 유지하고 있다고 생각했기 때문이다. 자연현상이 신비로운 데가 많았겠지만, 이 가운데도 해와 달과 별에서 보이는 현상은 가장 신비로웠을 것이다. 『주역』에 보면 모든 학문에서 가장 중요한 것이 천문과 지리라고 하고 있는데 이는 이런 생각을 나타낸 것이다.

중국에서는 역사 시작부터 천문과 지리가 가장 중요한 학문이었듯이, 우리나라 사람들도 오랜 옛날부터 하늘에서 보이는 천문현상에 관심이 많았으며 이는 『삼국사기』와 『삼국유사』에 기록으로 나타나 있다. 고려시대에 들어서면 더 많은 천문 기록이 남아 있으며 이는 중국과 비교해도 보기 드물게 많은 기록이고, 이들 내용을 보면 관측기기 없이는 관측하기 어려울 것으로 보이는 내용들이 적지 않다.

천문을 이해하고 역(曆)을 바로 계산하는 것은 붙박이별들 사이에서 태양과 달이 시간에 따라 움직이는 것을 하루 동안 관찰하는 것으로 시작된다. 그리고 하루의 시간을 세우고, 1년 동안 관찰하여 절기를 세운 다음에 수, 금, 화, 목, 토 다섯 행성(五星)의 움직임을 보게 된다. 그러나 이것은 현대 관점에서 보면 붙박이별이 고정돼 있다고 생각되는 천구를 하늘이라고 생각하는 것이다. 이것은 결국 현대 수학에서 구면 위의 삼각법을 연구하는 것이 된다. 따라서 예로부터 하늘의 별의 위치와 역산(曆算)을 연구하는 것이 가장 어려운 학문이 되어왔고, 이를 제대로 알기 위해서 여러 방법이 고안되었다.

우리가 알고 싶은 것이 시간이라면 이 원리를 이해하기 위해서 시간과 시각을 먼저 알고 여기서 원리를 거꾸로 유추해봐야 한다. 이런 사실에 가장 좋은 방법으로는 시계를 사용하면서 이와 함께 천구, 해의 움직임 등을 모형으로 만들어보는 것이다. 시간을 알아보는 시계로 모든 문명에서 사용된 대표적인 것은 해시계이다. 우리나라도 여러 가지 해시계를 사용했고 조선시대에 들어오면서 외국의 해시계 이론을 적극적으로 받아들였음을 알 수 있다. 한편 천체(天體: 해, 달, 별)의 움직임(運行)을 알아볼 수 있는 도구로 역사 이전부터 중국에서 만들어 사용했다고 여겨지는 선기옥형(璇璣玉衡)은 우리나라에서도 매우 중요한 의기로 받아들여졌다. 이 절에서는 우리의 문명에서 선기옥형(璇璣玉衡)과 해시계의 역사와 역할을 알아본다. 선기옥형(璇璣玉衡)과 해시계는 우리나라 학자들이 3차원 기하를 어떻게 받아들이고 또 얼마나 많은 연구를 했는가를 아주 잘 보여주는 유물이다.

1. 조선시대의 천문의기

우리 역사에서 천문의기가 가장 여러 번 언급되는 때는 세종 때이다. 『세종실록』에는 『칠정산내편』을 위한 천문 연구 과정에서 여러 가지 문제와 그 해결 과정이 보인다. 가장 먼저 나타나는 것은 혼천의(渾天儀)를 만든 기사이다. 세종 15년에 정초, 박연, 김진 등이 혼천의를 만들어 올렸다고 돼 있다. 그리고 세종은 세자와 함께 꾸준히 간의대를 방문하고 실험을 독려했음을 볼 수 있다.[47]

이 밖에도 각종 시계를 만들어냈다. 이에는 물시계, 해시계, 천문시계 등 다양한 시계가 있다. 물시계는 밤에 주로 사용됐지만, 낮에 사용하는 해시계로는 앙부일구를 만들어 설치했다는 기록이 세종 16년에 보이며, 세종 19년에는 낮에는 해를 이용하고 밤에는 별을 이용해 시각을 잴 수 있는 천체시계인 일성정시의(日星定時儀)가 만들어졌다. 『제가역상집』에 의하면 매우 다양한 것들이 시도됐으며 이를 제조함에는 장영실이 큰 역할을 했다.[48]

이런 의기가 실제로 궁궐 내에 설치됐음을 잘 보여주는 그림으로 창덕궁과 창경궁 위치에 걸쳐 있던 세자의 숙소 동궐을 상세히 묘사한 대규모의 그림인 「동궐도」가 있다. 이 그림은 조선 정조대의 동궐을 묘사한 것이며 고려대학교 박물관에 소장돼 있다.

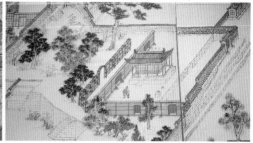

〈그림 2-11〉 동궐도에 보이는 천문의기들과 측우기

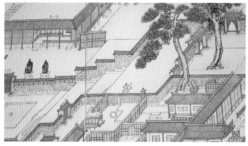

〈그림 2-12〉 동궐도에 보이는 해시계(왼쪽)와 저울(오른쪽)

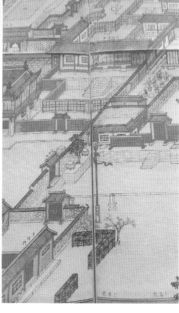

〈그림 2-13〉
왼쪽 그림은 현재 창경궁 남쪽에 설치된 간의대로 그 위에 의기가 놓여 있는 것이 보인다.
오른쪽 그림은 바람을 측정하는 깃발이 달린 장대를 세워놓는 기구라고 추정된다.

2. 선기옥형(璇璣玉衡)

선기옥형(璇璣玉衡)은 중국 『서전(書傳)』에 나타나는 의기(儀器)[49]이다. 처음 선기옥형이 만들어질 때는 천체 관측을 위한 기기이면서 동시에 북두칠성 등 천체 운행과 관련된 상징성을 가지는 기기여서 복합적인 의미를 가지고 있었다. 학자에 따라서는 여기에 추가적인 기능을 더한 혼천의(渾天儀)였다고 보기도 한다.

〈그림 2-14〉 조선 후기의 홍대용이 만든 혼천의 (숭실대학교 박물관 소장)

후대에 중국에서 만들고 현재도 남아 있는 혼천의는 다음과 같은 몇 가지 용도가 있다. 우선 정교하게 만들어진 혼천의는 천체의 위치를 관측하는 용도로 쓰였다.[50] 다시 말해 특별히 각 천체 사이의 위치 관계와 그 움직임을 바로 알고 측정해보기 위한 기구이다. 혼천의는 매우 복잡한 기계라서 원나라의 천문학자 곽수경(1231-1316)은 사용하기 편리하도록 간단히 고쳐서 쓰기도 했다.[51]

둘째, 정교하지 않고 작은 크기더라도 혼천의를 쓰면 우주의 원리를 이해하는 데 도움을 준다. 따라서 혼천의는 교육용으로 많이 만들어졌다. 이런 용도의 혼천의를 보면 기본틀에 지평선, 자오선, 적도, 황도 등의 둥근 환(環)이 들어 있다. 이런 모형은 중국의 천체 모형의 하나인 혼천설을 쉽게 설명할 수 있다. 우리나라에서도 관상감이나 지방의 서원들에서 교육용 혼천의를 여럿 만든 기록이 남아 있다.

셋째, 혼천의는 천구를 모형으로 하고 있으므로 우주를 떠다니는 모든 천체를 그 위에 표시할 수 있다. 그래서 움직이는 천체의 위치를 나타내는 천체 모형을 시계장치와 연결하면 하늘의 움직임을 직접 보여줄 수 있다. 조선 초기에 만들어진 복잡한 혼천의는 물의 힘을 사용해서 시간에 따라 해와 달이 움직이도록 만들기도 했다. 현재 고려대학교 박물관에 남아 있는 혼천시계는 서양 추시계와 같은 원리의 동력을 사용한 천체시계이다.

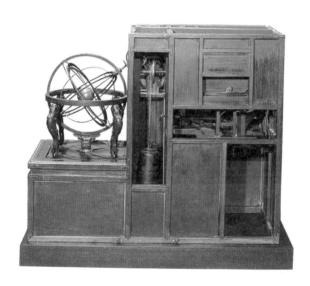

〈그림 2-15〉 고려대학교 박물관에 소장돼 있는 혼천시계. 현종 10년(1669)에 송이영이 만들었다고 알려져 있다. 국보 제230호로 지정돼 있다.

조선의 건국이념인 유교의 가치관에서 볼 때 군주의 가장 중요한 의무 가운데 하나는 하늘의 상(象)을 살펴서 하늘의 명으로 시(時)를 받고 이를 써서 백성에게 정확한 계절과 시간을 알려주는 것이다. 역법이 제대로 생기기 전부터 이것을 관상수시(觀象授時)라 불렀다. 농경생활에서는 정확한 절기와 시간을 아는 것이 꼭 필요했고 따라서 정확한 시간을 유지 관리하는 것을 대단히 중요하게 여겼다. 시간을 유지하려면 시계가 필수적이라서 고대부터 해시계와 별시계가 만들어졌으며 해나 별이 보이지 않을 때를 위하여 물시계가 제작되었다. 혼천의는 해나 별을 사용하는 매우 정확한 시계로 쓸 수 있다.

그래서 조선에서도 성리학을 중요시하는 사대부들은 천문을 익히려고 했고, 『서경(書經)』에서 강조하는 선기옥형을 중요하게 생각했다. 우리 옛날 민화에 나오는 주인공들이 천문과 지리에 통달해서 하늘을 보고 미래에 일어날 일까지 알아내는 것은 천문, 역법의 중요성을 말해준다. 많은 학자들은 혼천의를 직접 제작하였고, 이것을 자신의 공부에도 쓰고 학생들에게 교육용으로도 사용했다. 이렇게 개인적 용도로 만든 혼천의는, 청동과 같은 재료는 다루기 어렵고 비용도 많이 들기 때문에 주로 목재를 재료로 이용했다. 때로는 둥근 모양을 만들기 쉬운 대나무를 이용하기도 하였다. 이렇게 교육용으로 사용된 혼천의는 눈금이 정확할 필요는 없었으며, 복잡한 내용 없이 별자리 가운데 28수의 영역들과 고도, 방위각 등만을 표시하였다.

조선에서 이런 목적으로 만들어진 선기옥형의 기록은 대단히 많지만, 지금까지 온전하게 남아 있는 것은 송시열, 배상열, 홍대용, 윤증 등이 만든 혼천의가 있다. 이 밖에 도산서원 등에 있던 혼천의는 본체는 대부분 없어지고 부품만 일부 남아 있다.

배상열의 선기옥형

배상열(裵相說, 1759-1789)은 경상북도 봉화군에서 태어났으며 자는 군필(君弼)이고 호는 괴담(槐潭)이다. 그는 어려서부터 신동으로 유명했으며 역학(易學)과 상수학(象數學)에 심취했다. 유학자 이상정(李象靖)을 스승으로 모셨으나 대부분 독학으로 어려운 학문을 깨쳤다고 하며 가난한 생활 속에서 30세의 젊은 나이에 죽었다. 그는 역학에 관련된 여러 저술과 문집을 남겼으며 이 과정에서 천문현상과 천문역법을 연구하기 위하여 1774년과 1779년에 혼천의를 두 번 만들었다(두 번째 것은 1785년에 보수되었다). 이 가운데 하나가 현재도 남아 있어 복원되었다. 배상열의 혼천의를 보면 대단히 정교하게 만든 것을 알 수 있다. 둥근 환(環)을 따라서 세밀하게 눈금을 그렸으며 별자리 28개를 그려 나타낸 것도 그대로 남아 있다.

이 혼천의는 배상열이 직접 제작한 모형으로 연결 부품은 잃어버린 것

〈그림 2-16〉 배상열의 선기옥형 (문화재청 국가문화유산포털)

이 있어도 거기 들어가는 환이 모두 보존되어 있어서 원형 그대로를 복원할 수 있다. 따라서 그 혼천의에 기록돼 있는 별자리, 방위 등을 모두 알아볼 수 있다. 배상열은 자신이 만든 혼천의가 정밀하지 못하여 측정에 오차가 있음을 유물에 기록해놓았다. 그는 단순하게 천문을 이해한 것이 아니라 천체 관측도 염두에 둔 천문을 구현해놓은 것이다.

3. 해시계

간단한 원리의 해시계는 비교적 쉽게 만들 수 있으므로 옛날부터 사용되었다. 지금도 큰 건물에 있는 특정 위치(모서리나 지붕의 뾰족한 부분)의 그림자가 움직이는 것을 따라 표시해두면 충분히 해시계 역할을 할 수 있다. 지금도 유럽의 도시들을 방문해보면 아직도 해시계가 남아 있음을 볼 수 있다.

해시계는 모두 태양의 빛이 특별한 지점(예를 들면 그림자를 표시하는 영침[影針]의 끝)을 지나 시계면에 투사된 지점(그림자)을 가지고 시각을 읽어내는 것이다. 태양은 하루 동안 하늘을 한 바퀴 돌므로 영침 끝을 중심으로 태양의 그림자가 움직이는 선을 따라 시각을 표시해놓아야 한다. 이것은 현대적 관점에서 비교적 간단한 3차원 도형 문제지만 정확하게 시각을 잴 수 있게 표시하는 방법을 설명하자면 간단하지 않다. 해시계는 대부분 영침을 가지며 그 시각을 읽도록 표시된 면(面)인 시반(時盤) 또는 수영면(受影面)은 평면, 구면, 원통형 등 시계에 따라 다양하다. 그리고 이 시반에 표시할 시각의 위치는 계산을 통해서 알아낼 수 있지만 예전에는 계산보다는 공간기하의 작도법을 더 많이 사용했다.

1) 조선의 해시계

지금 남아 있는 우리나라 해시계 가운데 가장 오래된 것은 7세기경의 신라의 해시계로 조각난 일부분만 전해지고 있다. 조선 초기에 만들어진 해시계는 『세종실록』에 간단히 소개돼 있다. 소개된 앙부일구, 정남일구, 천평일구들은 기하학적으로 정확하게 만들 수 있는 것이지만 세종대에는 기하학적 원리 없이 다른 기술로 제작한 것으로 파악된다. 이때 만들어진 해시계들은 지금은 남아 있지 않으나 조선에서는 해시계가 끊임없이 만들어졌다.

조선 후기에 들어서면서 해시계의 이론도 서양의 이론을 받아들여서 발전해나갔다. 18세기 중엽부터는 여러 가지 해시계가 연구됐고 이를 위한 수학 이론도 함께 연구됐음을 알 수 있다. 예를 들면 홍대용(洪大容, 1731-1783)의 『담헌서』 외집 6권에 들어 있는 측관의(測觀儀) 설명은 서양에서 중국에 들어온 간평의와 비슷한 것으로 해시계 역할을 하는 것이다. 홍대용은 이것을 자신의 사설 천문대인 농수각(籠水閣)에 설치하여 연구했다. 한편 서호수(徐浩修, 1736-1799)의 『수리정온보해』(1787)에는 해시계 가운데 간평의와 지평일구의 시각선을 그리는 법과 절기선을 그리는 방법을 설명하는 내용이 들어 있다. 이것은 『수리정온』의 마지막 부분의 핵심 내용을 뽑아 설명한 것이다. 또 유금은 서양의 해시계 이론을 공부하고 동양 유일의 천문해시계인 혼개통헌의를 만들었다.

이런 연구는 18세기 말부터 19세기 중엽에 이르기까지 천구 위의 기하학 연구로 이어진다. 특히, 서호수 일가의 딸[52]을 어머니로 둔 홍길주(洪吉周, 1786-1841, 정조 10-헌종 7)는 구면삼각법을 깊이 연구하고 구면삼각형 풀이법을 정리했다.[53] 남병길(南秉吉, 1820-1869)과 이상혁(李尙爀, 1810-1883?)도 삼각함수표 없이 각도를 재서 구면삼각형 계산을 해낼 수 있도록 하는 간단한 방법을 『양도의도설(量度儀圖說)』(1855)에서 설명하였다. 같은 시대 무인이면서 학자였던 조희순(趙羲純, 1814-1890)은 이 모든 수학을 총정리한 『산학습유(算學拾遺)』(1869)를 남겼다. 이들은 모두 천문에 큰 관심을 가졌고 이에 필요한 수학을 모두 익히고 정리했다. 이들이 이룩한 구면삼각법에 관련된 대단한 업적은 7장에서 자세히 설명한다.

〈그림 2-17〉
신법지평일구
(국립고궁박물관 소장)

2) 평면해시계: 지평일구

우리나라에서 평면해시계는 여러 개 제작되었음을 알 수 있으며 앙부일구와 함께 우리나라의 대표적인 해시계이다.

해시계의 기하학적 원리는 비교적 간단하며 〈그림 2-18〉을 보면 바로 이해할 수 있다. 그러나 지평일구의 시각을 표시하는 밑판인 시반 위에 시각선과 계절선을 그리는 방법은 3차원 기하와 투영을 이해해야 만들 수 있다. 해시계를 만드는 기본 생각은 다음과 같다.

1. 태양은 하루 동안 천구 위에서 북극을 중심으로 소원(小圓)을 따라 도는데 이때 시반 위의 영침 끝점의 그림자도 같이 움직인다.

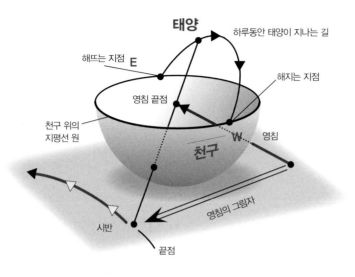

태양

해뜨는 지점 E

하루동안 태양이 지나는 길

영침 끝점

해지는 지점

천구 위의
지평선 원

W

영침

천구

영침의 그림자

시반

끝점

〈그림 2-18〉 태양은 하루 동안에 천구 위를 하나의 소원을 따라 움직인다. 이때 지평일구의 영침 끝점의 그림자를 시반에 미리 표시한 시각으로 읽어내는 것이 해시계이다.

2. 태양과 영침의 끝점 그리고 영침 끝점 그림자는 항상 일직선 위에 있다. 그래서 영침 끝점을 모든 것의 중심점으로 봐도 된다.

3. 천구의 크기를 얼마로 잡아도 해시계의 시각에 영향을 주지 않는다. 중심만 안 움직이면 된다.

4. 해시계의 크기를 얼마로 하는지는 해시계의 시각에 영향을 주지 않는다. 영침 끝점만 안 움직이면 된다.

5. 같은 시각에 영침 끝점의 그림자 위치는 계절에 따라 달라지지만 이들은 일직선 위에 놓인다.

이 원리를 따라서 평면 위에 계절선과 시각선을 그리는 작도법을 생각하면 〈그림 2-19〉와 같다. 조선시대에는 이런 작도 원리를 잘 사용해서 해시계를 만들었다고 추측된다.

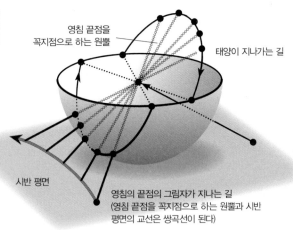

〈그림 2-19〉 지평일구의 원리. 하루 동안에 영침 끝점의 그림자가 움직이는 길은 원뿔과 평면의 교선이 되므로 원뿔곡선이 만들어진다. 위의 그림의 경우에는 쌍곡선을 그린다.

영침 끝점을 꼭지점으로 하는 원뿔

태양이 지나가는 길

시반 평면

영침의 끝점의 그림자가 지나는 길 (영침 끝점을 꼭지점으로 하는 원뿔과 시반 평면의 교선은 쌍곡선이 된다)

3) 평면해시계: 적도일구

평면해시계 가운데 가장 간단한 원리를 가진 것은 적도일구라고 불리는 것이다. 이 원리는 매우 간단해서 고대의 유물로 남아 있는 것은 대부분 적도일구이다. 이것은 보통 둥근 돌판 위에 눈금을 새기고 한가운데 수직으로(앞뒤로) 영침을 세운 다음, 이 영침이 천구북극을 가리키도록 돌판을 비스듬히 놓으면 된다. 이렇게 놓을 때 영침이 땅과 이루는 각이 이 지점의 위도를 나타내므로 태양은 이 돌판에 거의 평행한 방향으로 빛을 비추게 되고 영침의 그림자는 둥근 돌판의 한쪽 면에 그림자를 드리운다.

태양이 계절에 따라 고도가 변하지만 태양이 높아지는 계절에는 시판의 북쪽 면에 햇빛이 비치고, 태양이 낮아지는 계절에는 시판의 남쪽 면에 햇빛이 비쳐서 해만 나면 항상 시간을 읽을 수 있다. 이 둥근 시판은 천구적도와 평행하게 놓이므로 적도일구라는 이름을 붙였다.

〈그림 2-20〉 적도일구의 한 종류인 현주일구. 원판은 지구의 적도와 평행하게 놓는다. 영침은 원판 중심에 수직이 되게 꽂는다. 따라서 지구 자전축과 평행하다.

4) 앙부일구

앙부일구는 오목하게 파진 구면 형태의 솥(釜)을 시반으로 사용하는 해시계이다. 앞에서 이야기한 것처럼 우리나라에서는 세종대에 앙부일구를 처음 만들었다고 전해진다. 『국조역상고』에는 앙부일구가 원나라의 천문학자 곽수경이 만든 앙의(仰儀)에 그 유래가 있다고 쓰여 있다. 당시에 이것을 직접 만든 사람들은 장영실(蔣英實, 1390?-1445?), 이천(李蕆, 1376-1451), 김조(金銚, ?-1455) 등이라고 한다.[54]

앙부일구의 원리는 평면해시계보다도 더 간단하다. 영침(의 끝점)을 천구의 중심이라고 보고 천구도 크기를 줄여서 일구의 솥과 같은 크기라고 생각해버린 것이라고 할 수 있다. 따라서 영침의 끝점은 솥의 중심에 위치해야 한다. 태양과 그림자는 중심점(영침의 끝점)에 대해서 서로 대칭점에 놓인다. (구면에서는 이런 두 점을 서로 대척점(antipodal point)이라고 부른다.) 그러면 태양이 하루 동안 움직이는 선은 소원을 그리며 이의 대척점들을 따라 그린 소원이 솥(시반) 위에 그림자가 그리는 원이다. 한편 매일매일 같은 시각에는 천구북극에서 본 경도가 일정한 각도를 이루는 평면 위에 태양이 놓이므로 이 천구의 경선에서 대척을 이루는 경선이 솥 위의 시각선이 된다. 따라서 솥의 면에 천구의 북극을 향한 축에 수직인 소원들과 경선들을 그려놓으면 된다. 이 원리를 그림으로 알아보면 〈그림 2-21〉과 같다.

앙부일구는 다양한 형태로 제작되어 궁궐과 관공서 사대부 가옥에까

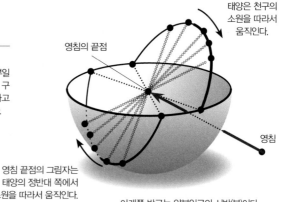

〈그림 2-21〉
앙부일구의 원리. 천구의 크기가 앙부일구의 부의 크기와 똑같다고 하고 두 구면의 중심이 모두 영침의 끝점이라고 해도 그림자에는 아무런 변함이 없다.

영침의 끝점

태양은 천구의 소원을 따라서 움직인다.

영침

영침 끝점의 그림자는 태양의 정반대 쪽에서 소원을 따라서 움직인다.

아래쪽 반구는 앙부일구의 시반(부)이다

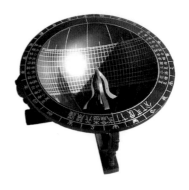

〈그림 2-22〉
앙부일구
(국립고궁박물관 소장)

지 보급되었다고 한다.[55] 홍대용의 『담헌서』에 들어 있는 수학 및 천문서인 『주해수용』에는 자신이 만들어 사용하던 몇 가지 천문의기가 소개되어 있는데 그중에서 통천의(統天儀)는 혼천의와 같은 것이라고 하며, 그가 만들었다는 혼상의(渾象儀)는 그의 통천의에 움직이는 둥근 층(layer)를 추가하여 별자리를 그려 넣었고 수격식 동력으로 움직이게 하는 일종의 천문시계로 알려져 있다. 이것은 조선 중기의 천문의기 가운데 기록으로 남아 있는 드문 것이다. 또 우리나라에서는 앙부일구를 휴대용으로도 만들어 가지고 다녔다. 조선 후기 진주 강씨 집안에서 제조된 것 중에서는 보물로 지정된 것들이 있다.

5) 입표횡표일구

조선 후기의 해시계 가운데 아주 독특한 해시계가 있다. 이것은 이상혁이 만든 것으로 판단되는 것으로 실물은 고려대학교 박물관에 소장되

〈그림 2-23〉
입표횡표일구.
양경규일의라고도 불린다.
(고려대학교 박물관 소장)

어 있다. 전시된 이름은 입표횡표일구(立表橫表日晷)인데 그 이유는 입표라는 나무판과 횡표라는 나무판을 수직으로 붙이고 영침은 다시 입표 끝에 수직으로 세워 'ㄷ'자 모양으로 만든 해시계이기 때문이다.

이것이 이상혁의 작품이라고 생각되는 이유는 이 시계 뒷면에 쓰여 있는 내용과 정확히 일치하는 원리가 이상혁의 저술인 『규일고(揆日考)』에도 나와 있기 때문이다. 원래 이와 같은 해시계는 청나라의 왕가필(王家弼)이 쓴 『천학천미(天學闡微)』에 설명이 들어 있다.[56] 이 책에 들어 있는 해시계는 세 개의 나무판을 사용하도록 되어 있으나 이상혁의 『규일고』를 보면 두 개의 판을 사용하게 돼 있으며 계절선이 많아서 두 가지로 나눠 만들도록 소개돼 있다. 고려대학교 박물관에는 이 가운데 한 벌이 있다. 왕가필이 소개한 것은 중국 낙양 지방에 맞게 계산한 수치와 모형이 소개돼 있는데 이상혁은 이것을 우리나라 서울의 수치로 바꿔놓았고 시각도 훨씬 세분화해서 정밀한 모형이 되도록 했을 뿐 아니라 태양의 그림자로 그 계절(날짜)의 태양고도를 통해서 시각을 알아내는데 공기에 의한 태양빛의 굴절까지 감안해서 정확한 시각을 나타내도록 계산되어 있다고 한다.(그림 2-24)

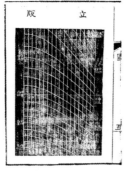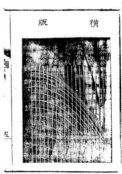

〈그림 2-24〉
『규일고』 입판(왼쪽)과
횡판(가운데),
『규일고』의 표지(오른쪽)

이 해시계의 의의는 이전 해시계가 대부분 3차원 공간의 작도와 투영을 사용해서 만들도록 돼 있는 것에 반해서 이것은 천문 이론을 통한 계산으로 시각을 나타내는 점의 위치를 찾아 만들도록 돼 있는 점이다. 이것은 이 해시계 이론에 사용된 수학이 훨씬 발전된 서양 수학을 적용한 것이라고 하겠다.

4. 그 밖의 천문 시계

1) 일성정시의

여기서는 천문학에서 복잡한 시간 개념을 제대로 파악하고 다뤘던 예를 우리 역사에서 하나만 알아보자.

〈그림 2-25〉 일성정시의 복원 모형(왼쪽, 국립민속박물관)과 2021년 6월에 출토된 조선 초기 일성정시의

〈그림 2-26〉 조선 초기 일성정시의의 환에 새겨진 눈금과 글자

조선 초기에 정확한 시각을 재고 이를 백성들에게 알려주려는 생각을 실행에 옮긴 분은 세종대왕이다. 하지만 이것은 말이 쉽지 결코 쉬운 일이 아니다. 다른 모든 것을 덮어놓고 우선 하늘을 보고 시간의 흐름을 알수 있는 것은 태양과 별이다. 낮에는 별은 보이지 않으니까 태양의 움직임을 가지고 시각을 알아내야 한다. 반대로 밤에는 태양이 없으니 별의 움직임만을 보고 시각을 알아내야 한다. 그런데 태양은 1년 동안 별들이 놓여 있는 천구 위를 한 바퀴 돌기 때문에 계절마다 어느 별 위치에 태양이 있는지가 다르다. 따라서 하늘을 보고 시각을 알아내는 사람들은 매일매일 태양의 위치가 어디 있는지에 따라서 시각을 다르게 읽어야 하는 것이다.[57]

세종대왕은 각각 낮과 밤에 해와 별을 보고 시각을 재는 두 개의 기구를 하나의 기구로 통합했다. 이것이 세종 때 만들어진 일성정시의(日星定時儀)이다. 이 시계는 하나의 기구로 낮에는 해를 보고 시각을 알아내고 밤에는 별을 보고 그 시각의 태양의 위치를 추정해서 시각을 알아내도록 돼 있다.[58] 이것이 임금이 하늘로부터 때를 받는(授時) 중요한 업무이니 이 시계를 만들고서 세종대왕은 매우 만족스러웠다고 한다. 그래서 세종대왕은 이 시계에 명(銘)[59]을 새길 때 그 내용을 전부 스스로 썼다고 한다. 이 사실과 명의 내용은 『실록』에 들어 있는데 세종대왕이 쓴 부분이 어디인지 표시돼 있다. 이를 읽어보면 세종대왕이 쓴 이 시계의 원리 설명은 매우 정확하고 깔끔해서 당시 천문학자들이 쓴 다른 것보다 더 잘 설명돼 있다고 한다. 이를 보고 전문가들은 일성정시의를 만든 아이디어가 아마도 세종대왕 자신의 아이디어였을 것이라고 추정하기도 한다.[60]

2) 유금의 혼개통헌의

유금(柳琴, 1741-1788)은 조선 후기의 실학자로 18세기 학술 및 예술, 과학사에서 뚜렷한 자취를 남긴 것으로 알려져 있으며 천문역법과 수학에 심취했다고 한다. 그는 그의 서재를 기하실(幾何室)이라 부를 정도로 기하학을 좋아했다고 하며, 중국의 이지조(李之藻, 1569-1630)가 유럽의 아스트롤라베 해설서를 번역해 1607년에 펴낸 『혼개통헌도설(渾蓋通憲圖說)』에 기반해 혼개통헌의(渾蓋通憲儀, 1787)라는 기구를 만들었다. 이 기구는 천체를 측정해서 시각을 알아내는 용도로 많이 사용됐다. 동아시아에는 중국을 통해서 이 기구의 상세한 내용이 전해졌지만 실제로 제작된 것은 이것이 유일하다.

〈그림 2-27〉 유금의 혼개통헌의 (보물 제2032호, 실학박물관 소장)

5. 결론

해시계는 천문, 역법 안에서 가장 수학적이고 기하학적인 부분이다. 오늘날도 그렇지만 예전에도 도형과 공간의 문제는 모든 사람에게 가장 어려운 분야였다. 그런데 조선의 학자들을 보면 천문에 관심을 가진 학자들 가운데 많은 사람들이 수학에 관심을 가졌을 뿐 아니라 특히 기하에 많은 관심을 가졌다는 것은 매우 특이한 사항이다. 이는 중국이나 일본과는 조금은 달라 보이는 특징이다. 더욱이 우리나라에서는 천문의기와 해시계 등을 매우 많이 만들었다. 물론 중국에는 국가 단위로 제작된 큰 의기가 있지만 우리나라에는 개인들이 만든 의기가 많다. 중국에는 전해지는 해시계 모형이나 개인적으로 제작된 혼천의가 전혀 없고, 유금의 혼

계통헌의가 동아시아에서 유일하게 제작된 것이라는 사실은 우리나라 사람들이 얼마나 천문과 공간기하에 적극적으로 도전했는가를 잘 보여주는 사실이다. 이론은 많았으나 실제가 적었던 다른 나라들에 비하여 이론이 많이 전해지지 않았어도 전해진 것을 모두 만들고 해봤던 우리 선조의 실험 정신은 후기 조선이 낙후된 제도를 가지고도 외국과 경쟁하며 버텨나갈 수 있었던 저력이 됐다. 정부의 지지와 후원이 없었던 후기 조선의 천문학은 관리들과 재야 학자들의 개인적 연구에 힘입어, 비록 100년이 넘는 시간이 걸렸지만, 19세기 중엽에 이르러서는 필요한 구면삼각법에 이르기까지 완벽하게 이해하고 사용하는 데 성공했다.

역학(易學)과 수학

조선에 들어오면서 성리학 특히 하도낙서(河圖洛書)나 복희씨의 팔괘(八卦)와 같은 것은 사대부들이 모두 공부하는 기본 철학이 되었다. 산학에서도 많은 책이 이를 언급하며 수(數)의 기원과 연관 짓는 경우를 볼 수 있다. 이것은 해당 산서의 특정 내용과 상관없이 산학이 하도낙서에서 비롯한다는 인식을 보여주고 있고, 전통적으로 우주 만물의 원리를 『주역』에서 찾고 있음을 알 수 있다. 이의 배경으로 고대 동양의 사상가들이 수(數)를 표상(象)과 동일시한 것을 들 수 있다.

예를 들어 유휘는 『구장산술』에 주석을 붙이면서 그 서문에서 『주역』「계사전」의 내용을 인용하고, 이런 관점에서 하늘은 둥글고 양이며 땅은 네모지고 음이라 생각했다. 동시에 음양이 상반되면서도 상호 전환되는 것이라고 보았다. 즉, 하나의 원에 내접하고 있는 정방형은 절대적으로 대립한 것이라고 보지 않았을 뿐만 아니라, 정방형에서 변의 수를 계속 증가시키면 내접하는 정다각형의 둘레가 점점 원에 접근해간다고 생각했던 것이다. 유휘는 이러한 아이디어를 발전시켜서 원주율의 근삿값을 산출

할 수 있었으며, 따라서 그의 수학적 아이디어는 전통적 사유의 흥미로운 산물이라고 볼 수 있다.

1. 역학과 수의 관계

음양, 삼재, 오행과 같은 대응 관계는 성리학의 기본 구조를 이뤘으므로 많은 학자들에게 중요한 수 개념으로 받아들여졌고 결국 사람들에게 중요한 수 개념으로 각인되었다. 이것이 2장 1절에서 알아본 수 개념의 바탕이 된다. 이와 같은 기본수에서 여러 가지 조합적 과정을 거쳐서 많은 수가 만들어지고 의미를 갖게 되었다. 예를 들면 중궁(中宮)인 토의 수인 천수 5와 지수 10을 곱해서 얻은 수 50을 천지의 수(大衍數)라고 설명하는 방식으로 기초적인 수학에서 나타나는 수들을 연계 지어 설명했다.

이런 대표적인 경우가 『주비산경』에서는 천문학에서 가장 중요한 피타고라스 정리를 정구고(3:4:5)에 적용하여 설명할 때 나타나는 그림을 사

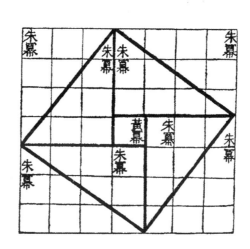

〈그림 2–28〉『주비산경』에 실려 있는 구고술의 증명

용해서 주역을 해석한 것이다. 한 가지 예로 이익은 가로와 세로의 길이가 각각 7인 정사각형에 위의 정구고 직각삼각형을 그림과 같이 채운 것을 보면서 이 정사각형의 네 변의 길이는 4×7=28이고 이 정사각형에 내접하는 원의 둘레는 원주율의 근삿값 π=22/7를 쓰면 지름 7에 대해서 둘레가 22이므로 이 둘의 합이 다시 천지의 수 50이 된다고 설명한 것이다.[61] 여기서 하늘은 둥글고 땅은 네모나다는 생각과 이 둘을 합해놓는 방법은 원이 정사각형에 내접하는 형태, 즉 꽉 들어찬 형태를 그리는 것이 타당하다는 단순한 방식이다.

그래서 천지의 수인 50개의 시책을 사용하는 것이고, 이 그림에서 큰 사각형 속에 들어 있는 작은 정사각형의 개수는 7×7=49이므로 사용할 수 있는 것은 49개뿐이라서 맨 처음에 하나를 빼놓고 시작한다는 식의 끼워 맞추기가 될 수밖에 없었다. 초기의 수학에서 천문학의 가장 중요한 원리를 상징하는 그림이 『주비산경』의 이 그림이었음을 생각하면 이러한 해석이 무리는 아니다.

이런 식의 해석 방법은 묘하게도 1년의 날수가 대략 360일인 것과 맞아떨어져서 독특한 수 철학을 형성하였다. 360일은 달이 차고 이지러지는 것과 맞춰서 12개의 달로 나뉘게 되고, 12는 다시 2와 3과 4라는 약수를 가지므로 음양, 삼재, 그리고 사상(사계절)의 핵심 개념을 탄생시켰다. 이와 맞추기 어려웠던 5 또는 10이라는 수는 앞 절에서 설명한 것처럼 5행으로 중궁(土)을 넣어서 해결하였고 괘효의 개수에서 2, 4, 8로 확장했으며[62] 3을 가로세로로 배치한 구궁(九宮)까지 거의 모든 수를 철학에 맞출 수 있었다. 예외라면 7은 그 어느 것과도 공통인수를 가질 수 없어 혼자 따로 떨어지지만, 구고정리 그림의 큰 사각형의 한 변(3+4=7)을 이루며 그 이름은 (북두)칠성에서 따왔다.

이와 같은 방식의 해설에는 흥미로운 부분도 있다. 『주역』에는[63] "시초의 덕은 둥글어서 양수 7×7=49(시초의 수)를 나타내고 괘의 덕은 모나서 음수 8×8=64(괘의 수)를 보여준다."고 했다. 이것이 흥미로운 것은 여기서 '시초의 덕'은 점을 치기 이전의 상태로 무엇이든지 일어날 수 있음을 나타낸다. 즉, 적용하기 전의 이론을 지칭한다고 할 수 있고 이것은 양(陽)의 개념이다. 한편 '괘의 덕'이라 함은 점을 쳤을 때 나타나는 구체적인 결과를 말하며 이는 이론이 적용되는 구체적인 상황을 말하고 이는 음(陰)의 개념이다. 다시 말해서 시초의 덕은 구체적으로 상황을 보기 전의 '확률'에 해당하여 모든 것에 균등하게 적용되므로 원만하다고 했고 괘의 덕은 이런 확률 아래서 일어난 특정한 사건, 즉 통계적 관점에서 보면 표본(sample)을 지칭하는 것이므로 여러 가능성 가운데서 하나로 정해지는 것이라 치우칠 수밖에 없어서 더 이상 균등할 수 없이 모나다고 했다. 즉, 이런 설명은 확률과 통계에서 일어나는 이론과 실제의 괴리를 몇 마디의 말로 적절히 표현한 것으로 볼 수 있다.

2. 조선의 성리학과 최석정의 수학

조선의 수학이 성리학에 어떤 영향을 받았는지를 잘 보여주는 것은 최석정의 『구수략』과 이의 뒤를 이은 배상열의 『서계쇄록』이다. 배상열의 『서계쇄록』은 기초적 수학만을 다루며 상수학적 요소가 짙게 가미되어 있다. 이 절에서는 성리학이 수학과 결합하는 단계를 잘 볼 수 있는 최석정의 마방진에 주목한다.

최석정의 『구수략』의 정(丁)편인 부록에는 도표가 여러 개 들어 있다. 이들은 마방진이거나 혹은 마방진과 유사한 도표들이다. 동양 산학에서 이런 도표가 가장 먼저 등장하는 것은 양휘의 『양휘산법』인데, 이 속에는 20여 개의 도표가 있다. 최석정은 이 도표를 연구하였음이 분명하며 이에 더하여 스스로 창안한 것을 덧붙여서 46개의 도표를 수록했다. 이 가운데는 3×3부터 10×10까지의 마방진과 함께 용오도(用五圖), 용육도(用六圖) 및 n오도(五圖, n=4, 7, 8, 9)라 이름 붙인 것, n구도(九圖, n=4⋯9), 위의 것과는 다른 꼴의 용(用)n도(圖, n=5⋯9)와 함께 특별히 구구모수변궁양도(九九母數變宮陽圖), 구구모수변궁음도(九九母數變宮陰圖), 구구자모수변궁양도(九九子數變宮陽圖), 구구자수변궁음도(九九子數變宮陰圖)라고 이름 붙인 도표와 백자자수음양착종도(百子子數陰陽錯綜圖) 및 백자생성순수도(百子生成純數圖)가 있다. 이 가운데 일부 도표에는 그 도표의 음도(陰圖)라고 이름 붙인 변형된 도표가 덧붙어 있다.[64]

양휘와 마찬가지로 최석정의 도표 이론도 하도와 낙서로부터 출발하여 4×4마방진으로 그리고 더 복잡한 것으로 나아갔다. 많은 도표가 하도와 낙서를 토대로 한 것이라는 사실은 붙어 있는 명칭에서 추론할 수 있다. 최석정의 하도와 낙서는 다음의 〈그림 2-29〉와 같다. 사각형 도표인 마방진은 그것이 중국에 처음 유입된 송나라 시기에는 삿된 기운을 물리치는 힘을 가진 표상으로 알려졌다고 한다.

최석정의 마방진이 소옹이나 채침[65]의 상수철학과 관련되어 있다는 것은 최석정이 붙인 이름이나 이 마방진들의 설명을 보면 잘 알 수 있다. 우선 각각의 마방진들은 양도와 음도의 쌍으로 이뤄져 있다. 이것은 소옹과 그의 뒤를 이은 학자들의 사상의 기본이다. 한편 그가 붙인 이름에는 '연수도(衍數圖)', '역수도(易數圖)'와 같은 것이 있고 또 이름 속에는 '음양(陰陽)', '착종(錯綜)', '중괘(重卦)', '변궁(變宮)'과 같은 역학(易學)의 용어가 포함되어 있는 것도 최석정의 사상의 배경에 성리학의 수(數) 사상이 깔려 있음을 보여준다.

반면에 수록된 도표 가운데 사각형이 아닌 형태로 변형된 여러 도표에

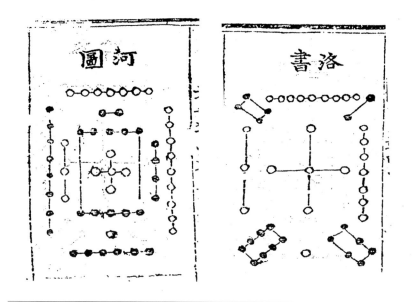

〈그림 2-29〉 최석정의 『구수략』에 실려 있는 하도(왼쪽)와 낙서(오른쪽)

도 하도와 낙서라는 용어를 넣어서 기본 도표의 변형임을 강조하고 있다. 이 모든 것을 보아 최석정의 이론은 하도, 낙서 그리고 상수학의 이론과 도표에서 시작했음을 알 수 있다. 그러나 이것은 조선의 정치철학이 성리학을 바탕으로 성립되어 있음을 감안하면 전혀 놀라운 것이 아니다.

한편 최석정이 도표를 만들고 변형해나간 도구는 동양 철학을 배경으로 한다. 수학의 기본적 구조인 쌍대성을 나타내는 음양(陰陽), 위치의 변화를 이르는 변궁(變宮), 그리고 현대 조합수학의 기본 도구인 순열에 해당하는 착종(錯綜)과 같은 것들은 동양 철학 특히 성리학의 기본 도구이고 최석정은 이를 충분히 활용했다. 이것은 현대 수학에서 조합론의 기본 도구와 유사하며 최석정은 이와 같은 수학적 사고를 통해서 여러 중요한 변형 도표를 찾아낼 수 있었다.

물론 최석정이 이런 발견을 할 수 있었던 것이 이런 도구들이 미래에 수학의 기본이 될 것을 미리 예견하였음을 의미하지는 않는다. 성리학의 관점에서 중요한 도구(예를 들면 괘효의 위치 변환)가 현대 수학의 한 분야의 도구(순열이나 그 변형)와 맞아 들어가는 것은 맞지만 최석정이 그 도구를 사용한 이유는 현대 수학의 용도와는 전혀 다른 것이었다. 그러나 수학의 중요한 발전에서 이런 우연이 작용하는 경우는 아주 많다. 앞에서도 설명한 그리스 철학자 제논의 무한논리나 미적분 발견으로 유명한 라이프니츠의 변분법 등과 같이 수학 이론의 발견 배경에는 수학적 아이디어를 다른 분야에 적용하려는 과정에서 뜻밖의 결과가 발견된 경우가 많다. 그리고 그러한 발견이 수학적으로 매우 의미 있는 것이 된 경우 또한 많다. 마찬가지로 최석정의 도표들은 현대 수학자의 입장에서는 놀라운 결과이다. 이것이 전혀 의도와는 다르게 발견되고 실제의 의미와 다르게 사용된 것이라 하더라도 결코 그 결과가 폄하되어서는 안 될 것이다.

3. 전투의 진법

『구수략』에 들어 있는 도표 가운데는 중괘용팔도(重卦用八圖)라 이름 붙은 것이 있다. 『양휘산법』에는 팔진도(八陣圖)라는 이름으로 들어 있는 것과 같다.[66]

17세기는 조선이 전란으로 어지러운 상황이었고, 따라서 이 진법은 한때 병조(兵曹)에서 정랑으로 활동한 최석정의 관심을 끌었을 수 있다. 실제로 『조선왕조실록』을 검토하면 조선 조정에서는 시작부터 끝까지 진법에 대한 논의가 많음을 알 수 있다. 북방 변경에서 여진족이 적은 숫자로 빠른 말을 타고 들어와 노략질하는 것을 일반 보병이 막아내기 위해서 진법은 군사작전에서 필수적인 도구였고 세종의 아들 문종은 자신의 동

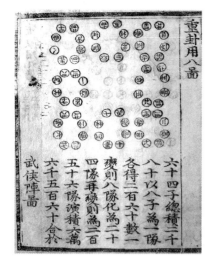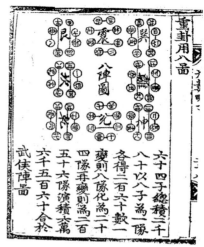

〈그림 2-30〉 팔진도는 유명한 전투용 진법으로 알려져 있으며 이 도표의 배경은 전투용 진법의 아이디어가 숨어 있는 것으로 해석된다.

생인 세조와 함께 진법에 대한 저술을 할 정도였다.

실제로 『조선왕조실록』에 진법에 대한 논의가 가장 활발한 것은 조선 건국 초기였으며 이때 조선은 진법을 토대로 하여 군사작전의 기틀을 세웠다고 보인다. 이후 임금들은 진법 훈련에 대해 끊임없이 보고받고 확인하였으며 임진왜란, 병자호란의 양란을 전후해서는 특별한 논의가 더 이상 증가하지 않았음을 볼 때 진법은 이미 군사의 필수 요소이며 특별한 논의가 불필요할 정도로 기본 전략이 돼 있었음을 추측해볼 수 있다. 전란으로 인한 나라의 어지러움을 보면서 최석정이 진법을 개선하고 보완하려고 시도했다는 것은 자연스러운 추측이다. 실제로 최석정 자신이 팔진도의 해설에 8개의 군대를 배치하여 그 군사의 수에 3 또는 16을 곱해 총 66,560명이라고 쓴 것이나 그림의 마지막에 '무협진도(武俠陣圖)'라고 일컬은 것은 이 도표를 군대의 진법으로 보고 있음을 여실히 보여준다.

그러면 진법은 전투에서 어떤 의미를 갖는가? 진법의 정확한 이론은 전쟁 이론의 전문가나 전쟁사가에게도 확실히 파악되지 않고 있다. 그러나 초보적인 몇 가지 수학적 생각만으로도 그 중요성은 일부 파악될 수 있다. 앞서 설명한 팔진도를 볼 때 가장 먼저 눈에 띄는 것은 팔진도에 나타나는 8개 원 안의 수의 합이 모두 같다는 것이다. 이 수는 군대의 군사 수를 나타낼 수도 있고 각 부대의 전투력 또는 화력을 나타내는 수일 수도 있다. 이때 강한 적을 마주하거나 강한 적에게 둘러싸였을 때 전투를 효율적으로 하려면 어느 한 부분의 전투력이 다른 부분에 비해 약해지면 안 된다. 즉, 방어선의 어느 한쪽이 빨리 무너지면 진법 전체가 무력화(無力化)된다. 이를 막기 위해서는 모든 부분의 전투력이 균등한 힘을 가질 필요가 있다.

이제 팔진도를 자세히 보면 8개의 부대를 이루는 8개의 원 안의 숫자의 합도 모두 260으로 일정하고 같은 방향으로 서 있는 한 쌍의 숫자의 합도 65로 일정하다. 이는 어느 방향으로 보아도 각 부분을 이루는 요소들이 최대한 일정한 힘의 균형을 맞출 수 있도록 배치되었음을 뜻한다. 이제 4×4 또는 5×5 마방진을 부대의 배치라고 생각하자. 그리고 여기서 16명 또는 25명의 군인들의 자릿수는 각각 그 군인의 전투력이라고 생각할 때 마방진처럼 모든 가로, 세로 줄에 위치한 수의 합이 일정하다는 뜻은 어느 방향에서 공격해도 맞받아치는 힘이 똑같다는 뜻이다. 즉, 약한 부분을 찾아 공격해서 빨리 무너뜨릴 수 없다는 의미이다.

조선시대의 의술이나 신앙과 철학에서는 모든 방위를 똑같이 방비해야 한다고 생각하거나, 마방진에 신비한 힘이 들어 있다고 믿는다. 여기에는 이런 배치가 삿된 기운이 흘러드는 것을 모든 방향에서 똑같이 잘 막아줄 것이라는 믿음이 깔려 있다고 생각해도 무리가 없다. 그리고 전통적으로 우리나라 사람들은 항상 이러한 균형이 중요하다고 생각했다. 모든 부분의 평균값이 같게끔 배치하여 효율을 높인다는 생각은 우리 생활 속에도 현명한 수학적 사상이 깃들어져 있음을 보여준다.

최석정의 도표 가운데는 육각형 모양으로 수를 늘어놓은 것이 있다. 작은 것으로는 '지수용육도(地數用六圖)'가 있고 큰 것은 '낙서육구도(落書六九圖)' 또는 '지수귀문도(地數龜文圖)'라 이름 붙어 있다. 지수귀문도는 여러 학자에 의해서 연구되었고 이를 만드는 방법이나 그 가능한 배치 방법의 개수에 대해서도 많은 사실이 알려져 있다.[67] 이 배치도 전투의 진법의 하나로 이해할 수 있다. 즉, 이렇게 배치된 군사는 강한 적이 개인적으로 침투할 때 이 진법의 어느 육각형 안에 들어와도 똑같은 힘으로 적을 공격할 수 있어서 효율적으로 대적할 수 있다. 이는 전 세계에서 유일하게 볼 수 있는 독특한 도표로 최석정의 창의적 아이디어가 돋보인다.

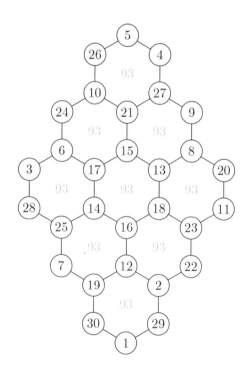

〈그림 2-31〉 지수귀문도(地數龜文圖)의 하나. 이 도표에서 한 개의 6각형의 수의 합은 93이다. 이 합이 다른 수가 되도록 배열하는 것도 가능하며 배열하는 방법도 매우 많다.

4. 최석정 이론의 기본이 된 방진

『구수략』 6장에서 최석정은 곱셈과 나눗셈을 설명하고 바로 뒤에 4개의 도표를 소개했다. 이것은 4개의 구구도(九九圖四)라 했으며 그 각각은 구구모수명도(九九母數名圖), 구구모수상도(九九母數象圖), 구구자수명도(九九子數名圖), 구구자수상도(九九子數象圖)라 불렀다. 이들 중에서 각각 하나의 명도와 하나의 상도의 쌍은 서로 같은 도표를 나타낸 것인데, 명도는 수명(數名), 즉 숫자로 나타냈고 상도는 수상(數象), 즉 산가지로 나타낸 것이다. 이것은 단순히 구구단을 나타낸 것인데 앞의 두 도표는 곱해지는 숫자의 쌍 81개를 순서대로 늘어놓았고 뒤의 두 도표는 곱셈의 결과를 똑같은 위치에 표시했다.

이 도표의 아래 해설에서 최석정은 다음과 같이 언급했다. 첫 번째 도표의 해설에서는 "위쪽의 수는 강수(綱數) 즉 큰 분할의 수이고 아래쪽 수는 목수(目數) 즉 작은 분할의 수이다."[68] 두 번째 도표의 해설에서는 "각각의 칸의 오른쪽 수는 목(目)의 수이고, 왼쪽의 수는 강(綱)의 수이며 강은 남편이고 목은 아내이다. 이 도표는 채침[69]의 범수방도(範數方圖)이다."라고 했다. 이것은 채침의 『홍범황극내편(洪範皇極內篇)』에 들어 있는 구구방수도(九九方數圖)인데 채침은 시초(蓍草)점을 칠 때 먼저 나오는 수를 강(綱)이라 불렀고 두 번째 나오는 수를 목(目)이라 했다. 채침의 책을 보면 〈그림 2-32〉와 같이 여러 가지의 9×9꼴의 수 배열이 들어 있다.(조희영, 2017)[70]

따라서 최석정이 앞쪽의 두 방도는 채침의 책에서 가져왔다고 해도 무방할 것이다. 그런데 뒤쪽의 두 방도는 채침의 책에서는 찾을 수 없다. 홍영희(2016)는 최석정이 이 도표를 『동문산지(同文算指)』에서 처음 접했을 것으로 본다.[71]

圖名數母九九

九九方數圖

圖象數母九九

圖名子數九九

九九相乘圖

〈그림 2-32〉
위의 왼쪽: 『구수략』의 구구모수명도(九九母數名圖). 위의 오른쪽: 채침에 의한 구구방수도(九九方數圖). 이와 비슷한 산가지 표기에 의한 방진도로 아래 왼쪽은 『구수략』에서, 아래 오른쪽은 채침의 책에서이다. 최석정은 아래 왼쪽의 방도에서 이것이 채침의 범수방도(範數方圖)라 하고 있다.

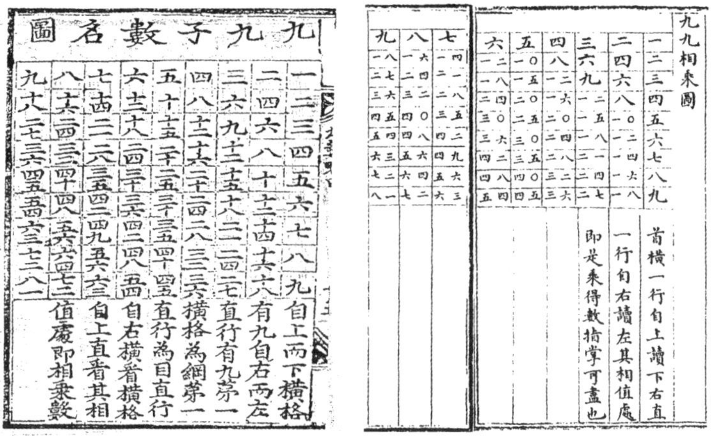

〈그림 2-33〉 『구수략』의 곱셈표(왼쪽)와 『동문산지』의 곱셈표(오른쪽)

이런 이유에서 최석정은 서양 수학도 동양 철학을 바탕으로 해석할 수 있고 또 범주를 나눠서 분류해나갈 수 있다고 생각했을 것이다. 최석정의 이런 생각은 채침이 다루던 수의 이론을 가지고 만들었을 것이다. 그는 채침의 방진 중 빠진 것들을 채워서 그만의 방진들을 만든 것으로 추측된다. 뿐만 아니라 최석정은 이와 같은 연구 방법이 수학 연구에서 매우 중요하다고 생각했을 것이다. 가장 중요한 마지막 네 개의 방진도를 채침의 기본 수 배열을 바탕으로 만들어냈다는 사실은 이를 뒷받침하기에 충분하다.

앞에서 알아본 것과 같이 최석정은 유교에 뿌리 깊은 철학적 배경을 가진 학자였다. 그의 철학은 성리학에 바탕을 두었고, 이 사실은 그가 수학에 관심을 가지고 다른 사람들보다 일 처리에 원칙적이었던 이유이기도 하다. 최석정은 수학을 동양 철학의 관점에서 파악하려고 했으며 동시에 성리학을 수학적으로 완성시키려는 노력을 기울였다. 『구수략』이 다른 전통수학 서적과는 달리 수 철학에 대한 이론과 설명이 많이 들어 있는 특징 역시 이러한 맥락에서 이해할 수 있다. 앞에서 알아본 마방진 형태의 도표들은 대표적으로 주희와 그 뒤를 이은 채문정, 채침 부자의 이론을 발전시킨 것이다. 이 과정에서 세계적으로 인정받는 새로운 도표를 만드는 쾌거를 이뤘고 이는 성리학이 수학에서 거둔 커다란 성과였다.

한편 『구수략』의 후반부인 을편(乙編)의 계산법은 『동문산지』에서 나온 것이다.[72] 이 부분에는 사칙연산과 그 변형이 들어 있다. 최석정은 계산법을 4가지 또는 8가지 범주로 나눠서 설명하려고 했다. 여기서 주된 계산은 주어진 세 개의 수로부터 두 개씩의 비가 서로 같도록 네 번째 수를 계산해내는 것이다. 오늘날 비례식 풀이에 해당하는 이 방법은 서양 수학의 삼율법(rule of three)에 해당하며, 동아시아 전통수학에서는 문제의 세 수와 답을 각각 1율(率), 2율, 3율, 4율이라 불렀다. 여기서도 최석정은 이

네 숫자를 사상(四象)으로 해석하고, 이 사율에 각각 사상의 이름인 일월성신(日月星辰)을 이름 붙였다. 이것은 최석정의 독특한 해석이며, 이러한 사례를 통해 최석정의 "동양 철학의 구조가 서양 수학에 투영되어 있다."는 생각을 읽을 수 있다.

5. 낙서사구도와 궁의 변화

최석정의 도표 가운데 '낙서사구도'라는 것이 있다. 이것은 '하도사오도'와 이론적으로 같은 도표로서 다음의 〈그림 2-34〉와 같다.

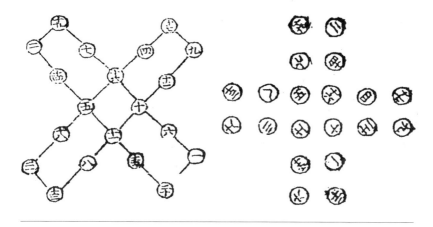

〈그림 2-34〉 낙서사구도(왼쪽)와 하도사오도(오른쪽)

낙서사구도는 원래 정사각형(4개의 수) 5개로 이뤄진 것으로 보이지만 이것을 연결하여 9개의 사각형으로 봐도 각 사각형의 수의 합이 모두 42로 똑같음을 알 수 있다. 이것을 최석정은 '오궁화위구궁(五宮化爲九宮)'이

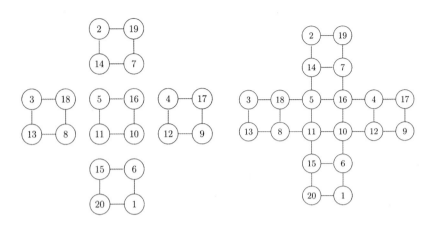

<그림 2-35> 낙서사구도의 오궁(五宮, 왼쪽)과 낙서사구도의 구궁(九宮, 오른쪽).
모든 정사각형의 네 귀퉁이 수의 합은 모두 42이다.

라고 설명하고 있다.

원래의 5궁은 (5, 10)을 중궁(中宮)에 놓고 나머지 8개의 수는 상하좌우의 위치에 5행에 맞춰놓았음을 알 수 있다.[73] 실제로 이렇게 놓으면 9개 궁의 수의 합은 모두 42로 일치하지만 일렬로 늘어선 6개의 숫자의 합은 서로 다르다. 이것을 화(火)와 목(木) 위치를 바꾸면 일렬로 늘어선 6개의 숫자의 합도 63으로 모두 서로 같아진다.[74] 최석정이 이것을 모르지는 않았을 것이다. 그러나 그에게는 5궁의 수가 같은 것으로 충분하며 5행의 위치를 깨뜨리면서까지 대칭성을 늘리는 것은 원치 않았을 것이다. 즉, 최석정에게는 수학적 완벽함보다 역학(易學)의 일관성이 훨씬 더 중요했을 것으로 보인다.

최석정의 화려한 방진들은 수학적 아이디어로 역학(易學)에서 어떤 관계를 상징하거나 변화의 단계를 나타낸 것으로 보인다. 반면에 역학의 아이디어로 수학을 설명하는 것은 독특한 생각이지만 불가능한 것이었다. 그리고 그가 발견한 방진들이 비록 이러한 엉뚱한 목표에는 쓸모가 없었을지라도 그 자체로 매우 중요한 수학적 발견이라는 것에는 이견의 여지가 없다. 앞서 예시한 대로 수학사에는 이러한 발견의 역사가 많이 존재한다.

4절

『임원경제지』「유예지 권2 산법」[75]

1. 흙으로 끓인 국이나 종이로 만든 떡이 아닌 『임원경제지』

『임원경제지』의 저자 풍석(楓石) 서유구(徐有榘, 1764-1845)는 경기도 파주가 고향이고 본관은 달성이다. 이조판서를 지낸 서호수의 아들로 태어났고 18세가 되었을 때 연암 박지원을 찾아가 학문을 사사했다. 정조가 친히 주관한 시험에서 장원을 차지하고, 이후로 30여 년의 공직 생활을 지속하게 된다. 서유구는 당상관까지 오르며 경학(經學)이나 경세학(經世學)뿐만 아니라 통섭적 실용 학문이라 할 수 있는 천문, 산학, 농학 등의 학문에 몰두하였다. 토갱지병(土羹紙餅), 즉 흙으로 끓인 국이나 종이로 만든 떡처럼 입으로만 만리장성을 쌓는 관념적 학문에 염증을 느끼고 몸을 움직임으로써 효과를 바로 낼 수 있는 실용학을 추구한 자신의 신념에 따라 40년 가까운 세월의 열정과 노력을 담아 1842년 펴낸 백과사전이 『임원경제지』이다. 아들 서우보와 함께 우리나라와 중국뿐 아니라 서양에서 전래된 853종의 분야별 전문서적을 16지 28,000여 항목 아래 113권

54책으로 정리하였다. 그 결과물은 조선 실학의 정점을 이뤘고 직접 농사를 지으면서 저술한 역사상 유례없는 실제적인 지식의 집대성이다.

〈그림 2-36〉 서유구와 『임원경제지』

이 『임원경제지(林園經濟志)』는 모두 16분야로 구성되어 있으며 그중 13번째 분야인 「유예지(遊藝志)」는 문화와 예술, 교양 등 각 분야에서 지식인이 반드시 갖추어야 할 여섯 가지 교양으로 꼽힌 육예(六藝: 藝, 樂, 射, 御, 書, 數)를 담고 있다. 육예 중 수학 부분에 해당하는 「유예지 권2 산법」이라는 제목의 독립된 영역이 권2에 포함되어 있다. 실제로 「유예지 권2 산법」은 서유구 본인의 작품이 아니라 조부인 서명응(徐命膺)이 저술한 『고사십이집(攷事十二集)』[76] 중 수예(數藝)의 내용을 거의 그대로 실어놓은 것이다. 그러나 우리 문화, 즉 문명을 집대성한 『임원경제지』의 한 부분에 수학이 포함된다는 사실은 수학을 실학의 입장에서 검수하고 문명의 일부분으로 받아들인 서유구의 자세를 보여준다.

서유구의 조부인 서명응(徐命膺, 1716-1787)과 아버지 서호수(徐浩修, 1736-1799)는 모두 천문학과 산학이 상당한 수준에 있었음을 알 수 있다. 서호수는 18세기 청나라에서 출간된 『수리정온(數理精蘊)』에 대한 해설서인 『수리정온보해(數理精蘊補解)』를 저술하여 산학에 대한 깊이 있는 탐구를 보여주었다. 아들인 서유본(徐有本, 서유구의 형)과 서유구 또한 산학과 천문학에 조예가 깊었다. 산학과 과학에 대한 양반 지식인들의 인식의 확대 및 심화는 당시의 시대 상황인 개혁과 서양 문물의 도래, 그리고 실학 정신과 무관하지 않다.

2. 「유예지 권2 산법」의 실학적 배경

조선 초기 세종대 전후 수학의 황금시대를 거쳐 임진왜란과 병자호란을 전후해서 조선은 수학의 침체기를 맞는다. 이후 18세기 초에 와서 다시 수학의 부흥을 이루게 되는데, 이 시기에 많은 양반들이 산학에 관심을 가지게 된 중요한 요인들 중 하나가 역법의 연구이다. 농업과 어업, 천문 등 중요한 실제적인 생활을 위한 역법에는 정교한 계산이 요구되었고, 특히 역법을 이해하고 만들기 위해서는 고차방정식을 세워서 풀기 위한 천원술(天元術)과 증승개방법(增乘開方法) 그리고 구면의 기하학 같은 수학 지식이 필수적이었다. 산대를 사용하여 고차방정식의 계수를 표시하는 천원술과 방정식을 풀어내는 증승개방법은 13세기에 중국에서 출판된 『산학계몽』에 나타난다. 숙종대의 산학자 홍정하(洪正夏)가 18세기 초에 쓴 『구일집』은 특히 천원술과 관련된 문제를 다양하게 다루어 조선 수학의 특징을 잘 보여주고 있다. 세종 즉위년을 영년으로 잡은 우리의 역법인 칠정산과 청나라에서 온 서양의 달력인 시헌력(時憲曆)의 충돌은 조선 후기 수학의 중요한 연구 과제였다. 결국 70여 년 양반사회의 긴 담론 끝에 일차적으로 시헌력이 사용되었고, 18세기 후반을 기점으로 본격적인 서양 천문학과 그것을 이해하기 위한 산학의 도입이 이루어진다. 서양 천문학의 집대성인 『역상고성』과 서양 수학과 중국 산학의 조화를 꾀한 『수리정온』도 이 시기에 집중적으로 연구되면서 구면기하학과 삼각함수 등이 동시에 깊이 연구되었다.

청나라의 문물제도를 모범으로 역법을 비롯하여 토지제도, 행정기구 등 낡은 폐단을 개선하는 일에 집중하는 과정에서 이전과는 달리 수학, 과학적 교양의 중요성에 대한 인식의 변화가 양반사회에서 대두되었다. 이러한 변화는 이전부터 가지고 있었던 산학의 전통을 보다 심도 있게 연구하고 비판적으로 계승, 발전시키는 방향으로 이루어졌다. 산학과 과학(특히 천문학)에 대한 보다 적극적인 관심으로 말미암아 18세기 말경부터 유학자들이 산학에 관한 저서를 쓰거나 문집을 내면서 산학에 관한 내용을 포함시키는 일이 일어나게 된다. 황윤석(黃胤錫, 1729-1791)은 1774년에 『이수신편(理藪新編)』이라는 다양한 분야의 내용을 담은 백과사전식의 과학서를 썼는데 이 책에 산학에 관한 내용인 『산학입문』(권21, 권22)과 『산학본원』(권23)이 포함되어 있다. 또한 홍대용(1731-1783)의 문집 『담헌서(湛軒書)』에는 산학 관련 내용인 『주해수용(籌解需用)』이 포함되어 있는데, 매문정의 『수리정온』의 영향하에 쓰인 『주해수용』의 서문은 다음과 같이 시작한다.

공자가 일찍이 위리(곡식의 창고를 관장하는 벼슬)라는 벼슬을 한 적이 있다. 일명 회계를 말하는 것인데 회계라는 것이 산학을 버리고 어찌 설명할 수 있겠는가? 역사가들이 말하기를 공자의 제자들이 집대성하여 몸소 육예에 능통했다고 그것을 칭한다. 고인들이 실용에 힘썼다는 뜻과 같은 개념일 것이다.

이는 산학 공부의 근거를 공자에게 연결함으로써 산학 공부에 정당성을 부여하고, 실용적인 실학 정신을 강조하는 절묘한 인식을 보여준다. 18세기 중엽부터 쏟아져 나온 많은 양반들(서명응, 서호수, 서유구, 황윤석, 홍대용, 정철조, 이가환, 이벽, 홍양해, 홍길주, 남병철, 남병길 등)이 서양 수학을 공부하고 중시하는 경향은 18세기 초와 대비해볼 때 달라진 정황을 보여준다.

산학의 실제적 응용이라는 기본적 인식 속에서 전통적인 수학은 물론 중국을 통해서 들어온 서양 수학의 내용, 예컨대 평면 및 구면기하를 추가하여 생활과 교양에 더욱 쓸모 있는 저술이 현재 이른바 실학자라고 부르는 지식인들에 의해 이루어졌다.

3. 「유예지 권2 산법」에 들어 있는 실용적인 수학

「유예지」는 권1 사결(射訣)의 활쏘는 법, 권2 산법(算法)의 산학, 권3 서벌(書筏)의 글씨 쓰는 법), 권4~권5 화전(畫筌)의 그림 그리는 법, 그리고 권6 방중악보(房中樂譜)의 실내악 연주와 악보 보는 법으로 이루어져 있다. 이러한 구분은 전통적인 육예(六藝: 禮=사회규범, 樂=음악, 射=활쏘기, 御=수레몰기, 書=글씨쓰기, 數=산학)에 근거하였다. 그런데 단순한 육예의 소개에 그치지 않고 예를 들어 수레몰기가 19세기 조선의 당시 상황과 부합하지 않는다는 이유로 빠져 있는 등[77] 육예를 그 시대 상황에 맞추어 재구성하려는 의도가 보인다. 항목을 살펴보면 알 수 있듯이 예(藝)는 사람이 살아

〈그림 2-37〉「유예지」 표지

가는 데 필요한 기본 교양의 의미였고, 서유구는 예(藝)를 기능, 즉 어떠한 일을 할 수 있는 능력으로 간주하였다.[78]

이 책은 단원명과 배치, 그리고 각 단원에 제시된 문항들로 볼 때 전통산학을 계승하는 측면이 강하다고 할 수 있다. 그러나 산대를 사용하는 포산법이 아닌 필산법과 사율비례법 등 서양 수학의 계산법을 도입하고 삼각함수의 개념을 제시하는 것으로부터 전통산학의 바탕에서 서양수학의 장점을 일부 수용한 것을 볼 수 있다. 즉, 기존의 보수적인 수학이 아닌 최신의 수학을 다루었다는 사실은 서유구의 실용적인 정신을 설명해준다.

「유예지 권2 산법」은 '삼재수위'부터 '사율비례'까지의 5개의 기초 단원과 '방전법'부터 '구고팔선'까지의 9개의 본 단원으로 하여 총 14단원 64문항으로 구성되어 있다. 각 단원의 제목과 문항 수, 그리고 단원별 내용을 다음 표와 같이 정리할 수 있다.

단원명		내용	문항수	비고
기초단원	삼재수위(三才數位)	시간(曆), 길이(度), 부피(量), 무게(衡), 넓이(田里)의 단위들과 상호환산법		도량형의 단위들과 단위들 사이의 상호 환산법
	구구수목(九九數目)	구구단		
	가감승제(加減乘除)	사칙연산(加法, 減法, 因乘, 歸除)	11	세로셈 필산법
	평방입방(平方立方)	제곱근 구하기(平方), 세제곱근 구하기(立方)	3	이차방정식, 삼차방정식
	사율비례(四律比例)	비례식 구하기	6	
본단원	방전수법(方田數法)	도형의 넓이 구하기	6	정사각형, 직사각형, 원(비례식), 이등변삼각형, 직각삼각형, 등변사다리꼴의 넓이
	속포수법(粟布數法)	물건의 양과 거래 시 가격 계산하기	5	비례식, 원기둥, 원뿔의 부피
	최분수법(衰分數法)	물건의 가격, 세금에 차등을 두어 계산하기	3	비례식
	소광수법(少廣數法)	묶음의 개수(方束, 圓束, 三稜束)와 도형의 넓이 구하기	5	등차수열의 합, 직사각형, 직각삼각형의 넓이
	상공수법(商功數法)	거리의 원근과 용역 비용 구하기	6	비례식, 사각기둥, 정사각뿔의 부피, 수열의 유한 합
	균수수법(均輸數法)	물건의 가격과 각종 비용 구하기	4	비례식, 사다리꼴의 넓이, 등차수열의 합
	영육수법(盈朒數法)	사람 수와 물건의 가격 구하기	5	연립일차방정식(비례식)
	방정수법(方程數法)	물건의 개수와 가격 구하기	3	연립일차방정식(가감법)
	구고팔선(句股八線)	피타고라스 정리(句股), 삼각형의 성질을 이용한 도형문제 해결하기, 삼각함수(八線)의 정의	7	피타고라스 정리, 비례식, Heron의 공식, 8개 삼각함수의 정의
			총64	

〈표 2-3〉 「유예지」 권2 산법의 단원별 내용

내용상의 특징은 실용성을 기준으로 한 단원과 계산 알고리즘을 중시하는 단원으로 대별해볼 수 있다. 우선, 실용성을 기준으로 한 단원의 구분은 '삼재수위'에서 '사율비례'까지의 기초 단원과 '방전수법'부터 '구고팔선'까지의 본 단원의 두 부분으로 크게 나눌 수 있다. 기초 단원은 본 단원으로 들어가기 위한 기초 지식을 미리 학습하는 내용으로 구성되어 있으며(단위의 상호 환산법, 구구단, 사칙연산, 제곱근 계산, 비례식 계산법), 본 단원은 산학 지식이 적용되는 대상에 따라 9개의 소단원으로 분장되어 있다.

방전(토지의 넓이 구하기), 속포(단위 간의 상호 환산하기), 최분(가중치 두어 계산하기), 소광(주어진 넓이[부피]로 길이 환원하기) 등 본 단원은 『구장산술』 의 이름을 그대로 따온 각 단원의 이름이 의미하는 바대로 수학 지식이 사용되는 실용적 맥락에 따라 이루어져 있다. 현대의 교과서처럼 집합, 방정식, 도형 등과 같이 지식 자체의 논리적 구조에 따른 구분이 아니다. 수학 지식의 내적 구조보다는 실생활의 문제 상황에 따라 단원이 구획된 교재 구성은 이론 자체보다 문제 해결 방법론을 중시하는 것이며 계산 알고리즘의 강조로 연결된다.

다음으로, 계산 알고리즘을 중요시한 내용을 볼 수 있다. 중국 과학사 연구에 뛰어난 리브레히트(1995)는 "변화할 수 있으며, 구조를 바꾸지 않 는 우주를 생각했던 중국인들의 우주관이 동양의 수학적 사고에도 영향 을 끼쳤으며 이는 자료로부터 해답에 이르는 확실하고 일반적인 길을 추 구하게 만들었다."고 분석하고 있다. 다양해 보이는 현상에 일관되게 적용 되는 구조적이고 일반적인 풀이법의 추구는 동양의 산학이 서양의 수학 에 비하여 상대적으로 이른 시기에 복잡한 계산 알고리즘을 확립할 수 있게 했을 것이다. 계산 알고리즘을 중요시하는 동양 산학의 전통을 서 유구는 그대로 계승하고 있다. 그 내용을 다음과 같이 정리한다.

- 평방입방: 이차방정식(개방법), 삼차방정식(입방법)
- 사율비례: 비례식(1율:2율=3율:4율[x])
- 방전수법: 도형의 넓이(정사각형, 직사각형, 원, 이등변삼각형, 직각삼각형, 등변사다리꼴)

- 속포수법: 비례식, 도형의 부피(원기둥, 원뿔)
- 최분수법: 비례식
- 소광수법: 등차수열의 합, 도형의 넓이(직사각형, 직각삼각형)
- 상공수법: 비례식, 도형의 부피(사각기둥, 정사각뿔), 수열의 유한합
  ($\sum\limits_{k=1}^{n} \dfrac{k^2+k}{2}$ 형태와 $\sum\limits_{k=1}^{n} k^2$ 형태)
- 균수수법: 비례식
- 영육수법: 연립방정식(비례식)
- 방정수법: 연립방정식(가감법)
- 구고팔선: 피타고라스 정리(구고), 비례식, Heron의 공식,
  삼각함수의 정의

계산 알고리즘을 중요시한 내용은 실용적인 기하 문제로 다양하게 설명하고 있다.

계산의 관점에서 다룬 기하도형을 다룬 단원들과 그 내용은 다음과 같다.

- 평방입방: 특정 넓이(부피)를 가진 정사각형(정육면체)의
  한 변의 길이 구하기
- 방전수법: 도형(정사각형, 직사각형, 원, 이등변삼각형, 직각삼각형,
  등변사다리꼴)의 넓이 구하기
- 속포수법: 원기둥, 원뿔의 부피 구하기
- 소광수법: 직사각형, 직각삼각형의 넓이 구하기
- 상공수법: 사각기둥과 정사각뿔의 부피 구하기
- 구고팔선: 직각삼각형과 관련하여 도형의 길이와 넓이 구하기

'평방입방' 단원에서 평방은 특정한 넓이(a)를 가진 정사각형의 한 변의 길이(x)를 구하는 문항으로 이차방정식의 간단한 실례이고($x^2=a$를 만족하는 x 구하기), 이차방정식의 맥락에서 제곱근을 구하는 이 풀이법을 전통산학에서는 개방술(開方術)이라고 하였다.[79] '방전수법' 단원은 여섯 가지 모양(정사각형, 직사각형, 원, 이등변삼각형, 직각삼각형, 등변사다리꼴)의 땅의 넓이를 구하는 계산법을 제시하고 있는데 보조선으로 직사각형을 만들어 넓이를 계산해낸다. 원의 넓이의 경우는 상황에 따라 달리 적용할 수 있는 세 가지 방법을 제시하는데, 원주율의 근삿값을 달리하는 것에 해당한다. 그리고 '속포수법'에서는 원기둥, 원뿔의 부피를 구하는 공식이 쌀을 적재하는 상황과 연관하여 제시되며, '상공수법'에서는 비용을 구하는 문제 상황과 연결하여 사각기둥의 부피 공식을 제시하는 문항과 정사각뿔의 부피 공식만을 단순하게 제시하는 문항이 실려 있다. '구고팔선' 단원은 구고술(피타고라스 정리), 비례식, 그 외 도형에 관한 지식을 이용하여 원하는 길이와 넓이를 구하는 문항들이 다양하게 나타난다. 구고는 전통산학에서 오래전부터 중요하게 다루어진 주제 중 하나이며 다양한 문제들을 해결해줄 수 있는 유용한 주제로 특별히 취급되어 이론적으로 깊이 탐구되었다.[80]

「유예지 권2 산법」의 도형 관련 문항들은 도형의 기하학적 성질을 탐구하기보다는 특정한 계산 알고리즘을 통하여 구하고자 하는 값(길이, 넓이, 부피)을 정확하게 구해내는 방법을 제시하는 데 중점을 두고 있다. 『구장산술』로 대표되는 전통산학은 이른 시기부터 기하학적 원리와 대수적 계산법의 자연스러운 소통을 통하여 한편으로는 비율산법, 고차방정식의 해법 등을 기하 문제에 적용하였으며 다른 한편으로는 개방술, 구고술 등을 기하학적 원리와 방법에 근거하여 발견함으로써 이론과 응용의 양 방면에서 많은 성취를 이루었다.[81] 「유예지 권2 산법」의 경우 전통산학의 이러한 특징을 계승하고 있으며 계산과 도형의 연결을 이용하여 문제를 해결하는 문항들이 아래 단원들에서 발견된다.

- 평방입방, 구고팔선: 등식 $(a+b)^2=a^2+2ab+b^2$을 정사각형의 넓이와 연결
- 소광수법, 균수수법: 등차수열의 합을 사다리꼴의 넓이와 연결

'평방입방'의 2번 문항, 그리고 '구고팔선'의 7번 문항은 방정식의 해를 구하는 과정에서 전개식 $(a+b)^2=a^2+2ab+b^2$을 직사각형의 넓이와 연결하여 해결하고, '소광수법'의 1번 문항과 '균수수법'의 3번 문항은 등차수열의 합을 사다리꼴의 넓이 공식을 통하여 해결한 것으로, 계산을 도형과 연결하여 간단히 해결하는 좋은 실례가 된다. 이 외에도 퇴타술(堆垜術: 수열의 유한합 구하기), 비례식(사율비례, 영육법) 또한 도형과 연관 지어 그 알고리즘을 찾아낼 수 있다. '상공수법' 5번과 6번 문항은 퇴타술 관련 내용인데 입체도형의 부피 공식과 관련이 있다. 계산과 도형의 이러한 연결은 시각적 표상을 이용한 전체적 인식을 가지고 기존의 자료를 의미 있는 구조로 조직하여 해의 분석을 안내하는 중요한 인자가 될 수 있다.

다음으로, 비례식은 기지량으로 미지량을 구하는 방법으로 일상적 사물에서 천문학의 계산에 이르기까지 두루 사용된다[82]고 할 정도로 「유예지 권2 산법」에서 매우 중요한 역할을 하고 있다.[83] '사율비례' 단원에는 비례식의 기초적인 용법이 간단한 문항들을 통하여 제시되며 이하 여러 단원에 걸쳐 미지수를 구하는 다양한 문항들에 비례식이 사용된다.[84] 다음 단원이 그에 해당한다.

- 사율비례: 물건 교환, 이자 계산

- 방전수법: 밭의 넓이(원 모양)

- 속포수법: 물건 교환

- 최분수법: 물건 교환, 비용 계산, 가중치 계산

- 상공수법: 비용 계산, 거리와 시간 계산

- 균수수법: 물건 교환, 거리와 비용 계산

- 영육수법: 사람 수와 물건 값 계산

- 구고팔선: 도형의 닮음

비의 개념은 수학 연구의 모든 수준에서 유용하며 금액, 시간, 거리, 비용과 같은 다양한 문제 해결 상황에서 발견된다. 서유구는 비례식 알고리즘(사율비례)을 이용하여 미지수를 구하는 실제적 문제들을 소개하여 수학의 용도를 잘 보여주고 있다. 문제 해결에서의 비례식 구성 과정은 비례관계(개념)의 형성 과정이기도 하다. 학습자는 물건과 금액의 교환, 거리와 시간의 관계, 거리와 비용의 관계 등 다양한 상황에서 제시된 문제들을 접하며 비례관계(개념)를 파악하여 식을 구성해내는 능력을 향상시킬 수 있게 된다.[85] 비례적 추론의 본질적 특성은 두 대상 사이의 단순한 관계가 아닌 관계들 사이의 관계, 즉 이차적 관계를 포함해야 한다.[86] 이 산서를 읽는 사람들은 이상과 같이 유사한 문항들을 반복적으로 경험하면서 비율의 불변성이라는 이차적 관계($a:b$의 불변성)를 파악할 수 있게 되는데 이 과정은 각 문항들 속에 존재하는 불변하는 비례관계를 찾아내어(규칙성 발견: 1단계) 4율의 비례식을 구성(기호화: 2단계)하는 과정을 거치는 것이다. 이 책의 비례식을 이용한 문제 해결의 부분은 학습자가 구체적인 맥락을 수학화함으로써 수학적 개념(비례관계)을 스스로 구성하는 실례를 보여준다.

요컨대, 「유예지 권2 산법」은 수학 지식의 내적 구조보다는 실생활의 문제 상황에 따라 단원이 구성되며, 이론 자체보다도 문제 해결을 중시하는 것을 볼 수 있다. 그리고 기하 도형 관련 문제들이 도형이 가진 기하학적 성질을 탐구하기보다는 특정한 계산 알고리즘을 통하여 구하고자 하는 값(길이, 넓이, 부피)을 정확하게 구해내는 방법의 제시에 중점을 두었다. 이런 측면은 비례식의 강조에서 '사율비례'를 이용하여 미지수를 구하는 실제적인 문제들을 해결함으로써 실용적 산학의 용도를 잘 보여주고 있다.

건축, 문양 그리고 놀이

우리 일상생활 속의 수학을 이야기하는 데 건축과 문양을 빠뜨릴 수 없다. 그리고 우리의 전통놀이는 재미있는 활동을 통해서 자신도 모르게 수학의 기본적 개념을 익히면서 신체와 정신을 발달시켰다. 이 절에서는 우리의 건축과 문양에서 보이는 수학적 개념들과 개수를 세고 무늬를 이용하는 우리 민족의 전통놀이 속의 수학문명을 간략하게 살펴본다.

1. 건축

조선을 건국한 후 개혁가 정도전의 제안대로 이성계는 개성에서 한양으로 천도를 단행했다. 불교를 숭상하던 고려와 차별화를 꾀하고 유교를 국가의 기본이념으로 삼는 것을 잘 나타낸 건축물로 왕궁, 종묘 그리고 사직단이 있다.[87] 경복궁을 중심으로 창경궁, 창덕궁, 덕수궁과 후원이 있고, 창경궁 남쪽으로 연결된 종묘가 있다. 반대로 사직단은 경복궁에서 서쪽으로 조금 떨어진 위치에 있다. 여기서는 조선시대 건축물 중 가장 상징적인 경복궁 경회루와 종묘를 중심으로 알아본다.

경회루는 철저하게 조선이 추구했던 동양적인 음양오행사상에 따라 설계되었고, 종묘는 초월적 신(神) 개념이 없는 천인합일(天人合一)이라는 유교적 세계관을 반영하여 설계되었다. 경회루가 양(陽)적인 공간이라면, 종묘는 음(陰)적인 공간이라고 할 수 있다.

1) 음양오행사상으로 설계한 경회루

경회루는 현존하는 우리나라 최대 규모의 누각이다.[88] 경회(慶會)라는 이름은 "임금과 신하가 덕으로써 서로 만나는 것"을 의미한다. 이 누각은 근정전과 더불어 경복궁의 중심으로서 다기능적 역할을 했다. 즉, 임금과 신하의 연회장, 외국 사신이 오면 국빈을 접대하는 공간, 기우제 등 제사를 지내는 공간, 무예 시연을 감상하는 장소, 유생들의 시험장, 경(經)을 강술(講述)하는 학술 공간 등 현재의 컨벤션센터 이상의 역할을 했다. 즉, 신성한 여흥의 공간이었다.

경회루의 설계를 고대 그리스 아테네의 파르테논 신전과 비교하면 경회루는 2층, 3중 누각으로 정면은 7칸, 측면은 5칸인 직사각형 모양이다. 파르테논 신전이 엄격하게 5:8의 황금비율이라면 경회루는 5:7의 금강비(약 $\sqrt{2}$)이다. 금강비는 통일신라시대의 석굴암에서도 발견되는 등 동양의 대표적인 비율이다.[89] 경회루에서 2층으로 올라가는 계단의 수는 6개와 12개로 구성되어 있으며 경회루 전체 기본 설계는 6의 약수와 배수, 2의 거듭제곱인 4, 8의 수치로 디자인된 것이 특징이다.

〈그림 2-38〉 음양오행 사상으로 설계된 경회루

$$\frac{\overline{AD}}{\overline{AB}} = \sqrt{5} \quad , \quad \frac{\overline{CE}}{\overline{AC}} = \frac{1+\sqrt{5}}{2} \quad , \quad \frac{\overline{BC}}{\overline{AB}} = \frac{1+\sqrt{5}}{2}$$

▌파르테논 신전, 기원전 447년에 익티노스와 칼리크라테스가
설계, 신전 건축의 가로와 세로 30.88×69.50m, 아테네 아
크로폴리스(상)

〈그림 2-39〉
황금비율의 파르테논 신전

그림 〈2-40〉을 보면, 가운데 1중은 천·지·인(天·地·人)을 뜻하는 3을 차용하여 3칸과 8괘를 뜻하는 8개 기둥을 세웠고, 2중은 일 년 12달을 의미하는 12칸과 기둥 16개를 세웠고, 3중은 20칸으로 24절기의 의미를 뜻하는 기둥 24개를 세웠다. 칸의 합이 35(3+12+20=35)인데 여기에 태극을 합하면 36이 된다. 즉, 6이란 수를 가감승제(加減乘除)하여 만들어지는 신비적인 수의 원리인데 현대식으로 표현하자면, 6의 약수와 배수를 사용하는 것이다. 여기에 동양의 상수철학사상이 깃든 육육궁의 원리(육육양제법[六六禳除法]), 6×6=36이 적용된다.

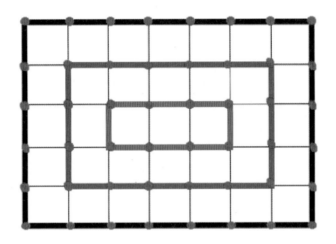

〈그림 2-40〉 경회루 3중 설계와 기둥의 원리

중국의 하도에서 보면 '6'은 하도의 북쪽 맨 위에 위치한 수로 물을 의미한다. 그리고 최석정의 지수귀문도나 덕수궁 담벽 문양에서 보듯이 6각형 거북무늬(龜紋)는 여러 곳에서 테셀레이션 문양으로 등장한다. 그리고 6은 천문과 역법의 기본적 수인 12(달과 시간), 24(절기) 등의 약수이므로 중요한 수로 생각했을 가능성이 있다.

2) 길의 패턴으로 제례를 이끄는 종묘

세계문화유산인 조선의 종묘는 왕조의 권위와 정통성을 나타내는 선왕에 대한 제사 공간으로 건축되었다. 정전은 칸마다 신위를 모신 감실 19칸,[70] 좌우합실 3칸, 동서월랑 5칸으로 되어 있다. 모두 홀수가 사용되어서 대청의 중심을 기둥이 가로막지 않는 장점을 가지고 있다.

종묘의 정전은 가로 길이가 101m로 우리나라에서 가장 긴 목조 건물이다. 장엄하면서도 절제된 아름다움과 웅장하면서도 신성한 분위기의 건물이다. 망자들의 공간인 종묘는 단순하고 간결하게 수평적으로 계속 확장했다. 건축적 기교가 배제된 간결하고 단순한 반복 기법이 쓰였다. 즉, 반복되는 기둥 행렬은 일상적인 시간을 영원한 시간으로 바꿔주어 무한으로 확장되어서, 왕조의 영속성과 무궁한 번창이라는 의미와 불멸을 느낄 수 있게 해준다.

종묘 제례의 핵심은 '신을 맞이하고', '신이 즐기고', '신을 보내는' 세 단계로 이뤄지는데, 이때 그 절차는 시간에 따라 진행된다기보다 신과 사

〈그림 2–41〉 종묘의 정전

람이 정전으로 들어오고 나가는 '길'을 따라 진행된다고 보인다. 제례의 중심 공간은 혼령만이 드나드는 신도(神道)와 제주인 왕과 세자가 이동하는 어로(御路)인데, 왕이 걷는 어로는 예전에 왕궁, 사찰, 왕릉 따위의 벽이나 바닥을 장식하는 데 쓰던 벽돌인 전돌과 넓적한 거친돌로 포장되었으며 방향도 꺾어지고 높낮이가 달라 빨리 걸을 수 없다.[91] 또 중간에는 정방형의 평평한 단으로 판위를 만들어서 제례의식 중간에 서 있는 장소를 마련해놓았다. 이는 악보의 음표와 쉼표와 같다. 즉, 이렇게 '길'이 예식을 주관하는 것으로 보이는 것은 '길'을 통해서 이 예식을 동적으로 시각화하여 추상을 구체화하는 고급 수학 기법의 하나이다.[92] 이 과정에서 사용된 요소는 중요한 위치(꺾어지는 점들)와 이를 잇는 선분(직선), 그리고 신주를 모셔두지 아니한 빈 신위(神位)를 만들어놓던 일, 즉 움직임을 멈추는 판위(板位, 정사각형 모양) 등이다.

왕의 동선을 유도하고 인도하는 어로의 패턴은 모두 19가지이며, 길의 각 구간은 시작과 끝이 명확하다. 한편 제례 절차가 바뀌는 지점 곧 패턴

〈그림 2-42〉 종묘의 신도(왼쪽)와 종묘의 판위를 위한 길(오른쪽)

이 교차하는 지점은 9군데이다. 어로의 패턴 수가 정전의 감실 수와 일치하는 것이 우연인지 아닌지는 알 수 없다.

3) 곡선이 아름다운 지붕

한국 전통건축의 멋은 무엇보다도 지붕과 처마를 꼽는다. 대표적인 화려한 지붕으로 '팔작(八作)지붕'이 있다. '팔작지붕'이란 지붕의 모서리가 맞배지붕의 측면에 人자형으로 붙인 박공(朴工)형식을 취해 수직으로 내려오다가 적당한 중간 지점에서 부챗살처럼 펼쳐지는 모양을 일컫는다. 이때 처마선은 물론 지붕의 경사면 등이 위치에 따라 기울기를 달리하며 변화한다. 이것이 중국을 포함한 다른 여러 나라와 구별되는 우리 지붕의 특색이다. 그래서 건물을 바라보는 관측자의 위치와 방향에 따라 한 건물의 지붕이 아주 다른 것처럼 보인다.[93]

우리나라 건축물의 처마는 독특하게 하늘을 향해서 들려 있다. 이것은 매우 독특한 디자인인데 이 디자인에는 한 가지 중요한 의미가 있다. 사각형 건물에서는 처마가 밖으로 튀어나와서 벽에 뚫린 창문의 채광을 방해한다. 이것은 높은 위치에 따로 낸 창이 없는 동양 건물의 특징이다. 이는 비바람을 막기 위한 어쩔 수 없는 선택이었을 것이다. 그런데 집터는 사각형이므로 모든 방향으로 똑같은 정도로 튀어나오게 하려면 모서리 부분의 지붕 선은 위에서 내려다볼 때 원형을 이뤄야 한다. 그렇지 못한 건축물은 모서리 부분이 다른 부분에 비해서 햇빛을 더 가려서 그림자가 질 수밖에 없다. 그러나 우리의 지붕처럼 모서리 부분을 경사지게 하늘로 살짝 들어올리면 모서리 방향의 그림자가 줄어들게 되어 채광 면에서 지붕을 둥글게 만든 효과가 난다.

이렇게 디자인할 때의 문제점은 모서리를 받치는 중심 서까래인 추녀와 추녀 근처에서 펼쳐진 부챗살처럼 지붕을 받치는 서까래인 선자연(扇

子椽)이다. 여기에 쓰이는 목재는 가는 기둥 형태로 거의 직선이다. 처마선이 휘지 않으면 모든 선자연을 하나의 평면 위에 놓으면 되지만 처마선이 들려 올라가면 선자연들이 만드는 면이 곡면이 된다. 우리 선조는 직선(선자연)을 적절히 방향을 바꿔서 굽은 곡면을 만들 수 있다는 것을 알고 있었고 이를 구현하는 기술을 가지고 있었다. 현대 기하에서는 선직면(線織面, ruled surfaces)이라 부르는 것이다. 우리가 그렇게 오랫동안 써온 선

〈그림 2-43〉 폴란드 바르샤바 오초타의 기차 정거장(위)과 스페인의 원자로 굴뚝(아래). 지붕과 굴뚝에 보이는 선은 직선이지만 직선들을 옆으로 이어 붙여서 휘어지는 면을 만드는 효과를 보고 있다. 이것은 우리 전통 팔작지붕의 원리와 같다.

〈그림 2-44〉 창경궁 환경전 지붕(왼쪽)과 창경궁 경춘전 지붕(오른쪽)

직면을 사용한 기술은 서양 건축에서는 최근에야 쓰고 있는데, 대표적인 예로는 스페인의 원자로를 식히는 굴뚝이 있다. 팔작지붕의 추녀 부분은 현대의 쌍곡포물면을 부분적으로 응용한 것이라고 볼 수 있다. 폴란드 바르샤바의 한 기차역 건물도 이런 디자인을 사용했다.(그림 2-43)[94]

4) 현대 추상화를 닮은 서원

1560년 퇴계 이황(李滉, 1502-1571)이 경북 안동에 건립한 자연 속에 들어앉은 도산서원은 여러 건물로 이루어진 복합 건물 단지이다. 퇴계가 직접 설계한 도산서원의 특징은 최소의 입체적 구조로 최대의 공간을 시도했으며, 문 한 짝의 크기와 창호지의 높낮이에도 모두 의미를 부여할 정도로 그의 철학을 생활에 접목한 예로 평가받는다. 도산서원 건물의 벽면은 대표적인 조선 벽면 디자인의 하나이다. 선조 때 류성룡이 건립한 안동 병산서원(安東 屛山書院)에서도 이런 점이 두드러진다. 〈그림 2-45〉에서 보는 두 개의 서원 건물인 도산서당과 입교당 벽면은 이런 단순한 기하학적 디자인의 극치를 보여준다.

이런 디자인은 서양의 현대 미술과 건축물에서 자주 사용되는 것으로, 이런 생각은 동서를 관통하는 기하학적 아이디어라고 할 수 있다. 우리 건축물에서는 구하기 쉬운 직선 건축 재료를 최대한 활용하면서 건축의 수월성을 높이는 일석이조의 아이디어로 쓰였다.

〈그림 2–45〉
도산서원의 '도산서당'(위)과 병산서원의 '입교당'(아래)

2. 문양

　무늬는 고대로부터 자신이 속한 사회를 나타내고 동질성을 부여받는 방식이다. 무늬는 의미와 연결되게 되었고 이것이 발전해서 문자가 되었다. 그러나 무늬는 무늬대로 남아서 아직도 우리에게 여러 의미를 전달해준다. 이런 의미 전달의 기호로서의 무늬는 어떤 방식의 규칙을 가져야 하고 이런 규칙은 어쩔 수 없이 수학적 개념과 연결된다.

1) 테셀레이션 패턴

　동서양을 막론하고 재생과 반복의 아름다움은 '테셀레이션' 문양으로 구체화된다. 테셀레이션 패턴은 생활 공간 속에서 도로의 보도블럭이나 욕실과 주방의 타일 무늬로 흔하게 사용된다. 우리의 전통에서는 왕궁과 사찰은 물론 민가에서도 이 무늬가 보인다. 다른 나라를 보아도 미국 인디언의 생활용품에서부터 페르시아의 아름다운 무늬들까지 없는 곳이 없다.[95] 이런 범문화적인 패턴은 미술에서도 활용되었다. 예를 들어 스페인의 알함브라 궁전의 재생과 반복의 문양에 매료된 네덜란드의 초현실

〈그림 2-46〉 순서대로 우리나라 전통 조각보 문양(왼쪽), 인디언의 문양(가운데), 에셔의 테셀레이션 작품

주의 미술가 에셔(M. C. Escher, 1898-1972)의 작품 속에는 테셀레이션 문양이 등장한다. 그는 주기적 반복과 재생에서 질서와 아름다움, 평안함을 찾았다.

테셀레이션(tessellations)이란 '타일 붙이기(tiling)'라고도 부르는데, 이 개념이 수학에서 의미를 가지는 것은 현실 속에서 회로의 설계 등 여러 가지로 응용되기 때문이다. 정3각형, 정4각형, 정6각형의 도형으로는 2차원 평면을 빈틈없이 완전하게 덮을 수 있지만, 정5각형의 배열로는 이것이 불가능하다. 이는 3차원에서 결정이 만들어지는 사실과 관련이 있다. 평면에서 회전과 대칭이동, 평행이동, 미끄럼반사를 잘 조합해서 만들 수 있는 이 문양은 현대 기하학적 문제와 밀접한 관련이 있다.[96] 이런 문양은 전통가옥에서 흔히 볼 수 있으며 한옥이나 심지어는 초가집의 문틀도 테셀레이션이나 이것의 변형된 형태를 사용한다.(그림 2-47)

한편 테셀레이션보다 단순한 2방연속무늬는 가늘고 긴 대상에서 쓰인다. 앞에서 이야기한 종묘의 기둥은 일종의 2방 연속무늬로 볼 수 있고

〈그림 2-47〉 경복궁 담의 테셀레이션 문양(왼쪽)과 경복궁 문틀의 테셀레이션 문양(오른쪽)

그림 〈2-48〉에 보이는 회랑의 대들보도 이런 단순한 반복이 사용된 경우이다. 동일한 간격의 반복은 위의 단순평행이동을 반복해서 적용한 것으로 수학적으로는 단순한 가군(加群, module, abelian group)을 현상화한 것에 익숙해지는 것이다.

〈그림 2-48〉 경복궁 회랑의 대들보

〈그림 2-49〉 경복궁 흥례문 처마의 단청(왼쪽)과 중국 이화원 전각의 단청(오른쪽)

3. 수학과 놀이

네덜란드 태생의 역사학자 요한 하위징아(Johan Huizinga, 1872-1945)는 문명을 만들어낸 것은 사유도 아니고 노동도 아닌 놀이라고 주장한다. 그래서 그는 인간을 '호모 루덴스'(놀이하는 인간)로 자리매김했다. 인간 성장기에서 놀이는 학습의 방법으로서 더욱 중요하다.

세계 여러 나라 아동의 놀이에서는 공통점을 발견할 수 있다. 이유는 무엇일까? 특히 한자를 사용하는 아시아의 삼국, 한·중·일에서는 한자까지 똑같은 투호놀이가 있다. 단지 우리나라는 투호라고 말하나 일본은 '츠보우치(投壺)'라고 말할 뿐이다. 우리나라 사내아이들이 즐기던 딱지치기는 일본의 '멘코'와 유사하고, '윷놀이'는 중국의 '격양', '저포'와 비슷하고 몽고의 '살한'과도 비슷하다. 제기차기를 중국에서는 '축국', 일본은 '하네츠키', 미국에서는 '해키색' 등으로 부른다. '비석치기'는 태국과 독일에도 있으며, '사방치기'는 영국, 독일, 프랑스, 스위스의 놀이와도 유사하다.

전 세계 어린이들이 가장 즐겼던 놀이는 '연날리기'와 '칠교놀이(탱그램)'라 한다. 연날리기는 연을 만드는 과정에서 기하학적인 도형 감각을 기르고, 바람을 이용하여 유체역학을 느끼고, 칠교놀이 역시 기하학적 변환 감각을 신장시키는 놀이다. 전통사회의 아동들은 동서양을 막론하고 이런 놀이를 통하여 수리적 감각, 추론적인 문제 해결력을 키워나갔다. 이 항(項)에서는 우리나라의 놀이와 이에 나타난 수학적 개념들을 중심으로 알아본다.

1) 한국의 아동 교육

조선시대 양반 계층에서 어린이는 어떤 교육을 받았나? 아이들은 몇 살부터 수학을 배웠을까?

한국 전통사회의 행동규범이었던 『소학(小學)』의 '입교(入敎)'편에 기록된 것을 살펴보면,

여섯 살이 되면 셈하는 방법과 동서남북의 방위(方位)를 가르치게 한다. 아홉 살이 되면 날짜 계산하는 법을 가르치게 한다. 열 살이 되면 남자는 스승에게 나아가 사랑방에서 잠자며 글쓰기와 셈본을 배우게 한다.

라고 되어 있다. 남아의 경우 6세부터 셈하기와 공간 개념에 대하여 가르쳤다. 유학을 숭상하며 수신제가치국평천하(修身齊家治國平天下)를 덕목으로 여겼던 조선 사회의 양반 계급에게 글쓰기와 셈법은 기본이었고 이는 배상열(裵相說, 1759-1789)의 『서계쇄록』[97]이 확실히 보여주고 있다. 이를 위해서 필요한 능력을 키워줄 수 있는 사대부집 아동의 놀이로 남자아이들은 동화, 수수께끼, 동요와 같은 언어적 놀이나 숨바꼭질, 술래잡기, 공기놀이, 제기차기 같은 것을 했고, 여자아이들은 그림 그리기, 수예, 인형 만들기를 하면서 주로 바느질과 관련되는 놀이를 했다. 이것은 모두 집 안에서 할 수 있는 놀이였다.

반면에 일반 농촌의 서민층에서는 유아들이 대가족 속에서 살면서 대개 5~7세경이 되면 가정 밖으로 나가 또래끼리 어울리며 놀이를 통하여 성장했다. 유아들에게는 상호작용이 곧 학습이다. 어린아이들은 형이나 언니들의 행동을 구경하면서 놀이의 관찰자로 지내다가 나이가 들면 적극적으로 형제들과 협동놀이에 참가함으로써 소속감을 느끼게 된다. 경쟁 심리와 승부욕을 자극하여, 이겼을 때는 성취감을 맛보고 졌을 때는 다음을 기약하는 다짐을 하며 정서적으로 성장하게 된다.

1) 고누

더운 여름에 서늘한 나무 그늘에서 주로 하는 놀이로, 땅바닥에 말판을 그리고 돌을 말로 사용하면서 바둑처럼 놀이를 하는 놀이이다. 말판의 종류는 다양하게 있는데, 줄고누, 호박고누, 우물고누(샘고누), 꽃고누(곤질고누), 자전거고누 등이다.(그림 2-50)

규칙은 두 편 모두 일정한 개수의 말을 가지고 앞, 뒤, 옆으로 한 칸씩 갈 수 있는데 두 말 사이에 상대편 말이 들어가게 되면 바둑처럼 따먹을 수 있다. 경우에 따라서는 끝에 놓인 말을 움직일 수 없고, 자기 차례에서 말을 움직일 수 없으면 진다. 이 밖에도 말판에 따라 여러 변화된 규칙이 생긴다.

이 놀이는 말판이 원과 사각형의 조합이므로 도형의 감각이 길러지고, 말을 가지고 '경우의 수'를 생각하게 되므로 문제 해결력, 순발력, 추론 등의 개념이 발달할 수 있다. 특히 고누 말판의 기본 도형은 평면의 기본 대칭을 많이 가지는 도형을 사용해서 도형의 대칭으로부터 위치 관계를 빨리 인식하게 할 수 있다.

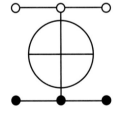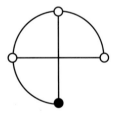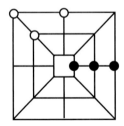

〈그림 2-50〉 왼쪽부터 순서대로 호박고누, 우물고누, 꽃고누의 말판

2) 고무줄놀이

고무줄놀이는 일제강점기에서 벗어난 뒤 여아들의 놀이로 널리 퍼졌다. 고무줄과 빈터만 있으면 즐길 수 있다. 줄의 모양으로 '한 줄 고무줄놀이', '두 줄 고무줄놀이', '세 줄 고무줄놀이'로 나눈다. 주로 노래를 부르면서 뛰기 때문에 음률의 학습이 수반되는 역동적인 놀이다. 주로 부르는 노래는 "아버지는 나귀 타고 장에 가시고"라든가 "퐁당퐁당 돌을 던지자" 같은 단순한 리듬의 동요이다.

고무줄놀이는 고무줄 높이를 높여가며 하기도 하고 가운데서 노는 아이는 필요에 따라 물구나무를 서서라도 발로 고무줄을 걸어 당긴다. 계속 뛰고 다리를 여러 가지로 사용하므로 체력을 길러주고 사회성도 발달된다. 이때 고무줄의 위치는 땅과 평행하고 여러 고무줄은 서로 평행하거나 정삼각형을 이뤄야 놀이가 제대로 되므로 공간 도형의 기본 위치 관계와 그 의미를 익힐 수 있다.

〈그림 2-51〉 한 줄 고무줄놀이 (출처: 종이미술관)

3) 공기놀이

5~6살 유아들이 강가나 마을에서 밤알만 한 돌을 줍기도 하고, 기왓장을 깨어 밤알만 한 크기로 다듬고 갈아서 공기알을 만들어서 가지고 노는 놀이다. '공기받기'의 공기알은, 5개의 공기알을 공중에 띄워 올려서 손으로 받아낸다. 후에 30~40개 공기알을 사용하는 놀이로 발전하기도 했으며 지역마다 명칭이 다르다. 경북에서는 '짜게받기', 경남은 '살구', 전남은 '닷짝걸이', 황해도는 '조개질'이라고 부른다.

이 놀이를 하는 동안 5개의 공기알을 하나씩, 두 개씩, 그리고 세 개와 두 개로 나누는 등 작은 숫자들의 덧셈, 뺄셈 그리고 조합을 직접 다뤄 보는 놀이여서 수학의 조합이론을 실제로 경험하는 놀이가 된다. 따라서 수 개념과 규칙을 통한 패턴 인식이 길러지고, 민첩성과 손과 눈의 협응, 규칙 준수의 태도를 함양시킨다.

〈그림 2-52〉
조선시대 윤덕희 〈공기놀이〉

4) 그림자놀이

햇볕이 잘 드는 대낮에 마당에서 하는 놀이로 아동들이 서로의 그림자를 밟지 않으려는 '그림자밟기'가 있다. 그러나 야외활동하기 힘든 겨울철이나 밤에는 방안에서 손과 손가락으로 만드는 등불의 그림자로 가축의 모양을 만드는 놀이를 하는데 이 놀이가 '그림자놀이'다. 주로 개, 소, 닭, 토끼, 새와 같은 친근한 동물 모양을 만들면서 입으로 동물의 소리까지 흉내를 내도록 발전했다. 이 놀이는 도형과 사영(projection), 공간 개념을 발달시키며, 손과 손가락의 조작 기능, 아이디어와 언어 유창성의 발달에 효과적인 놀이다. 어린 유아들은 형과 누나들이 하는 것을 보고 옆에서 구경하면서 소리라도 내면서 협동놀이를 했던 전통놀이다.

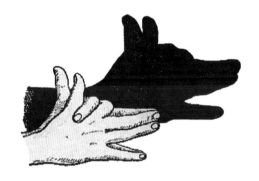

〈그림 2-53〉
그림자놀이 강아지(왼쪽)와 토끼(오른쪽)

5) 땅따먹기, 사방치기

'땅따먹기'는 아이들이 마당에서 자신이 소유하는 땅을 넓혀가는 놀이로 도형 감각을 키워주는 놀이이다. 이것이 변형되어 '사방치기'가 생겼다. 이것은 '말차기' 또는 '먹자놀이'라고도 불린다. 평평한 땅바닥에 여러 칸으로 나뉜 놀이판을 그리고 한 발로만 뛰어서 움직여 나가는 놀이이다.

사방치기의 놀이판은 5칸, 8칸, 10칸… 27칸까지 있다. 전남 지방의 경우는 타지방에서 모르는 16가지가 더 있을 정도로 이 놀이판이 다양하다. 따라서 수학적으로는 도형의 변환과 숫자를 적는 방법 등으로 자연스레 순열과 조합의 감각이 생기며, 한 발을 들고 한 발로 건너뛰므로 몸의 균형을 잡아주는 신체 활동으로 순발력과 무게중심을 잡아준다. 〈그림 2-55〉는 가장 널리 쓰이던 사방치기 놀이판이고 〈그림 2-56〉은 전라남도 지방의 독특한 사방치기 놀이판이다.

〈그림 2-54〉 땅따먹기

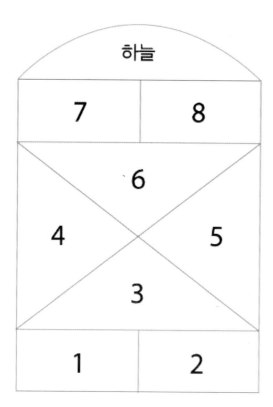

〈그림 2-55〉
가장 널리 사용되는
사방치기 놀이판

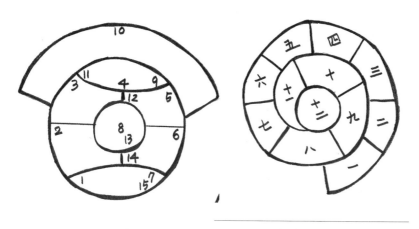

〈그림 2-56〉 전남의 사방치기 놀이판

6) 윷놀이

윷놀이는 오늘날까지 남녀노소 구별 없이 어린이와 노인들이 함께 즐길 수 있는 가장 인기 있는 전통놀이다. 윷놀이 이름의 윷(栖)은 4개의 나무라는 뜻이라고 한다. 판은 〈그림 2-58〉과 같이 그리고 윷을 던져서 나온 점수만큼 움직여 나가는 놀이이다. 윷판의 점들은 별을 나타낸다고 하며 넷으로 나뉜 영역은 계절 이름이 붙은 밭(田)으로 불러서 농경사회의 중요한 지식인 천문과 달력 그리고 농지를 반영했다.[98] 수학적으로는 조합 능력, 환산 법칙, 수의 계산 등이 망라된 놀이이다.

〈그림 2-57〉 윷가락과 말

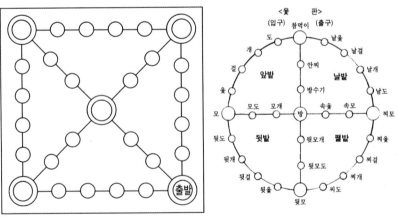

〈그림 2-58〉 윷놀이판(왼쪽)과 원형 윷놀이판(오른쪽)

7) 칠교놀이

이 놀이의 도구는 칠교판이다. 칠교판이란 큰 이등변삼각형, 중간 이등
변삼각형, 작은 이등변삼각형이 각각 2개, 1개, 2개이고, 정사각형이 1개,
평행사변형이 1개로 구성된 도형들의 모음이다. 7개 조각으로 다양하고
교묘하게 그려진 칠교도(七巧圖)의 그림을 맞추기도 하고, 새로운 도형을
만들기도 하는 놀이이다. '칠교'라는 단어는 약 2,600년 전 중국 주나라
때 처음 사용된 것으로 전해진다. 음식을 준비하는 동안 손님들이 기다
리는 지루함을 덜기 위해 사용했으므로 유객판(留客板) 또는 유객도(留客
圖)라고도 불렀다. 〈그림 2-59〉의 오른쪽 그림은 칠교로 만든 도형들이다.
다양한 도형을 만들 수 있으므로 공간지각 능력의 향상을 꾀할 수 있는
놀이다.

〈그림 2-59〉 7조각으로 된 칠교놀이판(왼쪽)과 칠교로 만든 여러 도형들(오른쪽)

6절

상업에 쓰인 수학

어느 나라 역사를 보아도 계산을 가장 많이 사용한 집단은 상업에 종사하는 사람들이었을 것이다. 그리고 많은 사람들이 필요에 의해 계산을 사용하면서 여러 가지 방향으로 수학적인 개선이 이루어졌다. 상인들이 수학을 사용할 때 관심의 초점은 틀리지 않고 빨리 계산하는 것이었다. 이런 이유로 계산법에서는 여러 가지 발전이 이루어졌는데, 그 대표적인 것이 중국에서 송, 원대에 발명됐다고 하는 주판(珠板)을 사용한 계산, 즉 주산(珠算)이다.

산가지를 사용한 계산은 그 산가지들이 흩어지기 쉽다. 이런 점을 보완하여 주산이 만들어졌다. 주산은 산가지 대신 구슬로 바꾸고 그 구슬을 대나무에 꿴 형태로 틀 안에 고정시켜서, 평평한 판이 없더라도 한 손으로 들고 계산할 수 있도록 만들어졌다. 즉, 흔들어도 구슬이 도망가지 않도록 만든 것이다. 중국의 주판은 〈그림 2-60〉에서와 같이 산대 표기를 그대로 옮긴 것이며, 위쪽에 5를 나타내는 주판알이 두 개가 있어서 이를 적절히 활용하면 0~15까지도 나타낼 수 있어서 16진법 계산에도 쓰였다고 추측된다. 이런 방법은 무게의 단위에서 한 근(斤)은 16량(兩)으로 환산되는 등의 계산에 효율적이었다.[99]

중국에서는 명나라에 이르러 주판을 사용한 셈법이 대세를 이루면서 산가지에 의한 계산은 자취를 감췄고 그에 따라 천원술도 자취를 감추게 되었다. 이런 주판셈은 주변국에 전파되었고 특히 주산이 인기 있었던 일본에서는 이를 받아들여 훨씬 간단한 모양의 주판을 고안했다. 처음에는 위쪽의 주판알을 1개로 바꾸고 아래쪽에 5개를 두었지만 나중에는 아래쪽도 4개로 줄여서 전체적으로 가볍게 만들었다. 그러나 우리나라에서는 주판보다는 계속해서 산가지를 사용하였다. 심지어 주판을 사용하는 것을 비판하는 글이 최석정(崔錫鼎, 1646-1715)의 『구수략』에 나온다. 『구수략(九數略)』 부록 2의 주산편에서 그는 "주산은 전체적인 모양이 산대 계산에 미치지 못하고 수학적인 것과 거리가 있고, 근래에 중국의 관리들이 모두 주산을 거리낌없이 사용하지만 산대 계산을 안 하는 이유는 수학에 대한 깨달음이 부족한 것이다."라고 썼다. 물론 조선 중기 이후 산원들이나 수학을 아는 양반들이 모두 주산을 반대했을 리는 없지만 적어도 영의정이자 숙종, 영조 시대의 수학자를 대표하는 최석정의 입장은 그

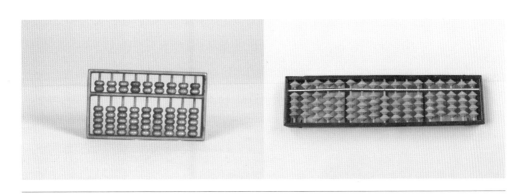

〈그림 2-60〉 중국 주판(왼쪽, 아주대학교 도구박물관)과 일본의 현대식 주판(오른쪽, 울산박물관)

당시 조선의 수학을 대변하는 입장이라 보아도 무방할 것이다. 즉, 자릿수에 구애(拘礙)받지 않는 자유로운 활달함과 천원술이 중요한 계산방법으로 정립된 조선의 수학과 무관하지 않다고 보인다.

이런 변화와는 별개로 산가지나 주판을 사용한 계산의 방법은 별 차이가 없어서 같은 계산법이 이어져 내려왔다. 셈의 기본은 덧셈, 뺄셈, 곱셈, 나눗셈의 사칙연산(四則演算)이며 이 가운데 덧셈과 뺄셈은 산가지나 주판알을 더하고 빼거나 옮기면 되므로 서양의 필산에 비해서 매우 쉬웠고 오류의 여지도 적었다. 한편 곱셈은 간단하지 않아서 모든 문명에서는 곱셈표를 만들어 썼다. 이것이 오늘날 계산의 기본을 이루는 구구단(九九段)이다. 우리가 이것을 구구단이라 이름 붙인 것은 동양 산학에서 이 구구단표는 9×9=81에서 시작하기 때문이다.[100] 오늘날 사람들은 구구단 외에는 특별히 따로 기억해야 하는 표가 없지만 옛날에는 기억해야 하는 표가 많았다. 참고할 자료를 많이 가지고 다닐 수 없었던 고대에는 많은 내용을 요약한 몇 마디 말을 기억하는 것이 매우 중요했고 기억하기 편리하게 만든 말을 노래 가사처럼 외웠다. 이것을 구결(口訣) 또는 가결(歌訣)이라 불렀다. 구결은 입에 붙게 만들었기 때문에 붙은 이름일 것이고 가결은 노랫말처럼 만들었다고 해서 부르는 이름일 것이다.[101]

상인들에게는 많은 기억할 것들이 있었다. 예를 들면 곱셈과 나눗셈 계산법, 세금을 매기는 계산법, 비용을 매기는 계산법 등등이 그것이다. 그리고 이런 공식들을 기억하기 쉽도록 구결로 만든 것이 많이 활용되었고 그런 자료도 여러 가지가 남아 있다. 다음에 알아보는 몇 가지 구결은 조선시대에 활용되었던 구결들의 몇 가지 예에 불과하다.

1. 구구단과 구귀제법

곱셈과 나눗셈을 쉽게 계산하려면 한 자릿수끼리의 곱셈과 나눗셈 결과를 외우고 있는 것이 도움이 된다. 구구단은 이것을 위한 것이다. 조선시대 산서의 앞부분에는 『구장산술』과 마찬가지로 구구단이 꼭 실려 있고 어느 시대에나 이것은 가장 중요한 구결이었을 것이다. 그러나 이와 똑같이 중요한 또 하나의 구결이 구귀제법(九歸除法) 또는 귀제법(歸除法)이다. 이것은 나눗셈의 구구단이라고 보면 된다. 필산에 익숙한 현재 우리는 이것이 왜 필요한지 모르지만 주판이나 산가지를 써서 계산을 해보면 그 필요성을 알 수 있다. 예를 들어 12÷5를 하면 몫이 2이고 나머지가 2라는 사실을 머릿속으로 계산하지 않고 외워서 쓰면 편하리라는 것을 알 수 있다. 이것을 구결로 만든 것이 구귀제법이다. 구귀제법도 모든 초보적인 산서의 첫머리에 꼭 들어 있다. 이 구귀제법을 쓰는 방법은 뒤에서 자세히 알아본다.

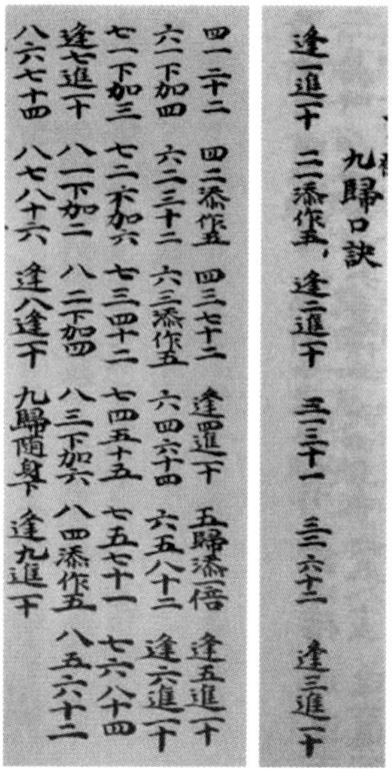

〈그림 2-61〉
구귀제법. 배상열의 『서계쇄록』에서

2. 두행곡(斗行斛)

상인들은 구귀제법 같은 셈법을 많이 썼을 것이다. 그러나 단순한 곱셈과 나눗셈이 아니라 항상 똑같은 셈을 반복하는 경우에는 그 결과를 외워버리는 것도 계산의 효율성이라는 측면에서 좋을 것이다. 이렇게 해서 나타난 구결들이 여럿 있다. 우선 두행곡(斗行斛)이라는 가결이 있다.

一皆用六十

二則十三五

三爲各用二

四處二六十

五爲三三五

六亦四爲用

七處四六十

八當五三五

九臨單六置

十亦還初位

　두행곡은 작석법(作石法)이라고도 부른다. 여기서 두행곡의 곡(斛)은 우리말로 섬(石)과 같은 것이다.[102] 보통 양곡을 잴 때 일반인들이 잘 쓰는 것은 말(斗)이라는 그릇의 부피 단위이다. 현재 한 말의 크기는 18리터로 정해져 있다. 조선시대에는 이보다 조금 작았다고 생각되며 백제시대에는 한 말이 약 2리터였음이 밝혀져 있다.[103] 조선시대에 한 섬은 15말과 같은 부피이다. 말과 섬을 환산하는 것은 15를 곱하거나 나누면 된다. 별로 어려운 셈은 아니지만 돌아다니면서 물건마다 이것을 환산해야 하는 사람은 당연히 표를 만들고 이를 들여다보거나 말로 외워서 썼을 것이다. 이것이 두행곡 또는 작석법이다. 그러니까 이 용어는 말(두)을 섬(곡 또는 석)으로 바꾸는 법이란 뜻이다.

　위의 두행곡은 100말, 200말, 하는 식으로 100말의 배수들을 섬으로 묶으면 몇 섬이 되고 몇 말이 남는가를 바로바로 알 수 있어야 하는 사람들이 썼을 것이다. 즉, 말로 재서 들어온 곡식을 한 섬짜리 가마니에 나누어 넣고 남은 것이 몇 말인지 계산 없이 알고 싶은 것이다. 그래서

100말은 6섬 10말이 된다는 사실, 즉 100=6×15+10이라는 것을 줄여서 '일개용육십(一皆用六十)' 즉 1[백]은 6[섬]과 10[말]이라고 외우면 된다는 뜻이다. 구결과 같이 200말은 13섬과 5말이고, 300말은 20섬이며, 400말은 26섬과 10말이다. 이런 식의 표를 구결로 만들어 사용한 것이다.

3. 근하유법

도량형을 정비하면서 가장 큰 문제 가운데 하나는 도량형에서 큰 단위와 작은 단위 사이의 환산 문제라는 것은 앞의 두행곡에서 곧바로 알 수 있다. 두행곡이 부피의 문제라면 무게에서는 근과 냥을 환산하는 것이 매우 어렵다. 예전의 한 근은 16냥이므로 16으로 나누고 곱하는 것은 두행곡의 경우보다도 훨씬 복잡하다. 이를 구결로 만들어 외우는 것이 근하유법(斤下留法)이다. 근하유법은 〈표 2-4〉와 같다.

一退六二五	六留三七五	十一留六八七五
二留一二五	七留四三七五	十二留七五
三留一八七五	八留單五	十三留八一二五
四留二五	九留五六二五	十四留八七五
五留三一二五	十留六二五	十五留九三七五

〈표 2-4〉 『산학입문』의 근하유법

근하유법이 이야기하는 것은 1냥을 근으로 바꾸면 1/16=0.0625(근)이므로 "육이오"라고만 외우고 있으면 된다는 것이다. 2냥은 1/8=0.125(근)이므로 "일이오"라고 한다. 근으로 바꾸되 자연수 근수만 남기고 나머지는 그대로 냥으로 세는 방법은 "냥수작근송(兩數作斤頌)"이라 하여 "一 六空四, 二 一二空八,…" 하는 식으로 써서 100냥을 근으로 바꾸면 6근과 4냥이 되고 200냥을 근으로 바꾸면 12근과 8냥 하는 식으로 외울 수 있도록 나타낸 것이다. 이런 계산 결과는 여러 가지 경우에 맞게 만들어서 필요한 사람들이 사용했다. 즉, 매일매일 무게만 가지고 일하는 사람은 매번 계산하지 않고 이런 간편한 공식을 외워서 생활했다. 이것이 일을 효율적으로 처리하는 전략이었다.

4. 해부법

부피에 두행곡이 있고 무게에 근하유법이 있다면 밭의 소출과 관련해서는 해부법(解負法) 또는 해복법(解卜法)이란 가결이 있다. 조태구의 『주서관견』에 보이는데 새로운 전제법에 따른 구결의 이름이다. 그 내용은 다음과 같다.

一等百 二等八五 三等七 四等五五 五等四 六等二五

이에 대한 조태구의 해설은 "밭의 넓이가 1만(제곱)자이면 1등지는 100이고 2등지는 85이니 등급에 따라 15부(負)씩 줄어든다."고 했다.

세종대로부터 내려온 토지를 6개의 등급으로 나누는 육등전(六等田)을 유지하되 1결당 20말, 1파당 2작을 따른다. 1등급 토지를 재는 양전척 1자의 길이는 주척으로 4.775자와 같다. 이를 단위로 하여 1결[104]의 넓이는 등급에 따라 각각 38무, 44.7무, 54.2무, 69무, 95무, 152무이고, 모든 등급에서 단위 넓이는 38무이다. 따라서 각 등급의 토지와 1등급 토지의 비

례관계에 의해 2등급의 경우 38 : 44.7 = x : 1이 성립하므로, 각 등급에 따라

  38/38, 38/44.7, 38/54.2, 38/69, 38/95, 38/152

이고, 계산하여 소수 넷째 자리까지 구하면

  1, 0.8501, 0.7011, 0.5507, 0.4, 0.25

이다. 이는 양전제의 이전 고정 단위로 1파에 대한 새로운 등급제에 해당하는 것으로 해석될 수 있다. 1부는 100파이므로 이에 100을 곱하여 얻은 근삿값

  100, 85, 70, 55, 40, 25

가 해부법에 따른 등급별 양이고 이 수열은 공차가 −15인 등차수열이다. 조태구는 『주서관견』에서 1등급 토지 1만 제곱자를 100부이자 1결이라 할 때 2등급 토지 1결은 1등급 토지로는 85부에 해당하고 이후 등급에 따른 수열이 공차 −15부인 등차수열임을 언급한 것이다.

5. 전세강가식(田稅江價式)과 입경가식(入京價式)

 이런 종류의 구결로는 전세강가식(田稅江價式)이나 입경가식(入京價式)이라 불리는 것들도 있다. 이 구결들은 다음 〈표 2-5〉와 같다.

전세강가식	입경가식
百石則七斗五升	百石則三十斗
十石則七升五合	十石則三斗
一石則七合五夕	一石則三升
一斗則五夕	一斗則二合
一升則五里	一升則二夕

〈표 2-5〉 전세강가식과 입경가식

전세강가식(田稅江價式)은 곡식 100섬에 대해서 세금으로 내는 것이 7말(斗) 5되(升)라는 뜻이고 10섬이면 이것의 10분의 1인 7되(升) 5홉(合)이라는 뜻이다. 항상 세금 계산을 해야 하는 사람이 외우고 있으면 편리한 표이다.

입경가식(入京價式)은 이름에서 알 수 있듯이 서울로 들어갈 때 내는 세금 또는 드는 비용이었을 것이다. 100섬을 가지고 서울에 들어갈 때 30말을 냈다는 사실을 알 수 있다.

6. 선가식(船價式)

선가식이라는 것은 뱃삯이라는 말로 보인다. 이 표에서 재미있는 점은 곡식의 양에 따라 뱃삯이 다르다는 것이다. 3섬을 실으면 한 섬당 3말 7되 5홉을 내는데 4섬을 실으면 한 섬당 3말을 내고 5섬을 실으면 한 섬당 2말 5되를 내는 식이다. 즉, 양이 많으면 뱃삯을 깎아주는 것이 나타나 있다.[105]

三石船價一石則 元穀每一石三斗七升五合式除出

四石船價一石則 元穀每石三斗式除出

五石船價一石則 元穀每石二斗五升式除出

六石船價一石則 元穀每一石二斗一升四合二夕八里五合式除出

七石船價一石則 元穀每石一斗八升七合五夕式除出

八石船價一石則 元穀每石一斗六升六合六夕六里六分式除出

九石船價一石則 元穀每石一斗五升式除出

〈표 2-6〉 선가식

7. 정신지법(定身之法)과 환입송(還入訟)

정신지법	환입송
二等八除五加	二則一五
三等見七除	三亦單三
四等五加五除	四爲四五
五等五分取一後倍之	五皆望六
六等再半折	六用七五
	見之一木始頭還入

〈표 2-7〉 정신지법과 환입송

표에 보이는 정신지법은 전세법(田稅法)의 하나로 밭을 6가지 등급 즉 육등전(六等田)으로 나눌 경우에 각 등급의 밭에 세금을 매기는 방법의 비율을 적은 것이다. 보이는 대로 일등전(一等田)을 100으로 삼을 때 이등

〈그림 2–62〉 상인들의 수첩 형태의 기록

전(二等田)은 80을 빼고 5를 더하니까 85를 빼는 것, 삼등전(三等田)은 70을 빼는 식으로 15씩 내려서 세금을 매기는 데 사용한 법이다. 환입송도 똑같은 내용이다. 이등전은 15만큼 빼면 되고 삼등전은 30만큼 빼면 된다는 것이다.

〈그림 2-62〉는 상인들이 간단한 구결을 적어 가지고 다니던 수첩 형태의 기록이다. 위에서 상명(詳明)이라 쓴 부분은 구귀제법(九歸除法)이고, 아래 줄의 구구(九九)는 구구단이며, 맨 아래쪽에 두행곡(斗行斛)이 적혀 있다. 구귀제법을 상명이라 쓴 것은 『상명산법』에서 가져와서 그렇게 적었을 것이다.

8. 부기법(簿記法)

상인들이 활용하였던 또 다른 종류의 계산법은 금전의 출납을 정리해두는 데 쓰인 방법이다. 오늘날에도 회계학에서 중요한 부기법은 매우 오랜 역사를 지닌다. 특히 개성 지방을 중심으로 활약했던 상인들이 사용했다는 '사개치부(四介置簿)' 또는 '사계치부(四計置簿)'라는 방법은 비밀리에 송상(개성상인)들 사이에 전수되었다고 한다. 과거 우리은행과 상업은행의 전신인 대한천일은행(大韓天一銀行)[106]에 복식부기 장부가 보존되어 있으며 이것은 바로 개성의 '사개치부법'으로 기록되어 있었다고 전해진다. 제대로 된 사료가 적다고 알려져 있지만, 이처럼 조선의 전통수학을 바탕으로 하는 상업 부기가 근대적 금융기관에 쓰인 것은 우리의 수학문명사에서 커다란 의의가 있을 것이다.

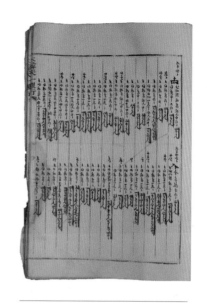

〈그림 2-63〉송도사개치부
(우리은행 은행사박물관 소장)

이러한 복식부기는 상업적 측면에서 고려가 송나라와 교역이 많았던 고려의 전성기(11-13세기 초)에 완성되었을 것으로 보인다. 이는 서양 복식부기가 나타나는 이탈리아의 13-14세기 무렵보다 앞서 있다. 또한 1920년대까지 지속적으로 사용된 우리의 자랑스러운 수학문화유산의 예라고 볼 수 있을 것이다.[107]

七政筭內篇卷上

大元至元十八年歲次辛巳為元

上考往古下驗將來皆距立元為筭周歲消長

百年各一^分上考下驗每百年周天消一秒歲實長一秒歲實消

其諸應等數隨時推測不用為元

一^分下考下驗每百年周天長一秒歲實消

天行諸率

周天分三百六十五萬二千五百七十五分

周天度三百六十五度二十五分七十五秒

半周天一百八十二度六十二分八十七秒半

周天象限九十一度三十一分四十三秒太

周應三百一十五萬一千〇七十五分

3장

국가의 바탕을 이룬 수학

1절

양을 재다: 도량형
__도량형 제정을 통한 국가 제도 확립

조선이 세워진 초기에는 혼란을 잠재우고 정권을 튼튼히 하는 데 노력을 들였지만 이것만으로 나라가 제자리를 잡을 수는 없었다. 나라를 제대로 다스리고 백성이 잘 살 수 있는 나라를 만들어나가는 데 꼭 필요한 것이 있는데, 그 가운데 가장 중요한 것은 나라를 다스리는 도구를 잘 마련해서 효율적으로 바르게 국정을 운영해나가는 것이다.

세종은 나라를 효율적으로 다스리기 위한 제도로 도량형을 정비했다. 사회는 사람들이 같이 생활하는 공동체이고 이 공동체가 유지되는 바탕을 이루는 것은 서로에 대한 믿음, 특히 거짓과 속임이 없다는 것이 가장 크다. 우리는 오늘날에도 가짜 저울과 같은 사회문제를 겪고 있다. 금전과 관련된 것은 사람들의 삶을 영위하는 기본 요소여서 저울을 속인다는 것은 경제적 질서를 어지럽힌다는 점에서 사회적으로 배척받는다. 그래서 사회적 혼돈을 막기 위해 저울의 눈금을 통일하는 일은 자연스럽다 하겠다. 세종은 왕위에 오르자마자 태종 때의 『경제육전』을 개정하려 하였으나 만들고 검토하는 과정에서 간단한 문제가 아니라고 판단하고 개정을 보류하였다. 대신 이를 위한 기초 작업을 했으며 이 가운데 도량형의 정비가 있다.

1. 황종관: 도량형의 기준

도량형(度量衡)이란 측정의 기준을 말한다. 길이를 재는 것을 도(度), 부피를 재는 것은 양(量), 무게를 재는 것을 형(衡)이라 불렀다. 오늘날 우리는 도량형으로 미터법을 사용해서 길이의 기준이 1m이다. 이 기준을 통일하는 방법으로 오랫동안 쓰인 것은 정확하게 만든 1m 길이의 자[1]를 만들어두고 이와 비교하는 방법이지만, 과학이 발전하면서 진공 속 빛의 속도를 이용하는 방식으로 바뀌었다.

고대 문명권에서는 아주 오래전부터 도량형의 정비가 중요함을 알고 있었으니 예컨대 중국 고전에는 도량형으로 말미암아 정치가 가능해진다고 했을 정도이다. 전설의 우임금 시대부터 곱자(矩)를 썼다고 전해지고, 또 복희와 여와의 전설 이야기의 그림 속에 곱자의 그림이 들어 있다. 우리나라 삼국시대에도 이미 여러 가지 측정 단위가 사용되고 있으나,[2] 고대 중국과 마찬가지로 이 단위의 의미에 대해서는 자세한 설명이 없다. 중국에서 도량형을 제대로 기록한 것은 『한서』 「율력지」이다. 여기서 황종율관(黃鍾律管) 또는 황종관(黃鍾管)이란 것을 기준으로 도량형 세 가지 단위를 모두 정했다.

그러면 이 황종관은 어떻게 만들었나? 『한서』 「율력지」에는 중간 크기의 검은 기장 100알을 나란히 늘어놓아 그 길이를 황종관의 길이로 삼았다고 쓰여 있다. 그리고 이를 기준으로 길이, 무게, 부피와 음률의 높이를 모두 정했다.[3] 고려시대는 물론 그 이전에서부터도 『한서』의 「율력지」는 모든 것의 근원이었겠지만, 이를 구체적으로 사용할 때는 황종척이 서로 달랐거나 없어서 단위는 같아도 실제는 다른 값을 사용했을 것이다. 『고려사』에 보면 밭의 넓이를 재는 단위로 결(結)이란 단위를 사용하는데 1결은 가로세로가 각각 33보(步)이다.[4] 조선시대에는 『한서』「율력지」의 기본적 틀을 가져와서 그대로 정착시켰다. 『세종실록』 12년 기사를 보면 세종 때 도량형을 정비하면서 형식상 기장을 써서 정하되 실제로는 중국의 길이에 맞도록 하는 현명한 방법을 썼다.[5] 이것은 명분을 세우면서 실리를 얻는 것이고 세종은 이에 찬성한 것으로 보인다. 이렇게 해서 전국이 통일된 도량형을 쓸 수 있는 기틀을 마련했다.

그러나 기준이 있어도 이를 적용하는 것은 쉽지 않았다. 실제로 사용되는 길이와 무게를 재는 자와 저울, 들이를 재는 그릇 등이 통일되지 않아서 부정확한 것을 바로잡는 것이 나라의 대사였고 이를 바로잡았다는 기록이 다수 보인다.[6] 또 도량형의 속임수로 백성이 피해를 봤다는 기사도 여럿 있다.[7]

오늘날에도 도량형의 정확성과 일관성을 추구하는 노력은 이어지고 있다. 2018년 국제도량형총회에서 SI 기본 단위 중 몇 개가 재정의된 사례가 있다. 이것이 기준의 문제였듯이 세종도 조선 초기 도량형의 문제가 기준의 명료성과 불변성에 있음을 파악했다. 그리고 세종대의 도량형 정비는 음률 정비와 동시에 진행되었다. 즉, 황종관을 기준으로 삼아서 훨씬 과학적인 제도를 만들어내는 과정이었다.

세종 때 황종관에 대한 논의 중 다음 내용은 매우 흥미롭다.

박연이 또 말하기를, "(상략) 기장의 진품(眞品)을 얻는 것이 가장 어려운 일입니다. 신이 지금 동적전(東籍田)에서 기른 것으로 쌓아올려서 황종관(黃鍾管)을 만들어 불어보니, 그 소리가 중국의 황종(黃鍾)보다도 한 음률이 높으므로, (중략) 신이 원하옵기는, 남방의 여러 고을[州]에서 기른 기장을 모두 가져와서 세 등급으로 이를 골라 쌓아올려서 관(管)을 만들어, 그중에 중국의 음(音)과 서로 합하는 것이 있으면 삼분손익(三分損益)하여 12율관(律管)을 만들어 오성(五聲)을 조화(調和)시키면 자[度]·되[量]·저울[權衡]도 따라서 살필 수 있게 될 것입니다. (중략) 만약 지금 검은 기장이 마침내 중국의 황종(黃種)이 합하지 않는다면 (중략) 다른 종류의 기장을 빌려 써서 쌓아올려 율관(律管)을 만들어 중국의 황종(黃種)에 합치시킨 후에 (하략)." (『세종실록』 47권, 세종 12년 2월 19일 경인 5번째 기사)

이 내용을 보면 박연이 제안하는 방법은 기장을 세 등급으로 바꿔가면서 만들어봄으로써 기장이 만들어내는 황종관들의 범위를 실험으로 알아보는 것이라고 할 수 있다. 오늘날로 보면 통계적 처리와 유사하다.[8] 그리고 중국의 표준이 이 범위 중 하나에 들어 있을 것이므로 그에 맞는 것을 선택하면 그 기장이 중국의 표준 기장과 크기가 같을 것이라는 매우 수학적인 생각을 설명하고 있다.

제대로 된 제도를 확립하기 위해서 이러한 도량형에 대한 논의는 임금 앞에서도 지속되었다. 예를 들면, 다음 기사처럼 세종으로부터 50년 뒤 성종 앞에서 신숙주가 경연(經筵)[9]을 했을 때에도 똑같이 도량형에 대한 논의가 나온다.

임금이 말하기를, "각 고을에서 법에 맞춰 만들었는데, 크고 작음이 같지 아니함은 무엇 때문인가?" 하니, 영사(領事) 윤자운(尹子雲)이 말하기를, "(상략) 율(律)·도(度)·양(量)·형(衡)을 같게 함은 제왕의 큰일입니다. (하략)" 하고, 신숙주가 말하기를, "척량(尺量)의 제도는 모두 황종척(黃鍾尺)의 수(數)에 근본하였기 때문에 신이 그 근원을 바로잡고자 하여 쇠자를 주조(鑄造)하여 보내기를 청한 것입니다. (하략)"(『성종실록』 49권, 성종 5년 11월 18일 기사 2번째 기사 중)

도량형의 정비는 조선의 제도 정비의 대표적인 사례라고 볼 수 있다. 탁상공론으로 단시간에 정하지도 않았으며 과학적이고 수학적인 근거와 실험을 통해서 백성들의 불편을 최소화하고자 했던 조선 정치의 모범을 보여주는 사례라고 할 수 있다. 그리고 이를 정비해나간 신하들은 모두 수학적인 사고방법에 정통했음을 알아볼 수 있다.

한편 도량형 제도가 잘 정착됐어도 이를 매일 사용하는 사람들에게는 이 단위의 환산이 문제로 남는다. 즉, 곡식을 나누거나 할 때 공평하게 나누려면 주어진 곡식을 작은 단위로 쪼개야 한다. 다른 것은 10:1로 환산하므로 쉬운데 냥(兩)과 근(斤)을 서로 바꿀 때는 문제가 어렵다. 한 근이 16냥이어서 냥의 수를 16으로 나눠야 근의 수를 얻을 수 있기 때문이다. 따라서 이를 환산하는 공식을 구결(口訣)로 만들어서 외워 불러 일상에서 사용하도록 하였다. 이 구결의 이름이 근하유법(斤下留法)이며, 18세기의 산서 『산학입문』에 들어 있다.(2장 6절 참조)

조선시대의 수학책을 보면 단위의 변환과 관련된 초보적 문제가 매우 많다. 실제로 이런 문제에 담긴 수학이 일상에서 가장 많이 활용되었을 것이라는 것도 쉽게 알 수 있다. 여기 나타난 도량형의 여러 단위 사이의 관계는 도표에 정리되어 있다. 이를 보면 단위의 변환은 곱셈 나눗셈에 익숙하지 않은 일반인이 수월하게 할 수 있는 것이 아님을 알 수 있다.

	단위	단위 환산 관계
길이	필(疋), 자(尺), 치(寸), 보(步) * 넓이 무(畝)	1필=42 또는 35 또는 32자 1자=10치 1보=5자 * 1무=240보
들이	섬(石), 말(斗), 되(升), 홉(合), 작(勺)	1섬=10말=102되=103홉=104작
무게	섬(石), 칭(秤), 근(斤), 냥(兩), 전(錢), 수(銖)	1석=120근 1칭=15근 1근=16냥 1냥=10전 1냥=24수

〈표 3-1〉 도량형의 환산[10]

2. 양전으로 토지를 측량하다

양전(量田)이란 밭을 잰다는 말이다. 양전제는 각 밭의 넓이도 재어 각각의 밭에서 곡식이 얼마나 나는지를 파악함으로써 세금을 매기기 쉽게 하려는 제도이다. 이때 밭이 비옥한 정도를 재는 것과 별도로 밭의 넓이를 재는 것은 산학의 문제이다. 『경국대전』에 따르면 20년에 한 번씩 전국의 농지를 측량하도록 돼 있어서 이는 호조 산원들의 큰 업무 중 하나였다.[11]

고려 멸망 원인 중 하나로 꼽힌 양전제의 문란은 새 왕조가 수립되어 시급히 해결해야 할 주요 사안이 되었다. 이에 세종은 전제상정소(田制詳定所)를 설치하여 양전 관련 제도를 정비하려 했다. 따라서 자연스럽게 산학에 대한 수요가 커지게 되었다. 이에 중앙 부서에서는 산학박사 2인 중 지리와 산수를 둘 다 잘하는 한 사람에게 본래의 임무 외에 토지 측량 업무를 부가시켰다.

"산학박사(算學博士) 두 사람 중에서 지리와 산수(算數)를 겸해서 통하는 자 한 사람은 본부의 토지 측량 사무를 겸임하도록 하소서."(『세종실록』 6권, 세종 1년 11월 15일 을묘 3번째 기사 중)

그뿐만 아니라 세종 10년에 호조에서 각 도의 논밭을 측량하기를 건의하는데, 그 임무를 수행하는 관리가 갖춰야 할 조건으로 여러 항목이 보이지만, 가장 눈에 띄는 조건은 '산학을 익힌 자'여야 한다는 것이다. 즉, 산학 분야에 전문성을 갖춘 관리를 보내어 토지를 측량하고 조사할 것을 건의하고 있다.[12]

산서의 내용을 보면 토지 측량을 위해 유리수의 기본 계산과 함께 농지 모양을 본떠 만든 도형의 넓이 측정 방법이 들어 있다. 예를 들면, 전무형단(田畝形段) 또는 방전구적법(方田求積法)이라는 제목 아래 ○○전, 예컨대 정사각형 모양의 밭인 '방전(方田)', 원 모양의 밭인 '원전(圓田)' 같은 도형을 다룬다. 때로는 '전'을 뺀 상태로 '방(方)', 또는 '삼사형(三斜形)'처럼 ○○형이라는 이름의 도형의 넓이를 구하는 문제도 있다.

풀이법을 보면 오늘날과 같은 방법으로 정확하게 구하는 경우가 있는 반면에, 근삿값의 수준에서 만족한 경우가 여럿 있는 것도 흥미롭다. 예를 들어 호시(弧矢)는 원의 현과 호로 이루어진 반달 모양의 도형으로 오늘날의 활꼴을 말한다. 호시의 넓이를 구하는 전통적 방법은 $\frac{(현+시) \times 시}{2}$ 이다. 이것은 호시전을 사다리꼴과 비슷하다고 봐서, 시를 사다리꼴의 윗변과 높이로 하고 현을 아랫변으로 하여 근삿값으로 바꿔 셈한 것이다.

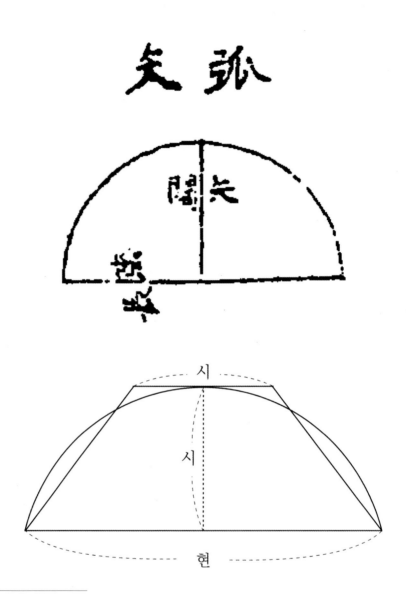

〈그림 3–1〉 호시전.
왼쪽은 『산학입문』에 있는 그림이다. 여기
서는 현을 현장(弦長) 즉 현의 길이, 시를
시활(矢闊) 즉 시의 넓이라고 나타냈다.
호시(弧矢)란 활과 화살을 나타낸다. 즉,
원을 잘라 만든 활꼴이 활이고 그 가운데
의 높이를 나타내는 선분을 화살에 비유
한 것이다.13

하늘을 읽는다
: 계몽산법과『칠정산내편』

1.『칠정산내편』의 성립

　조선 건국 초기에는 혼란을 잠재우고 정권을 확고히 하기 위해 노력했지만, 그것만으로 나라가 제자리를 잡을 수는 없었다. 나라를 제대로 다스려 백성이 잘살 수 있도록 하는데 필수인 두 가지가 있는데, 그 하나는 나라를 다스리는 도구를 마련해서 효율적으로 바르게 국정을 운영하는 것이며, 다른 하나는 국가의 최고 권력자가 세상의 도리를 깨우쳐 나라를 다스릴 만한 자격이 있다는 것을 보여주는 것이다. 전자를 위해 조선이 한 일은 도량형을 새로 제정하는 것이었고, 후자를 위해서는 천문역법을 바로 세우고 달력을 정확히 계산해서 백성들이 농사를 제때에 짓도록 하는 것이었다.

　임금은 하늘을 대신해서 나라를 다스리는 사람이었고 따라서 하늘의 일인 시간을 제대로 알려줘야 권위를 세울 수 있었다. 혹시 가뭄이나 홍수가 나서 농사에 피해가 생기면 이는 임금이 나라를 잘못 다스려서 생긴 일이라고 여겼다. 옛사람들은 일식이나 월식 같은 천문현상을 하늘의 특별한 징조라고 믿었기 때문에, 일식이나 월식이 생기면 임금은 몸과 마음을 깨끗이 하여 제사를 지내고 통치에 대해 반성하는 마음가짐을 가졌다.

조선 초기의 혼란이 가라앉자마자 세종은 우리나라가 위치한 위도에 맞는 달력 계산을 하도록 명을 내렸다. 현명한 세종은 왕의 권위를 세우는 가장 좋은 방법이 일월식을 제대로 맞춰 예를 갖추는 것임을 잘 알고 있었다. 게다가 그것이 미신적인 문제가 아니고 과학적인 문제라는 것 또한 잘 알고 있었기 때문에 세종은 천문역법과 관련된 상징적인 사업을 적극 추진했다고 보인다.

세종은 자신 있게 명을 내렸지만 수행을 담당했던 사람들은 어려움이 많았다. 이는 고려시대 사람들이 원나라의 수시력을 받았을 때 겪었던 것과 똑같은 어려움이었다. 『고려사』의 「역지(曆志)」 서문을 보면 "충선왕(忠宣王, 1275-1325) 때에 원나라 수시력(授時曆)을 시행하였는데 수시력의 개방술(開方術)이 제대로 전해지지 않아서 교식(交食) 계산을 옛날 방법으로 했으므로 일월식 시간이 실제와 맞지 않았다."고 쓰여 있다.[14] 그러니까 수시력에 근거하여 만들어놓은 달력을 받아다 사용하긴 했지만, 일월식 시간을 예측하는 수학 계산법은 잘 모르고 있었다는 말이다. 그리고 그것을 개방술이라고 했으니 그 계산법은 방정식 풀이였다.[15]

새로이 출판된 『칠정산내편』[16]의 시작 부분에 실린 한영호 외(2016)의 해제 "조선의 역법 칠정산내편"에 따르면 칠정산의 서문에서 고려시대의 역법 지식이 낮았다는 식으로 평가한 것에 대해서 실제로는 그리 낮지는 않았을 것이며, 단지 "개방산법(開方算法)을 알지 못했고, 입성도 완전하지 않았으며, 또 고려의 주야각(晝夜刻)을 구하지 못한 상태였기 때문"이라고 한 점은 고려가 다른 대부분의 천문역법 지식은 갖추고 있었지만 이를 운용하는 데 필요한 수학 계산 능력이 근본적인 문제였다는 것을 나타낸

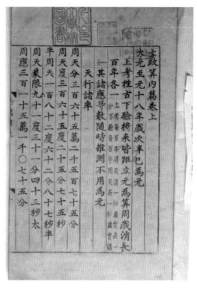

〈그림 3-2〉『칠정산내편』

것이라고 할 수 있다. 그 문제를 해결한 사람이 바로 세종이다.

『세종실록』을 보면 조선에 들어서도 이는 매우 어려운 문제였고 해결을 위해 오랜 기간 많은 노력을 기울였다는 것을 알 수 있다. 우선 이 문제를 처음 거론한 것은 세종 2년(1419)이고[17] 모든 것이 완결된 것은 『칠정산내·외편』이 편찬되는 1442년이다. 초기에는 진전에 어려움이 많았지만 세종은 그 이유가 계산을 잘못하기 때문이란 것을 알아내고 산법교정소(算法校正所)를 설치하여 먼저 산법을 익히도록 명하였다.[18] 이때 세종은 중국의 역법서와 산서를 널리 구했다고 하며 실제로 이때 중요한 산서, 『상명산법』, 『양휘산법』, 『산학계몽』을 모두 구할 수 있었다. 세종이 역법 교정을 얼마나 중요하게 여겼는지는 임금이 몸소 『산학계몽』을 공부했다는 사실로부터 알 수 있다.[19] 이러한 노력은 결실을 맺어 같은 해에 비로소 수시력법이 큰 틀의 계산에서 맞아 들어가기 시작했다. 이때는 일식의 예측에는 큰 착오가 없었으나 시각에 오차가 있었을 것으로 추측된다.[20] 정교한 역법을 위해서 다시 넘어야 하는 산 역시 수학이었을 것이다.

여기서 놀라운 점은 세종이 몸소 『산학계몽』을 공부하였기 때문에 일이 어떻게 돌아가고 있는지를 파악했고, 자기에게 『산학계몽』을 설명해 줄 수 있을 정도의 수학적 실력을 갖춘 정인지에게 맡겨서 이 일을 해결해냈다는 것이다.[21] 더욱이 세종은 일월식 시각에 오차가 있다는 보고를 받고는 교식이 있을 때마다 계산한 결과와 실제 시각을 모두 기록해놓도록 명하였다. 즉, 시간이 지나서 계산치와 관측치가 다른 점에서 값을 대조해보아 다른 이유를 알아내도록 했으니, 세종은 이 문제가 측정한 수치에 이론을 맞추는 문제임을 알아본 것이다. 문제 해결에 데이터 수집이 핵심이라는 사실을 통찰한 것을 보아 세종의 식견과 직관은 오늘날의 관점에서도 대단하다고 평할 수밖에 없다.

세종은 같은 해에 세금 징수와 관련한 백성의 의견을 조사하도록 하였고 세종 18년에는 이 결과를 반영하여 농지에 등급을 매기는 전등제(田等制)를 실시하였다. 이로부터 세종은 국정을 위해 통계적인 접근을 하고 있고 다양한 측면에서 수학을 잘 활용하였음을 알 수 있다.[22]

정인지를 동원해서 해결해낸 『칠정산내편』의 마지막 단계의 문제는 방원법이라 나와 있는데 그것이 무엇이었는지 확실한 설명이 없다. 한영호 외(2016)[23]는 이때 정초 등이 해결하지 못했던 방원법이 13세기 중국의 구면삼각법에 해당하는 호시할원술(弧矢割圓術)이었을 것이며 이 계산법이 한양의 주야각(晝夜刻)[24]을 추보하는 데 필요했을 것이라고 하고 있다.[25] 이 과정에서 고차방정식의 풀이가 필요했을 것임을 보여주는 기록이 세조 6년의 기사이다. 이 기사는 세종대에 칠정산을 만들기 위해서 결국은 10차방정식을 풀 수 있는 수준까지 산학의 수준을 높이지 않으면 안되었다는 것을 이야기하고 있다. 당시 이런 문제는 호시할원술밖에는 없었다.

세조 6년의 『실록』 기사는 이조에서 역산 생도를 권려하고 징계하는 것과 관련한 개선책을 이야기한다. 이 기사에서 개선책을 건의한 사람은 산학에 해박한 지식을 가지고 있음을 그 내용에서 바로 알 수 있다. 이런 학자가 보기에 젊은 산원들의 실력이 떨어지고 있음을 경계한 내용이다. 이를 통해서 역으로 세종대에 계산에 밝은 관리의 육성과 산학의 진흥을 꾀하고자 널리 역산서를 구하고, 집현전이나 습산국에 덧붙여 산법교정소와 역산소를 설치하였으며 그 결과 산학 수준이 매우 높았음을 알 수 있다.[26]

세종은 천문역법의 요체를 정확히 파악하고 있었다. 중국의 역법으로는 중국의 이론을 완벽히 이해한 수준일 뿐이며, 조선의 한양에서 주야 각 추보가 맞으려면 결국 천체 운동을 정확히 측정해야만 한다는 것을 알았다. 그래서 천문관측용 의기며 정확한 시계를 제작하기 시작했고 이 결과를 확인할 수 있는 기록은 한양의 북극출지도(北極出地度)[27]와 일출입주야각(日出入晝夜刻)이다.(한영호 외, 2016)

이를 위해서 간의를 활용한 천상의 측정은 김빈이 시작했고 이내 이순지가 이어받았으며 이순지의 정확한 측정을 세종이 칭찬했다는 기록이 남아 있다. 이순지는 서울의 위도(북극출지)를 정확히 측정해냄으로써 임금의 마음을 사로잡았던 것이다.[28] 『칠정산내편』의 저자인 이순지(李純之)가 『실록』에 언급되는 기사는 무려 118건이다.[29]

세종대 산학 연구가 뛰어났음은 당시 산학이 전해지지 않아도 역법 계산에서 찾을 수 있다. 산학을 전제로 해야 발달할 수 있는 천문역법의 성취는 역으로 산학의 발달을 입증하고 있다.

2. 역법에서 본 조선의 방정식론

『세종실록』에 임금이 공부했다는 계몽산은 『산학계몽』 안의 수학 내용을 가리킨다고 보인다. 15세기 초에 조선에서 참고할 수 있었던 가장 발전된 방정식 이론은 『산학계몽』에 들어 있었다. 그러나 이 책에 친절한 설명은 없다.[30] 중국에는 진구소의 『수서구장』이 출간된 시기였고 천원술을 이용한 증승개방법을 친절하고 쉽게 해설한 이 책이 아쉽게도 조선에 들어온 흔적이 없다. 따라서 조선의 학자들이 10차방정식까지 다루게 되기까지의 과정은 결코 순탄하지 않았을 것이다. 3차방정식만 해도 세제곱근이 아닌 일반적인 형태의 방정식 풀이를 이 두 산서만 보고는 금방 알아내기 어렵다. 게다가 호시할원술은 4차방정식을 풀어야 하는 문제였다.

조선의 산학은 두 번의 부흥기를 갖는다. 그 첫 번째가 세종대의 방정식론의 발달이고 두 번째는 17세기 후반부터 19세기 중반에 이르는 기간 동안 수학이 꾸준히 발전한 시기이다. 그리고 조선에서 이 두 번의 부흥은 모두 역법 계산을 위한 것임에 틀림없다. 15세기의 수학 발전은 세종의 전폭적인 지지 아래 빠른 시일 안에 목표에 도달한 경우이며, 이때의 발전은 계산법에 치중했을 가능성이 많다. 한편 두 번째의 부흥기는 시헌력의 도입으로 말미암아 이의 계산을 위한 산학 연구에서 시작됐다고 보는 것이 타당하다. 이는 특히 18세기 중엽 이후 현존하는 모든 자료가 『역상고성』의 계산을 목표로 하고 있음에서 바로 확인된다.

이런 발전은 얼마 지나지 않아 더 이상 유지되지 않았다. 한번 만든 역법은 계속 사용할 수 있었고 이를 만들 때 필요했던 어려운 계산은 한동안 더는 필요하지 않았으므로 이 발전된 수학을 유지할 이유도 별로 없었다. 그러나 이런 산법의 경험은 적어도 이야기만으로라도 전해져 내려갔고 또 사용했던 산서들이 남아 있었다. 덕분에 17세기 전란 이후에 수학이 필요하다고 했을 때 박율과 같은 재야의 학자들이 재빨리 이를 복원할 수 있었을 뿐만 아니라, 오랜 기간이 걸리지 않아서 홍정하와 같은 수학 천재가 나타나서 조선의 수학을 중국 수학보다 한 단계 발전시킬 수 있었다. 즉, 세종대의 번창한 학문이 시대의 변천에 따라 끊어질 듯하면서도 끊어지지 않고 계속될 수 있었던 것은 우리의 저력이라고 할 수 있을 것이다. 상황이 조금 다를지 몰라도 중국에서는 자신들이 고안한 훌륭한 수학적 방법이 14세기에 완전히 잊혀져 학자들조차 그 존재를 모르는 상황이 몇 백 년이나 계속됐다. 그리고 18세기에 어렵게 복원된 방법도 한동안 제대로 된 수준에 도달하지 못한 데는 산가지 셈의 폐기라는 원인이 있었던 것으로 보인다.

조선의 산학제도

1. 조선 전기 산학의 진흥

『세종실록』 13년 3월 2일자 기사에는 김한, 김자안 등을 추천받아 중국에 보내 산법을 익히게 한다는 내용이 있다.[31] 사안인즉 임금에게 역법(曆法) 교정(校正)을 건의한 지 이미 12년이나 됐지만 아직도 방원법(方圓法)을 모르고 있으니 사람을 중국에 파견하여 산법을 익히도록 해야 하겠다는 내용이다. 세종은 이렇게 생각하는 이유로 다음과 같이 말한다.

> "산법(算法)이란 역법에만 쓰는 것이 아니다. 만약 병력을 동원한다든가 토지를 측량하는 일이 있다면, 이를 버리고는 달리 구할 방도가 없으니 (후략)."[32]

『조선왕조실록』의 이 기사에서 세종이 수학을 역법만을 위한 기술로 보지 않고, 국방의 기본이 되고 토지를 측량해서 세금을 징수하는 등 국가 경영 전반에 걸쳐서 필요한 지식이라고 정확하게 인식했음을 엿볼 수 있다. 조선 초기의 임금들의 이런 생각은 필연적으로 수학의 부흥을 이루어 조선 수학의 1차적인 황금기(黃金期)를 열게 된다. 세종대에 산학 부흥이 이뤄진 내용에 대한 한 연구에서는 다음과 같이 이야기하고 있다.[33]

고려왕조가 멸망한 주요 원인 중 하나는 양전제의 문란이었다. 세종은 이것을 거울삼아 '전제평정소(田制評定所)'를 설치하여 전제를 확립하려고 하였다. 이러한 필요성으로 조선 초에는 통일신라나 고려 초기와 마찬가지로 산학에 대한 수요가 늘어난다.

또한 일찍이 국가 경영에 있어 수학의 중요성에 주목하였던 세종은 (중략) 세종 15년 경상도 감사 신인손이 『양휘산법』300권을 복각하여 왕에게 바쳤다는 기록도 있다. (중략) 고려 후기 이래 침체됐던 산학이 새 왕조와 함께 다시 시작된 것이다. (중략) 세종의 산학에 대한 사고방식은 고려와는 비교도 안 될 정도로 진지하고 열의가 있는 것이었다. 따라서 우리 역사에서 일찍이 볼 수 없었던 수학의 부흥이 이루어졌다.

세부적으로 들어가서 실제 수학이 조세제도에 쓰인 예를 들어보자. 세금을 걷으려면 우선 경작되는 논과 밭의 넓이를 구하는 방법이 조세의 기본이 된다. 따라서 조선시대 산학서에서는 이 주제를 즐겨 다루고 있다. 조선 후기의 실학자 담헌(湛軒) 홍대용(洪大容, 1731-1783)은 그의 산서 『주해수용』에서 "우리나라는 밭의 모양이 5가지 있으므로 그것만을 다루겠다."고 하였다.[34]

방전(정사각형), 직전(직사각형), 구고전(직각삼각형), 규전(삼각형), 제전(사다리꼴)의 다섯 가지가 그것인데 이 사실은 지극히 실용적인 우리나라 중심의 수학의 활용관을 잘 보여준다. 5가지 말고도 여러 모양의 밭을 우리 산학자들은 산서에 설명해놓았는데, 호시전은 그중 하나이다. 아래의 예제는 홍대용의『주해수용』중 면적법 중에 실린 호시전에 관한 문제이다.

"호시(弧矢) 모양의 땅이 있다. 현의 길이가 56보이고 시(矢)의 길이가 18보이면 면적은 얼마나 되는가? 호시의 모양이라고 하면 활꼴모양을 말한다."(그림 3-1 참조).

활꼴 모양의 밭의 넓이를 구하는 방법은 동아시아의 전통수학에서 활꼴에 대응하는 평면도형의 넓이를 구하는 문제로 생각되었다. 즉, 경계의 일부 또는 전부가 곡선인 평면도형의 넓이는 근삿값을 얻을 수 있는 다각형의 넓이를 구하는 공식을 이용했다. 〈그림 3-1〉과 같이 현의 길이가 a이고 현의 중심과 호의 중심을 연결한 선분인 시의 길이가 b인 활꼴 모양의 밭의 넓이는 $S=\frac{ab+b^2}{2}$인 공식으로 구했다.

즉, 활꼴인 이 도형의 넓이를 사다리꼴로 생각해서 오차를 감수하더라도 거의 근접하는 값을 구할 수 있었다. 지금 우리는 그 해법에서 전통산학에서 다룬 평면 등의 넓이 공식을 확인할 수 있다.

위의 예에서 보듯, 조선 초기의 현실적인 필요에 따라 수학의 수요가 증대하였으므로 수학을 아는 관리의 선발은 필연적이었다. 세종 20년에 제정된 잡과십학[35]에 관한 교육과정 중 산학의 내용은 상명산(詳明算)·양휘산(楊輝算)·계몽산(啓蒙算)·오조산(五曹算)·지산(地算)의 다섯 개 교과로 되어 있다.[36] 여기에서 오조산의 교재는 당나라의『산경십서』중 하나인『오조산경』이었음이 틀림없고, 상명산·양휘산·계몽산의 교재는 각각『상명산법』·『양휘산법』·『산학계몽』이었을 것이다. 특히 이 세 권의 수학책은 나중에 산학의 채용고시 시험 범위에 포함된 것으로『경국대전(經國大全)』에 기록되어 있다. 그런데 이 책들은 모두 명나라 초기인 1370년대의 중국판 간행본을 한국에서 복각한 것이다. 즉, 당시 중국에서 입수할 수 있었던 최신 수학책이었던 셈이다.

호조 수학관리들의 실용적인 수학으로는 『상명산법』 하나만으로도 충분했으나, 『수시력』에서 다루는 고차방정식에 익숙해지려면 천원술(天元術)이 꼭 필요했다. 이 때문에 역산 연구와 관련해서 『산학계몽』이 특히 중요시되었다. 정인지가 고려의 역산가는 개평(開平)의 방법조차 알지 못해서 수시력을 소화할 수 없다고 혹평하였는데, 그것은 천원술을 알고 있는 조선 산학자의 자부심이 나타난 것으로 볼 수 있다.[37]

중국이 상업 경제의 발전을 배경으로 수학이 발달하고 있을 때, 조선 초의 수학은 두 가지 입장을 가지고 있었다. 하나는 회계 등과 같은 실무를 처리하는 데 필요한 기술 관리에게 요구하는 실용 지식으로서의 입장이었고, 다른 하나는 유교 국가의 정통성을 계승해야 한다는 의미에서 역서의 내용을 이해해야만 하는 엘리트 학자 관리에게 요구하는 고급 지식으로서의 입장이었다. 즉, 전문 직업인으로서의 수학과 양반들의 형이상학적 수학이 그것이다.

다시 조선 초기에 산학하는 관리를 선발함에 있어 이조에서 임금에게 올린 계를 보면 "만물의 변화를 다 알려면 반드시 산수(算數)를 사용해야 하며, (중략) 실로 율학(律學)과 더불어 중요한 것이어서 이전(吏典)에 비할 바가 아닙니다."라고 했다.[38]

여기에는 수학을 하는 관리, 즉 산학박사는 사족의 자제로 시험하여 서용토록 하라고 기록되어 있다. 우리가 일반적으로 알고 있는 조선의 수학은 처음에는 양반이 담당한 것이었다. 산학박사라는 명칭은 신라의 국학, 고려의 국자감의 산학을 위한 벼슬 '산학박사'까지 거슬러 올라간다. 이것으로 우리나라 수학의 역사는 삼국시대 이전까지로 넓힐 수 있을 것이다.

중인까지도 취재에 응시하도록 하는 산학관리 선발은 중국, 일본과는 다른 우리의 독특한 수학적 풍토를 만들었는데, 전문적인 프로페셔널한 수학자의 출현이 그 한 가지일 것이다. 물론 양반들도 전문적인 수학을 이해하고 그것을 응용하고 실제 생활에 쓰이도록 하는 산서를 출간하였지만 조선 중기 이후 우리의 수학문명이 심화되고 유지되며 함께 발전되도록 공헌한 전문 수학자는 중인 출신이 많았다. 국가는 그들에게 높은 품계를 주어 우대하였다.

예를 들어 조선 수학을 대표하는 산학자 중 하나인 여광(汝光) 홍정하(洪正夏, 1684-1727)는 중인 산학자이다. 조선시대 중인은 16세기 말부터 사회적 신분의 형태로 드러나기 시작했으며 나름의 사회적 역할을 점유하고 있었다. 조선시대 산원은 중인이 큰 역할을 담당하였고 이들은 나름대로의 사회적 지위를 유지하기 위해 친족 중심으로 연구와 협동을 지속했을 것이다. 임진왜란과 병자호란의 양난을 겪은 뒤, 산학을 다시 재건한 산학자 경선징과 조선 최후의 천재 수학자 이상혁도 시공을 초월하여 홍정하의 집안과 혼맥으로 얽혀져 있다. 조선시대 중인은 전문 지식인이었다. 특히 산학관리들은 평생 한 분야에만 근무했기에 전문성이 강했다. 산학관리인 중인들은 친족 내에서 그 지위를 유지하려 공부하였고, 배타적 기득권을 누렸다. 어려서부터 수학적 환경에서 가문에 전해 내려오는 수학의 어려운 풀이를 공유했으며, 혼인도 같은 직업끼리 했다. 아마도 동양 천원술의 최고봉인 홍정하의 『구일집』도 집안의 비급처럼 전해졌을지도 모른다. 대대로 수학 연구를 해온 중인은 실무에 밝고 언행이 세련되고 생활이 깔끔했으며 대인관계에 밝았다고 한다. 『실록』과 『승정원일기』를 보면 그 기록이 눈에 띈다. 조선시대의 중인 산학자의 역할은 2차적이었지만 아주 중요하고도 실질적인 역할을 호조에서 담당하였다.[39]

2. 산학제도의 정비

건국 후 국가 정책을 세우는 일이 중요하며, 국가 발전의 밑거름을 교육제도의 정비로 구현하는 것은 아주 자연스러운 일이라 할 것이다. 조선 전기 그러한 흔적을 『실록』에서 찾아보면 다음과 같다.

> 양가의 자제들을 위한 교육기관으로 육학(六學)을 설치하였는데, 병학(兵學), 율학(律學), 자학(字學), 역학(譯學), 의학(醫學)에 이어 여섯째가 산학(算學)이었다. (『태조실록』 4권, 태조 2년 10월 27일 기해 4번째 기사)
>
> 좌정승 하윤(河崙)의 건의를 따라 10개의 교육기관인 십학(十學)을 설치하였는데, 그 아홉째가 바로 산학이다. 그리고 산학 취재를 다루는 곳은 호조(戶曹)였다. (『태종실록』 12권 태종 6년(1406) 11월 15일 신미 1번째 기사)

첫 임금인 태조 때는 양반 자제를 위한 교육기관으로 육학을 설치하였고, 이어서 태종 때에는 십학으로 확장하였는데, 어느 쪽에나 산학이 포함되어 있다. 인문학적 소양이 요구되는 것으로 알려진 양반 자제라 할지라도 교육받아야 할 필수 분야로 산학이 포함되어 있다는 것에 주목할 필요가 있다.

학문적 성취가 뚜렷했던 세종 때에는 산학과 관련한 다수의 『실록』 기사가 있다. 그 하나로 산학 취재의 과목, 즉 수학 교육을 위한 교과과정이나 산원 채용을 위한 시험과목을 정하는 대목이 제시된 기사를 앞에서 보았다.[40] 여기서 산학의 시험과목으로 지정된 5개를 알아보면 다음과 같다.

『상명산법(詳明算法)』은 명대(1368-1644)의 산학자 안지제(安止齊)가 지은 2권으로 된 산학입문서이다. 많은 산서가 전형적으로 다루는 기본 내용인 구장명수로 시작하여 가감승제, 단위 환산, 급수 문제, 창고 들이, 둑의 부피, 농지 측량 등의 내용으로 구성되어 있다.

『산학계몽(算學啓蒙)』의 원래 이름은 '신편산학계몽'이다. 원대(916-1125)의 산학자 주세걸의 산학서로, 3권에 259개의 문제를 담고 있다. 특히 이 책이 주목되는 것은 천원술을 본격적으로 다루고 있다는 점이다. 또한 명대에 중국에서 잊혔으나 청대의 나사림(羅士琳, 1789-1853)이 조선에서 전주 관찰사 김시진(金始振)이 1660년에 중국의 원본을 바탕으로 발간한 『중간산학계몽』을 구하여 1839년에 복각한 사실 때문에 중요한 산서의 역수출이라는 점에서 더욱 주목된다. 이와 같이 조선에서 『산학계몽』의 중요성은 매우 컸음을 여러 기록에서 확인할 수 있다. 산학 취재과목이었기 때문에『묵사집산법』이나『구일집』에 다수의 내용이 그대로 또는 변형되어 실려 있고『산학입문』에는 그 목차가 온전히 실려 있다. 뿐만 아니라 아래에서 보듯이 세종 임금의 산학 학습을 위한 교재이기도 했던 것이다.

『양휘산법(揚輝算法)』은 남송대(1227-1279)의 산학자 양휘(楊輝)가 저술한 산학서로,「승제통변산보」3권,「속고적기산법」2권 및「전무비류승제첩법」2권 등 모두 7권 1책으로 되어 있다. 곱셈, 나눗셈, 제곱근, 이차방정식, 연립방정식, 부정방정식, 급수, 도형의 넓이 등 기본 수학 외에 마방진을 다룬 기본서이다.

『오조산경(五曹算經)』은 당대의 산학제도에서 산학을 가르치기 위한 교재로 사용되었던 '산경십서' 중 하나이다. 산학 관련 관청에 소속될 관리 선발을 위한 시험과목으로 사용된 '산경십서'는『구장산술』,『해도산경』,『손자산경』,『오조산경』,『장구건산경』,『하후양산경』,『주비산경』,『오경산술』, 『철술』, 『집고산경』을 말한다. 『오조산경』은 남북조시대의 북주(北周, 557-581)의 천문학자 견란(甄鸞)이 저술한 책으로, 이름 '오조'에서 보듯이 5개 정부 부처의 관리들을 가르치기 위해 쓴 책이다. 각 부처의 업무에 대응하여, 토지 계산, 군량 비축 및 물자 수송, 상업 거래, 곡물 및 창고 부피, 비단 거래 및 출납 처리에 관한 문제를 다룬다.

『지산(地算)』에 대해서는 『실록』에서의 기록밖에 볼 수 없어 그 상세한 내용은 알려진 바 없지만, 다른 네 권과 함께 선정된 것을 볼 때 정부 부처에서 요구하는 실용적 특성의 수학 내용을 담고 있을 것으로 추측된다.

24년이 지나 세조 28년에는 이조(吏曹)에서 자학·음양학·역학·이학·무학의 제조·별좌를 폐지할 것을 아뢰는 다음과 같은 기사가 있다.[41]

> "이제 제사(諸司)에서 관장하는 바를 상고하건대, 교서관(校書館)은 (중략) 따로 제학 제조(諸學提調)·별좌(別坐)·훈도(訓導)를 두는 것은 미편(未便)하니, 청컨대 모두 파(罷)하고 (중략) 다만 산학별좌(算學別坐)는 회계(會計)를 오로지 관장(管掌)하므로 소임이 매우 중(重)하니, 아울러 제조(提調)도 파(罷)하지 말고, (하략)."

이를 보면 산학에 대해서는 열외다. 왜냐하면 산학의 임무가 워낙 중요하기 때문에 도저히 폐지할 수가 없는 것이다. 사실 산학의 업무가 과중하여 세조 4년에 이미 인원을 증가시켰다. 즉, 이조의 건의에 업무가 많은 산학중감에 4인을 구임시키고 관직을 제수토록 한 기사가 있다.[42]

3. 세종의 산학 장려책

『실록』에서 발견되는 세종의 산학 장려책을 입증할 만한 다수의 기사가 흥미롭다.

1) 산학 인재 양성

임금이 해야 하는 일을 1만 가지의 일, 즉 '만기(萬機)'라고 표현할 정도로 일의 양이 많았고, 그 부담은 엄청났을 것이다. 그중 가장 중요한 것이 학문을 닦는 것이고 대부분이 경연을 통한 임금의 공부에 해당한다. 세종임금은 스스로 수학을 배웠다.

> 임금이 계몽산(啓蒙算)을 배우는데, 부제학 정인지(鄭麟趾)가 들어와서 모시고 질문을 기다리고 있으니, 임금이 말하기를, "산수(算數)를 배우는 것이 임금에게는 필요가 없을 듯하나, 이것도 성인이 제정한 것이므로 나는 이것을 알고자 한다." 하였다. (『세종실록』 50권, 세종 12년 10월 23일 경인 3번째 기사)

이 기사를 염두에 두면 머릿속에 배움의 세 요소가 그려진다. 수학의 배움을 열망하는 학생 세종임금, 그를 가르치는 교사 정인지, 학습 내용은 계몽산이다. 수학 선생님 정인지는 경서, 예학, 문장, 역학, 수리에 능통한 유학자이다. 그러한 능력으로 인해 세종임금의 신임을 얻어 임금의 교육 시간인 경연에서 임금과 담화를 나누는 기사가 『실록』에 다수 발견된다. 학자이자 관리로서 조선 초기 국정에 큰 영향을 미친 것으로 알려져 있다. 한편 수학 학습 대상인 계몽산은 산학서 『산학계몽』을 일컫는 것으로, 『양휘산법』, 『상명산법』과 함께 산학 취재의 시험과목 중 하나임을 앞서 보았다. 독서를 통해 학문을 닦는 것이 주요 업무였던 임금에게 유학 공부는 필수였지만 수학 공부는 전혀 그렇지 않았다. 그럼에도 불구하고, 성인이 만든 학문이기에 배우고 싶다는 임금의 학습 의지가 표출되어 있다.

세종은 스스로 산학 공부를 했을 뿐만 아니라 그만큼 산학의 중요성에 대한 바른 인식을 가지고 있었음은 산학을 배워 오도록 중국에 관리들을 파견하는 1쪽의 기사에서 이미 보았다.[43]

여기서 세종의 생각은 두 가지가 두드러진다. 그 하나는 천문역법에 사용되고 또 병력 동원이나 토지 측량이라는 수학의 쓰임새를 보고 있다는 것이고, 다른 하나는 산법에 통달한 사람이 필요하다는 인식에서 인재 양성의 구체적 방안을 제안하려는 것이다. 그리고 그 방안은 중국 유학이다. 즉, 나랏돈을 들여 중국으로 보낼 국비유학생을 선발하여 파견할 정도로 산학은 국가 업무에 중요한 학문이었던 것이다.

2) 산학서의 보급와 산학 공부법의 마련

『세종실록』에는 책, 그것도 산학서가 귀하던 시절, 국가 차원에서 산학서를 진상받아 다시 하사하는 상황이 그려져 있다.

> 경상도 감사가 새로 인쇄한 송나라의 양휘산법(楊輝算法) 1백 건을 진상하므로, 집현전과 호조와 서운관의 습산국(習算局)에 나누어 하사하였다. (『세종실록』 61권, 세종 15년 8월 25일 을사 2번째 기사)

경상 지역에서 새로 인쇄한 산학서는 『양휘산법』이다. 산학 취재의 세 가지 시험과목 중 하나인 산학 기본서였으므로 나랏일을 하는 여러 사람들이 필요로 했던 책이었을 것이다. 이에 100권의 책을 나누어주는데,

그 대상이 집현전, 호조, 서운관 학자와 관리들이다. 이『실록』기사는 우리나라에서『양휘산법』이 처음 간행된 바를 담은 기록에 해당한다. 이에 이 판본이 우리나라에 남아 있는『양휘산법』의 국내 최고본으로 여겨져왔지만, 2008년에 더 오래된 목판본이 공개되었고, 2012년 보물 제1755호로 지정되었다.[44]

〈그림 3-3〉『양휘산법』(보물 제1755호, 출처: 문화재청 국가문화유산포털)

공부를 하려면 그간의 지식을 모아놓은 책이 필수이지만, 그에 못지않게 수학 공부를 어떻게 해야 하는지 하는 학습 방법도 중요하다. 세종 25년 11월 17일 기사를 보면 학자와 관리들의 수학 공부를 위해 마련해준 책을 어떻게 공부하는지까지도 알려주고 싶어 하는 임금의 마음이 읽힌다. 그는 "지금 산학을 예습(預習)하게 하려면 그 방책이 어디에 있는지 의논하여 아뢰라."고 하였고 별로 마땅한 답이 없자 "집현전(集賢殿)으로 하여금 역대 산학의 법을 상고하여 아뢰게 하라."고 했다. 즉, 세종은 학문마다 특성에 맞는 학습법이 있을 것임까지 생각했고 학습법을 찾는 방

법까지 알려주고 있다.[45]

이를 보면 세종이 산학을 학문이라기보다 술수, 즉 기술로 보는 당시의 보편적 생각을 넘지 못하고 있어도, 학문이든 기술이든 국가 운영에 긴요한 과목이라고 생각했던 것은 분명하다. 이와 같은 실용성 외에 수학 공부의 정당화의 근거로 세운 것이 정자나 주자와 같은 고대 성인들의 앎이다. 그들도 알고 있었는데 우리도 당연히 공부하는 것이 마땅하고, 따라서 산학 공부를 독려할 수 있는 방법을 연구하라는 명령을 내린 것이다.

세종은 산학 공부를 장려하려는 생각을 계속 가지고 있었다. 세종 30년의 기사를 보면 임금이 산학 공부 방법을 더욱 발전시키고 구체화하려는 열망이 보인다. 그는 구체적으로 산학을 공부하는 학생과 산학관리가 어떻게 꾸준히 공부할지를 이야기했다. 아마도 앞의 연구 결과를 받았을 것이라는 것을 알 수 있다.[46]

4. 조선 산학관리의 선발제도와 그 내용

『삼국사기』에는 우리나라 산학제도의 시작을 적어도 신라시대로 볼 수 있는 기록이 있다. 『삼국사기』는 통일신라시대에 "산학박사(算學博士) 또는 조교 한 사람에게 『철경(綴經)』·『삼개(三開)』·『구장(九章)』·『육장(六章)』을 교수시킨다."고 기술하고 있다. 『구장』은 동양 수학의 고전인 『구장산술(九章算術)』을 말한다. 고려는 초기에는 통일신라의 산학제도를 계승하였으나 국자감의 정비와 함께 산학제도도 정비되었을 것이다. 고려 문종(1019-1083) 때에 국자감에 산학을 두고 종9품 박사 2명씩을 배치했다는 기록이 『고려사』 76권 속에 있다. 1389년 공양왕 원년에는 모든 분야가 전문화되어 산학을 독립적으로 교육시킨다. 조선시대에 쓰인 『고려사』에 잡과 십학(雜科十學) 중의 하나인 산학에 관한 기록이 있다. 고려시대 산학의 입학 자격은 8품 이하의 자제와 서인 출신으로 하되 7품 이상도 원하면 입학이 허락되었다.[47] 국자감에 입학해서 수학을 공부한 지 3년이 지나면 과거에 응시 자격이 주어지고, 수업 최대 연한은 6년 이내였을 것이다.[48] 고려 인종 14년(1136) 11월의 기사에 명산업(明算業)에 관한 기록이 있다. 명산업 시험은 2일간의 시험으로 치르는데 시험과목으로 『구장』·『철술』· 『삼개』·『사가(謝家)』를 보았다. 우선 이것을 통과한 후 『구장산술』 10권의 내용을 암송하고 그 이치를 설명한 후, 시험관이 질문을 하고 대답하는 구술시험을 본다고 되어 있다.

고려시대에는 중앙집권적인 관료체제하에서 각 관서에 재정과 관련하여 사무 처리와 계산 기술이 능숙한 전문적인 산사들을 배치하였다. 조선시대에는 고려시대의 잘 짜인 산학제도 아래에서 주로 재정·회계를 담당하는 기술 관료인 산사를 양성하는 산학제도를 가지게 되었다. 특히, 영·정조대인 1700년대에는 임진, 병자 양란을 겪은 후 격동하던 사회가 안정을 찾아가고 여러 제도가 새롭게 고쳐지며 재조정된 시기였다. 산학제도가 재정비되었을 뿐만 아니라 그 규모도 확대되었다. 산학을 배우는 학생인 산생(算生)의 정원을 종래의 15명에서 61명으로 대폭 늘렸다는 『속대전(續大典)』에 있는 기록이 이 사실을 단적으로 말해주고 있다. 양전과 도량형의 정비가 이루어졌으며, 이를 위한 수학의 필요성은 증대되었고 대부분의 양반 실학자들이 수학책을 저술하고 공부하였다. 즉, 조선 초 세종을 전후로 한 수학의 황금기가 조선 중기 이후에 다시 한번 온 것이다.

산학 합격자 명단인 『주학입격안(籌學入格案)』에 의하면 15세기 말 성종 때부터 1888년(고종 25)에 이르기까지 산사로 뽑힌 사람들의 수는

1,727명에 달한다. 앞에서 산사의 업무는 주로 정부 내의 재정·회계에 관한 것이라고 하였다. 그러나 이 『주학입격안』을 보면, 천문·역산(曆算)의 분야에 진출한 사람도 있었음을 알 수 있다. 그리고 우리가 일반적으로 흔히 아는 조선시대의 중인은 천시 받거나 나아가 과학기술발전을 양반이 배제되어서 전적으로 담당한 것이 아니고 『입격안』에 나온 대로 조부나 외조부가 의과정(醫科正)이나 기타 직종으로 진출한, 이미 양반이 되어 버린 신분 상승의 경우도 상당하다는 사실을 보여준다.[49] 본인도 노력 여하에 따라서 정3품 당상관까지 진출하였음은 물론이다.

조선시대 산원은 호조에 속해 있으면서 호구, 공물, 부역, 전량, 식량, 재화 등 경제 전반에 걸쳐서 국가에서 입안한 정책을 실제로 수행하였다. 재정 실무와 전문적인 지식을 통하여 국가재정의 실무자로서 현실적인 선도적 역할을 하였다. 조선시대의 산학관리는 『주학입격안』에 나온 산학관리만 1,627명이다. 『주학입격안』은 규장각에 2권 2책이 있는데, 성종 19년(1488)부터 고종 25년(1888)까지 약 400년에 걸쳐 입격한 산원들의 명단과 가계 및 외조, 처부(장인)의 기록이 상세하게 기록된 책이다. 이 외에도 규장각에 사본으로 있는 『주학선생안』, 『주학보』, 『주학팔세보』는 조선시대 산원들의 이름과 기타 사항을 볼 수 있는 책이다. 『주학입격안』에 나온 산학관리의 수를 보면 경주 최씨 203명, 전주 이씨 169명, 정읍 이씨 121명, 남양 홍씨 111명, 태안 이씨 103명의 순으로 그 순서를 볼 수 있다.

조선 태조 원년(1392)에 마련된 관제를 보면 동반 속에 산학을 두고 산학박사 종9품 두 명을 두었다. 그다음 해인 1393년 10월에 육학[50]을 설치하고 양가의 자제들로 하여금 공부하게 하였다.

세종 때에는 천문역법 및 양전세법의 정리에 주력하게 됨에 따라 산학의 학습을 적극 장려하였다. 세종 25년(1443) 11월에 전제상정소(田制祥定

所)를 설치하게 됨에 따라 산원에 대한 수요가 늘어나고 적극적인 진흥책을 마련하게 되었다. 또, 세종은 고위 문관인 집현전 교리까지 산학을 배우게 하고 산학박사, 산학중감의 요직과 습산국, 산법교정소, 역산소 등을 설치하여 산학의 회복을 위하여 온갖 노력을 다하였다.[51] 세조 12년(1446)에는 산학제도가 더욱 정비돼 박사가 없어지고 그 대신 종7품인 산사 2명, 종8품인 계사 2명, 정9품인 훈도 2명, 종9품인 회사 2명 등 총 8명의 산원이 호조에 속하게 되었다. 또한 산학중감거관법(算學重監去官法)과 역산생도권징법(曆算生徒勸懲法)이 제정되었다. 그리고 성종 때는 산학교수, 별제, 훈도의 거관법을 마련함으로써 산학을 더욱 정비하였다. 성종 16년(1485)에 완성을 본 『경국대전』에는 산학교수 종6품 1명, 별제 종6품 2명, 산사 종7품 1명, 계사 종8품 2명, 산학훈도 정9품 1명, 회사 종9품 2명 등 총 9명으로 관직이 크게 정비되고 지위가 향상되었다.

『경국대전』에 따르면[52] 조선시대 육조 중 호조는 판적사, 회계사, 경비사 세 부서로 구성되었으며, 산원 30명이 배치되었다. 판적사의 산원들이 맡아서 보는 업무 내용을 보면 호구(인구조사), 사전(양반의 밭), 조세, 부역(나라나 공공단체가 대가 없이 백성에게 의무적으로 시키는 노역[勞役]), 공헌(貢獻: 공물을 바치던 일), 누에치는 법의 장려, 풍년과 흉년의 조사, 진대곡(나라가 흉년이나 재난 때에 백성에게 빌려주는 곡식)을 나누어주고 거두는 일이었다. 회계사는 서울과 지방에서의 세계(한 회계연도나 한 해의 세입과 세출을 계산하는 업무), 해유(벼슬아치가 물러날 때 후임자에게 사무를 넘기고 호조에 보고하여 책임을 벗어나던 일, 인수와 인계), 저적(모아두는 업무) 등에 관한 사무를 맡았다. 경비사는 서울의 각 관아의 지조(금전이나 물품을 필요에 따라 알맞게 고루 나누어줌) 및 왜인(倭人)의 식량 등에 관한 사무를 맡았다. 여기에 배치된 산학자들 가운데 종7품 이하인 산사는 체아직으로 1년에 두 번 고과에 따라 승진과 전보 발령을 하였다. 또한, 514일을 근무하면 품계를 올려주되 종6품이 되면 그 직에서 떠나야 했다. 그러나 그 직에서 계속 근무를 원하면 그때부터 900일을 근무하면 품계를 올려주되 정3품 당하관에서 그치고 아직 거관하지 않은 자들과 같이 협의해서 시험으로 체아직을 주었다. 그러나 산학교수, 별제, 훈도는 각기 산학을 본업으로 삼는 사람을 뽑아서 임명했다. 그리고 산학의 생도는 15명이었다. 그리고 산학의 장려책으로 그 업무에 정통한 사람은 서울과 지방관리의 직책이나 직무를 주었다. 성종 23년(1492)에 편찬된 『대전속록(大典續錄)』을 보면 산학에 정통한 사람은 동반에 임명되었음을 알 수 있다.[53] 『주학입격안』에 있는 산학자 이세호의 두 아들이 선조임금 때에 홍문관에 오른 예는 그 사실을 잘 보여준다.

조선 초 『경국대전』 속에는 호조에서 양성하는 산학생도들의 수가 15명으로 규정되어 있다. 그러나 1740년(영조 22)에 완성된 『속대전』에서는 그 수가 46명이 증원되어서 총 61명으로 늘어나게 된다. 그 이유는 임진, 병자 양란을 겪은 사회 전반의 변화에서 계산 기술을 요하는 업무 범위가 더욱 늘어났기 때문으로 보인다. 도량형을 정비하고 방제를 수축하고 총포를 제작하는 일과 더불어 측우기, 악제(樂制), 활자를 만들고 서적을 간행하는 일 등 모든 분야에서 수학이 쓰이는 분야는 다양했다. 그리고 시대적 상황인 서양 문물의 전래와 함께 수학을 알고 있는 양반 실학의 융성은 이런 산학자의 증원을 요구하였을 것이다.

정조 즉위년인 1776년 5월에는 산학(算學)을 주학(籌學)으로 이름을 바꾸었다. 그 이유는 정조의 이름이 이산(李祘)인데, 산학의 산(算)과 임금 이름의 산(祘)이 뜻이 틀림에도 불구하고 발음이 같았기 때문이었다. 정조 9년인 1785년에 편찬된 『대전통편(大典通編)』에 보면 산원의 수가 56명으로까지 증가한다. 영·정조 시대에 산학을 담당하는 관리들의 수가 팽창하지만 실질적인 팽창은 이미 숙종(1674-1720) 때에 이루어진 것으로 보아야 한다. 이 제도나 내용상으로 정비된 산학제도는 조선 말까지 지속된다.

		품계	경국대전	속대전	대전통편	대전회통
관직	산학교수(算, 籌學敎授)	종6품	1	1	1	1
	겸 교수(兼 敎授)	종6품				1
	별제(別提)	종6품	2	1	1	1
	산사(算, 籌士)	종7품	1	1	1	1
	계사(計士)	종8품	2	1	1	1
	산학훈도(算, 籌學訓導)	정9품	1	1	1	1
	회사(會士)	종9품	2	1	1	1
생도(生徒)			15	61(+46)	61	61
산원(算員)			30	30	56	56

〈표 3-2〉 법전별 산학 관직의 변천 (단위: 명)

관직의 품계가 아닌 조선시대의 산학자들이 맡은 임무를 살펴보자. 〈표 3-2〉에서 종8품인 계사의 직책은 조선에서 산학자들의 역할을 잘 보여준다. 아래는 『만기요람』의 내용을 정리한 것인데, 직무 내용은 원문을 보다 쉽게 설명한 것이다. 이것으로 조선시대의 호조의 역할과 실무진이었던 계사가 하는 일들은 지금의 재정과 등기와 수-출입 등을 담당하는 기관과 별반 차이가 없음을 알 수 있다.

조선시대는 산원과 산학(算學)이 모두 호조(戶曹)에 소속되어 그 양성·시험·임용·근무가 호조에서 이루어졌다.[54] 산원들의 최고직은 종6품 산학교수(算學敎授) 1인이었다. 구성은 무록관인 별제(別提) 2인, 종7품 산사(算士) 1인, 종8품 계사(計士) 2인, 정9품 산학훈도(算學訓導) 1인, 종9품 회사(會士) 1인이었다. 그리고 관서관향계사(關西管餉計士) 1인, 강계세삼영래계사(江

界細蔘領來計士) 1인이 임명되었다.

이들 중 산학교수·산학훈도·별제는 각기 임기 30개월의 정직이었다. 그러나 나머지는 모두 6개월씩 돌아가며 녹봉을 받는 체아직(遞兒職)이었다. 이들은 근무일수 514일마다 1계급씩 진급되어 종6품에 이르면 복무 의무가 끝났다.

그러나 계속 근무하기를 희망하는 자는 근무일수 900일마다 1계급씩 진급되어 정3품까지 오를 수 있었다. 이것으로 보아 고려시대보다 그 신분이 향상된 것을 알 수 있다.

산사들은 우선 호조의 각 부서에 배정되어 근무하였다. 아래의 표는 산원 중 하급 관리인 계사의 업무 및 파견 상황을 정리한 것이다.

배치 부서	정원	직무 내용
회계사(會計司)	5	서울과 지방의 각 관청에 비축된 미곡·포(布)·전(錢) 등의 연도별 회계, 관리 교체 때 맡은 물건의 휴흠(虧欠: 정수 부족의 유무를 밝히는 일)을 살펴 해유(解由: 관원을 교체할 때 인수, 인계) 등을 관장.
판적사(版籍司)	6	가호와 인구의 파악, 토지의 측량과 관리, 조세·부역·공물의 부과와 징수, 농업과 양잠의 장려, 풍흉의 조사, 진휼과 환곡의 관리를 담당. 이는 회계사(會計司)·경비사(經費司)와 함께 호조의 3대 기간부서였다. 여기에는 정랑 1인, 좌랑 1인, 계사(計士, 회계사) 6인의 전담관원이 배치되었다. 이러한 판적사의 기구와 임무는 1405년(태종 5) 육조의 관제를 재정비할 때 확정되어 조선 말기까지 그대로 유지되었다. 다만, 조세의 부과와 징수는 초기에는 회계사에서 담당하였으나 뒤에 판적사로 이관되었다. 1455년(세조 1)에는 판적사의 낭관(郎官: 정5품직 정랑과 그를 보좌하는 정6품직 좌랑의 합칭) 1인이 각 도의 제언 관리를 감찰하기 위하여 파견되기도 하였다. 조선 후기의 판적사 계사들은 이와 같은 업무 외에도 봉상시(奉常寺)·내섬시(內瞻寺)·의영고(義盈庫)·양현고·선공감(繕工監)·군기시(軍器寺) 등의 속아문 회계와 충청도·황해도의 양안(量案, 토지대장) 및 공부(貢賦, 지방의 특산물인 공물의 세제[稅制]) 관리를 담당하였다.
지조색(支調色)	6	각사(各司)의 회계와 충청도·황해도의 양안(量案) 및 공부(貢賦) 관리를 담당
판별방(版別房)		중국이나 일본에 보내는 정기 사행(使行) 이외의 각종 특별 사행에 필요한 경비와 이때의 무역에 소요되는 제반 물자의 조달과 지출을 담당. 이는 조선 전기의 경비사(經費司)가 폐지되어 별례방(別例房)·전례방(前例房)·판별방·별영색(別營色)·별고색(別庫色) 등으로 분화된 것 중의 하나임. 이는 조선 후기에 국가 재정 규모가 확대되고 각종 사행에 의한 무역이 빈번하게 되자 이를 전담하기 위하여 설치된 부서였다. 판별방에는 전문직 계사(計士) 6인이 소속되었는데, 이 업무 외에도 예빈시·사재감·군자감·장흥고·조지서 등의 속아문의 재정과 전라도·강원도의 세수회계를 담당하였다.

판별방(版別房)	6	판별방의 업무 중 가장 중요한 것은 부산 왜관(倭館)에서 정기적으로 행하여지는 동·납·흑각(黑角, 무소뿔)·단목(丹木: 상록수로 활과 염료 및 한약재 등으로 쓰임) 등의 무역과 비정기적 부연사행(赴燕使行)을 통하여 조정에서 소요되는 각종 약재와 궁중의 복식장비를 수입하는 일이었다. 이를 위하여 호조에서 책정된 예산 외에 선혜청으로부터 특수 명목의 공가(貢價: 국가에 바치는 특산물의 가격)를 이양받아 운영하였다.
해유색(解由色)	6	관리들의 인수, 인계에 관한 장부 관리, 각사(各司)의 회계와 경기·관서(關西)·강화·개성·수원·광주(廣州)부의 양안(量案) 및 공부(貢賦) 관리를 담당
세폐색(歲幣色)	4	각사의 회계와 더불어 주로 중국에 보내는 사절(使節)의 세폐(해마다 음력 10월에 중국에 가는 사신이 가지고 가던 공물) 조달에 관한 사무를 담당.
作米色(작미색)	5	별영(別營), 별고(別庫)의 회계와 양곡 방출의 문서 관리를 담당.
수공안색(收貢案色)	10	조선 8도의 노비에 관련된 문서의 관리를 담당.
†응변색(應辯色)	4	회계와 지칙(支勅: 중국에서 사신이 올 때 그가 지나가는 지역의 지방관이 사신에게 숙식 등을 제공하여 접대하던 일)에 관한 문서의 관리를 담당.
†목물색(木物色)	2	국가가 국민들의 노동력을 거두어들이는 국역(國役)에 소용되는 나무로 만든 온갖 물건을 통틀어 이르는 목물(木物)의 출납을 맡는 업무 담당.
†금은색(金銀色)	2	회계와 금과 은의 제련을 담당함.
주전소감관(鑄錢所監官)	2	화폐 발행의 회계와 그것에 관한 문서를 담당함.
宣惠廳(선혜청)[56]	3	이 기관에서 소용되는 돈과 곡물의 출납과 늠포(廩布: 달마다 주던 구실아치, 즉 조선시대 관아의 벼슬아치 밑에서 일을 보는 하급 관리나 하인의 급료)의 계산을 담당함.
均役廳(균역청)	2	위와 같음.
병조(兵曹)	2	위와 같음.
양향청(粮餉廳)[57]	1	위와 같음.
금위영(禁衛營)[58]	1	위와 같음.
어영청(御營廳)[59]	1	위와 같음.
수세소(收稅所)	2	세금을 거두어들이는 일의 집행을 담당함.

〈표 3-3〉 계사의 직무 내용과 정원[55]　　　　　　　　†표시는 다른 부서의 계사가 겸임을 하거나 파견 근무한 것임.

　　호조의 산학관리 입학 자격은 조선 초 양반들이 수학이 어려워서 공부하기가 힘들다고 여기기 때문에 지원 집단의 범위를 넓히는 방향으로 진행되었다.

여기에서 산원은 상급 지배신분에서 내려오는 경우와 하급 신분에서 올라오는 두 가지 길이 있었는데, 조선 초기에는 전자의 예가 적지 않았지만 후기로 내려올수록 중인의 대두와 함께 후자의 양상이 두드러졌다. 이것은 조선 초기에는 양반들이 산학을 담당하였으나 후기로 내려올수록 중인 산학자가 압도적으로 많았다는 것을 보면 알 수 있다.

『주학입격안』을 보면 연산군 4년부터 고종 25년까지 391년간에 걸쳐 합격자 명단이 나와 있는데, 1,627명이 입격하여 연평균 4.2명이 취재에 합격하였다. 연평균 합격자 수가 많은 순서는 고종 시기가 10.3명으로 가장 많고 순조, 철종이 6.8명, 영·정조 시기가 5.9명, 현종부터 경종 때가 4.5명, 광해군과 효종 시기가 2.3명, 연산군부터 선조 때까지가 1.4명으로 대체적으로 시대가 내려올수록 합격자를 많이 선발했다. 그리고 조선시대 합격자들을 성씨별로 보면 경주 최씨가 203명, 전주 이씨 169명, 정읍 이씨 121명, 남양 홍씨 111명, 태안 이씨 103명, 주계 최씨 82명, 합천 이씨가 45명 등이 있다. 합격자가 일부 가문에 집중된 것은 조선 후기로 올수록 가문의 전통을 지키고 신분을 유지시키려는 중인 집안의 노력 때문으로 생각할 수 있다. 그리고 덧붙여 그 이유 중 또 하나는 다른 분야보다도 수학 시험은 같은 가문의 씨족적 수학 연구의 전통에 토대를 두고 직업 및 학문적으로 전문성을 가졌던 특징에서 초래된 결과로 생각된다.

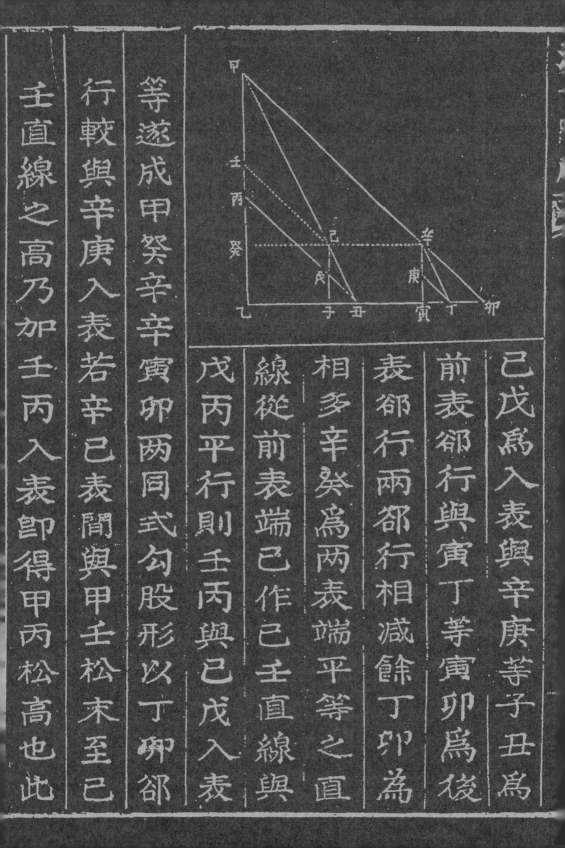

己戊為入表與辛庚等子丑為

前表部行與寅丁等寅卯為後

表部行兩部行相減餘丁卯為

相多辛癸為兩表端平等之直

線從前表端己作己壬直線與

戊丙平行則壬丙與己戊入表

等遂成甲癸辛辛寅卯兩同式勾股形以丁卯部

行較與辛庚入表若辛已表間與甲壬松末至已

壬直線之高乃加壬丙入表即得甲丙松高也此

4장

전통산학의
발전

조선의 전문 인력 중인

앞 장에서 조선의 산학제도에 대해서 알아봤다. 조선은 고려의 제도를 이어받아서 조선의 건국이념에 맞추고 새로운 시대에 맞게 고쳤다. 새로운 제도하에서 조선의 산학은 초기에는 양반 관료의 몫이었지만 점차 산학만을 담당하는 전문직으로 옮겨가게 된다.

사회의 변천과 다양한 요인들이 맞물려서 생겨난 전문 기술직은 그들만의 사회를 만들고 또 그 속에 갇혀서 중인이라는 조선만의 계층을 형성해나갔다. 이들은 조선의 산학 및 과학 발전에 여러모로 중요한 역할을 했으며 지배층 관리들에 모자라기 쉬운 현실성과 실용성을 보완함으로써 조선의 제도에서 큰 역할을 했다.

1. 산학자의 신분 변천

고대로부터 통일신라에 이르는 동안은 지배층이 나라를 운영하는 데 특정한 전문 지식이 많이 필요하지 않았다. 나라를 운영하는 업무가 단순했으므로 전문적 기술 업무를 맡는 사람들은 많이 필요하지 않고, 이를 위한 인력은 관학을 통해서 교육되고 업무를 맡았다. 그리고 일정한 수의 산학관료가 필요에 따라 정부의 일을 담당했을 것이다.[1]

한편 삼국은 율령 정치를 시행했으며 토지 측량, 조세 징수, 국고 정리 등을 한 것이 기록에 보인다.[2] 신라의 경우 국가의 규모가 커지면서 국학을 설치할 때 산학이 포함되었다는 기록이 『삼국사기』에 있고 그 내용도 나와 있다는 것을 보면 삼국이 이미 국가적 차원에서 수학을 필요로 했다. 이는 고려 초기까지 큰 변화가 없었을 것임을 짐작할 수 있다.[3]

그러나 고려는 중국과의 교류가 많아지고 문물이 발전하면서 발전된 교육제도를 정비하게 된다. 과거제도와 교육제도가 정비된 것은 10세기 말이다.[4] 이때 국자감에서 교육한 기술 분야는 산학뿐으로 기술직의 교육은 미흡한 편이었지만, 반면에 문호는 서민(庶民)층에게 열려 있었다. 고려가 호족 기반의 관료제를 채택하면서 문반과 무반의 양반(兩班)으로 구분하였지만 초기의 숭문언무(崇文偃武)[5] 정책으로 말미암아 잡업 등의 기술직도 문반 중심의 관료체계에 흡수됨으로써 기술직이 독립된 반열을 이루지 못했다고 하며 산학직도 전문직으로의 독립된 체계를 가지지 못했다고 추측된다.[6]

11세기에 들어서면 기술 분야는 과거제도에서 분리되어 별도의 시험으로 발전되어갔으며 국자감 안에서의 산학의 지위는 다른 분야에 비해 낮았음이 기록되어 있다.[7] 이러한 경향은 과거시험이 경서(經書)와 시부(詩賦) 중심으로 치우쳐 있어서 기술 교육은 제도적으로 차별을 받고 있었기 때문이다. 그럼에도 기술직 관리와 양반 사이에 신분적 차별을 두지는 않았으며 기술 분야는 지배층에 의해 교육되고 전수되고 있었다.

13세기 말부터 유교가 급속히 뿌리내리면서 기술은 천시받게 되었다.

저급 기술인 공장(工匠) 기술은 지배층의 외면과 함께 사회 최하층에게 맡겨졌지만, 고급 기술은 상대적으로 우대돼서 잡학(雜學)이라는 경로를 거쳐 지배신분층으로 남아 있을 수 있었다.[8]

그러나 상황은 조선이 건국되고 국가의 관제가 유교를 바탕으로 세워지면서 더욱 나빠졌다. 조선 초기에 지배계층이 된 고려 말 신흥사대부는 문무관(文武官)을 제외한 다른 직책의 관직에서 승진을 제한받게 된다. 이는 신분제의 변화를 야기했다. 지방 지배계층이었던 향리(鄕吏)는 속성(續姓)으로 분류되어 품관층(品官層)인 토성(土姓)에서 빠지게 되고, 지방의 약한 지배세력으로 남게 되어 양반보다 낮은 중인(中人)이란 신분으로 굳어져갔다. 한편 기술직 실무 행정을 맡았던 기술관(技術官), 서리(胥吏), 토관(土官), 군교(軍校), 역리(驛吏), 목자(牧子) 등도 양반의 첩자손(妾子孫)인 서얼(庶孽)과 함께 중인 신분에 편입되었다. 산학 기술직도 점차 이런 풍조를 따르게 된다.[9]

이는 조선의 제도에도 확실히 드러나 보인다. 산학은 고려시대 교육제도인 경사육부제(京師六部制)를 확장해서 수립된 육학(六學)에 산학이 포함되어 있었으며[10] 이것이 태종 6년에 십학(十學)으로 확장되었을 때도 그 아홉 번째로 산학이 들어 있다.[11] 한편 산학의 관리를 뽑는 방법은 잡과의 과거에는 들어 있지 않고 취재를 통하여 이뤄지도록 하였다.[12]

2. 산학자 집단이 생겨나다

조선 초기의 과학기술자를 보면 이들은 양반인가 아닌가가 중요하지 않았다. 특히 세종대왕을 비롯해서 초기의 모든 왕들은 과학기술의 중요성을 인식하고 이를 매우 장려했다. 실제로 세종대에 중요한 일을 한 과학기술자의 목록을 보면 관노 출신인 장영실을 제외하고는 모두 양반들이고 이들 중 많은 숫자가 성균관에서 최고 교육을 받은 사람들이었다. 이는 비록 당시의 과학기술직 중에서 신분이 낮은 사람들의 이름이 전해지지 않는다 하더라도 결코 과학과 기술이 천시받지 않았음을 보여준다.[13]

중인(中人)이란 조선 사회에서 지배층인 양반(兩班)과 피지배층인 양민(良民) 사이에 존재했던 조선 특유의 중간 계층을 일컫는 말이다. 이 말은 원래 기술관(技術官)들이 서울의 중심 지역에 모여 거주하여서 생긴 말이라고 한다. 하지만 이 말의 뜻이 확장되면서 기술관은 물론 서얼(庶孼) 등 양반보다 낮은 계급을 지칭하는 개념이 되었다. 결과적으로 중인은 조선 초기의 사회신분 재편 과정에서 지배층에서 밀려난 하급지배층으로, 양반과도 양민과도 섞이지 못하는 폐쇄적 신분층이 되었다.

중인은 주로 실용기술과 행정 말단의 실무를 담당했고, 양반이 수립한 정책을 수행함으로써 양반을 보좌했다. 이를 위해서 전문적 지식이 필요했고, 이를 통해서 축적한 각종 지식과 실력을 자손에게 대대로 물려주었다. 그리고 기술과 관련된 사항은 양반들의 손을 떠나서 중인들이 맡는 일이 되었다.

특히 15세기 말엽부터 양반사대부가 기술관을 상급직으로 발탁하는 것을 대놓고 반대하면서부터 기술관 가문이 결속되고 기술직이 세습되는 계기가 되었다. 다음 항(項)에서 알아보듯이 일반적으로 하급 기술직은 시간제 정규직이라 할 수 있는 체아직이 많았으므로 생활이 쉽지 않았을 것이다. 따라서 기술관이 되어 신분 상승과 면역(免役)을 달성하면 많은 경우에 관리로 일하지 않고 귀향하여 자신의 출생지에서 세력을 가지고 생활하였다.[14]

중인 가문은 대략 16세기 초부터 서울을 중심으로 생겨나기 시작되었다. 16세기 후반부터 심해진 사회 변동, 예를 들어 인조 3년(1625)에 서얼들도 문, 무과 시험에 응시할 수 있게 바뀐 법 등으로 서얼은 전문직을 기피하게 되고, 전문직 사회의 신분 변동이 심화되었다. 결과적으로 문지(門地)가 낮은 집안에서 전문직으로 입속(入屬)하고 이를 세습함으로써 신분 상승과 이를 유지하는 일이 잦아지면서 새로운 중인 가계가 늘어나게 되었다. 조선 후기의 기술직 가문의 절반 정도가 16세기 말부터 17세기 전반에 진출하여 대물림하기 시작한 것은 이 시기에 중인 집단에 큰 변동이 생겼다는 것을 보여준다. 조선 후기에 산학에서도 소수의 가문이 실제로 수많은 입격자를 배출한 것을 뒤에서 살펴본다. 한편 양반의 서얼은 새로이 기술직에 들어와도 기술 수완을 전수받지 못해서 기술직으로 성공하지 못하는 등 새로운 중인 집단이 서얼 출신으로 이뤄졌을 것이라는 가능성은 작다.[15]

3. 조선의 산원의 지위

조선에서 산학으로 관직에 오른 중인 가운데 수학을 깊이 있게 연구하고 책으로 정리할 수 있었던 사람은 손에 꼽는다. 따라서 이들은 산학자라고 부르기에는 적합하지 않아서 산학을 공부하고 높은 직책에 오르지 못한 대부분의 사람을 홍성사 등의 논문에 따라 산원(算員)[16]이라 부르기로 한다.

조선은 산학의 취재(取才)를 통해서 많은 산학자를 뽑아서 여러 관무에 활용하였다. 잡과의 과거는 식년시(式年試)였으므로 원칙적으로 3년마다 과거를 보았으나 산학의 취재는 사람이 필요할 때 따로 보는 시험으로 특별한 시기가 정해져 있지 않았다. 『주학입격안(籌學入格案)』에 따르면 거의

매년 1~90명을 뽑았으며 18세기부터 취재 인원이 급격히 증가하였다.[17]

이들은 많은 수가 체아직(遞兒職)을 받았다. 체아직은 일종의 시간제 정규직으로 보면 된다. 이는 일이 있을 때만 불러서 일한 시간에 따라 적은 봉급을 받는 방식이다. 『경국대전』에는 산사(算士) 이하의 관직은 체아직을 받는다고 되어 있다. 15세기 말부터 19세기 말까지 산학 취재에 입격한 사람이 1,626명인 것은 『경국대전』의 산원의 숫자와 비교해보면 터무니없이 많다. 체아직으로 임용된 사람은 각 한 사람 자리마다 여러 사람이 임용돼서 시간제로 돌아가면서 일했다고 보인다. 그래도 산(算)을 하는 사람들은 동반(東班)체아로 분류되어 서반(西班)체아[18]나 잡직(雜職)체아[19]에 비해서는 기술직으로 대우를 받은 편이다.[20]

체아는 근무일이 544일이 되면 품계를 올려주게 되어 있고 산원은 한 품인 종6품을 지내면 거년(去年) 즉 정년을 맞는다.[21] 산원이 올라갈 수 있는 가장 높은 직위는 교수(敎授)와 별제(別提)이며 이 중 별제는 봉급이 없는 무록관(無祿官)이었다. 그리고 이 직위를 360일 수행하면 다른 관직을 받을 수 있다.[22]

산원 취재에 입격한 사람들 가운데 후에 산원의 관직이 아닌 높은 관직을 받은 사람은 종1품 1명, 종2품 6명, 정3품 8명, 절충장군(折衝將軍) 3명 등 손으로 꼽는다. 또 입격안의 인물들 가운데 양반만이 볼 수 있는 진사시(進士試)에 합격한 사람도 10명으로 1593-1864년 사이에 나타나며 예외적인 경우로 보인다. 입격안의 인물 가운데 관직을 지낸 인물들은 전체 1,626명 중에서 199명(12.3%)뿐이라서 대부분 체아직을 받아 말단 산원직으로 거년을 맞았을 것이다. 조선시대에 뛰어난 산학자로 여겨졌던 경선징의 경우에도 입격하여 종9품 회사에서 29년을 지낸 후에야 정9품 훈도가 되었고 홍정히도 입격 후 12년 지나서 훈도가 된 것을 보면 알 수 있다.

육조(六曹)의 관직에서는 호조와 형조만이 종6품 이하의 관직을 가지고 있다. 산학의 관직은 시간이 지나며 차츰 늘어나 결국 『경국대전』에서는 종6품 산학교수(算學敎授) 1인, 별제(別提) 2인, 종7품 산사(算士) 1인, 종8품 계사(計士) 2인, 정9품 산학훈도(算學訓導) 2인, 종9품 회사(會士) 1인을 두도록 정해졌다.[23] 특히 이들은 종6품까지만 승진할 수 있고[24] 교수, 별제, 훈도는 다른 분야에서 임명할 수 없게 정하였다. 호조의 산학과 형조의 율학(律學)은 학문의 성격 때문에 우수한 전문 학자의 교육 없이는 관리들이 제대로 직책을 수행할 수 없었으므로 훈도(訓導)와 교수(敎授)를 두어 가르쳤으며 취재 시에도 전문인이 선발 업무를 담당했다는 점이 다른 학문과 다른 점이다.

4. 양반 산학과 중인 산학이 나뉘다

조선 초기 산학의 업적은 양반 학자들의 업적이었고 이들은 양반 수학자라고 해도 손색이 없었다. 아직 중인층이 형성되기 이전이었으므로 이 당시에는 모든 수학이 양반의 손을 거쳤다고 보이며 따라서 당시 과학과 기술에 필요한 모든 수학을 양반이 다뤘다. 반면에 그 당시의 양반은 수학의 이론적 부분 또는 기초적이고 철학적인 부분을 다룬 기록은 보이지 않는다. 초기의 양반 수학자들은 매우 실용적인 수학을 중심으로 연구했음에 틀림없다.

그러나 조선 중기에 들어서며 호조의 산원들은 일상적 계산 업무가 정해져 있어서 복잡한 이론을 생각하지 않고 기계적으로 수학을 사용하는 집단이 되어갔다. 따라서 중인 집안에서도 취재에 필요한 수학과 함께 산원으로서 일하는 데 필요한 산학을 중심으로 교육했다.

반면에 양반은 고전의 육예(六藝)의 하나인 산(算)도 필수적으로 교육받았지만, 중인과 달리 현실 문제를 해결할 일이 적었다. 따라서 양반들 가운데 산학에 뛰어난 사람들도 점차 자신의 관심사를 중심으로 산학을 바라보기 시작했다. 이는 양반 산학자들이 저술한 산서의 내용이 그들이 가장 중요하다고 생각하는 학문이나 문제와 연계된 내용 중심으로 서술되어 있음에 드러난다.

예를 들면 17세기의 박율은 이론적으로 가장 필요했던 천원술만을 보았고, 18세기 초의 최석정은 유학의 철학적 관점으로 산학을 바라보았다. 이는 당시의 중인 산학자 경선징의 산서『묵사집산법』이 모든 문제를 계산의 관점에서 본 것과 크게 대비된다. 이미 17세기 후반에 와서는 양반과 중인의 수학에 대한 관점이 많이 달라졌음을 알 수 있다.

이런 경향은 시간이 가면서 더욱 심해진다. 18세기 초의 중인 홍정하의 책은 경선징보다 훨씬 수준이 높아졌지만 그 관점은 변함없었다. 그의 저서『구일집』은 전반적으로 수학 문제를 푸는 방법을 중심으로 하고 있다.[25] 그러나 동시대의 영의정 조태구의 산서『주서관견』은 서양 수학의 방법이 들어 있는『기하원본』을 접했다는 차이는 있지만, 차근방의 계산법보다는 논리적 설명(논증)을 저술에서 가장 중요하게 취급했다.

즉, 17세기에 접어들면서 중인 산학자와 양반 산학자들은 다루는 문제도 서로 달라졌고 관심도 서로 멀어졌다는 것을 알 수 있다. 이것은 이두 집단의 수학에 대한 관점이 양반 수학의 이론적 관점과 중인 수학의 실제적 관점으로 분리되었음을 말해준다. 이러한 분리는 양반 수학이 현실 문제에서 유리되어나갔다는 뜻이기도 하지만, 반대로 다양한 수학의 전개 가능성이 열렸다는 뜻이기도 하다. 그리고 이렇게 해서 조선의 수학은 중국이나 일본보다 다양하고 자유분방한 수학으로 거듭나게 된다.

철학적 관점의 연구에서 얻은 성과로 최석정은 세계적으로 인정받는 수학자가 됐으며, 동양 계산법을 연구해서 새로운 다항식 전개법을 만들어낸 홍정하는 전통산학의 최고봉에 이르렀다.[26] 이런 결과들은 자신이 중요하다고 생각되는 관점을 잃지 않고 지속적으로 연구할 수 있을 때만 가능한 것으로, 조선의 학자들은 바쁘고 어려운 와중에도 양반이냐 중인이냐에 관계없이 이런 연구를 할 수 있는 상황에 있었다.

5. 중인 산학자 가문의 혼인 관계

이 항에서는 조선의 대표적 중인 산학자인 경선징, 홍정하, 이상혁 등의 가계를 통해서 중인 가문이 어떻게 서로 연결되고 이를 통해서 많은 산원을 배출했는지를 알아본다. 이는 앞 항에서 논한 기술직 가문의 결속 관계를 구체적으로 보여준다.

실제로 이 세 산학자만이 아니라 조선의 중요한 기술직 중인 가문은 모두 서로 혼인 관계로 연결되어 있다. 중인끼리 결혼하는데도 이들 가문 가운데 성공적인 가문은 굳이 성공적이지 않은 가문과 혼인을 생각할 리가 없어서 결국 각 기술직의 대표적 가문들은 서로 매우 복잡한 혼인 관계로 엮여 있다.

김창일 등의 논문[27]은 위의 세 산학자의 가계를 모두 조사하여 이 세 가문이 서로 또는 다른 가문을 매개로 하여 혼인 관계를 맺고 있는 모든 연결고리를 도표로 나타냈다. 이는 매우 복잡하여 15개의 연결 도표로 나타낼 수 있다. 이 가운데 위의 세 산학자가 직접 또는 부모와 친형제자매에게서 연결되는 것만 나타낸 것이 〈그림 4-1〉이다.[28] 이를 보면 경선징의 사위의 매부가 홍정하의 5촌 작은아버지이며 또 홍정하의 아버지는 경선징의 조카사위이다. 반면에 홍정하의 조카사위가 이상혁의 아버지이며 이들은 또 전주본의 이극준을 통해서도 연결된다. 이 도표는 매우 간략해 보이지만 이 연결고리 말고도 사돈의 팔촌이나 사돈의 사돈과 같이 넘어가면 수많은 연결고리가 나타난다.

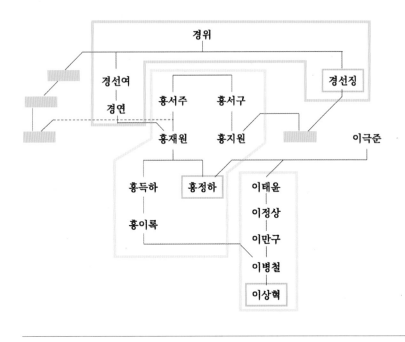

〈그림 4-1〉 17–18세기에 혼인관계로 연결된 청주 경씨, 남양 홍씨, 합천 이씨 세 가문의 가계도의 일부
(수직선은 부자관계 사선은 장인/사위 관계이다.)

이런 결혼 관계가 단순히 혼인으로 가문을 연결한 것보다 더 중요한 이유는 이를 통해서 조선의 대표적 산학자 집안들이 서로의 지식을 전수받을 수 있었다는 것이다. 우리는 홍길주의 경우 중인은 아니지만 그의 어머니가 산학에 통달해서 수학을 어려워하는 경우가 없었다는 사실을 알고 있다. 즉, 가문의 여인들은 그 집안의 핵심 기술을 익히고 전수하는 데 도움을 줬고 혼인으로 연결된 가문 사이의 가교 역할을 했다. 그리고 이들 중에는 뛰어난 학자 수준의 사람들이 많이 있었으리라는 것을 짐작할 수 있다. 또 다른 예로서 이상혁은 아버지의 정실부인을 통해서 남양 홍씨 집안에 전해오는 산서 『구일집』을 공부할 수 있었다고 보이며, 이렇게 해서 19세기 조선 수학은 다시 중국의 13세기 계산법을 살려낼 수 있었다. 즉, 이상혁의 아버지 이병철에게 시집온 홍씨는 합천 이씨 집안의 여러 사람을 가르쳤거나 그들에게 좋은 정보를 전해줬으리라는 것을 짐작할 수 있다. 이런 상황에서 산학 가문들은 자연적으로 일종의 카르텔을 형성했고, 이는 이들 가문 밖의 사람들이 산학에 들어오는 것을 어렵게 했다. 그리고 이것은 양반층이 공정한 시험으로는 과거를 독점하기 어려웠던 것과 반대로 한번 자리잡은 중인 가문은 실제로 관직을 독점해 나갈 수 있었을 것이라는 것은 쉽게 짐작할 수 있다.

조선 산학의 사회적 특징

조선의 수학은 크게 세 가지로 나뉘어 발전했다고 할 수 있다. 그 하나는 호조의 산원을 중심으로 한 실무 관학으로서의 산학이고, 또 다른 하나는 관상감 산원을 중심으로 한 천문역법 안에서의 산학이며, 나머지 하나는 양반을 중심으로 한 개념적이거나 학술적인 산학이다. 이 세 산학은 때때로 서로 영향을 주었지만 대부분의 경우 서로 별개의 학문이며 작업으로 진행되었다. 이것이 서로 융합되어 발군의 성과를 낸 것은 세종대에 칠정산을 만들면서였다. 그리고 또 하나의 경우는 19세기 중엽에 관상감 제조 남병길이 관상감 관원이면서 산학에도 조예가 깊었던 이상혁과 공동 연구를 한 것이 그것이었고, 이 두 경우를 빼면 거의 찾아볼 수 없다. 세 가지 산학이 서로 조율하면서 한 나라를 이끌어간 것은 다른 어느 나라에서도 보기 어려운 조선만의 특징이다.

1. 양반과 중인

앞에서 알아본 바와 같이 조선에는 중인이라는 집단이 생겨나서 잡학과 기술직을 전담하였다. 양반과 중인 두 집단의 관점을 비교해보면 조선 산학의 특징을 잘 볼 수 있다. 이들은 여러 가지 이유로 자신의 직업을 기술직으로 선택했다. 양반이지만 정치에 직접 뛰어들기 어려운 힘이 없는 가문이나 가문을 일으키기 위해서 기술직을 선택한 경우 등 다양하다.

양반 산학자들은 호조의 내용에 관여하기도 하고 관상감의 내용에 관여하기도 하면서 실질적인 산학의 창구 역할을 했다. 단편적인 증거로는 17세기에 『산학계몽』을 중간하면서 거기 실은 김시진의 서문에서 "지부회사(地部會士) 경선징(慶善徵)에게서 우리나라에서 처음 인쇄한 『산학계몽(算學啓蒙)』을 얻었다."고 한 것을 들 수 있다. 당시 전라도 관찰사이던 김시진이 산학에 필요한 정보를 찾아서 호조의 말단 산원 종9품 회사직의 경선징을 통해서 책을 얻었다는 것이다.[29] 한편 같은 서문에서 이 책에서 종이가 헤져서 읽을 수 없는 것을 대흥현감(大興縣監) 임준(任濬, ?-?)에게 물어 그 풀이를 알아냈음을 알 수 있다. 전라도 관찰사와 충청남도 예산군 대흥의 현감과 그리고 서울의 호조의 산원 사이에서 교류가 이뤄진 것은 이러한 교류가 활발했으며 상당히 많았음을 간접적으로 시사한다. 따라서 산학의 필요에 따라 중인과 양반들 사이의 정보 교류가 항상 있었다는 것을 알 수 있다. 그러나 양반과 중인은 산학에서 맡은 바가 서로 다르다는 관점을 오래도록 유지했다.

2. 산원과 관상감원의 산학

조선의 산학을 보면 중인과 양반이 모두 수학을 깊이 있게 공부하고 사용하였지만 그 방향은 전혀 다르다. 기본적으로 중인은 산학을 써서 나라의 잡다한 일을 해야 했다. 산학을 많이 사용하는 부서는 두 군데인데 하나는 호조이고 다른 하나는 관상감이다.(관상감은 서운관이라 불리기도 했다.) 호조에서 산원이 하는 대부분의 일이 밭의 넓이를 재고 세금을 매기거나 토목공사 등에 필요한 간단한 계산을 하는 일이었다.[30] 한편 관상감에서는 천문역법과 관련된 비교적 수준 높은 계산이 중심이다. 그러나 이들은 거의 평생 확실히 정해진 문제를 풀면 되는 고급 단순노동직이었으며 중인은 이런 일을 재빨리 처리할 수 있도록 방법을 개선하는 쪽으로 나아갔다고 보인다.

산원들에 대한 수학 교육은 '산학(算學)'이라는 공식 기관에서 담당했다. 이 기관은 호조 소속이었으며, 태종이 국가 운영에 필요한 각종 전문 관리를 양성하기 위해 고려 때부터 있던 '십학(十學)'을 재정비하면서 잡학에 포함시킨 것이었다.

중인 산학자는 산학 하나만을 공부하고 사용했다. 따라서 취재를 준비하면서 중국의 산서를 공부했지만,[31] 원서 이외에 우리 실정에 맞도록, 혹은 더욱 발전된 내용을 담고 있는 책이 출간되는 것은 자연스럽다. 조선 중기 이후 산원들이 집필한 산서 중 현재 남아 있는 책들은 모두 그러한 역할을 했을 것으로 추정된다. 대표적인 책인 경선징(慶善徵, 1616-1691)[32]의 『묵사집산법(默思集算法)』과 홍정하(1684-1727)[33]의 『구일집』이다. 이 두 사람은 취재에서 다루어지는 수학 주제 및 문제를 조선의 실정에 맞게 고친 산학 입문서를 마련했다. 이 책에서는 『산학계몽』과 일치하거나 변형시킨 문제들이 많이 발견된다.[34] 중인의 산학은 천문학의 발전에 따라 계산법도 크게 발전하지만 그 형식과 목표는 별로 변하지 않고 지속됐다.

관상감에 들어간 산원들의 산학에 대해서는 이상혁을 제외하면 별로 많은 자료가 남아 있지 않다. 아마도 수학 계산만이 아니라 별과 관련돼서 점을 치기도 하고 일식 월식 때 예식을 위한 준비도 하는 등 다른 많은 일이 있었겠지만 필요한 산학을 정리한 기록은 보이지 않는다. 그러나 식이 일어나는 시간이 맞지 않으면 곤장을 맞는 등 상대적으로 고급 계산에 항상 노출되어 있었음에 틀림없다. 조선 말기이고 가장 뛰어난 산학자의 하나였지만 이상혁을 보면 상당히 여러 계산을 해야 했다. 따라서 그들도 자신의 업무에 관련된 산학을 정리해서 사용했을 것이다. 조선 전기의 자료는 다 유실되어 안 보이는 것이 확실하며 임란 이후에는 서양 천문학의 도입으로 『수리정온』과 『역상고성』에의 의존도가 높아지며 따로 정리할 필요가 없었을 것이다.

중인의 산학은 대를 이어 전해지기도 했지만 항상 일정한 수학적 관점을 유지했다. 천문학의 발전에서 연구해야 할 수학의 내용이 달라지는 시점에도 그에 대한 관점은 별로 달라지지 않았다. 일정한 취재 시험을 위한 공부도 한 가지 이유이고 이들이 맡은 일에 변화가 별로 없다는 점도 또 한 가지 이유이다.

조선 후기의 서양 천문, 역법에 필요한 수학에 대해서는 뒤에서 이상혁의 수학에서 알아본다. 이들 내용을 정리하려는 노력의 결과는 대부분 양반 산학자의 것만 남아 있으며 예외는 단지 이상혁 하나뿐임을 말해 눈다.

3. 양반의 산학

한편 중인과는 달리 양반 산학자라고 하면 산학만을 공부한 사람이라는 의미는 전혀 아니다. 오히려 유학자로 공부를 많이 했지만 특히 산학에도 관심이 있어서 일정 수준 이상의 산학에 정통한 사람을 말한다. 여기서 말하는 수준은 보통 호조의 산원들이 도달한 수준보다 높은 것이라 생각되는 수준이다. 조선시대에는 향교나 서원과 같은 정규 교육기관에서 양반에 대한 대략 어느 정도의 산술 교육이 이루어졌다. 그러나 이것만으로는 이런 수준에 도달하기 어려웠을 것이다. 이들은 아마추어 수학자라고 봐야 한다. 그러나 자기가 관심 있는 분야에서는 전문가와 같은 수준에 오른 사람도 있었다.

이들 중에는 자신이 연구한 내용을 저술로 남긴 사람도 있고, 단지 수학을 잘했다고 이름만 전해지는 사람들[35]도 있다. 저술이 있는 사람들 가운데 17세기 박율이나 19세기 조희순은 뛰어난 수학자였다. 저술이 없는 이들이 얼마나 수학을 잘했는지는 정확히 알 수 없지만 임준은 『산학계몽』을 끝까지 이해하고 있었다든가, 김시진은 『산학계몽』을 다시 인쇄해내고 이를 공부해서 시헌력의 채택에 자신의 의견을 피력할 수 있었던 정도였다는 것만으로도 산학자 반열에 충분히 들어가고 남음을 알 수 있다. 이런 유학자들은 어렸을 때부터 수학 공부도 게을리하지 않았기 때문에 이 가운데 수학에 흥미가 있고 재주가 있는 사람들은 계속해서 수학을 공부했다는 뜻이 된다.

양반은 중인보다 큰 관점에서 수학을 바라보았다. 즉, 학문의 관점에서 수학을 바라보고 학문에 필요한 수학을 연구하였으며 순수한 학문도 관심이었겠지만 국가 발전에 필요한 학문이 중심이었다고 보인다. 이런 관점은 사람마다 전개 방향이 달라서 유학, 천문학, 실용 문제 등 다양한 방향으로 퍼져나갔다. 이런 면에서 양반의 수학은 중인과는 달리 다양한 관점을 탄생시켰으며 이것은 동양의 다른 나라와 조선이 구별되는 한 가지 특징이 되었다.

양반 수학자들은 관심이 비슷한 사람끼리 교류가 많았다고 보이지만 수학의 관점에서 학파를 이루지는 못했다. 즉, 조선 양반들의 수학은 저마다 독특한 수학적 목표 및 철학적 목표를 가지고 있으며 하나의 계열을 따라 발전한다든가 앞사람의 목표를 이루려 한다는 식의 느낌이 드는 경우는 많지 않다. 중인 산원과는 달리 조선 양반 학자들의 자유분방한 사고와 철학이 느껴지는 산학 연구였다. 이것은 조선 말기에 가까워지면서 서양 천문학에 집중됐다는 특징을 보인다. 자유분방함도 아무 쪽으로나 향하지 않고 국가 발전을 위한 방향을 견지했음을 보여준다. 4장 2절 2항에서 자세히 설명한 것처럼 최석정과 조태구는 같은 배경에서 전혀 다른 산학을 꿈꿨다. 이 둘은 각자 실용성이란 생각을 바탕에 두고 나라 발전을 위한 생각을 했다. 그리고 서양 학문이 들어오는 초기에 우리의 수학이 나아갈 길을 다양한 관점에서 제시한 것이다.

한편 19세기 중반에 남병철, 남병길, 조희순 등의 저술 목표는 천문역법을 이해하고 사용하기 위한 것 한 가지임을 알 수 있다. 이를 위해서 이들은 가장 효율적으로 동양과 서양의 장점을 택했으며 이는 동시대 중국이나 일본과는 다른 선택이었다. 그 장단점에 대해서는 더욱 많은 연구가 필요하다.

우리만의 수학을 만들어내는 과정에서 다른 어느 나라에도 없는 책이 저술되기도 했다. 예를 들어 유수석의 『구고술요』나 정약용의 『구고원류』, 홍길주의 『호각연례』 등은 수학에서 한 가지 내용에만 집중한 것이며 사전류나 공식집에 가깝다. 이것은 중국이나 일본에서는 보이지 않는 방향의 저술이며 기존의 산서와는 전혀 다른 저술 가능성을 보여준 것이다.

18세기 후반부터 저술된 산서들은 모두 유사한 목표를 가졌지만, 어떤 것은 수학을 모두 다룬 전문서였고 어떤 것은 꼭 필요한 해설만을 모은 습유(拾遺)와 같은 형태를 띠었다. 그리고 교과서, 수학 전반의 전문서, 한 가지 내용의 전문서, 몇 가지 어려운 내용만을 실은 보충서 등 다양하다. 그 목표도 일반 교육, 전체적인 정리, 새로운 방향의 제시, 책을 읽고 공부하기 위한 보충 참고서 등 여러 방향을 향한다. 이 모두는 우리 전통산학을 다시 일으켜 세우고 천문역법에 필요한 내용을 터득하는 것을 목표로 했다.

이는 우리 선조의 지혜와 선견지명이 보여준 '개방형 협업'[36]의 본보기이다. 이 성공은 많은 사대부 학자들이 산학에 관심을 가지고 있었던 데 기인하며, 서로 교류하고 논쟁하며 방향을 찾아나가는 방식이 정착된 것이었다. 조선의 정책 결정은 임금 앞에서의 논리적 경쟁을 거쳐서 이뤄졌다. 정책을 위한 입안 아이디어는 창의력을 요구하는 문제이다. 어쩌면 양반 산학의 자유분방함은 창의력을 위한 사고의 산물일 수도 있다.

3절

조선의 산서

한국 전통수학을 말할 때 흔히 조선시대를 위주로 하거나 조선시대에 국한시켜서 말하는 것은 오늘날까지 남아 있는 산서[37]를 근거로 하기 때문이다. 나랏일을 하는 데 많은 부분이 수학에 기초하기 때문에 어느 나라나 성립 시기부터 수학은 매우 요긴하게 이용되었을 것이다. 우리나라의 경우 16세기 이전의 산서는 하나도 남아 있지 않지만, 조선 이전에도 중국을 통해 유입된 산서나 우리 땅에서 만들어진 산서가 있었을 것으로 추정된다.[38] 또한, 조선 초기 국정에 필요한 수학을 요긴하게 사용할 요량으로 산학에 관한 관직을 두었다는 사실이 『경국대전(經國大典)』(1485)에 남아 있다.

우리는 현존하여 직접 확인할 수 있는 조선 후기의 산서를 살펴보고, 이를 통해서 우리 산학자들이 수학을 어떻게 공부하고 정리했는지, 수학에 대한 태도와 관점은 어떠했는지를 살펴볼 것이다.

조선시대의 산서는 크게 두 종류로 구별해볼 수 있다. 하나는 취재과목과 관련하여 『상명산법』, 『양휘산법』, 『산학계몽』의 세 개 산서 내용을 재구성하면서 새로운 문제와 해법을 추가하여 새롭게 집필한 산서이다. 다른 하나는 사대부의 교양으로서 수학을 공부한 결과로 집필된 산서이다. 실학기에 접어들면서 산학의 규모가 커지고, 결과적으로 활발해진 산학 연구의 결과물을 현존하는 산서를 통해 확인해볼 수 있다.[39]

우리나라에서 쓰인 산서의 목록은 몇 가지로 정리되어 있다.[40] 본 절에서는 2002년 한국수학사학회가 번역한 산서들을 선정할 때 근간으로 삼았던 『한국과학기술사자료대계』 10권을 중심으로 중요한 조선시대 산서를 선별하여 책의 의의와 주요 내용을 간단히 소개하고자 한다. 정리하면 〈표 4-1〉과 같다.[41]

조선 왕조	연 도	산서	저 자
	17C	묵사집산법	경선징
숙종 26	1700년경	구수략	최석정
숙종 44	1718	주서관견	조태구
숙종 44	1718	동산초	홍정하
	18C	구일집	홍정하
영조 50	1774	산학입문	황윤석
영조 50	1774	산학본원	황윤석
	18c 후반	주해수용	홍대용
정조 10	1786	서계쇄록	배상열
철종 5/6	1854/1855	집고연단	남병길
철종 5	1854	차근방몽구	이상혁
철종 6	1855	산술관견	이상혁
철종 6	1855	무이해	남병길
철종 7	1856	구장술해	남병길
철종 9	1858	측량도해	남병길
	19C 후반	유씨구고술요도해	남병길
철종 12	1861	해경세초해	남병철
고종 4	1867	산학정의	남병길
고종 5	1868	익산	이상혁
고종 6	1869	산학습유	조희순
	?	주학실용	변언정

〈표 4-1〉 『한국과학기술사자료대계』에 담긴 조선 산서

산서는 다루는 내용을 볼 때 시대와 범위, 주제 면에서 다양하지만 형식의 관점에서는 크게 두 종류로 구별해볼 수 있다. 대부분의 산서가 지닌 일반적인 형식은 중국에서 한국, 일본으로 이어지는 동양 산학의 모태가 된 유휘(劉徽)의 『구장산술(九章算術)』(263)로부터 비롯된 '문제-답-풀이'이다. 문제를 제시할 때 오늘날과 같은 문제 번호가 아니라 금유(今有…, 지금 …이 있어)라는 용어를 이용한다. '금유'가 문제 진술의 시작을 알려주며, 문제에 이어 답은 답왈(答曰)로, 풀이는 법왈(法曰) 또는 술왈(術曰)로 제시하는 방식이다. 〈그림 4-2〉는 『구일집』의 한 쪽으로 조선 산서의 일반적인 형식을 보여준다.

한편 문제-답-풀이의 형식이 아닌 경우에는 이론적인 설명을 먼저 제시한 다음 그에 대한 예를 들어 이론을 뒷받침하는 '설명-예' 형식을 띠기도 한다. 조선 산서 중 『익산』이 대표적인 사례이다. 〈그림 4-3〉은 "방정 및 개방에서 실은 하나이지만 법은 여러 개일 수 있다. 여러 개의 법

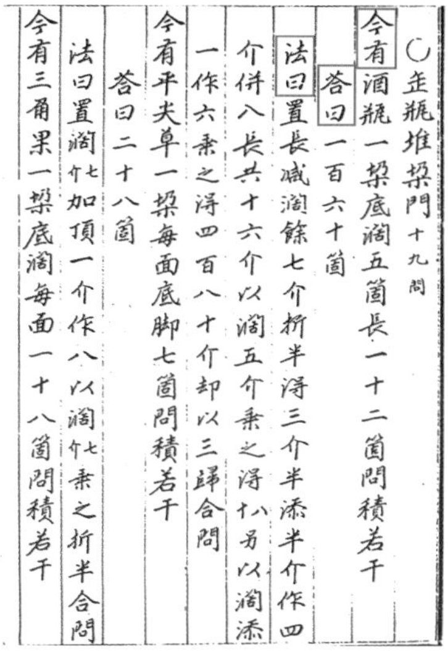
〇圭瓶堆垛門 十九問
今有酒瓶一垛底闊五箇長一十二箇問積若干
答曰一百六十箇
法曰置長減闊餘七介折半得三介半添半介作四
介併入長共十六介以闊五介乘之得八十另以闊添
一作六乘之得四百八十介却以三歸合問
今有平尖草一垛每面底脚七箇問積若干
答曰二十八箇
法曰置闊七介加頂一介作八以闊七介乘之折半合問
今有三角果一垛底闊每面一十八箇問積若干

〈그림 4-2〉 『구일집』의 문제-답-풀이 형식

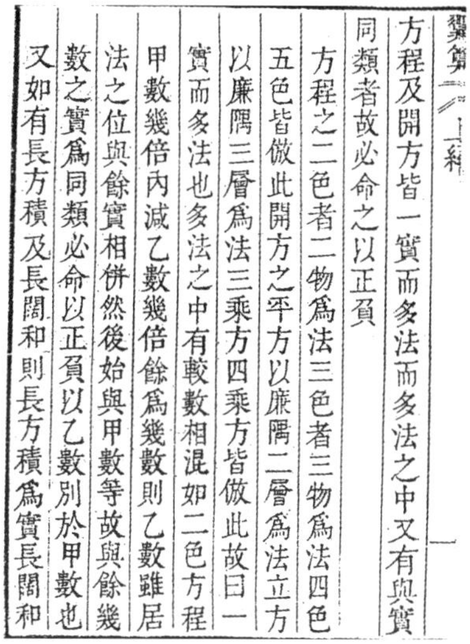
方程及開方皆一實而多法而多法之中又有與實
同類者故必命之以正負
方程之二色者二物爲法三色者三物爲法四色
五色皆倣此開方之平方以廉隅二層爲法立方
以廉隅三層爲法三乘方四乘方皆倣此故曰一
實而多法也多法之中有較數相混如二色方程
甲數幾倍內減乙數幾倍餘爲幾數則乙數雖居
法之位與餘實相併然後始與甲數等故與餘幾
數之實爲同類必命以正負以乙數別於甲數也
又如有長方積及長闊和則長方積爲實長闊和

〈그림 4-3〉 『익산』의 설명-예 형식

중에서 실과 같은 부호가 있을 수 있으므로 반드시 정과 부를 밝혀야 한다."는 설명 아래, 연립방정식, 2차 이상의 고차방정식의 경우를 설명하고 예도 첨가한 것을 보여준다.

수학을 공부하는 주요 목적 중 하나가 산학 취재를 준비하기 위해서였던 당시 상황을 고려한다면, 취재의 형식 역시 취재과목인 상명, 양휘, 계몽의 구성과 동일한 유형의 문제였을 것이기 때문에, 대부분의 산서 형식이 문제-답-풀이를 따르는 것은 자연스럽다. 이후 서양 수학의 도래와 함께 산학의 특정 주제에 대한 연구 차원의 산서가 저술되면서 설명-예와 같은 형식이 대두된 것으로 추론해볼 수 있다.

한편 저술한 책이 여러 권으로 되어 있어 번호를 매길 필요가 있을 때는 오늘날의 숫자 번호와 다른 방법을 사용하기도 했다. 예를 들어, 『구수략』 건, 곤이나 『구일집』 천, 지, 인과 같이, 두 권이면 건(乾)·곤(坤)이나 상(上)·하(下), 세 권이면 천(天)·지(地)·인(人) 등으로 나타냈다.

1. 『묵사집산법(默思集算法)』

<그림 4-4>
『묵사집산법』 상권의 구구단

『묵사집산법』은 현존하는 가장 오래된 산서로, 17세기 중인 산학자 경선징(慶善徵, 1616-1691)이 집필하였다. 산서의 형식이 문제-답-풀이 방식을 따른다는 점에서, 이 책은 산학 취재를 위해 널리 읽혔을 것으로 추정된다. 포산선습문의 25개 항목 외에, 각 장 제목에 제시한 문제의 수를 더해보면 총 398문제로 이루어져 있다.

문제의 내용은 취재과목인 『산학계몽』을 따르고 있지만, 문제를 그대로 실은 것 외에 문제 상황을 단순화하거나 문제 상황이나 소재를 바꾼 문제들로 구성되어 있다.[42] 그러나 『묵사집산법』만의 고유한 문제와 해법의 독창성을 통해 저자 경선징의 수학관을 확인할 수 있다.[43]

2. 『산학원본(算學原本)』

『산학원본』(1700)은 그 존재를 확인한 것이 비교적 최근(2005년)의 일이기 때문에 『한국과학기술사자료대계』에는 포함되어 있지 않다. 숙종 26년에 출판된 조선 산서로 박율(朴繘, 1621-1668)이 쓰고 그의 아들 박두세가 출판했다.[44] 이 책은 조선 산서 가운데 출판 연도가 확인되는 책으로 가장 이른 책이다. 조선의 산서로는 천원술을 최초로 표기해 넣었다. 이 산서는 16세기 말부터 두 번에 걸친 전란 후에 조선의 산학을 다시 일으키

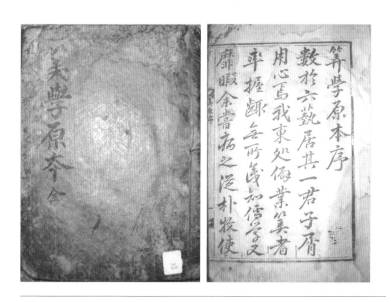

〈그림 4-5〉『산학원본』 표지(왼쪽)와 최석정의 서문(오른쪽)

며 쓰여진 중요한 산서로 많은 후대 산학자들에게 읽힌 책이다. 실제로 많은 책들이 이 책을 『산학원본』 또는 『산원』 등으로 부르며 이야기하고 있다. 또 18세기의 유학자 황윤석(黃胤錫)이 자신의 백과사전적 저술인 『이수신편(理藪新編)』에 『산학원본』을 싣고 몇 가지 새로운 사항을 추가하여 『산학본원』이라 이름 붙였다.

이 책은 최석정이 서문을 쓰고 박두세가 발문(跋文)을 썼다. 여기에 보면 최석정과 박율이 각각 임준과 교류했음을 알 수 있다. 이 책은 수학사적으로 몇 가지 중요한 점을 알려준다. 우선 경선징의 책과 비교하면 동시대의 중인 산학자와 양반 산학자 사이에 수학의 교류가 거의 없었음을 알 수 있다. 17세기 중반에 구하기 어려웠던 『산학계몽』을 양반 김시진은 중인 경선징에게서 얻는 등 교류는 있었지만 산학 내용에 대해서는 교류 흔적이 없다. 또 중인 산학자와 양반 산학자의 산학의 방향과 사고방식이 전혀 다르다는 점에서 이미 17세기에는 두 집단의 산학이 완전히 갈라져 있음을 확인할 수 있다. 그리고 이 책이 중국의 『산학계몽』을 완벽하게 소화하고 나서 쓰였음을 알 수 있는데 이는 전란으로 어려운 중에도 양반들의 산학이 굳건히 유지되고 있었음을 보여준다. 『산학계몽』의 산학은 박율이나 임준에게는 실무에 전혀 필요 없는 고급 산학이었음에도 완벽히 이해하고 있었다. 이 사실은 조선의 유학자들이 어떤 이유에서 이런 고급 수학을 꾸준히 공부했는가에 대한 연구가 더 필요함을 보여준다. 이 책은 여러모로 박율의 시대를 앞선 수학적 사고를 보여주는데, 이 가운데서도 박율이 이전의 동양 산학책들과는 달리 모든 수학 문제를 방정식의 구성과 이를 해결하는 과정으로 파악하고 있는 것은 매우 신선한 관점이다. 이런 관점을 매우 일찍 파악한 것은 조선 후기의 산학 발전에서 천원술과 개방술이 중국보다 중요한 역힐을 하는 데 큰 영향을 주었다고 추정된다.

3. 『구수략(九數略)』

『구수략』(1700년경)은 사대부 최석정(崔錫鼎, 1646-1715)의 산서로, 건·곤 2책으로 구성되어 있다. 『구수략』은 저자의 독특한 수학 사상을 보여주는 책으로 유명하다. 수학을 수학 고유의 관점이 아니라 당시 지배 사상 중 하나인 성리학에 근거하여 전개하고 있기 때문에, 사실 수학 사상이라기보다는 성리학적 관점에서 수학을 해석한 것이라는 표현이 더 적절할 것이다. 따라서 문제의 수학적 풀이법보다 수의 성질, 즉 수론(數論)에 초점이 맞춰졌다. 책 제목의 '구수'는 주나라 사대부 자제들에게 가르쳤다는 '육예' 중 마지막인 구수(九數)를 말하며 『구장산술』의 아홉 개 주제와 일치한다. 『구수략』 본문 중의 구장분배사상(그림 4-7)은 『주역』의 음양설을 바탕으로 구장의 아홉 주제를 분류하여 태양(일), 태음(월), 소양(성), 소음(신)의 사상(四象)으로 설명했다.

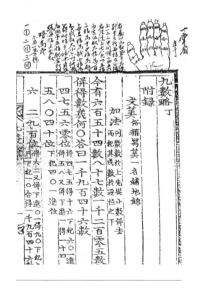

〈그림 4-6〉 『구수략』

〈그림 4-7〉 구장분배사상

4. 『주서관견(籌書管見)』

『주서관견』은 영의정 관직까지 올랐던 조태구(趙泰耉, 1660-1723)가 1710년 동지사[45]로 청나라에 다녀와서 동양 수학과 서양 수학을 망라하여 집필한 것으로 추측되는 산서이다. 이 책의 의의는 그 무엇보다 조선에서 서양식 기하 논증을 최초로 도입했다는 점이다. 동서양 수학의 특성 차가 심했던 시기에 서양의 논증 기하에 대한 놀라움과 이해의 어려움이 컸겠지만, 조태구는 이를 공부하여 산서에 담았던 것이다.

〈그림 4-8〉
『주서관견』 중 구장문답의 일면

최석정이 『구수략』에 담은 서양 수학이 주로 낮은 수준의『동문산지(同文算指)』로부터 인용된 것인 데 반해 조태구는『기하원본』을 근거로 하여 논증이라는 수학적 방법에 처음 주목했다는 점에서 조선 산학의 새로운 시도로 평가받는다.

5. 『동산초(東算抄)』

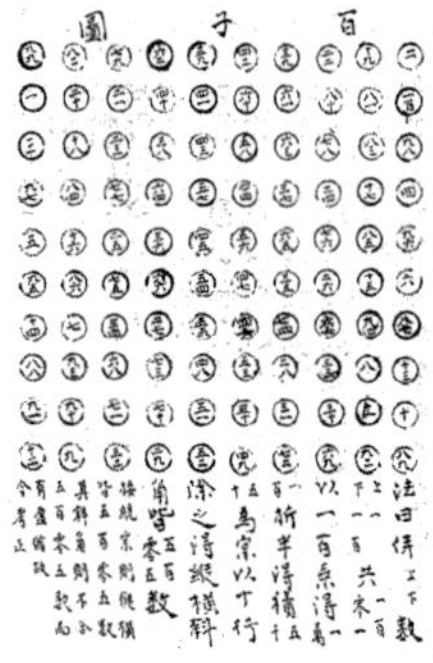

『동산초』는 천·지·인 3책으로 구성되며 내용 면에서도 조선 산학의 일반적인 내용을 담고 있다. 제목에 있는 '동산'은 이 책이 중국의 산서가 아니라 우리나라의 산서임을 말해준다. 저작 연대가 미상이지만 제목의 '초'라는 표현이나 내용을 볼 때 홍정하가『구일집』을 집필하기 위해 준비 작업으로 작성한 것이라는 추측이 있다. 내용 구성을『구일집』과 비교해보면 매우 유사함을 확인할 수 있고, 문제 풀이에 천원술이 적극적으로 사용되었다는 점 또한 이와 같은 추측을 뒷받침해준다.

〈그림 4-9〉
『동산초』의 한 면에 담긴 백자도

6. 『구일집(九一集)』

『구일집』은 조선 최고의 중인 산학자 홍정하(洪正夏, 1684-1727)가 저술한 산서로, 천·지·인 3책에 9권으로 구성되어 있다. 앞서 '문제-답-풀이' 형식을 띤 산서의 사례로 보았듯이 일반적인 산서의 형식을 띠고 있으며, 중국 산서에서 다루어진 유형의 문제들을 다시 우리나라 상황에 맞게 변형하여 다루고 있다.

문제의 내용상 천원술과 개방술을 적극 활용하여 조선의 방정식론을 체계화했다고 할 만큼 『구일집』의 수학적 우수성은 탁월하다. 상세한 내용은 이 책의 뒤쪽에서 다루어질 것이다.

〈그림 4-10〉 『구일집』

한편 제9권 잡록은 수학적 우수성뿐만 아니라 다양한 분야와 융합된 수학 지식과 일화가 포함되어 있어 흥미롭다. 천문이나 역법, 음악 분야의 수학 관련 지식과 더불어 중국 수학자 하국주가 내방하여 홍정하와 겨루는 수학 담론이 묘사되어 있다. 1713년 역관(曆官)으로 중국 사신을 따라온 사력(司曆) 하국주(何國柱)가 조선 산학자 홍정하와 유수석(劉壽錫)을 만나 담화를 나눈 장면이 묘사되어 있다.

7. 『산학입문(算學入門)』

『산학입문』(1774)은 1774년 황윤석이 46세 되던 해에 완성한 『이수신편』[46]의 제21, 22권이다. '서명산인 황윤석 편집'이라고 쓰여 있듯이, 아주 다양한 분야에서 박학다식했던 사대부 황윤석은 산학에 있어서도 중국과 조선의 산서 내용을 항목별로 정리하면서 편집자 자신의 견해를 첨가하거나 오류를 수정하여 『산학입문』으로 집약하였다.

제21권은『구장산술』에 대한 개요로 시작된다. 이어 당시 수학 공부의 기본이라 할 수 있는 산대 표현 방법과 수 표기법, 도량형의 단위와 명칭을 다루는데, 동서고금의 산학을 망라한 백과사전적 산학서라는 별칭에 어울리게 광범위한 참고자료에 근거하여 수집한 자료를 근거로 하여 다양한 주제의 수학적 내용과 문제를 상세히 소개하고 있다.

한편, 제22권 역시 동양 수학의 전통적인 수학 주제를 다루는데, 특히 전반부 방전구적법, 반량창교, 상공수축, 퇴적환원 등에서는 대수 위주의 산학이었던 중국 및 조선 수학에서 비교적 약하게 다루어졌던 측량 기하를 방대하게 다루고 있다. 평면도형의 넓이와 입체도형의 부피에 관한 것이다. 마지막 부분에는『산학계몽』의 목차를 실으면서 "옛사람들이 구장의 목차를 적는 것과 같은 뜻"이라 한 것을 볼 때 황윤석은 당시 산학 연구에서『산학계몽』의 역할이 고대『구장산술』의 역할만큼 기본적이고 중요하다고 생각했음을 알 수 있다.

8.『산학본원(算學本源)』

『산학본원』(1774)은『산학입문』에 이어지는『이수신편』23권이다. 황윤석은『산학본원』에 대해 "세상에 전하여지는 산서 중에 이른바『산학원본』이라고 하는 책이 있다. 이것은 우리나라 사람이 편집한 것이다. (학성의 박율이라는 사람이 편집한 것이고, 그는 한때 은산 군수를 지냈다. 이 사람이 죽은 후에 그의 아들 두세가 이 책을 바로잡아 최석정에게서 서문을 받아 출판하였다.) 그런데 이 책을 보면 어느 곳은 잘못되거나 사실과 다르고 그 해법을 살펴보면 여러 가지 빠진 부분이 많다. 여기서 다시 고치고 비로잡아 새로운 것을 보충하여『이수신편』에 싣는다.『산학원본』은 중국의『산학계몽』의 입문 해설서이나 내가 쓴 이 책 『산학본원』은 『산학원본』의 입문 해설서이다."[47] 라고 소개하고 있다.

이 글을 통해 우리는 조선의 산서로서 『산학원본』의 존재를 확인할 수 있었는데, 『산학본원』의 해석 연구를 할 때만 해도 그 존재를 확인할 길은 없었다. 앞서 설명했듯이 이후 2005년 박율의 『산학원본』이 고려대학교 도서관에 소장된 것으로 발견되었고 이는 『묵사집산법』과 함께 현존하는 가장 오래된 조선의 산서로 기록된다. 『산학원본』이 『산학계몽』을 위한 입문해설서이고, 『산학원본』을 해설하기 위해 『산학본원』을 집필했다고 했으므로, 결국 『산학본원』은 『산학계몽』을 읽기 위한 입문해설서라고 할 수 있다. 이는 『산학입문』 마지막 부분에서 황윤석이 높이 샀던 『산학계몽』의 위상과 일관된 생각이다.

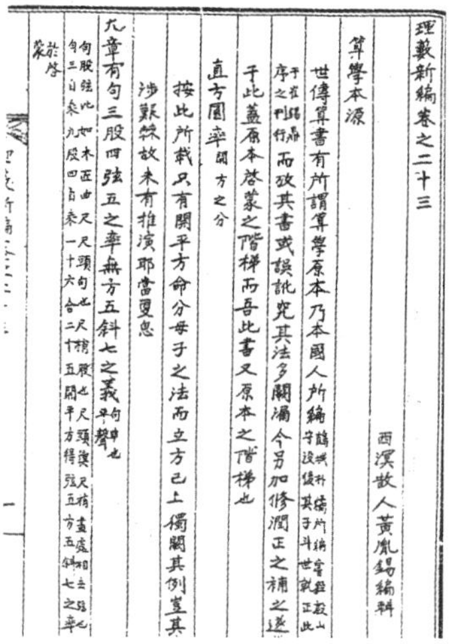

理藪新編卷之二十三

西溪散人黃胤錫編輯

算學本源

世傳算書有所謂算學原本乃本國人所編

而攷其書或誤訛究其法多闕漏今另加修潤正之補之遂

于此蓋原本啓蒙之階梯而吾此書又原本之階梯也

直方圓率

按此所載只有開平方命分母子之法而立方已上獨闕其例豈其

涉繁縟故未有推演耶當更思

九章有句三股四弦五之率無方五斜七之義

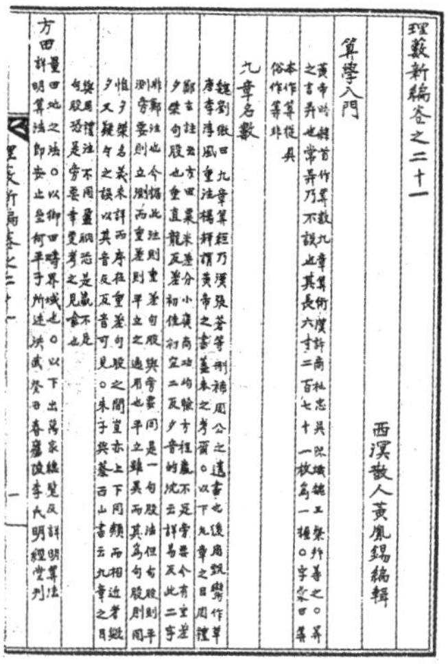

理藪新編卷之二十一

西溪散人黃胤錫編輯

算學入門

九章名數

方田

〈그림 4-11〉 『산학본원』(왼쪽)과 『산학입문』(오른쪽)

9. 『주해수용(籌解需用)』

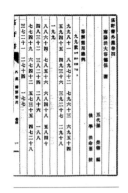

〈그림 4-13〉
『주해수용』

『주해수용』은 조선 후기 실학자 홍대용(1731-1783)이 저술한 문집 『담헌서』 외집의 권4~권6에 해당한다. 정확한 저술 연대는 미정이지만 1765년 초 홍대용이 북경을 방문했을 때 서양 과학에 대해 받았던 영향이 표출된 저작으로 보인다. 인용서목에 『수리정온』을 담고 있지만 실제 계산법에서 『수리정온』의 내용은 다루지 않고 있다.[48] 『주해수용』은 천문학과 수학을 주요 내용으로 한다. 「내편 하」에는 삼각법이나 측량술, 「외편 하」에는 천문학상의 측지, 측천의 기술 등 실용적인 수학 문제와 측량과 천문관측, 음악 이론과 악기를 다루는 데서 비롯된 응용수학 문제들이 해설되어 있다.

10. 『서계쇄록(書計瑣錄)』

〈그림 4-14〉
『서계쇄록』의 하편

『서계쇄록』은 상수학 및 천문 지리에 정통했던 배상열(裵相說, 1759-1789)이 지은 교양용 산서에 해당한다. 당시의 시대적 상황으로 보아 그 대상이 일반인이 아닌 사대부 교육을 위한 것이었을 수 있는데, 제목에 제시된 '서(書)'와 '계(計)'는 글과 계산을 의미하므로 오늘날의 기본 소양인 문해력(literacy)과 수리력(numeracy)에 해당한다고 볼 수 있다. 구체적으로, 상권 육서총괄(六書總括)에는 언어학 관련 내용이, 하권 구수총괄(九數總括) 이하에는 산학 관련 내용이 포함되어, 문·이과 융합형 교재라 할 만하다. 구수총괄은 제목의 '구수'에서 짐작되듯이 『구장산술』의 아홉 개 주제를 근간으로 하여 기초 계산부터 개방술까지 다양한 수학 주제를 다루고 있다.

11. 『차근방몽구(借根方蒙求)』

『차근방몽구』(1854)는 이상혁(李尙爀, 1810-1883)의 저서로, 2권 2책으로 구성되어 있다. 책 제목의 '차근방(借根方)'은 서양 대수의 방정식 표기법 및 해법을 일컫는다. 따라서 전통수학의 다항식 표기법인 천원술에 대응하여 비교할 수 있는 내용이고, 실제로 이후 다수의 산학자들이 차근방과 천원술의 동질성에 대해 서로 다른 관점을 표명해왔고, 그중 하나가 남병길의 『무이해』라는 책이다. 이상혁은 차근방에 주목하여 4차 이하의 방정식으로 표현되는 문제 상황들을 다루면서 그것들을 차근방술을 이용하여 식으로 나타내고 해를 구했다. 산학 계산의 기본인 산으로 시작하여 방정식의 차수를 달리하며 구별하여 1차, 2차, 3, 4차 방정식을 세워 푸는 문제를 각각 선류, 면류, 체류로 분류하였다. 많은 문제 상황이 도형과 관련된다. 차근방이라는 서양의 방정식 해법을 소개하는 과정에서 천원술과 뚜렷이 다른 특징이 미지수를 잡아 식을 세우는 단계이므로 해법의 내용은 주로 방정식을 세우는 과정에 맞춰져 있다.

〈그림 4-15〉
『차근방몽구』

12. 『집고연단(緝古演段)』

『집고연단』은 남병길이 당(唐)대의 왕효통(王孝通, 580?-640?)이 직각삼각형 관련 문제를 다룬 산서인 『집고산경(緝古算經)』의 문제를 차근방을 이용하여 풀어놓은 산서이다. 19개의 문제로 4차방정식까지 다루어진다. 당대에는 중국에서 아직 천원술을 사용하기 이전이라 해법이 복잡한 것을 알고 있던 남병길이 이상혁의 『차근방몽구』에 영

〈그림 4-16〉 『집고연단』

향을 받아 『집고산경』에 대해 차근방을 이용한 해설을 시도한 것으로 추측해볼 수 있다. 예를 들어, 직각삼각형에서 구와 고의 곱을 알고, 현과 고의 차가 주어질 때 현을 구하는 제15문을 풀기 위해 현을 일근(一根)으로 놓아 차근방술로 3차방정식을 세워 풀었다.

13. 『산술관견(算術管見)』

『산술관견』(1855)은 『차근방몽구』와 마찬가지로 공동 연구자 남병길과 공유했던 서양 수학에 대한 연구 결과를 담고 있는 산서이다. 내용은 다섯 개의 장으로 구별되는데, 삼각법이나 구면삼각법 등의 내용이 서양 수학의 영향을 여실히 보여준다.

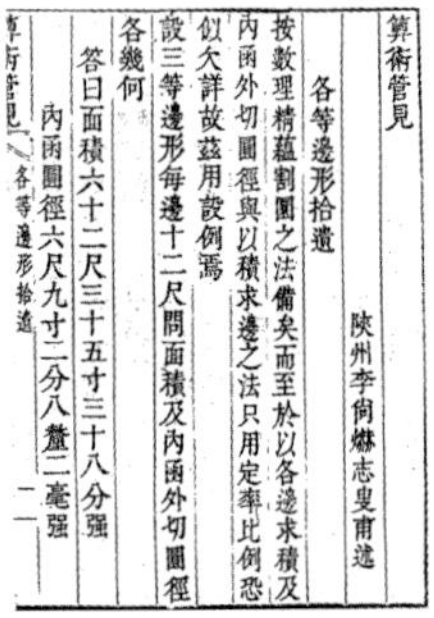
算術管見

各等邊形拾遺

陜州李尙爀志叟甫述

按數理精蘊割圜之法備矣而至於以各邊求積及內函外切圜徑與以積求邊之法只用定率比例恐似欠詳故茲用設例焉

設三等邊形每邊十二尺問面積及內函外切圜徑各幾何

答曰面積六十二尺三十五寸三十八分強

內函圜徑六尺九寸二分八釐二毫強

算術管見 各等邊形拾遺 一

〈그림 4-17〉 『산술관견』

구체적인 내용을 보면, 한 변의 길이를 알 때 넓이와 내접원과 외접원의 지름을 구하거나 그 역을 다루는 문제가 각등변형습유(角等變形拾遺)이다. 다음은 이상혁 고유의 문제 상황이라고 했던 원 안에 한 변의 길이를 알고 합동인 3개의 정사각형이 품(品)자 형으로 내접할 때 원의 지름을 구하거나 그 역을 다루는 원용삼방호구(圓容三方互求)이다. 셋째와 넷째 주제는 호선구현시(弧線求弦矢)와 현시구호도(弦矢求弧度)로, 호의 길이나 각도를 알 때 정현(正弦) $r\sin\theta$와 정시(正矢) $r-r\cos\theta$를 구하거나 그 역의 문제이다. 마지막은 불분선삼률법해(不分線三率法解)로, 구면삼각형에서 두 변과 끼인 각을 알 때 나머지 두 각을 구하거나, 역으로 두 각과 끼인 변을 알 때 나머지 변을 구하는 문제이다.

14. 『무이해(無異解)』

『무이해』(1855)는 앞서 언급했듯이 차근방과 천원술이 본질적으로 같은 것이냐 아니냐에 대한 남병길의 입장을 표명한 논문식 저술이다. 책의 이름이 암시해주듯이, 남병길의 결론은 차근방법과 천원술의 해법이 다르지 않다는 것이다. 중국의 이예(李銳)가 서양의 방정식 해법인 차근방법이 천원술에서 나온 것이기는 하지만 소거법이 다르다고 주장한 것에 대한 반론을 펴기 위해, 『익고연단(益古演段)』(1259)과 『측원해경(測圓海鏡)』(1248)으로부터 문제를 선별하여 2차 방정식에 대한 차근방술과 천원술의 양 방법이 같은 계산을 하고 있다고 설명한다.

〈그림 4-18〉『무이해』

15. 『구장술해(九章術解)』

『구장술해』는 남병길이 지은 『구장산술』에 대한 해설서이다. 따라서 책의 구성 역시 『구장산술』에 따라 아홉 개의 주제를 순서대로 따르고 있다. 이 책의 끝부분에 "『구장산술』은 가히 수학의 시조라 할 수 있는데, 처음에 유휘가 주석을 붙였고, 이순풍(李淳風)이 해설했으나, 미흡한 점이 많다고 생각해 해설서를 내게 된 것이다. 나의 해설에 잘못이 있으면 그 점을 지적하여 깨우쳐주기 바란다."고 적고 있어서,[49] 전통수학의 근원에 해당하는 『구장산술』에 대한 유휘의 주석이나 이순풍의 주석에 대해 보충 설명을 한다는 의도를 드러내고 있다.

〈그림 4-19〉『구장술해』발(跋)

16. 『측량도해(測量圖解)』

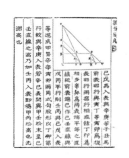

〈그림 4-20〉 『측량도해』

『측량도해』(1858)는 남병길(南秉吉, 1820-1869)의 산서로, 또 다른 저서인 『유씨구고술요도해』와 마찬가지로 책의 제목에 '도해(圖解)'가 포함되어 있다. 계산 위주의 해법을 제시한 전통 산서와 달리 그림을 통해 해법을 설명함으로써 독자의 이해를 쉽게 하려는 저자의 의도를 파악할 수 있다.

『측량도해』는 구고 및 중차술과 관련된 문제를 발췌해서 도해하였는데, 내용은 문제를 발췌한 원서를 기준으로 하여 구장중차, 해도산경, 수서구장 측망류의 세 부분으로 구성되어 있다.

17. 『유씨구고술요도해(劉氏勾股述要圖解)』

〈그림 4-21〉
『유씨구고술요도해』

『유씨구고술요도해』 역시 『측량도해』와 마찬가지로 도해를 통해 해법을 설명한 남병길의 산서이다. 서문에는 저자 남병길이 이상혁을 통하여 이 책의 원본을 보게 되었다고 했고, 이상혁이 어떤 집에서 발견한 이 책의 앞에 편자가 유씨(劉氏)이다. 남병길은 그 유씨가 『구일집』의 저자인 홍정하와 잡록의 담화 장면에 등장하는 유수석이라고 추측하였고,[50] 이렇게 위대한 책을 남겼음에도 불구하고 이름 석 자조차 명확하게 남지 않은 것을 애석해하였다.

책의 내용은 구고, 즉 직각삼각형에 관한 224개의 문제를 그림을 그려서 풀어낸 것이다.

18. 『해경세초해(海鏡細草解)』

『해경세초해』(1861)는 남병길의 형 남병철(南秉哲, 1817-1863)이 『측원해경』에 담긴 문제를 요약하고 해법과 계산 과정을 상세히 해설한 책이다. 『측원해경』은 원나라 이야(李冶, 1192-1279)가 쓴 것으로, 천원술과 개방술에서 현존하는 가장 오래된 산서로 알려져 있다. 〈그림 4-22〉에 있는 원성도식(圓城圖式), 즉 내접한 원이 있는 직각삼각형 그림에서 무려 170개의 문제를 만들어 해법을 보인 책이다. 남병철은 이야의 원성도식을 그대로 이용하지 않고 보조선을 한 개 추가함으로써 설명을 더욱 쉽게 하고자 하였다. 이는 원본을 그대로 옮기지 않고 자신만의 방법으로 재창조했음을 보여준다.

〈그림 4-22〉 『해경세초해』 권2

19. 『산학정의(算學正義)』

『산학정의』는 서문에서 "이상혁이 교정을 보았다(陝川李尙爀校正)."는 기록이나 서문의 내용을 참조하건대 이상혁과 남병길의 공동 연구 결과라고 보아도 무방할 것이다.

서양 수학이 중국을 통해 조선에 유입되는 데 결정적인 역할을 한 산서가 『수리정온』이다. 『산학정의』는 천문학을 전문 분야로 하는 관리인 관상감원들에게 필독서였던 『수리정온』의 정의, 정리, 문제 해법 등을 설명하면서 중국의 전통산학을 서양 수학과 융합하여 재조명한 책으로 볼 수 있다.

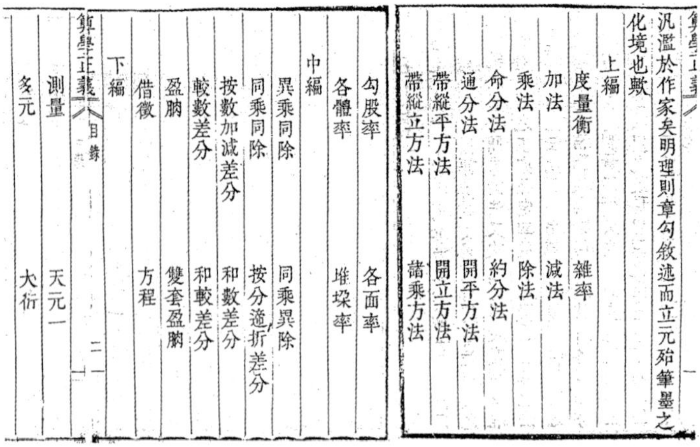
汎濫於作家矣明理則章句敘述而立元殆筆墨之
化境也歟
上編
度量衡　雜率
加法　減法
乘法　除法
命分法　約分法
通分法　開平方法
帶縱平方法　開立方法
帶縱立方法　諸乘方法
勾股率　各面率
各體率　堆垛率
中編
異乘同除　同乘異除
同乘同除　按分遞折差分
按數加減差分　和數差分
較數差分　和較差分
盈朒　雙套盈朒
借徵　方程
下編
算學正義 目錄 二
測量　天元一
多元　大衍

〈그림 4-23〉『산학정의』 목차

20.『익산(翼算)』

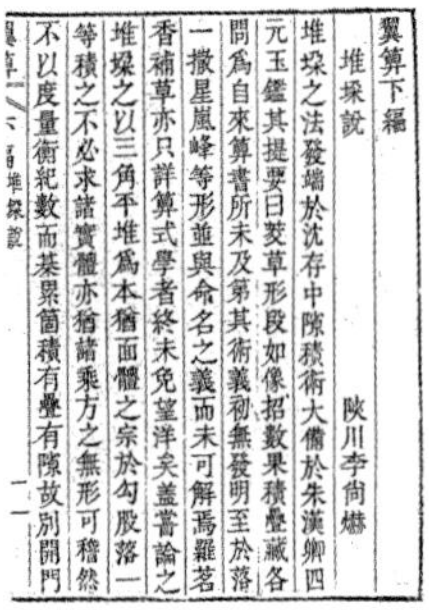
翼算下編
堆垛說　陝川李尙爀
堆垛之法發端於沈存中隙積術大備於朱漢卿四元玉鑑其提要曰茭草形段如像招數果積疊藏各問爲自來算書所未及第其術義初無發明至於落一撒星嵐峰等形並與命名之義而未可解焉羅茗香補草亦只詳算式學者終未免望洋矣蓋嘗論之堆垛之以三角平堆爲本猶面體之宗於勾股落一等積之不必求諸實體亦猶諸乘方之無形可稽然不以度量衡紀數而棊累箇積有疊有隙故別開門
翼算 下 堆垛說 一

〈그림 4-24〉
『익산』 하편 퇴타설

『익산』(1868)은 이상혁이 『사원옥감(四元玉鑑)』(1303)을 연구한 후 방정식과 급수에 대한 자신의 이론을 발전시킨 산서로, 앞서 산서의 형식을 설명할 때 '설명-예'의 방식을 따른 유형으로 소개한 바 있다.

먼저 저술을 마친 『차근방몽구』와 『산술관견』이 중국을 통해 유입된 서양 수학에 대해 해설한 것인 데 비해 『익산』은 이상혁 자신의 독창적인 연구 결과가 돋보이는 수준 높은 책이다.

상권인 정부론과 하권인 퇴타설의 두 권으로 구성되는데, 전자는 방정식론에 해당하며, 후자는 유한급수론에 해당한다. 이전까지의 수학 연구 내용과 구별되는 탁월한 연구 결과를 보면, 상권에서는 '정부상당식(正負相當式)'이라는 개념을 도입하여 다항식과 방정식을 구분한 것, 하권에서는 급수의 합에 대한 구조 규명이나 부분합을 이용한 독창적인 결과 등이 포함된다.

21. 『산학습유(算學拾遺)』

『산학습유』는 1864년부터 죽산부사, 경상좌도병마절도사, 금위대장 등을 지낸 조희순(趙羲純, 1814-1890)이 쓴 필사본 1책의 산서이다.

남병길이 쓴 서문이 있으며(그림 4-25 참조) 이어지는 주요 내용은 '구고보유', '정호약법', '사호지귀', '호삼각형용대수산', '현시첩법', '사지산략' 등이다. 사지산략에서는 구고 문제를 풀기 위해 전통산학의 사원술까지 이용되고 있어, 조희순이 『사원옥감』을 연구한 것으로 볼 수 있다. 한편 삼각법, 구면삼각법 등의 서양 수학도 포함되어 있어 『수리정온』과 『역상고성』에 포함된 동서양 수학 전반을 정리 요약한 산서라고 할 수 있다.

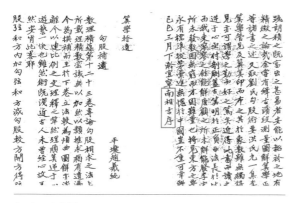

〈그림 4-25〉 『산학습유』 서문 및 이어지는 부분

22. 『주학실용(籌學實用)』

『주학실용』은 출몰년이 미상인 변언정(邊彦廷)이 직접 쓴 필사본 산서이다. 내편과 외편 두 권에 각각 상, 하가 있어 총 네 권으로 구성된 이 책

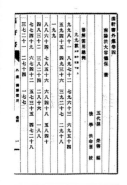

〈그림 4-26〉
『주학실용』의 인용서목

은 책의 제목이나 목차를 볼 때 홍대용의 『주해수용』을 떠올리기에
충분하다. 인용서목으로 『수학계몽』, 『수학통종』, 『수법전서』, 『거기
수법』, 『혼개통헌』, 『상명수결』, 『수원』, 『수리정온』 등이 적혀 있어,
송, 원, 명, 청대의 중국 산서에서부터 조선 초기 경선징, 박율의 수학
책까지 그 범위가 광범위함을 알 수 있다. 특히 『산학계몽』이라 쓰지
않고 『수학계몽』이라 쓴 것은 산학에 대한 시대적 변화를 느끼게 한
다. 전통수학에 대해 사용했던 산학을 수학이라고 명명한 것으로부
터 이 책이 조선 후기의 저작임을 추론할 수 있다.

5장

수학의 부활

폐허에서 새로운 황금시대로

1592년 임진왜란과 1636년 병자호란은 국가적 차원의 피해를 줬고, 이에 따라 백성들의 궁핍이 극에 달한 것은 물론이거니와 특히 세종대를 거치면서 발달했던 조선의 산학은 거의 소멸되는 불운을 맞게 되었다. 그러한 어려움 속에서도 국가를 재건하고 학문적 발달을 꾀하려는 선조들의 노력은 수학 분야에서도 주목된다. 쌓아온 것을 모두 잃었으니 이제 새롭게 시작할 수밖에 없었다. 그 시작이 연구 자료의 재건이었고, 대표적인 사례가 전주 부윤 김시진(金始振, 1618-1667)의 『산학계몽』 중간본이다. 『산학계몽』은 세종대 역산(曆算) 발전의 기틀을 이뤘고, 성종대 이후 『양휘산법』, 『상명산법』과 함께 산학 취재의 중심 과목일 만큼 우리 전통산학의 바탕을 이루었던 산학서이다. 세종 스스로가 『산학계몽』을 공부하였고, 이후 조선의 산학자들은 어떤 경로로든 『산학계몽』을 구하여 보았을 것이라는 사실을 여러 산학자의 문헌에서 확인할 수 있다. 중국에서도 잊혀진 『산학계몽』이 재발간된 것은, 조선의 후기 산학자들이 이를 연구하여 우리 자신의 산학을 발전시키고 나중에는 중국으로 역수출하기도 한 중요한 사건이었다.

양란으로 인한 혼란과 피폐한 상황에서도 박율, 임준 등의 양반이 『산학계몽』의 내용을 터득해냈다는 것은 놀라운 사실이다. 그리고 김시진도 이를 공부했으며 한 세대 뒤의 영의정인 최석정, 조태구와 중인 산학자 홍정하, 유수석 등의 산학이 『산학계몽』의 수준을 뛰어넘어 훨씬 발전하게 되는 것은 17세기 말의 조선 수학자들이 얼마나 열심히 노력했는지를 잘 보여주는 역사적 사실이다. 특히 중인 산원인 홍정하의 업적은 그가 맡았던 호조의 업무에만 국한시키면 산학에 그렇게 많은 노력을 기울일 필요가 없었을 것이라는 점에서 더욱 놀랍다. 조선 산학 연구의 르네상스를 맞이하는 시기에 혁혁한 수학적 업적을 남긴 조선의 산학자와 그들의 수학 연구를 들여다보자.

1. 경선징

경선징(慶善徵, 1616-1691)은 『주학입격안』에 이름이 경선행(慶善行)이라고 기록되어 있다. 본관은 청주, 자(字)는 여휴(汝休), 호(號)는 묵사(默思)라 하였다. 그는 1640년에 산학 취재에 입격하여 1669년에 훈도(訓導)에 임명되었고, 1674년에 교수(敎授)가 되었으며 1676년에 활인서별제(活人署別提) 직을 받았다. 그의 부친인 경위(慶暐)는 산학에서 별제(別提) 그리고 통례원(通禮院)의 종6품 인의(引儀)를 했고, 장인인 이충일(李忠一)은 교수(敎授)직을 했다.

경선징은 산학책을 두 권 썼는데, 이 가운데 쉬운 책이었을 것으로 추정되는 『상명수결(詳明數訣)』은 실전되어 지금은 전하지 않기 때문에 내용을 알 수 없음이 아쉽지만, 이 책의 탁월함은 조선 실학사상가의 대표인 홍대용에 의해 입증되고 있다. 홍대용은『주해수용』을 집필하면서 참고한 인용 서적 중 하나로『상명수결』을 적었다. 함께 인용된『산학계몽』,『산법통종』,『수리정온』등의 수학적 위상을 생각해보면『상명수결』의 당시 위상을 가히 추측할 수 있다.

또 하나의 책인『묵사집산법(默思集算法)』은 많은 산학자가 읽은 산서로 추정된다. 실제로 최석정은 자신이 쓴 산서『구수략』에 경선징과 그의 산서『묵사집산법』을 언급하여 당대 최고의 저술가로 꼽았으며, 조태구의 저서『주서관견』에도 그대로 언급된다.

『묵사집산법』은 이름에서 알 수 있듯이 경선징이 쓴 산법에 관한 문집이다. 책의 내용으로 말하면, 쉬운 내용부터 비교적 어려운 내용까지 수준을 총망라한 수학책이다. 많은 문제를 모으고 그 풀이법을 설명하였다. 포함된 문제는 중국의 산서『상명산법』,『양휘산법』,『산학계몽』의 영향을 확연히 드러낸다. 즉,『묵사집산법』은 경선징이 중국의 산서 세 권에서 필요한 내용만을 추려내고 그 외 다수의 문제를 보충하여 만든 책이다. 이 책의 특징을 요약하면, 우선『상명산법』의 기초적 수학 내용을 정리하였고,『산학계몽』의 내용을 풀어 해설하였으며, 어려운 문제의 풀이법은 대부분『양휘산법』의 기초적인 풀이법을 사용한다는 점이다. 특히 방정식의 풀이법은 13세기 중국에서 새로 개발된 개방법인 증승개방법을 사용하지 않고 그 이전의 방법인 석쇄개방법을 여러 가지로 변형하여 풀었다. 증승개방법을 다루지 않은 것 외에도 특히 어려운 문제인 구고술과 3차 방정식 이상의 것은 별로 다루지 않았다. 이에 대해 혹자는 이 책이 학생들을 위한 교과서 용도였을 것이라는 해석을 하며, 또는 어려운 문제에서 문제 구성과 풀이에 혼동이 있는 점 들을 통해서 경선징이 13세기 중국의 발전된 방법을 잘 이해하지 못하고 있었을 가능성도 언급되곤 한다.

경선징을 보면 말년에 활인서(活人署)의 별제(別提)직을 받았다. 그가 의 원의 일을 맡은 활인서에서 있었던 것은 산학관료로서의 업무를 충실히 한 대가로, 별제직에서 일정 기간 근무한 후에 다른 관직으로 옮겨갈 수 있는 기회를 얻은 것으로 봐야 할 것이다. 즉, 산원은 말단직인 계사로 오랜 기간 봉직하였다. 많은 산원들이 계사직을 끝으로 은퇴했으며 그 기간 동안 상당 부분은 시간제인 체아직으로 근무했으므로 이를 벗어나서 훈도 이상으로 승진하는 것은 공로와 실력을 인정받은 경우로 보인다.

그러나 경선징이 살았던 17세기 조선은 매우 힘든 상황이었다. 그는 16세기 말에 임진왜란을 거치면서 우리나라 전체가 황폐화된 후에 태어나서 젊은 시절에 다시 병자호란을 겪었다. 나라 전체가 두 번의 전란으로 피폐해져 있었을 때이고 많은 사람이 전쟁에 군인으로 나가서 수십 년씩 집에 돌아오지 못하는 삶을 살 수밖에 없는 때였다. 중인 집안에서 태어나 비교적 순탄하게 관직에 들어갔지만, 태평성대일 때처럼 공부하기는 어려웠을 것이다. 앞서 본 바와 같이 산학책 한 권 구해 보기가 힘들 때라서 산학을 공부했던 사람들도 드물었을 것임을 어렵지 않게 짐작할 수 있다. 17세기 중반의 최고 산사로 꼽히는 경선징의 수학 실력이 『산학계몽』을 모두 이해하지 못하는 수준이었다고 해도 전혀 이상할 것이 없다.

조선 초기 우리나라 산학의 수준이 10차방정식을 쉽게 풀 수 있다고 했던 것에 비해서 김시진이 중간(重刊)한 『산학계몽』의 서문에 "우리나라에 전해진 수학은 『상명산법』 정도의 쉽고 단순한 내용뿐이다."는 언급은 당시 우리나라의 상황이 얼마나 열악했는가를 보여준다. 이와 같은 관점에서 보면 『묵사집산법』을 재해석할 수 있다. 문제마다 방정식을 세우고 푸는 데 고전적 기법만을 써야 하므로 머리를 써서 문제를 변형하고 상세한 설명을 부과하고 있다는 점에서 열악한 상황에서도 배운 것이 적은 핸디캡을 자신만의 생각을 통해서 극복해나간 과정으로 볼 수 있기 때문이다. 이것은 경선징이 자신의 호를 묵사(默思)라 하여 묵묵히 생각해서 해결하는 것을 강조한 데도 잘 드러난다.

경선징의 책에서 특기할 만한 사항을 세 가지만 살펴보자.

첫째, 경선징은 책을 집필하면서 그중 한 부분의 수학 내용을 딱딱한 서술형이 아닌 문답형으로 적고 있다. 인(人)권 화답호화문에서 노인과 동자의 대화 및 수령들의 대화를 통해서 제기된 여러 가지 문제를 다루고 있는 부분이다. 이에 대해서 한 외국 학자는 경선징이 오늘날과 같은 문답식 세미나 강의를 통해서 교육했다고도 생각한다.[1] 그에 대한 명확한 입증은 어렵지만, 적어도 그는 문답식 해설이 교육적으로 효과가 높다는 사실을 잘 알고 있었던 것이다.

둘째, 수학적 지식의 암기를 위해 노래를 이용한 것이다. 수학은 추론과 사고의 학문이지만, 어느 정도의 암기가 뒷받침되어야 할 필요가 있다. 예를 들어, 오늘날 우리가 곱셈을 능숙하게 수행하기 위해서 곱셈구구를 외워야 하고, 이를 쉽게 외워서 곱셈할 때 적용하기 위해 리듬감 있는 구구단 암송을 한다. 마찬가지로 외워야 할 수학적 지식으로 산대 놓는 법이나 부정방정식 해법을 위한 암기가 이용되었다.

조선시대에 계산을 하려면 산대를 이용해서 수를 나타냈다. 초등학교에 입학하여 처음 배우는 수학이 숫자 읽고 쓰기이듯이 조선에서 산학을 하려면 숫자를 나타내기 위한 산대 배열을 할 수 있어야 했다. 산대 배열 방법을 익히기 위해 노래를 만들어 불렀다. 이 노래를 산학책에 따라 다른 이름을 불렀는데, 『묵사집산법』에는 '종횡법(從橫法)'이라 칭하였다. 산대를 가로, 세로로 놓아야 하므로 그 방법으로서 이름을 지은 것이다.

종횡법

從橫法

일은 세로로 십은 가로로, 백은 서고 천은 넘어져 있네.

一縱十橫 百立千僵

천과 십은 서로 같은 모양이고 만과 백은 서로 바라보네.

千十相當 萬百相望

6 이상의 숫자는 모두 5를 나타내는 산대가 위에 있네.

滿六以上 五居上方

6은 산대를 쌓아놓지 않고 5는 산대 하나를 쓰지 않네.

六不積聚 五不單張

십이 되면 자리를 나아가고 십이 안 되면 제자리에 나타내네.

言十自過 不滿自當

다만 이 비결을 정확히 이해하면 구장산술을 배울 만하네.

苟明此訣 可習九章

이와 같이 산학 공부의 기본 지식인 산대 배열을 노래로 불렀는가 하면, 계산 알고리즘이나 계산에 필요한 지식을 암기하기 위한 노래도 있었다. 오늘날의 대학 수준 수학에 해당하는 연립합동식을 이용하는 문제 상황과 관련된다. 이와 관련한 3개의 노래가 『묵사집산법』에 보이는데, 문제 해결에 필요한 수가 노래 상황 속에 문장의 의미에 적절하게 들어 있어 외우기 쉽도록 하였으며 형식적으로는 각운을 담은 한시의 형식을 띠고 여유로운 풍류의 기질도 엿볼 수 있는 수학 시구(詩句)이다.

셋째, 『묵사집산법』에는 독창적인 해법이 다수 있다. 문제 자체는 다른 책에서도 흔히 다룬 것이라 할지라도, 그 풀이에서는 기존에 사용되어온 해법이 아니라 자신만의 해법으로 문제를 풀고자 한 것이다. 몇 가지 예를 보자.

[문제] 어떤 사람이 술을 갖고 봄놀이를 가는데 술의 양을 알지 못한다. 술집을 만나 1배를 사서 더하고 꽃을 만나 3말 6되를 마셨다. 또 남은 술을 갖고 1배를 사고 3말 6되를 마셨다. 이와 같이 다섯 차례 했더니 술이 떨어져 술병이 비었다. 원래 가져간 술은 얼마나 되는가?

이 문제는 수치는 다르지만, 『산학계몽』과 홍정하의 『구일집』에도 나올 정도로 흔히 다루어진 문제였다. 전통산학의 특이한 계산술인 영부족술 알고리즘을 적용하여 푸는 전형적인 문제다. 그런데 경선징은 이 문제를 영부족술로 풀지 않고, 더 기초적인 방법으로 풀어냄으로써 발상의 전환을 보여준다. 경선징이 이용한 방법은 흔히 오늘날 초등학교 수학에서 '거꾸로 풀기'라고 불리는 문제 전략에 해당하는 방법이다. 주어진 조건의 순서를 역으로 거슬러 올라가면서 구하려는 값을 찾아가는 방법이다. 별도의 알고리즘이 필요 없어서 그만큼 쉽게 이용할 수 있는 전략이다.

경선징의 방법을 설명해보면, 꽃을 만나기 전의 양을 구하고 술집에 들르기 전의 양을 구하는 것을 5번 반복하면 되는 것이다. 문제의 조건에서 꽃을 만나면 3말 6되를 마셨다고 했으므로 꽃을 만나기 전의 양을 구하려면 3말 6되를 더해야 하고, 술집을 만나면 1배를 사서 더하여 2배가 된 것이므로 술집에 들르기 전의 양을 구하려면 2로 나누면 된다. 따라서 현재 다 마신 0으로부터 다섯 번째 꽃을 만나기 전에는 3말 6되가 있었을 테고, 술집에 가기 전에는 2로 나눈 1말 8되가 있었다. 이렇게 3말 6되 더하기와 2로 나누기를 5번 하면 구하는 해를 얻는다.

한편 『묵사집산법』에 나타난 곱셈 구구의 배열이나 2차방정식을 풀기 위한 고법의 적용을 고려하면, 경선징이 시대적으로 고전적인 수학 내용을 지키고자 하는 의도를 지녔던 것으로 볼 수 있다. 조선 산서에서 곱셈구구는 보통 작은 단에서부터 시작하는데 『묵사집산법』에서는 '구구

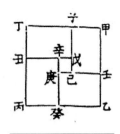

〈그림 5-1〉
『산학정의』의 평방도

팔십일'부터 제시된다. 경선징은 옛 전통 방식을 따라 이전의 방법인 고법(古法)을 사용하였다. 고법은 홍정하의 『구일집』에서도 별해로 다루어지기는 하지만, 기본 해법으로 다루었다는 점에서 경선징의 의도를 주목할 만하다.

고법은 전통산학에서 이차방정식 문제 상황으로 흔히 제공된 직사각형의 넓이(xy)와 두 변의 합($x+y$)이나 차($x-y$)가 주어질 때 두 변의 길이를 구하는 문제를 위한 해법이다. 『산학정의』에도 나와 있는 〈그림 5-1〉로부터 관계식 $(x+y)^2=(x-y)^2+4xy$를 얻을 수 있다. 여기서 제곱근을 푸는 방법으로써, 합이 주어지면 차를, 차가 주어지면 합을 구한 다음, 두 변의 합과 차를 더하거나 빼서 두 변을 얻는 방법이다.

2. 박율

박율은 『산학원본』의 저자인 사대부 수학자이다. 산학서 『산학원본』의 내용을 파악하기 전에 책에 관한 여러 가지 의미를 짚고 넘어갈 필요가 있다. 우선 이 책의 존재가 밝혀진 것은 최근의 일이다. 현존하는 조선 산학서를 모아 엮은 『한국과학기술사자료대계』(1985)에도 빠져 있던 이 책은 2005년에 고려대학교 도서관에서 발견됐다.[2] 이전에는 다른 산학서에 이 책이 인용된 것과 뒤에 황윤석이 수정하고 『산학본원』이라고 이름하여 보충해 펴낸 것을 통해 이 책의 존재를 알 수 있을 뿐이었다. 그래서 이 책의 내용 중에서 얼마나 많은 부분이 17세기의 수학이었는지 의문점으로 남아 있었다.

박율은 양반으로 17세기 중엽에 활동한 산학자이다. 그는 1654년에 식년시에 급제하여 1658년에 외직으로 나가 평안도 은산의 현감을 지낸 사람으로 높은 벼슬에는 오르지 못한 양반이다. 그가 저술한 책은 집안에 원고로만 남아 있다가 박율 사후 30년 남짓 뒤인 1700년에 그의 둘째 아들 박두세(朴斗世, 1650-1733)가 당시 좌의정이었던 최석정의 서문을 받아서 판각하여 인쇄해 책으로 냈다. 이 책의 발문은 박두세가 썼다. 여기에는 최석정과 박율이 각자 임준과 학문적 교류를 했다고 적고 있지만 임준에 대해서는 알려진 바가 별로 없다.

17세기경의 수학을 보여주는 책을 쓴 산학자는 경선징(1616-1691), 최석정(1646-1715), 조태구(1660-1723), 홍정하(1684-1727) 등이다. 박율은 1621년생이고, 『산학원본』의 출간 연대는 1700년이다. 당시의 다른 산학서의 출판 연도는 정확히 알 수 없지만, 저자의 생몰년이나 책의 출간 연대로부터 추측하건대 『산학원본』보다 앞서 출간된 것은 경선징의 『묵사집산법』뿐일 것으로 보인다.

박율의 『산학원본』이 많이 읽힌 책이라는 것은 이 책이 다른 여러 산서에 언급되었다는 사실로부터 확인할 수 있다. 최석정의 『구수략』에는 병편 마지막 '고금산학'에 중국의 역대 산학자와 함께 동국이라 하여 신라 이후 산학 연구자들을 열거하고 있다. 그 가운데 박율이 포함된다. 조태구의 『주서관견』에도 마지막 부분에 동국명산법이라 하여 여러 명의 산학자를 열거하는데 최치원으로부터 시작하여 박율, 경선징, 최석정으로 맺고 있다. 황윤석(1729-1791)은 저서 『이수신편』 23권인 『산학본원』 첫머리에 이 책이 『산학원본』을 교정하여 그대로 옮긴 것임을 밝히고 있다.[3] 홍대용의 『담헌서』 외집 4권에 포함된 『주해수용』의 인용서목에는 중국에서 들어온 여러 산학서와 함께 조선의 산학서로 『상명수결』과 『산학원본』이 들어 있다. 이 모든 것을 보면 『산학원본』이 조선 산학에 미친 영향이 얼마나 큰 것이었는지를 가늠하기에 충분하다.

『산학원본』은 상권 32쪽, 중권 26쪽, 하권 77쪽으로 되어 있다.[4]

상권에서는 구고술을 이용하여 제곱근, 세제곱근의 근사해를 구하는 문제들을 다룬다. 중권에서는 산술의 기초인 분수 계산법을 원과 구의 지름, 둘레, 넓이, 부피 사이의 관계 등을 통해 익히게 하고 그 가운데 분수의 제곱근, 세제곱근을 구하는 문제들을 다룬다. 이 책의 클라이맥스는 하권으로, 상, 하권에서 익힌 여러 산술적 방법을 토대로 천원술과 증승개방법에 의한 대수 다항식의 연산과 다항방정식의 해법을 다룬다.

이 중 『산학원본』에서 박율이 보여준 다른 산학자와 구별되는 특징은 세 가지이다. 첫째는, 수 표현의 특징이 현대적이라는 점이다.

오늘날 우리는 수를 나타내고 읽을 때 십진 위치의 기수법을 사용한다. 즉, 1234.56이라고 쓰면 소수점 왼쪽은 차례대로 10^3, 10^2, 10^1, 10^0이 몇 개씩 있는가를 나타낸 것이고, 소수점 오른쪽은 차례대로 $1/10^1$, $1/10^2$ 등이 몇 개인지를 나타낸 것으로 이해한다. 십진 위치의 기수법을 사용하면 어떠한 큰 수라도 표현할 수 있듯이 어떠한 작은 수라도 똑같이 가능하다.

전통산학의 계산에서는 수를 산대로 나타낼 수 있었기 때문에 엄청난 수학적 발전을 이루었지만, 실제로 책에 수를 숫자로 표기하기 위해서는 우리가 숫자를 읽는 방법을 그대로 적는 방법인 '승법적 기수법'을 이용하였다. 이것은 숫자 2020을 '이천이십'과 같이 각 자릿값 천(千), 십(十)과 함께 써서 나타내는 방법을 말한다. 숫자가 1보다 작은 소수의 경우에도 0.1의 자리는 분(分)이라 이름하여 십진 위치의 기수법을 소수점 아래로 확장하여 나타냈다. 즉, 일의 자리 아래의 각 자리를 순서대로 분(分), 리(釐), 호(毫), 사(絲), 홀(忽), 미(微)⋯ 라고 불렀다. 이것을 수의 자리(數位)라고 부른다.

혹시 문제 상황 속에서 수가 도량형을 나타내면, 자리 이름 대신 이에 해당하는 단위를 썼다. 예를 들어, 1234.56자(尺)는 一千二百三十四尺五寸六釐이다. 그런데 『산학원본』에는 이를 一千二百三十四尺五六이라고 썼다. 그러니까 일의 자리의 도량형 단위는 나타내지만, 그 이하 자리를 오늘날 소수를 읽는 방법과 마찬가지로 자릿값 없이 수만 써서 나타냈다. 이것은 위치적 기수법으로 나타내는 현대적 방법과 유사하다. 흥미로운 것은 이러한 변화가 큰 수(자연수)에서도 일부 나타난다는 것이다. 즉 78,090을 통상 七萬八千九十이라고 읽고 쓰지만 『산학원본』에서는 만의 자리까지는 제대로 읽고 그 아래 자리부터는 천, 백, 십 등의 자릿값을 모두 생략하고 七萬八空九空이라고 나타낸 것이다. 자릿값을 생략하다 보니 생략된 자리를 나타내기 위한 수 읽는 방법으로 공(空)이 포함된 것 또한 수학적 취급이라 할 수 있다.

둘째, 현재 남아 있는 산서 가운데 천원술을 실은 우리나라 첫 번째 산서이다. 『산학원본』이 출간된 1700년 이전에 출간된 것으로 보이는 경선징의 『묵사집산법』에는 천원술이 보이지 않는 반면, 18세기 초 홍정하의 『구일집』은 '천원술의 책'이라 불리어도 손색이 없을 만큼 천원술을 애용하고 있다. 『구일집』 잡록에서 유수석과 함께 하국주를 찾아간 연대를 계사년 5월 29일이라고 적고 있어, 『구일집』의 출간 연대는 적어도 계사년인 1713년(숙종 39) 이후라고 봐야 한다. 따라서 『구일집』보다 십여 년 앞선 『산학원본』이 현존하는 조선 산학서 중 천원술이 최초로 등장하는 책인 것이 분명하다.

『산학원본』은 매우 높은 수준의 산서이다. 비슷한 시기에 쓰인 경선징의 『묵사집산법』과 비교하면 『산학원본』에는 쉬운 산법 계산 부분에 대한 설명은 전혀 없고 구고술과 관련된 2차방정식 풀이부터 시작하여 천원술을 사용하여 5차방정식까지 다루는 천원술 해설 수학책에 해당한다. 이 책은 『산학계몽』에서 방정식 이론의 핵심만을 뽑아 저술했다. 이 밖에도 수학을 사용하는 데 꼭 필요한 원의 둘레와 넓이, 구의 겉넓이와 부피 공식 등이 들어 있고 이의 환산법을 사용해서 고차방정식을 만들고 천원술로 나타내었다.

셋째로, 이 책에는 동양의 산학을 설명한 어느 책에서도 볼 수 없는 것이 하나 있다. 모든 동양 수학은 『구장산술』의 9가지 문제 풀이법을 각각의 문제에 맞게 사용한다. 그러나 박율은 이 모든 문제가 사실은 방정식을 푸는 문제라는 것을 강조해서 서술하였다. 즉, 『구장산술』의 각종 문제가 실제로는 1차방정식, 2차방정식 등등의 문제를 풀면 되니까 방정식 푸는 법만을 공부하면 모든 문제를 풀 수 있음을 설명하였다. 지금 보면 하나도 놀랍지 않지만 이런 생각이 전혀 없던 동양의 전통산학에서는 정말 놀라운 생각의 전환이며 수학 문제의 구조를 꿰뚫어본 것이다. 이는 동양 수학을 한 단계 높은 수준으로 끌어올린 중요한 사건이다. 이것으로 18세기 초의 우리 산학이 발전하는 계기가 마련되었다고 할 수 있다. 이 밖에도 이항전개 공식을 설명하면서 음수가 끼어 있는 경우에 음수부호가 들어가는 자리를 나타낸 표가 있다든가 하는 것도 매우 구조적인 사고를 반영한다.

반면 그가 사용한 용어가 통상적인 수학 용법과 다소 다른 부분이 눈에 띈다. 이것은 그가 수학을 사용하는 사람들과 별로 교류하지 않았음을 보여준다.[5]

이 책이 또 하나 묘한 점은 동시대에 쓰인 경선징의 『묵사집산법』과 상호보완적이라는 것이다. 이 두 책은 서로 겹치는 부분도 많지 않으며, 이 둘을 합하면 『산학계몽』의 내용을 거의 완전히 설명해낼 수 있다. 박율이 산학과 관련된 부서에서 일하지 않았으므로 이 두 사람이 교류했을 가능성은 매우 적어서 더욱 신기하다. 박율처럼 산학과 직업적으로 특별히 연관되지 않으면서 산학을 깊이 공부하는 일은 실제로 다른 양반들에게서도 자주 보이는 특징이다. 즉, 조선의 사대부에게 산학은 매우 중요한 공부거리였다는 뜻이고, 또 유학과 마찬가지로 중요한 학문으로 인식되어 있었다는 뜻이다. 또한 17세기 중엽은 조선에 실학이 태동하는 때여서 특히 유학자들의 수학과 과학에 대한 관심이 늘어나는 시기였다.[6]

『산학원본』은 이전까지의 산학 내용의 구조를 정확하게 밝힌 후 이를 확장하여 독창적인 사고방식으로 정리한 의미 있는 산학서라고 할 수 있다. 다시 말해서 수학을 여러 경우로 나눠 실무에 맞게 설명한 것이 아니라 하나의 체계를 이해하면 모든 문제에 다 응용할 수 있도록 수학의 구조를 이해하는 것을 목표로 쓴 책이다. 특히 박율은 조선 중기에 산학 취재를 거친 전문 산원이 아닌 양반 산학자로서는 드물게 수학에 대한 이해가 정확했을 뿐만 아니라, 시대적으로 17세기 중엽이라고 보기에는 매우 뛰어난 현대적인 수학적 사고를 했던 조선 산학자이다.

3. 최석정

명곡(明谷) 최석정(崔錫鼎, 1646-1715)은 조선의 대표적 정치가이며 행정가이고 학자인 사람이다. 그는 명문가에서 태어나 좋은 교육을 받았으며 어려서부터 신동으로 이름났고 관직을 받고서는 글을 잘 쓰는 학자로 이름났다. 그의 할아버지는 1636년 병자호란 때 화의를 주장하였고, 『실록』에서 '한 시대를 구제한 재상'이라고 평가받은 최명길(崔鳴吉, 1586-1647)이다.[7] 할아버지와 손주 모두 이조판서, 우의정, 영의정을 지낸 우리 역사에서 보기 드문 경우이다. 최석정은 백성의 어려움과 당쟁 같은 폐단을 줄이고자 했던 명신이었다. 그는 유학에 조예가 깊었으며 백성이 쓴 역사인 야승(野乘)을 집대성하려고 찬수청을 설치하였고, 유학에 대한 저술로 18권

5책의 『예기유편(禮記類編)』이 있는 등 평생의 뜻도 유학을 세워 나라가 평안하도록 하는 것이었다. 1701년 최석정은 영의정에 오른다. 아홉 살 때 『시경』과 『서경』을 외웠고, 열두 살에 『주역』을 풀었던 그는 이후로 일곱 번 더 영의정을 역임했다.

그런 학자가 수학에도 뜻이 있어서 수학책을 저술했다. 아마도 여러 번 벼슬과 한직을 오가는 동안 여러 학문에 집중할 시간이 있었으리라 추측된다. 그는 새로운 실학의 풍조를 따라 성리학에서 중요한 상수(象數)에 대한 탐구가 필요하다고 생각했을 것이며, 남는 시간을 쪼개 그가 좋아하는 수학을 철학의 수준까지 사유의 폭을 넓힌 것이라고 봐야 할 것 같다.

그가 쓴 산학서 『구수략(九數略)』의 출간 시기는 알려져 있지 않다. 내용을 보면 동양 수학의 내용, 즉 구수(九數)를 바탕으로 하고 있다. 그는 동양 철학을 바탕으로 수의 이론을 다시 세우고, 자신이 접한 서양 수학에서 중요해 보이는 것들을 뽑아 간략히 소개하였으며,[8] 자신이 동양 철학의 관점에서 연구하여 만든 새로운 도표를 수록하였다.

이 책은 두 권으로 구성되어 있다. 특이하게도 흔하지 않은 인용서 목록이 들어 있는데 중국의 알려진 산학책은 물론이고 중국에서 발간된 서양 수학의 내용을 번역한 『천학초함』과 『주산』이 포함되어 있다. 따라서 이 『구수략』은 최초로 서양의 수학을 부분적이나마 이 땅에 최초로 소개한 책으로 평가된다. 조선 수학책으로는 유일하게 경선징의 『묵사집산법』을 인용목록에 적어놓았으며, 최석정은 그를 뛰어난 산사로 극찬하였다. 최고의 양반이 당시 중인 계급인 경선징을 대하고 평가하는 모양새는 지금 우리가 생각하는 것과는 다르게 최석정이 학문의 세계에서만큼은 신분의 차이를 중요시하지 않았음을 보여준다.

『구수략』의 내용을 보면, 우선 수의 기원과 근본을 설명하고, 덧셈, 뺄셈, 곱셈, 나눗셈을 하기 위한 산대의 모양과 산대를 늘어놓는 방법, 분수를 나타내는 방법과 그 계산, 그리고 동양 수학의 교과서인 『구장산술』의 재해석 등을 시도하고 있다. 규칙을 가지고 더해지는 급수의 합, 연립방정식 등의 방정식 이론과 풀이도 있다.

특히 이전의 수학책에는 없는 주산과 산대 계산법을 비교하였다. 여기서 그는 중국의 주판셈을 설명하면서 자세한 사용법은 중국의 수학책 『산법통종』에 있으니 반복하지 않겠다고 간략하게 언급했다. 그러고는 당시 중국의 관리들이 산대 계산을 하지 않고 모두 주산(珠筭)을 사용하고 일본 역시 이 주산을 사용하고 있는 것은 깨달음이 부족한 것이라고 비판하고 있다. 최석정이 주판셈에 대한 불편한 심기를 드러내는 이유는 왜일까? 주산에 비해서 산대 계산은 자유롭고 넓은 범위의 자릿수와 여러 줄의 수 표현이 가능하다. 특유의 분방함과 확장성이 가능한 산대 계산법에 대한 자신감 때문이 아니었을까 추측해본다.

이 책의 마지막 '하낙변수' 부분에서 드디어 그 유명한 각양각색의 마방진이 나타난다. 소개된 46개의 마방진들은 '하도'와 '낙서'로부터 시작하여 다양한 변형으로 이루어진다. 이 마방진 일부는 중국의 『양휘산법』과 『산법통종』에 나와 있는 것이고, '낙서오구도', '낙서육구도', '낙서칠구도', '낙서팔구도', '낙서구구도', '범수용오도', '기책팔구도', '중상용구도', '구구모수변궁양도' 등은 다른 산학서에서 찾아볼 수 없는 최석정이 직접 만들고 이름 지은 것이다.

최석정이 수학책을 쓴 목표는 유학을 잘 설명하고 연구하는 방법을 추구한 것이었다. 조선시대의 유학은 송나라 때 발전한 성리학이 중심이었고 이의 한 방법은 주자의 역학(易學)이었다.[9] 최석정은 유학의 바탕을 단단히 하는 데서 상수학(象數學)적 근본을 밝히는 것이 중요하다고 생각한 것 같다. 이 책의 독특한 점은 그윽하고 깊은 동양 철학을 인간사의 법칙도 아니고 만물의 법칙도 아니고 점을 치는 것도 아닌, 수학의 법칙에 적용하고 있다는 것이다. 역학의 관점에서 수학을 설명한다는 것은 수학을 하나의 잡학으로 보지 않고 도학의 한 계통으로 파악하려는 의도가 있다고 볼 수 있다. 따라서 『구수략』은 단순히 영의정 최석정의 지적 유희의 소산이 아니다. 책 속에서 그는 이렇게 말하고 있다.

　　수의 이치가 비록 지극히 심오하다 할지라도 어찌 이것에서 벗어나겠는가? 이제 사상(四象)에 새로운 뜻을 밝혀서 『구장산술』의 모든 법칙을 풀고자 하니, 보는 사람은 새로운 설을 만든다고 말하면서 홀대하지 말라.

　　그는 수의 셈법을 설명하면서 중국의 유학자 주희의 제자 채침이 수를 나열해 만든 도표들과 연계 지었다. 그는 이를 바탕으로 수의 계산 관계를 철학적으로 정립하고 나아가 성리학을 바로 이해하는 방법으로 삼으려 했다. 그의 저술 『구수략(九數略)』을 보면 앞부분 건(乾)편의 구성과 목표는 수학 방법의 철학적 이해에 있고 그 바탕은 뒷부분의 부록에 저술된 상수학적 배경을 이루는 수의 구성이다. 즉, 그는 상수학적인 성리학과 함께 『양휘산법』에 정리되어 있는 수의 도표를 융합해서 이 이론을 만들었다고 할 수 있다. 이는 중국의 역학(易學)을 수학의 영역으로 확장시키고 더욱 심화시켰다고 할 수 있고, 반대로 수학의 기초론을 역학(易學)의 관점에서 확립하려고 시도했다고 할 수도 있다.

　　현대인의 입장에서 보면 이는 결코 성공하기 어려운 관점임이 명백하다. 그러나 18세기 초에는 서양의 학문이 제대로 들어온 것이 거의 없었으므로 서양 수학을 조금이나마 접했던 최석정으로서는 제대로 판단하기가 불가능했을 것이다. 어려서부터 신동으로 불리던 그는 자신의 천재성을 발휘해서 수의 배열을 그린 그림들을 보면서 빠진 그림들을 채워나 갔다. 그의 저술에 들어 있는 46개의 도표 가운데 맨 마지막에 들어 있는 몇 개는 완전히 최석정의 아이디어로 만든 것이다. 이 가운데 사각형 모양으로 배열한 것은 대부분 마방진에 해당한다. 그 밖의 것들 가운데 많은 사람에게 알려진 것은 거북등무늬로 수를 배열한 지수귀문도(地數龜文圖)이다. 이에 대해서는 2장 3절에 설명되어 있다.

최석정의 이런 업적은 어떤 의미가 있는가? 물론 최석정이 미래를 내다 보고 라틴방진이 쓸모가 많을 것이라든가 군 개념이 필요할 것이라고는 생각하지 않았을 것이다. 그가 필요했던 것은 상수학의 기초를 다지는 수의 성질들이었고 특정한 수의 배열이었다. 이 과정에서 자신의 목표를 달성했다고 생각되는 배열을 찾아낸 것이다. 그러나 지금에 와서 보면 이 목표를 달성했다고 할 수는 없다. 오히려 뜬딴지같이 전혀 다른 문제의 답을 찾은 것이다. 물론 그는 이 문제도 모르고 답이란 사실도 알지 못했던 터라 그의 업적이 어떤 의미인지 애매해 보이기도 한다. 그러나 수학의 발전은 많은 경우가 이러하다. 가장 간단한 예로, 기원전의 그리스 수학자 제논은 실수의 무한성을 발견했다고 칭송된다. 그러나 그가 목표한 것은 무한 개념이 아니고 이 세상의 바탕에는 단 하나의 실재만이 존재한다는 철학적 명제를 증명하려는 목표였다. 제논은 그의 역설인 "거북이와 아킬레스의 이야기"나 "날아가는 화살은 정지해 있다."는 명제를 증명해서 이를 달성하려 했다. 결국 이 증명은 그의 목표를 향해서는 실패한 결과였지만 현대에 와서 해석하면 이는 전혀 다른 분야의 업적과 연결되는 것이다. 최석정도 제논도 똑같이 자신의 목표는 달성하지 못했지만 그들의 연구 결과는 해석에 따라 현대에 들어서서 놀라운 결과를 보여주고 있다.

명곡 최석정은 경기도 과천과학관의 '과학기술인 명예의 전당'에 헌정

돼 있다. 이 명예의 전당은 엄격한 기준에 의해 투표로 헌정이 결정된다. 최석정이 추천된 이유는 다음과 같이 기록돼 있다.

최석정의 수학책 『구수략』은 17세기에 알려진 기초적인 수학에서 중요한 내용을 모두 추리고 역학(易學)이론을 합하여 동양 철학에 입각한 수학적 이론을 세웠다. 그리고 이 과정에서 최석정은 당시 유럽의 발달된 수학에서도 알려지지 않았던 9차 직교라틴방진(九次直交LATIN方陣, pair of orthogonal latin squares of order nine)을 발견하는 쾌거를 이루었다. 이는 『구수략』의 부록인 정(丁)편 하락변수(河洛變數)에 기록되어 있으며 2007년 조합론 디자인 편람(組合論DESIGN便覽, Handbook of Combinatorial Design, Chapman & Hall/CRC 출판)에 언급되면서 세계 최초임을 국제적으로 인정받았다. 조합수학(組合數學, Combinatorial Mathematics)의 효시로 알려진 레오나드 오일러(Leonhard Euler, 1707-1783)의 직교라틴방진에 관한 논문발표(1776)와 비교하자면 『구수략』이 최석정이 죽은 해인 1715년에 쓰인 것이라 가정해도 61년 앞서는 결과이다.

최석정은 중국의 수학책에 있는 마방진을 연구, 소개하고 그만의 독창적인 마방진을 그의 저서 『구수략(九數略)』에 넣었다. 『구수략』이 넓은 범위의 동양 수학의 내용을 충실히 담고 있음에도 유독 '마방진(魔方陣, magic square)의 책'이라 불리는 이유는 현란하고 창의적인 마방진의 출현 때문이다. 그중에서도 백미는 부록 맨 마지막에 들어 있는 4개의 도표이다. 이들은 구구모수변궁양도(九九母數變宮陽圖)라 이름한 것과 그의 음도(陰圖), 구구자수변궁양도(九九子數變宮陽圖)와 그의 음도(陰圖)이다. 그런데 최석정의 구구모수변궁양도는 오일러보다 61년 앞서 발표되었다고 공인된 세계 최초의 라틴방진(latin square)이라 불리는 종류의 방진임이 1993년도에 밝

〈그림 5-2〉 최석정(왼쪽, 보물 제1936호, 국립청주박물관 소장)과 오일러

혀졌다.[10] 한편 또 다른 10차방진으로 백자생성순수도(百子生成純數圖)가 있는데 이것은 최근에 군론의 곱셈표에 해당하는 배열임이 밝혀지기도 했다.[11] 군론은 서양에서는 19세기 초 갈루아가 처음 만든 개념으로 그 이전에는 세계 어디서도 이런 표가 만들어진 적이 없는데 최석정이 어떤 생각에서 이런 표를 만들었는지는 지금은 알 수 없다.

동양의 수학을 동양의 사유, 철학 그 자체로 보고서 동양의 다른 나라의 수학자들이 생각 못 했던 수학과 상수학(象數學)을 융합, 설명하여 깊고 그윽한 동양 철학의 옷을 입힌 것은 최석정이 유일하다.

그 외에 최석정이 관심을 기울인 수학 분야가 마방진이다. 마방진은 컴퓨터 공학에서는 물론, 농업의 생산성을 조사하는 경우나 건축물, 심리 테스트 등 생각지 못한 많은 분야에 응용되고 있다. 특히 라틴방진은 행, 열 각각에 1부터 n까지의 숫자가 겹치지 않게 배열되어 있는 것, 즉 현재

51	63	42	87	99	78	24	36	15
43	52	79	88	97	16	25	15	34
62	41	53	98	77	89	35	14	26
27	39	18	54	66	45	81	93	72
19	28	37	46	55	64	73	82	91
38	17	29	65	44	56	92	71	83
84	96	75	21	33	12	57	69	48
76	85	94	13	22	31	49	58	67
95	74	86	32	11	23	68	47	59

〈그림 5-3〉 구구모수변궁양도

의 고등학교 수학 교과서에 나오는 순열 (permutation)로 이루어져 있다. 라틴방진 중에서 이러한 배열 두 쌍을 결합시켰을 때에도 겹치는 숫자쌍 이 없는 한 쌍의 라틴방진을 직교라틴방진(orthogonal latin square)이라 한다.

그 예로는 다음의 첫 두 방진은 3차 라틴방진이고, 두 라틴방진은 직교

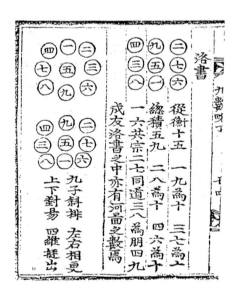

〈그림 5-4〉
『구수략』의 정편 부록의 마방진

라틴방진이 되며 이것을 한 개의 방진에 나타내면 세 번째의 방진이다.

2	3	1
1	2	3
3	1	2

+

2	3	1
1	2	3
3	1	2

=

2	3	1
1	2	3
3	1	2

〈그림 5-5〉 직교라틴방진

　세 번째의 방진의 각 성분을 보면 첫 번째 수는 왼쪽의 라틴방진을, 두 번째 수는 오른쪽의 라틴방진을 나타내고 있다. 9개의 순서쌍은 숫자 1, 2, 3을 써서 만들 수 있는 가능한 모든 순서쌍의 집합 (1, 1), (1, 2) … (3, 3)이 되고, 두 개의 n차 라틴방진이 직교한다는 것은 n^2개의 가능한 모든 순서쌍이 만들어진다는 뜻이다. 위의 직교라틴방진의 순서쌍 (i, j)에 $3(i-1)+j$의 값을 대입하면 우리가 잘 아는 3차 마방진이 나오게 된다. 즉, n차의 직교라틴방진이 있으면 n차 마방진이 만들어진다.[12]

(i , j) ▶ $3(i-1)+j$

2,1	3,3	1,2
1,3	2,2	3,1
3,2	1,1	2,3

▶

4	9	2
3	5	7
8	1	6

〈그림 5-6〉 직교라틴방진으로부터 마방진의 생성

만물의 척도가 수라는 생각은 동, 서양이 마찬가지이다. 세상의 만물을 수학을 통해 꿰뚫어보려는 통찰력을 가지고 만들어진 최석정의 라틴방진은 단순히 수의 크기에 착안해서 수의 관계를 밝히고 있는 것으로 보이지 않는다. 그는 동양적 상수의 의미와 관계들을 알고 있었을 것이다. 그의 마방진은 각 숫자들을 가지고 바로 그 성질들의 조합까지도 염두에 두고 구성된 것이다. 즉, 숫자의 크기나 상관관계가 아니라 동양에서 파악된 수 자체의 성질의 의미를 부여한 마방진인 것이다. 기존의 마방진들로 이미 설명된 동양 사상, 즉 『주역』에 나온 상수 철학을 뛰어넘은 새로운 라틴방진을 만든 연유는 더 구체적인 세계관, 숫자들의 확장을 통한 사물들의 상호관계의 규명에 있을 것이다. 아마도 그는 만물이 10,000개라 규정되면 10,000개의 숫자들로 마방진을 구성할 수 있는 능력을 가졌으리라. 최석정은 방진도 역(易)으로 설명하였다. 특히 역(易)의 한 형태로 순열을 생각하여 라틴방진을 구성하고, 나아가 음양(陰陽)의 조합으로 사상(四象)이 만들어지는 것과 같이 두 라틴방진의 조합을 연구하게 된 것으로 추측된다.

수학이 철학이고, 태극은 음양이고, 음양은 태양, 태음, 소양, 소음의 4상으로, 다시 사상은 8괘로, 8괘는 64괘로, 64괘는 삼라만상의 수로 설명되는 것이 동양 철학이라면 수학은 본래는 철학으로부터 나와서 이 세계를 해석하고 설명한다.

21세기의 광대한 수학은 미시적이고 협소한 사유의 세계도 다룬다고 할 수 있다. 그런데 융합적이고 복합적인 현대 수학의 조류는 세계를 설명하고 만물과의 관계를 설명하는 방향으로 가고 있다. 이것이 이미 오래 전에 우리의 자랑스럽고 신비로운 수학 저작 『구수략』의 마방진에서 나타난다. 천문학, 역학, 물리, 생물, 자연과학, 인문과학 등의 통합은 최석정의 창의적이고 독자적인 마방진으로 표현되었다고 짐작된다.

직교라틴방진은 스도쿠(sudoku, 數獨)의 원형이자 현재의 컴퓨터공학과 통신공학의 다양한 분야에 응용되고 있는 중요한 수학적 성과이다. 응용의 한 예로, 컴퓨터와 메모리의 연결을 병렬로 구성할 때 직교라틴방진을 사용하면 효율을 높일 수 있으며 라틴방진의 특성을 이용하여 채널코드 설계의 복잡함을 줄일 수 있다는 것도 잘 알려져 있다.

최석정의 지수귀문도(地數龜文圖) 또는 낙서육구도(洛書六九圖)라 불리는 육각진은 최석정의 독창적인 연구로, 아직까지도 그 전모가 밝혀지지 않고 있다. 수록돼 있는 지수귀문도는 1부터 30까지의 수가 아홉 개의 육각형을 이루고, 육각형을 이루는 여섯 수의 합이 모두 93으로 일정하다.

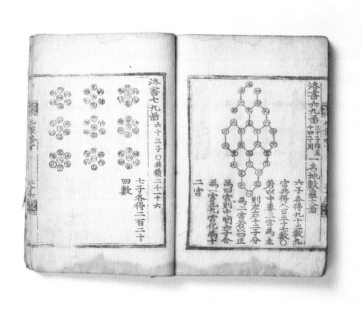

〈그림 5-7〉 『구수략』의 낙서칠구도와 낙서육구도(지수귀문도)

4. 조태구: 『기하원본』을 책에 담다

조태구(1660-1723)에 대해 말하기 전에 중국과 조선에 유입된 최초의 서양 수학인 『기하원본』에 대해 조망할 필요가 있다. 조태구가 저술한 수학책 『주서관견』(1718)은 『기하원본』을 담고 있는 조선 유일의 책이기 때문이다.

『기하원본(幾何原本)』은 마테오 리치(利瑪竇, 1552-1610)가 중국에 들어와서 서양 문물과 학문을 소개하면서 클라비우스가 주석을 단 유클리드(Euclid)의 원론(*Elements*)을 서광계(1562-1633)와 함께 번역함으로써 최초의 서양 수학책 번역서로서 탄생했다. 당시 중국 수학과는 전혀 다른 방식의 수학적 전개로 인해 중국의 수학자들이 얼마나 놀라고 신기해했을지 짐작이 가는 상황이다. 그러나 후에 조선에서 접할 수 있던 『기하원본』은 17세기 초의 리치와 서광계의 것이 아니었다. 프랑스 수학자 파르디(Pardies, 1636-1673)의 책이 중국 청대에 만주어로 번역되어 중국 수학에 영향을 미쳤고, 조선으로 전해진 것이다.

학문에 대한 열의가 강했던 강희제는 1690년 중국에 입국한 프랑스 선교사 제르비용(Gerbillon: 張誠, 1654-1707)과 부베(Bouvet: 白晉, 1656-1730)를 북경으로 초청하여 수학 선생으로 모셨다. 그때 교재로 번역되어 있던 『기하원본』을 사용하고자 했으나 중국 황제에게 기하를 설명하기에 너무 어렵고 복잡했기 때문에 파르디가 해설한 원론을 번역했던 것이다. 그 번역본에도 같은 이름을 붙여 그 역시 『기하원본』이다. 따라서 강희제 이후 청과 조선의 기하 영역에 관한 서양 수학의 영향은 유클리드 혹은 클라비우스의 것이 아닌 파르디의 원론에 의한 것이었다고 추정하는 것은 무리가 없다. 실제로 서양 수학을 집대성한 『수리정온(數理精蘊)』(1723)의 기하 부분에 있는 『기하원본』은 파르디의 것이다.[13]

『기하원본』을 다룬 현존하는 산학서인 『주서관견』의 저자 조태구는 소과(小科) 생원시(生員試)를 1683년에 합격하고 그로부터 3년 후 과거에 합격한 사대부이다. 여러 관직을 거쳐 1712년부터 호조판서와 관상감의 우두머리인 제조를 지내고 1721년에는 영의정까지 올랐다. 호조는 세금을 계산하여 거둬들이는 일 등 나라의 살림을 맡아 하는 부서였고, 취재로 선발된 중인 수학자들이 소속된 부서이기도 하였다.

영의정을 지낸 조태구(趙泰耉, 1660-1723)는 최석정과 학문적으로 매우 가까운 학자였다. 그는 국가 발전에 수학이 매우 중요하다는 인식을 최석정과 공유한 것으로 보인다. 그가 저술한 『주서관견(籌書管見)』은 양전(量田) 등의 목적을 위해 펴냈다고 평가되지만 실제로 내용을 보면 다목적인 산서이다. 이 산서의 수학적 특징은 실용적인 목적과 함께 수학의 원리를 해설하는 데 있다. 즉, 『구장산술』의 제목을 따라서 문제를 배열하고 그 풀이법을 소개했으므로 실용성을 높인 책이지만, 마지막 부분에 구장문답(九章問答)이란 제목으로 앞의 문제 풀이법이 왜 그런지를 자세히 설명하고 있다. 이 부분이 전체의 1/3을 차지하는 점은 이 책이 결코 실용적 용도만을 목표로 하지 않음을 보여준다. 실제로 구장문답에서는 풀이법이 어째서 성립되는지를 여러 가지로 설명했다. 특히 그 근거를 제대로 이해시키기 위해서 당시 중국에 들어온 서양 수학에서 도형을 바탕으로 증명하는 논법을 가져와 설명하고 있다. 즉, 이 책은 조선에서 처음으로 서양식의 증명을 도입한 산서로 의의를 가지고 있다.

즉, 조태구는 최석정과는 비슷한 시기의 학자이면서도 그의 수학은 동양 수학을 새로운 서양 수학적 방법에 연결시키면서 수학의 논리적 논증 방법의 중요성을 인식하고 있다. 실제로 『산법통종』의 내용을 인용한 것 등은 동양 산학을 중심 테마로 잡은 것이지만 해설 방법은 서양 방법을 사용함으로써 서양 수학을 통하여 동양 수학을 새롭게 인식하려는 시도를 했다. 그는 용어만 최석정의 『구수략』을 이어받았고 그 내용은 완전히 달랐다. 조태구는 그의 사후 당파 정쟁의 결과로 관작이 추탈되어 그의 책을 다른 사람들이 보지 못했다. 이는 수학이 발전할 수 있었던 기회가 사라진 중요한 사건으로 기록된다.

조태구는 하국주가 조선에 왔을 때 홍정하와 유수석과의 대담을 주선했을 것으로 추측된다. 그리고 이뿐만 아니라 관상감 관리들과의 만남도 주선하였다. 하국주의 조선 방문 목적이 서울의 북극고도 측량이라는 점을 감안할 때 아주 자연스런 업무상의 회의였을 법하다. 그는 관상감 관리 허원(許遠)에게 천문기구와 천문 관련 수학을 가르쳤고 책과 기구를 보내주겠다고 약속했다. 조태구는 실제로 1715년 허원을 북경에 사절단으로 파견하였고, 허원은 하국주의 도움을 받아 9권의 천문학 서적과 6가지 천문기구를 가지고 돌아왔다.[14]

이러한 일화를 통해 알 수 있는 것은 조태구가 조선의 수학과 천문 발달에 크게 기여하였고 스스로도 서양 수학의 영향을 받은 중국 수학 및 천문학과 더불어 조선 수학을 공부했다는 사실이다. 이러한 노력이 1718년 『주서관견』의 집필로까지 이어진 것이다.

『주서관견』은 기본 용어와 수학 암기를 위한 구결, 산대로 하는 곱셈과 나눗셈, 구장, 구장문답의 네 부분으로 이루어진다.[15]

첫째 부분에서는 수학 지식을 암기하기 위한 구결을 다룬다. 경선징의 『묵사집산법』에서도 보았던 수학적 암기를 위한 구결이다. 이 부분에서 주목할 만한 수학적 내용은 토지에 대한 세금을 매기는 새로운 방법이다. 17세기 초 임진왜란(1592)과 병자호란(1636) 등 외세의 침입으로 국가 경제의 혼란은 이루 말할 수 없었다. 시간이 흐름에 따라 전쟁의 상처는 아물어가고 있었지만, 전쟁 후 경작지가 훼손되어 농사지을 토지의 부족 현상으로 인해 농산물 수확량은 절대적으로 감소하였고 농민들의 삶은 이루 말할 수 없이 피폐해졌다. 지주에 토지 대금을 내고 나라에 세금을 내야 했으니 힘들게 일한 만큼의 대가가 손에 쥐어지지 못하는 실정이었기 때문에 정부 관리들은 이전의 토지제도를 개혁할 것을 논의하기 시작했다. 결국 17세기 말에는 단순화된 새로운 전제법(田制法) 시행이 제안되었고, 황해도에서 지방 관리 유집일(兪集一, 1653-1724)에 의해 1701년 집행되었다.『주서관견』은 이 새로운 전제법을 인용한 최초의 수학책이다.

또한 조태구는 원주율의 근삿값으로 조충지가 계산한 약률 $\frac{22}{7}$와 밀률 $\frac{355}{113}$ 중 밀률을 사용하면서 그 이름을 밀후율(密後率)로 구별하였다. 천문 계산을 위해 더 정확한 근삿값이 필요하였던 조태구는 원주율이나 구와 내접하는 정육면체의 부피비 계산 등에서 근삿값 $\sqrt{3} \approx \frac{7}{4}, \frac{64}{189} \approx \frac{1}{3}$을 이용하였다.

둘째 부분은 산대로 하는 곱셈과 전통적인 나눗셈 계산법과 분수와 비례론을 다룬다. 서양의 비례론은 전통산학에서 이승동제, 동승이제로 이미 다루어져온 수학 주제이다. 다만 동일 수학 주제라 할지라도『기하원본』에서는 이를 기하의 구조적 맥락에서 도입하기 때문에 산술적 접근의 전통산학자들의 관점에서는 그 구조를 파악하는 데 어려움이 있었을 것이다.[16] 이에 조태구는 사율, 즉 비례관계가 이승동제와 동일한 것임을 명시하고 있다. 이때 조태구는 처음『기하원본』을 인용하게 되며, 이 책이『기하원본』을 담고 있는 조선의 산서라는 위상을 얻게 된 것이다.

셋째 부분은『구장산술』을『산법통종』의 형식과 내용에 따라 설명했다. 그 이유는 19세기 중반까지 조선 산학자들이『구장산술』을 보지 못했기 때문이지만, 조태구는『산법통종』을 그대로 따른 것이 아니라 자신이 친숙한『산학계몽』과『구일집』의 방식을 택하여 전개하였다. 산대 이용이라든지 천원술과 증승개방법의 이용과 근사해 처리 등이 그것이다.

넷째 부분은 구장문답으로, 책의 제목 중 '관견(管見)'이라는 용어에서

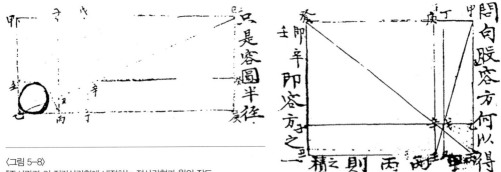

〈그림 5-8〉
『주서관견』의 직각삼각형에 내접하는 정사각형과 원의 작도

보듯이 자신이 『기하원본』을 공부하여 얻은 수학적 구조와 논리에 대한 개인적 견해를 나타내고자 한 부분이다. 구장문답은 『기하원본』을 참조하여 길이와 넓이의 단위로 시작하면서, 각각 서양 수학의 선, 면과 관련 짓는다. 길이와 넓이의 단위의 차원을 명확하게 구분한 것은 전통산학에서 길이와 넓이의 단위로 동일하게 보, 자를 사용하여 양자를 동일 차원으로 다루었던 것과 확연히 구별된다.

내용상 『기하원본』의 영향을 받은 뚜렷한 내용은 구고장의 7개 문제이다. 그 문제들을 다루면서 직각삼각형에 내접하는 정사각형과 원의 작도(그림 5-8), 닮은 삼각형을 이용한 중차 설명, 직각삼각형이 아닌 일반삼각형의 넓이 등을 다루었다. 이때 삼각형의 높이가 무리수가 되는 경우에 높이를 구하는 방법을 연역적으로 추론하였고, 조태구는 이것을 설명한 최초의 조선 수학자이다.

동양 수학의 절정: 홍정하

아버지, 할아버지, 외할아버지, 외삼촌, 장인이 모두 수학자(산학관원)이고, 자신의 5형제 모두 수학 분야의 과거시험인 산학 취재에 합격한 인물, 43년의 짧은 생애를 살았던 6품 중인(中人) 천재수학자, 조선의 산학자들을 위한 수학책 『구일집』을 썼으며 그 책은 숙종 이후에도 계속 부동의 위치를 차지하며 조선 후기 최대의 수학자 이상혁에게도 영향을 미친 인물, 우리나라의 수학을 소개하고 자랑할 때 가장 먼저 내세울 수 있는 1700년대의 우리나라의 수학자 등, 홍정하를 설명할 수 있는 말은 많다. 홍정하를 연구한다는 것은 조선의 수학을 연구한다는 말과 같다고 할 정도로 그의 저서 『구일집』은 많고도 훌륭한 수학적 내용을 담고 있다.

홍정하(洪正夏, 1684-1727)는 남양 홍씨 집안에서 태어났다. 아버지는 산학에서 종6품 교수(敎授)직을 지낸 홍재원(洪載源)이고, 어머니는 경선징의 조카인 산학교수 경연(慶演)의 딸이다. 그는 6남 중의 장남이었으며 숙종 32년(1706)에 취재에 합격하여 종9품 회사가 되었고, 1718년에 정9품 훈도, 1720년에 종9품 교수가 되었다.

그는 43세라는 비교적 짧은 생을 살았지만 그의 산서 『구일집(九一集)』은 동양 산학의 정수(精髓)라고 할 만하다. 서양 수학을 반영하지 않은 마지막 산서라고 할 수 있으며 동양 산학의 애매한 점을 모두 해결하고 자신만의 수학적 결과까지 수록한 완벽한 저술이다. 책『구일집』을 보면 다른 산학서들과 비교하여 완벽하게 서술했고 그 설명도 매우 깔끔하여 산학자 홍정하가 매우 명석한 사람이었음이 드러난다. 『구일집』은 언제 쓰여졌는지는 알 수 없지만 이 책의 잡록(雜錄) 즉 부록에 1713년의 이야기가 들어 있는 것을 보아 앞부분은 이보다 일찍 저술되었을 것으로 생각된다. 그리고 이 잡록 부분은 1724년에 써서 더하였다.

이 1713년의 기사는 유명하여 잘 알려져 있다. 즉, 그해에 청나라의 사신으로 아제도(阿齊圖)와 하국주(夏國柱)가 조선에 왔다. 하국주는 청나라에서도 유명한 산학자였고 실제로 그의 형 하국종은 청나라 산학의 1, 2위를 다투는 학자였다. 그는 조선의 산학자를 만나서 이야기하기를 원했다. 당시의 영의정은 산학을 잘 아는 조태구였으므로 아마도 그가 산원 중에서 뛰어나다고 알고 있는 홍정하와 그의 친구 유수석으로 하여금 하국주와 만나도록 했을 것으로 추측되고 있다. 하국주는 홍정하 등과 수학 문제를 묻고 대답하는 만남을 가졌는데 홍정하는 하국주가 물어보는 문제를 모두 금방 풀었지만, 하국주는 자기에게 어려운 문제를 물어보라고 하고서 정작 홍정하가 물어본 문제에 대해서는 푸는 방법을 알지 못했다. 그는 홍정하에게서 푸는 방법을 들었고 이는 중국에서는 잊어버린 방법인 산대와 천원술을 사용하는 방법이었다. 그는 중국에 돌아가서 이를 중국 산학자들에게 알렸고 홍정하가 물어본 어려운 문제 4개 중에서 2개를 그때 매각성(梅瑴成)이 쓴 책『수리정온』에 풀이와 함께 넣었다고 알려져 있다.

이를 통해서 알 수 있는 한 가지 사실은 당시의 중인은 호조에서 일하면서도 중요한 산서를 제대로 볼 수 없었다는 것이다. 홍정하는 최석정과 같은 시기에 일했다. 최석정은 당시 중국에서 들어온 새로운 산서로 서양 수학에 대해서 설명하고 있는 『산법통종』, 『동문산지』 등을 보고 이 내용을 그의 저서 『구수략』에 썼는데, 홍정하는 1713년에 중국에서 사신으로 온 하국주(何國柱)와의 대화에서 『기하원본』이나 삼각함수표인 팔선표 등의 서양 수학의 방법을 본 적이 없어서 이 자료를 받아보기를 원한다고 이야기한 것은 중인 산원과 양반 사대부의 정보력의 절대적 차이를 알 수 있게 한다.

> 홍정하: 정현수는 무엇이며 셈할 수 있습니까?
> 하국주: 팔선표를 살피면 알 수 있고 팔선표를 안 써도 역시 계산하는 방법이 있으나 그 원리가 심오하여 계산이 바로 되지는 않습니다.
> 홍정하: 그 이론이 심오한 것을 알 수 있게 배울 수 있습니까?
> 하국주: 『기하원본』과 『측량전의』라는 두 책으로부터 알 수 있습니다.
> 유수석: 두 권의 책은 가히 수학의 대가라 말할 수 있습니다. 어떻게 하면 구할 수 있습니까?
> 하국주: 올 때 두 책을 봉황성에 놓고 왔습니다. 돌아가면 보내주겠습니다.

삼각법을 공부하기 위해 필요한 두 권의 책 『기하원본』과 『측량전의』를 보내주겠다고 약속하는 장면이다. 양반과 중인은 여러 면에서 교류를 하면서도 그 학문적 대상이나 문헌의 접근성 등에서는 많은 차이가 있었다. 조선 관상감 조태구는 이미 이용 가능했던 책인 『기하원본』을 호조 산원 홍정하는 참조할 수 없었다. 이는 기술학을 하는 조선 중인의 활동

범위를 알 수 있게 해준다. 대부분의 중인은 이런 문제에 관심이 미미했을 것이고 특히 외국의 최신 학문의 동향 등에 어두울 수밖에 없었다고 할 수 있다.

『구일집』은 후대에 그의 5세손인 홍영석(洪永錫, 1814-?)에 의해서 출판되었다. 19세기 중엽에 뛰어난 산학자며 관상감 관원이었던 이상혁은 자신의 아버지가 극찬하는 홍정하의 『구일집』을 보고 이를 남병길에게 보여주었고 홍영석에게 출판하기를 권하여 책으로 나오게 되었다. 남병길은 서문을 써주었고 이상혁은 발문을 썼다. 거기서 이 책이 그때까지 산학자들에게 알려져 있지 않았다는 사실을 한탄했다. 홍정하의 뛰어난 업적은 사실상 몇몇 산학자들에게만 알려져 있었고 조선 산학 발전에 큰 역할을 못 하다가 19세기 중엽에 남병길과 이상혁의 산학에 커다란 영향을 미쳤다.

홍정하는 조선 산학자로서 산학 연구에 있어 그를 능가할 자가 없을 듯한데, 특히 천원술과 개방술에 대한 연구로는 단연 으뜸이다. 홍정하가 대수적 구조를 파악하고 확대할 수 있었던 것이 산대 덕분이다. 중국에서 시작되었지만 명대에 이르러 본국에서는 오히려 잊히고 조선에서 활성화된 천원술과 개방술은 산대 표현에 기반하고 있기 때문이다.

산대는 자릿값을 숫자 옆에 병기하는 승법적 기수법을 따르는 한자어 수 표현과 달리 가로와 세로로 놓는 상징적 숫자 표현을 이용한 십진 위치적 기수법을 따라 수를 표현한다는 점에서 오늘날과 동일한 매우 현대적인 기수법을 가능하게 한다. 산학서에 나오는 수 표현은 모두 한자어로 되어 있으나 그것은 기록용 수 표기이다. 한자어로 기록한 수 표기는 계산을 하기에 불편할 뿐이다. 반면 산대로 표현하는 수는 계산을 위한 것이다. 산대로 수를 놓고 그것을 가지고 사칙연산을 수행하며, 천원술에 따라 고차다항식을 표현하여 식을 변형하여 마지막에는 증승개방법이라는 개방술에 따라 고차방정식의 풀이를 할 수 있다.

앞서 경선징의 수학적 암기를 위한 구결에서 보았듯이 산대를 종횡으로 배열하는 규칙만 그대로 따른다면 아무리 큰 자릿수라도 산대로 나타내어 계산할 수 있다. 산대 배열 노래 중 황윤석의 『산학입문』에 소개된 포산결의 마지막 행에서 "산대 놓는 비결을 정확히 이해하면 산학의 기본서인 『구장산술』을 배울 자격을 갖추었다."고 했으니, 당시 산대 표기법을 이해하는 것은 수학에 입문하는 최소한의 필수 조건이었던 셈이다. 산대를 이용해 수를 표현할 수 있다면 이제 가감승제(加減乘除)의 기본 연산을 수행할 뿐만 아니라 산학의 핵심인 천원술이나 방정술, 개방술과 같은 더 높은 수준의 연산도 배울 준비가 되었다고 본 것이다.

홍정하의 『구일집』은 우리나라 전통산학의 백미라 할 수 있다. 전통산학의 뿌리라 할 수 있는 중국의 『구장산술』의 모든 분야는 물론이고, 중국 송·원대의 최고조에 달한 수학적 주제를 섭렵하고 있다. 또 이상혁과 남병길의 저술로 보이는 『산학계몽주해(算學啓蒙注解)』도 『구일집』의 방정식론에 기초하여 이루어졌다.

뿐만 아니라 천원술과 개방술에서는 어느 책에서도 접해보지 못한 수준의 내용과 범위의 사례를 포함하고 있다. 『구일집』의 9개 장 중 9권의 잡록 바로 앞인 6, 7, 8권이 '개방각술문 상, 중, 하'이다. 이 세 권에서 다양한 차수의 고차방정식을 세워서 푸는 문제를 다루는데, 가장 하이라이트에 해당하는 8권의 마지막 문제를 보자.

지금 구승방체, 팔승방체, 칠승방체, 육승방체, 오승방체, 사승방체, 삼승방체, 정육면체, 정사각형, 구, 고원전, 휘원전, 밀원전이 각각 하나씩 있는데, 부피와 넓이를 합하면 모두 $2090843838\frac{516}{628}$자이다. 다만 구승방체의 한 모서리는 칠승방체의 모서리보다 4자 길고, 팔승방체의 한 모서리보다 2자 짧고, 육승방체의 모서리보다 6자 길고, 오승방체의 모서리보다 8자 짧다. 사승방체의 한 모서리는 팔승방체의 모서리보다 2자 길고, 구의 둘레보다 12자 짧다. 구승방체의 한 모서리는 삼승방체의 모서리보다 2자 길고, 고원전의 둘레보다 10자 짧다. 정육면체의 한 모서리는 오승방체의 모서리보다 4자 길고, 휘원전의 둘레보다 6자 짧다. 정사각형의 한 변은 정육면체의 모서리보다 2자 길고, 밀원전의 둘레보다 22자 짧다고 한다. 13개는 각각 얼마인가?

문제에 등장하는 13개의 도형은 2차원의 평면도형으로부터 10차원 도형까지 있다. 한 모서리를 9번, 즉 10개를 곱하여 얻는 9승방에서부터 4차원 도형인 삼승방체까지 하나씩이고, 3차원 입체인 정육면체와 구, 2차원 평면인 정사각형과 세 가지 유형의 원, 이렇게 해서 총 13가지이다. 문제에 진술된 조건에 따라 10차원 도형의 한 모서리를 천원일(x)로 놓아 나머지 도형의 치수를 식으로 나타내어 천원술로 표현하여 얻은 식이 다음과 같은 10차식이다.

이 천원술 표기를 오늘날의 방식으로 나타내면 다음과 같다.

$$248688x^{10} + 248688x^9 + 4725072x^8 + 28101744x^7 + 268334352x^6$$
$$- 189748944x^5 + 3823080624x^4 + 941289261x^3 + 4511758002x^2$$
$$+ 98521794912x - 51995497943072$$
$$= 0$$

미지수인 문자 없이 계수만으로 그 위치에 의해 차수를 결정해준다는 점에서 차이가 있다. 이 식을 풀어 10차 도형의 한 모서리를 구하고, 나머지를 차례대로 구할 수 있다고만 설명하고 그 구체적인 해법이 상술되어

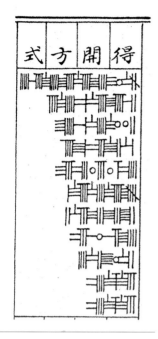

〈그림 5-9〉 『구일집』의 천원술에 의한
10차식 표기

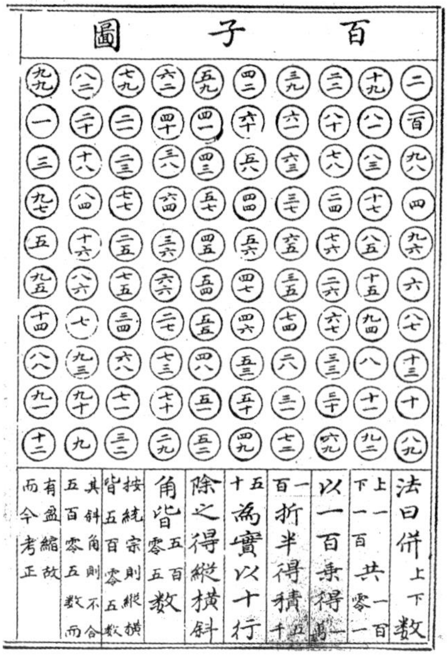

〈그림 5-10〉 『구일집』의 백자도

있지는 않지만 10차식을 다룬다는 사실이 놀랍다.

　홍정하의 『구일집』에 유일하게 동일 내용이 두 번 적힌 부분이 백자도이다. 백자도는 10차 마방진으로, 『산법통종』에 들어 있는 것을 홍정하가 보았고, 오류를 발견하였다. 이 오류는 백자도를 실은 『구수략』에서도 그대로 지속되어 있다. 그런데 홍정하의 수학적 통찰력은 오류를 발견하여 수정할 수 있는 비판적 사고로부터 나온 탁월한 것이었다. "『통종』을 보면 세로와 가로는 모두 505이나 대각선의 합이 505와 맞지 않고 많거나 모자라서 이것을 지금 내가 바로잡았다."[17]고 하여 중국 인기 산학서에 담긴 백자도의 오류를 바로잡아 제시하면서 스스로 자랑스럽게 느꼈을 것이 분명하다.

다독과 기록의 양반 수학: 황윤석

황윤석(黃胤錫, 1729-1791)은 박학다식한 사대부로 알려져 있다. 호(號) 이재를 따서 자신의 전집에 『이재난고(頤齋亂稿)』와 『이재유고(頤齋遺稿)』라는 이름을 붙였다. 황윤석은 "군자는 한 가지 사물이라도 알지 못하는 것을 부끄러워한다."고 한 바에 따라 다양한 분야에 방대한 업적을 남겼다.[18] 실제로 그가 연구한 분야는 매우 다채롭다. 음운학, 도학(道學), 경학(經學), 예학(禮學), 역상(易象), 천문(天文), 지리(地理), 문학(文學), 사학(史學), 경제(經濟), 음양(陰陽), 풍수(風水), 심성(心性), 이기(理氣), 예술(藝術), 의학(醫學) 등의 분야에서 300여 권에 달하는 저술을 남겼다. 그 다양성은 산학에까지 미쳐, 황윤석이 저술한 산학서가 『이수신편(理藪新編)』 21, 22권과 23권인 『산학입문』, 『산학본원』이다. 『이수신편』은 12권 18책으로 된 전집이며 황윤석의 나이 46세이던 1774년에 완성되었다.

황윤석은 『산학입문』을 쓰면서 자신이 당시에 접한 모든 산학 내용을 재편하여 수록했다고 해도 과언이 아닐 것이다. 중국의 산서 세 권의 내용을 이해하고 자신의 필요에 맞게 수정하거나 보충하는 방식으로 산학서를 저술한 산학자들과 달리, 황윤석은 전통수학책에서 볼 수 있는 방대한 범위의 내용들을 두루 포함하여 정리함으로써 산학에 있어 백과사전적 저술을 하고자 했던 것으로 보인다. 책의 구성을 중국 전통수학의 기본서로 간주되는 『구장산술』로 시작하여 당시 가장 널리 읽혔을 산학서인 『산학계몽』의 목차로 마무리한 것은 산학입문서 내지 산학 총서로서의 책의 성격을 잘 보여준다. 또한 22권 방전구적법(方田求積法)의 첫 머리에 있는 "지금 여러 책에서 계산하는 방법을 여기에 모아 후대의 여러 사람에게 편리하게 보이고자 한다."[19]는 저자의 말도 책의 성격을 확인해 준다.

전통산학의 주제는 주로 대수 위주였지만, 『산학입문』은 기하와 관련하여 다양한 모양의 평면도형의 넓이와 입체도형의 부피 측정을 다루고 있다는 특성도 내용의 다양성과 방대함을 보여준다.

따라서 『산학입문』을 집필하기 위해 황윤석은 매우 많은 산학서를 참고했을 것이고, 책의 뒷부분에 인용서목을 명시하고 있다. 『산학계몽』, 『양휘산법』, 『상명산법』은 물론이고, 『논어통고(論語通考)』, 『동문산지(同文算指)』, 『명사(明史)』, 『몽계필담(夢溪筆談)』, 『산학통종(算學統宗)』, 『소학집성(小學集成)』, 『손자산경(孫子算經)』, 『수리정온(數理精蘊)』, 『위량전도(圍量田圖)』, 『오조산경(五曹算經)』, 『응용산법(應用算法)』, 『장구건산경(張丘建算經)』, 『지명산법(指明算法)』 등의 책을 볼 수 있다. 황윤석의 박학다식을 산학 분야에서도 확인할 수 있으며, 당시에 다양한 책을 볼 수 있었던 사대부로서의 특권도 짐작할 수 있다.

이와 같이 많은 책을 수집하여 살펴볼 수 있었던 덕분에 황윤석은 동일 수학 내용이 산학서에 따라 달리 설명된 부분을 비교할 수도 있었다. 예를 들어, 밭의 넓이를 구하면서 『태주양전도』에서는 호시전법을 이용한다. 이 설명이 옳은 것 같다. 『오조산경』에 우각전이 있으나 각 구에 각

변을 곱하여 2로 나누어 바로 구고전이다. 모양이 우각이 아니다."[20]라고 하여 방법을 비교하거나, 수학 용어를 소개하면서 "원돈(圓囤), 어떤 곳에선 원창이라고도 한다."와 같이 용어상의 차이를 정리하기도 하였다.

여러 책의 내용을 정리하다가 잘못된 부분을 발견하면 수정도 할 수 있었다. 예를 들어, 중국의 『오조산경』에 나오는 '방전중유상(方田中有桑)'이라는 문제를 논하면서 오류를 지적하였다. 정사각형의 대각선과 관련하여, 보통 사용하는 방법인 '방오사칠'[21]이 근삿값이라서 수치가 작을 때는 허용되지만 수치가 클 때는 그 오차가 너무 커서 오류를 야기하므로, 근삿값이 아니라 제곱근을 구하여 참값에 가깝게 해야 한다고 설명한 것이다.

한편 "무릇 분수에서 분모로 분자를 나누어 각각의 수를 얻는다. 그 수를 생각하여보면 분모를 10의 비율로 하고 있다."[22]를 통해 소수를 십진 분수로 파악하는 수학적 식견도 갖추었음을 알 수 있다.

인용서목에서도 볼 수 있듯이 황윤석은 사대부의 이점을 살려 서양 수학에도 근접하기 쉬웠을 것으로 추측된다. 황윤석이 서양 수학을 얼마나 접할 수 있었는지를 책 속에서 살펴보면, 전통산학의 용어나 방법에 대응하는 서양 수학 내용을 소개하고 있다. 예를 들어, "7이 약분하는 수이다. 서양의 필산법에서 유수라고 부른다. 유(紐)는 또한 유(鈕)라고도 한다."[23]나 "원구(圓毬), 이것은 서양에서 말하는 구이다."[24]와 같은 용어 설명과 함께, 분수의 나눗셈에 대한 전통 알고리즘에 이어 서양의 계산법을 소개한다.

$\frac{34}{5}$로 나눈다는 것은 서양의 필산법에 따르면 $\frac{5}{34}$로 만들어 34는 분모가 되어 원래 수의 분모 42에 곱하고 5는 분자가 되어 원래 수의 분자 389에 곱하여 $\frac{1945}{1428}$를 얻는다.[25]

분수를 표기하는 방법에서도 전통산학의 '四分之三'을 대신하여 四/三와 같이 나타낸 기호의 출현을 볼 수 있다.

음운학의 대가답게 수학 용어에 대해 설명한 내용도 있는데, 전통수학의 주요 주제인 퇴타술에 관한 것이다. '퇴'자나 '타'자가 모두 쌓는다는 의미이고 쌓아올린 물건의 개수를 구하는 해법을 말한다. 그런데 황윤석은 양자를 구별하여 전자는 한 면으로 쌓는 것이고 후자는 전체로 쌓는 것이라고 하였다. 이 설명이 모든 사례에 일관성 있게 맞아떨어지는 것은 아니지만, 수학적 용어의 의미를 좀더 명확히 하려는 음운학자로서의 노력은 흥미롭다.

이러한 엄밀성에 대한 추구는 용어만이 아니라 수학적 내용의 엄밀성에 대해서도 찾아볼 수 있다. 전통산학에서 미흡한 내용 중 하나가 차원의 구별이 없다는 것이다. 즉, 단위 길이인 보(步)가 넓이나 부피 단위에도 그대로 쓰여, 제곱보, 세제곱보가 아니다. 이에 황윤석은 "여기서 쓰는 것은 세제곱자이다."(『산학입문』 22, 38쪽), "무릇 파낸 흙, 굳은 흙, 부드러운 흙의 자수는 모두 세제곱자이다."(『산학입문』 22, 39쪽), "가로 1장, 너비 1장, 깊이 1장이 1장입방이다."(『산학입문』 22, 46쪽), "입방이란 6면으로 덮여 있어 모두 한 모서리를 세제곱하면 세제곱자를 얻는다."(『산학입문』 22, 47쪽)와 같이 길이, 넓이, 부피의 각 차원에 따라 단위가 달라져야 함을 언급한 것이다.

한편 『산학본원』은 앞서 박율을 다룰 때 이미 언급한 바와 같이 박율의 『산학원본』을 교정하면서 펴낸 책이다.

실제로 『이수신편』 23권의 『산학본원』은 박율의 『산학원본』을 그대로 쓰면서 오각(誤刻)이나 틀린 부분을 수정하고, 사이사이에 박율은 몰랐거나 설명하지 않은 것들을 추가하였다. 예를 들어 원주율의 더욱 정확한 근삿값인 조충지(祖沖之)의 밀률(密率) 등을 추가하고 그에 따르는 설명을 다른 책에서 뽑아내었다. 따라서 이 둘은 내용적인 면에서 보면 크게 다르지 않다. 그러나 저술 목적, 학문의 철학적 목표 등 여러 면에서 전혀 다른 두 가지 수학자의 모습을 보여주고 있다.

실용적 수학 연구: 홍대용, 정약용

1. 홍대용

홍대용(洪大容, 1731-1783)은 담헌(湛軒)이라는 호로 잘 알려진 조선 후기의 실학자이다. 그는 과학의 발전이 나라 발전에 중요함을 깨닫고 있었으며 특히 생명과 우주에 큰 관심을 가지고 있었다. 그는 1765년 초에 중국의 북경을 방문하게 되며 이를 계기로 서양 과학의 영향을 깊이 받아서 평생 과학을 연구했다. 그가 쓴『담헌서(湛軒書)』의 내용은 대부분 북경에서 돌아온 뒤부터 10여 년 사이에 쓴 것이다.

그는 대표적 실학자로 그의 사상은 과학에 기반을 두었으며, 특히 상대주의적 입장을 견지하면서 지전설, 생명관, 무한우주론 등 과학과 철학을 전개하였다. 이 과정에서 이 모든 과학의 바탕에는 정교한 관측이 있고 이는 수학을 통해서 종합 가능하다는 것을 간파하여 이를 설명하는 산서『주해수용(籌解需用)』을 저술했다. 한편 그는 자기 개인을 위한 천문 관측소인 농수각(籠水閣)을 마련하고 여러 가지 천문의기를 만들어 천체를 관측하기도 하였다. 이런 점에서 그는 과학자이면서도 과학사상가라고 일컬어진다.

『주해수용』은 수학과 천문학을 다루는 저술이다. 이 책에는 천원술이 나타나지 않는다. 이는 이미 양반의 수학에서 동양 산학은 관심 밖이었다는 뜻이 된다. 또 서양 수학이 알려진 18세기이기도 하지만 18세기 초부터 서양 천문역법인 시헌력이 본격적으로 사용되면서 서양 계산법이 양반들 사이에서는 중요한 화두였음을 짐작할 수 있다. 다만 방정식의 풀이법은 천원술 표기가 없는 증승개방법인 점은 우리나라에서 동양 수학의 편리한 계산법을 적절히 사용하고 있음도 볼 수 있다. 삼각법, 측량술, 원에 내접하는 정다각형, 방정식의 근사해 등을 다루고 있는 점은 확실히 17세기보다 다양한 문제를 접하고 있음을 보여준다. 마지막 부분에 천문학의 관측 기술 등과 관련한 수학 문제를 다루고 있는데, 과학에 필요한 수학을 정리한 것으로 볼 수 있다.

2. 정약용

정약용(丁若鏞, 1762-1836)은 정조 때 다산(茶山)이라는 호로 우리에게 친숙하며, 서양 수학 및 과학을 우리 생활에 들여오려 많은 노력을 기울인 실학자로 알려져 있다. 그는 많은 저술을 남겼는데 그 가운데 그의 이름이 들어 있는 유일한 수학책으로 『구고원류(句股原流)』라는 책이 있다. 『구고원류』는 『여유당전서보유(與猶堂全書補遺)』에 들어 있다. 정약용은 1801년 기독교와 서학(西學)을 탄압한 신유사옥(辛酉邪獄)으로 귀양을 가서 1818년까지 18년이나 귀양살이를 했다. 그의 저술의 많은 부분은 이때 쓰여진 것이다. 우리가 이야기하는 『구고원류』도 많은 시간을 들여 저술한 것이므로 이때 쓰였을 가능성이 있다.[26]

이 책은 동양 산학은 물론 전 세계적으로 보아도 매우 독특한 내용으로 구성되어 있다. 세계 어느 곳에서도 이렇게 완벽한 구고를 이용한 공식집은 없을 것이다. 자세한 사항은 6장에서 해설하겠지만 이 책은 모두 구고술과 관련된 내용만이 들어 있으며, 구고술에서 보통 많이 사용되는 형태의 2차 다항식들을 완벽하게 순서대로 정리한 변환공식집이다. 정약용이 18년의 귀양살이 동안, 그 이전부터 필요했다고 느꼈던 구고술의 계산을 쉽게 할 수 있도록 정리해놓은 양반 산학자의 뛰어난 저술이다.[27]

『구고원류』는 여러 가지 특징을 보이는데 특히 직각삼각형의 세 변이 만족시키는 일반적 등식이 여러 개 소개되고 있고, 정구고에 대해서만 성립하는 등식도 여러 개 있다. 한편 이 공식들 가운데 어떤 것들은 두 가지 식 사이의 크고 작은 관계를 보여주는 것들이 있다. 그리고 이 1,700여 개의 식들을 늘어놓은 순서는 완벽한 사전식 나열이며 이런 순서를 고안한 것도 다른 산서에서 볼 수 없는 아주 독특한 점이다.

대를 이은 수학 사랑
: 달성 서씨 집안과 홍길주

  달성 서씨 집안은 18-19세기에 걸쳐서 중요한 요직을 담당한 사대부 과학자들을 배출했다. 이 가운데 서명응(徐命膺, 1716-1787)에서 시작하는 서씨 삼대는 유명하다. 그의 아들 서호수(徐浩修, 1736-1799)와 그의 아들 서유본(徐有本, 1762-1822), 서유구(徐有榘, 1764-1845)는 서명응과 함께 수학과 천문학에 조예가 깊었다고 전해진다. 서명응은 영조대에 육조 판서와 대제학 등을 역임하였으며 영조 및 정조대의 국가 편찬 사업에 핵심적인 역할을 했다. 그의 아들 서호수는 정조대에 도승지, 대사성, 대사헌을 거쳐 규장각 직제학이 되었으며 규장각의 여러 편찬 사업에서 주도적 역할을 하였다. 서호수도 이조판서, 우참찬, 대제학 등을 역임하였다. 서호수는 농학을 바탕으로 집대성한 생활백과사전인 『임원경제지(林園經濟志)』로 유명하다.

  이들은 많은 책을 썼으며 이 가운데 수학과 관련된 것이 여러 군데 들어 있다. 서명응이 저술한 『고사신서(攷事新書)』는 사대부와 선비들이 항상 기억해야 할 내용을 정리한 것인데 여기에는 산수요략(算數要略)이라 하여 수학 설명이 들어 있다. 이것은 선비들이 꼭 알아야 할 필수적 계산법을 예제로 풀어놓은 것이다. 한편 천문학 및 그 계산법과 관련해서 여러 저술이 있다. 아들 서호수도 수학자이며 천문학자로 이름났는데 서양 천문학을 이해하는 데 중심이 된 중국의 『역상고성(曆象考成)』과 『수리정온(數理精蘊)』을 해설한 『역상고성보해(曆象考成補解)』와 『수리정온보해(數理精蘊補解)』를 저술하여 천문역산의 해설서를 썼다. 이 책들은 당시의 관상감 산원에게 꼭 필요한 내용이다. 정조가 우리나라에 농서(農書)가 필요하다고 이야기한 것이 서유구가 『임원경제지』를 쓴 동기가 되었고, 이 속에는 사대부에게 꼭 필요한 계산법이 들어 있다.

서호수의 『수리정온보해』 등은 서양의 차근방을 이용한 다항식 연산과 방정식 풀이를 다루고 있다. 이 시기의 수학은 다항식의 나눗셈이 처음 도입되는 등 동양에 없는 이론들을 많이 수용하고 있는 점에서, 또 그 내용이 전적으로 서양의 천문역법을 계산하기 위함이라는 점에서 다른 시대의 수학과 구별된다.

한편 이 시기의 학자로 홍길주(洪吉周, 1786–1841)를 빼놓을 수 없다. 그는 정조 때의 학자로 형제들은 관직에 나아갔고 또 그중 하나는 정조의 사위가 되었다. 그는 관직을 마다하고 뛰어난 머리로 창의적이며 기발한 아이디어를 내어 자신만의 학문 세계를 펼쳤다. 어머니 영수합 서씨가 달성 서씨이므로 홍길주는 서씨 삼대와 혈연이 연계된다. 홍길주의 어머니도 수학적 재능이 탁월했음을 홍길주는 다음과 같이 적고 있다.

(어머니는) 수학을 상당히 좋아하여 일찍이 『산학계몽』을 열람하셨다. 거기에 나온 평분, 약분, 정부, 구고화교 등의 방법을 보시고는 "이렇게 번거롭고도 어리석게 풀었을까?" 하고는 스스로 방법을 만들어 풀어내셨다. 나중에 중국인이 편찬한 『수리정온』을 얻어 보니 들어맞지 않

은 것이 없었다.[28]

홍길주에게 수학을 가르쳐준 스승은 어머니 영수합 서씨와 집안 친척인 서유본 외에 형 홍석주와 스승 김영이다. 12살 위였던 형으로부터는 독서 방법과 습관을 배웠다고 한다. 한편 김영은 정조 때 관상감원을 지냈고, 천문학 서적 『누주통의』를 펴낸 천문학자이다. 김영의 능력을 알아보고 정조에게 천거한 홍길주의 할아버지 덕분에 훌륭한 스승과 연을 맺을 수 있었다. 홍길주는 자신의 문집 『표롱을첨』에 스승 김영과 구고(勾股)에 대해 공부한 후로 수학 공부를 더욱 열심히 하게 되었다고 적고 있으며, 『김영전(金泳傳)』을 문집에 포함하여 스승의 수학적 능력에 대한 경외심을 다음과 같이 표출하였다.

그는 비천하고 가난했으며 용모는 추악했고 말도 더듬었다. 그러나 그의 역상과 산수는 거의 하늘로부터 타고났다 할 수 있어서 두 가지 학술에 있어서는 배우지 않은 것이 없을 정도였다. 그는 가로세로로 산대를 늘어놓고 계산을 하다가 홀로 『기하원본』이라는 책 한 권을 가져다 읽은 뒤 그 이치를 모두 터득하여 산수에 있어 더 이상 익힐 것이 없게 되었다.[29]

홍길주의 현재 남아 있는 저술은 『숙수념(孰遂念)』에 들어 있는 『기하신설』과 구면삼각법을 정리한 『호각연례』가 있다. 『기하신설』은 비교적 기초적인 계산법이지만 유한급수 계산법 등이 있어 그만의 독특한 수학적 성취가 돋보인다. 『호각연례』는 그가 『역상고성』을 공부하면서 그 안에 설명된 구면삼각법을 보완하고 부연 설명한 것으로, 18세기부터 19세기 전반부까지 이어지는 서양 천문학의 영향을 느낄 수 있다. 18세기 중반부터 조선의 수학자들은 그 이전과는 달리 서양 천문학이 중심이 된 수학을 하게 되었고 그 수준도 18세기 중반의 초보적 수준에서 점차 높아지고 있었다. 남병길에 이르러 서양 수학과 동양 수학의 장단점을 파악하고 적절히 융합할 수 있었고, 19세기 초반까지의 수학과 구별된다. 다시 말해 『역상고성』을 중심축으로 쓰인 저술들은 어떤 의미에서 같은 선상에서 이해할 수 있으며 큰 목표를 향해 한 걸음 한 걸음 나아가는 것을 보여준다. 따라서 18세기 후반의 수학은 홍정하가 동양 전통수학을 완결지은 것과 같은 성과는 보일 수 없었고, 그 결실은 19세기 중반의 남병길, 이상혁 그리고 조희순에게서 일단락되었다.

한국 전통수학의 마지막 열매
: 이상혁과 남병길, 남병철

1. 이상혁과 남병길의 공동 연구

엄격한 신분제를 고수한 조선시대에 사대부와 중인이 공동 연구자로 연구하는 것을 상상하기는 쉽지 않다. 그러나 19세기 중인 산학자 이상혁과 수학자이자 천문학자인 사대부 남병길은 신분을 초월하여 함께 연구했고, 그 결과 조선 후기 최고의 업적을 이루었다.

이상혁(李尙爀, 1810-1883?)은 본관이 합천(陜川)이며 자(字)는 지수(志叟)이다. 그는 유명한 중인 산학자 집안에서 태어났다. 합천 이씨는 이상혁의 5대조인 이영현에서 시작해서 8대에 이르는 동안 모두 59명이 산학으로 취재에 입격한 집안이다. 뒤에서 자세히 보겠지만 그의 4대조인 이태윤은 홍정하와 동서지간이고 또 이상혁의 아버지 이병철은 홍정하의 조카사위이다. 따라서 홍씨 집안에 전해지는 많은 수학 내용은 이씨 집안에도 전해졌을 것이고 실제로 이병철은 장인의 삼촌이 쓴 『구일집』을 얻어 볼 수 있었다고 생각된다.

이상혁은 22세인 순조 31년(1831)에 치른 식년시에서 음양과에 합격하여 관직을 받았으며 천문학과 수학을 했고, 다음 해(1832)에 산학에서 또 취재에 입격하였다. 산학에서는 별제에 올랐고 정3품인 운과정(雲科正) 벼슬까지 지냈다.

이상혁은 예조판서를 지낸 남병길(南秉吉, 1820-1869)의 눈에 들어서 천문학과 수학을 같이 연구하고 많은 저서의 집필을 돕거나 스스로 집필하였다. 이상혁이 1850년에 쓴 천문서가 『규일고(揆日考)』이다. 이 책은 천문역법과 관련된 저술로 태양의 위치와 관련된 계산법과 그 수표를 기록한 책이다. 이 책에는 간단히 나무판 두 쪽 또는 세 쪽으로 우리나라에 맞는 해시계를 만드는 제작법이 수록되어 있는데, 정확한 계산을 통해서 이것을 만들 수 있도록 했다. 실제로 이렇게 해서 이상혁이 만들었다고 보이는 해시계는 현재 고려대학교 박물관에 보존되어 있다. 이를 시작으로 그는 『차근방몽구』, 『산술관견』을 저술하였다. 그 내용은 중국을 통해서 들어온 서양 방식의 방정식(차근방) 이론과 천문학에 필요한 수학을 모은 것이며 『산술관견』의 뒷부분에는 구면삼각법의 어려운 공식 증명이 해설되어 있다. 그는 홍정하의 책을 읽고 차근방보다는 동양의 천원술 방법이 더 좋다는 것을 알게 되었다. 또한 남병길이 주세걸의 『사원옥감』을 가지고 천원술과 사원술을 동원해서 해설한 『옥감세초상해』를 쓰는 것을 도왔으며, 1868년에 동양 수학과 서양 수학을 망라하여 최선의 방법을 해설한 『익산(翼算)』을 저술하였다.

이상혁은 공동 연구자인 양반 산학자 남병길 덕분에 다른 중인 산원에 비해 비교적 쉽게 수학 서적을 접할 수 있었을 것으로 추측된다. 따라서 책을 남긴 중인 수학자 경선징이나 홍정하에 비해 보다 폭넓고 깊이 있는 수학 연구가 가능하였다. 예를 들어 이상혁의 수학책 중 『차근방몽구』는 서양에서 유입된 방정식 구성 및 풀이법에 대한 해설서에 해당한다.

『차근방몽구』의 내용은 서양의 대수학인 아이열팔달(阿爾熱八達)[30] 방법을 해설한 것인데 서양의 표기법은 빼고 방정식의 구성과 그 풀이법만을 설명하였다. 즉, 다항식 표현을 사용하지 않고 모든 계산을 말로 풀어 썼다. 이런 방식으로 서양 책 특히 『수리정온』에서 다루는 1차와 2차방정식, 그리고 3차 이상의 방정식을 각각 선(線), 면(面), 체(體) 등의 부(部)로 나누어 서술하였다. 그의 이런 서양 지향적 수학은 위에서 이야기한 것처럼 시간이 흐르면서 동양의 수학으로 선회하게 된다. 이상혁은 『익산』에서 2차방정식 이론을 가지고 서양의 수학적 방법이 동양의 도형적 방법과 어떻게 연결된 것인지를 상세히 해설했다. 이상혁의 뛰어난 점은 여러 부분에서 자신의 아이디어를 써서 수학의 방법들을 개선하고 정리한 것이며 또 서양의 표기법 없이도 이것들을 잘 다룰 수 있다는 것을 설명한 것이다.

한편 책의 전달이 반드시 양반 산학자인 남병길로부터 중인 산원인 이상혁에게로만 향한 것은 아니었다. 남병길의 『유씨구고술요도해』 서문을 보면, 두 수학자가 공동 연구를 하면서 입수한 수학책도 공유하였음을 보여준다. "지난번 이지수 군을 만났을 때, 어느 집에 『구고술요』라는 책이 있다고 알려주었다. 그래서 소개를 받아 얻어 보았는데,…"(『유씨구고술요도해』, 1쪽)라고 적고 있고, 책의 원본인 『구고술요』를 구하는 과정에서 이상혁의 도움을 받았음을 언급하고 있다.

이상혁과 남병길이 남긴 공동 저작의 산학서는 없지만 두 수학자가 상대방이 집필한 책의 서문을 상호 교환하여 써주었다는 사실은 두 사람이 얼마나 서로의 학문적 능력을 신뢰하고 상호 긴밀한 관계를 유지하였는지는 말해준다. 남병길이 서문을 써준 이상혁의 책은 『산술관견』과 『익산』이다. 한편 이상혁이 서문을 쓴 것으로 추정되는 남병길의 책은 『측량도해』이다.

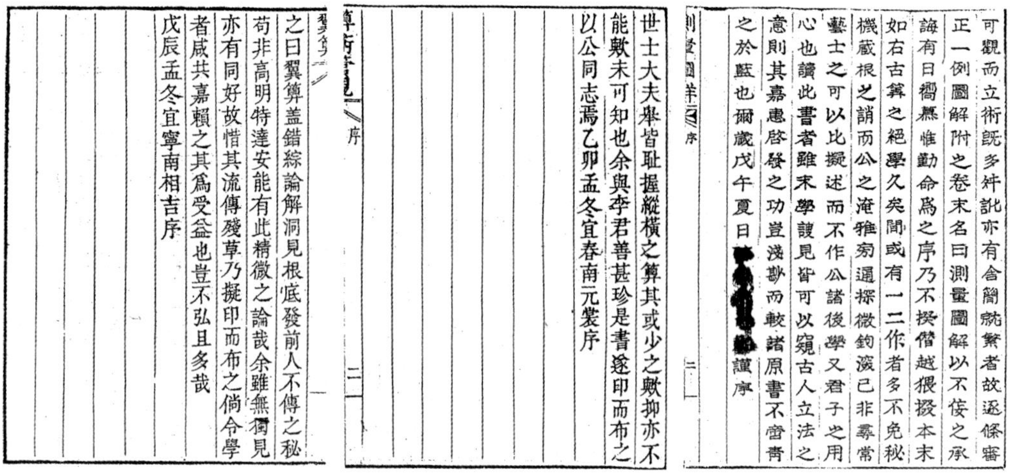

〈그림 5-11〉 『익산』(왼쪽)에는 남상길이, 『산술관견』(가운데)에는 남원상이 서문을 썼다고 기록되어 있는데, 남상길은 남병길의 다른 이름이고, 원상은 자(字)이다. 한편 오른쪽은 『측량도해』의 서문으로 글쓴이의 이름에 덧칠이 되어 있지만, 이상혁이 쓴 것으로 추정된다.

〈그림 5-11〉에서 보듯이, 이상혁의 두 책에는 "무진년 음력 10월 의령인 남상길이 서문을 달다."(『익산』), "을묘년 음력 10월 의춘인 남원상이 서문을 쓰다."(『산술관견』)라고 쓰여 있다. 반면 남병길의 책 『측량도해』 서문에는 작성자의 이름이 먹칠로 지워져 있다. 누가 언제 왜 지운 것인지는 알 수 없다. 본관까지 포함해 다섯 글자가 모두 지워진 것으로 보이고, 아마도 '합천 이상혁'이라는 이름이 지워진 것이라고 추정된다. 밑에 남아 있는 '삼가 서문을 쓴다(謹序)'라는 표현이 이러한 추정에 힘을 실어준다. 반면 남병길의 천문학책 『양도의도설』의 첫 부분에는 이상혁이 교정을 보았다는 설명이 명확히 적혀 있다(그림 5-13).

이상혁의 수학책 『산술관견』과 『익산』, 천문학책 『규일고』의 서문을 통해 두 사람의 관계를 확인할 수 있다.

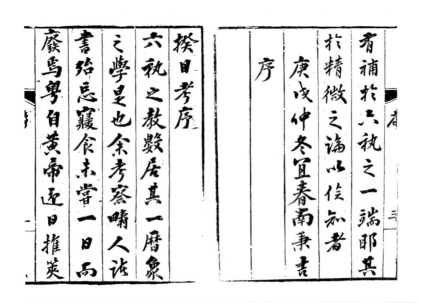

〈그림 5-12〉 이상혁의 천문학책 『규일고』(1860)에 남병길이 쓴 서문

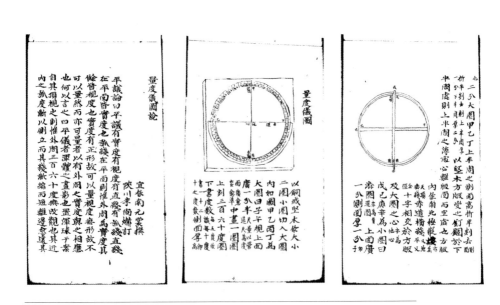

〈그림 5-13〉 남병길이 쓴 천문학책 『양도의도설』의 첫 부분에 이상혁이 교정을 보았다고 적혀 있다.
(출처: 한국학중앙연구원)

"나와 이군은 이 책을 매우 귀하게 여기고 마침내 찍어서 배포함으로써 동지임을 밝힌다."[31]

"나의 벗인 이지수가 정부론과 퇴타설 두 편을 지었는바, 나는 책머리에 '익산'이라 이름을 붙였다."[32]

"나는 비록 뛰어난 식견은 없으나, 옛것을 '같이' 좋아하고 그것이 전해지지 않을까 여겨 책으로 펴내는 것은, 다 함께 즐거워할 수 있게 함이다. 그것이 주는 도움이 어찌 넓고 크다고 하지 않겠는가?"[33]

남병길은 추사 김정희(1786-1856)의 학문을 존경했다.[35] 그가 추사에 대한 찬사를 여러 곳에 표현한 것에서 사실에 토대를 두고 진리를 탐구하는 태도를 강조한 추사의 '실사구시(實事求是)' 사상을 계승한 것을 엿볼 수 있다. 추사는 산학에도 조예가 깊었다고 한다.[35] 여기서 보이는 남병길의 서법이 추사체를 닮은 것도 그의 추사에 대한 흠모를 잘 보여준다.

한편 책의 서문에는 남병길의 이상혁에 대한 평도 드러난다.

"뒤섞여 어지러운 이론을 철저하게 통찰하고, 앞사람이 전하지 못한 오묘함을 발견하였으니, 재주의 뛰어남이 없다면 어찌 이러한 치밀하고 자세한 이론을 가질 수 있겠는가."[36]

"이군의 대범한 지혜와 월등하게 뛰어남은 모든 것을 주의해서 보고 반드시 그 원천을 탐구한 뒤에야 그치니, 진실로 천문 수학에 천부적인 재능이 있어서 이처럼 깊은 깨달음이 있는 것이다."[37]

2. 남병길

19세기 조선의 수학, 과학 연구의 마지막 불꽃을 피운 학자 남병길(南秉吉, 1820-1869)은 고위 관료를 지내며 연구에 몰두할 수 있었던 수학자이다. 남병길은 29세에 문과에 급제하고, 37세에 성균관 대사성이 되었다. 그리고 40세부터 도승지, 형조판서, 한성부 판윤을 지냈다. 청렴하고 정직하게 백성을 보살펴서 나이 40대에 그의 선정을 기리는 선정비가 세워지기도 하였다. 죽기 2년 전에 종1품 판의금부사가 되고 죽는 해인 1869년에 이조판서가 되었던 전형적인 조선의 양반이었다. 그가 도승지를 할 때 겸직했던 관상감 제조는 천문역산을 본격적으로 공부할 수 있었던 계기가 되었다고 추측된다. 그는 천문역산을 당시의 실정에 맞게 현실화하고 하늘의 관측 및 계산 업무를 대대적으로 혁신하였다. 이후로 한 번 더 관상감 제조를 맡을 기회가 있어, 여러 중요한 천문에 관한 책을 지어 천체관측을 하였다. 태음력(太陰曆)에 태양력(太陽曆)의 원리를 적용하여 24절기의 시각과 하루의 시각을 정밀하게 계산하여 만든 역법 달력인 시헌력(時憲曆)을 운용하고 정착시킨 것도 그의 업적이다.

『조선왕조실록』에는 남병길이 거쳐간 여러 직책이 기록되어 있다. 그 가운데 그가 연구를 수월하게 진행하며, 연구하고 싶은 기회를 최대한 활용할 수 있었던 직책은 성균관 대사성이었다.

조선시대 양반들은 학문하는 것을 업으로 하지만 학문의 대상은 주로 성리학에 기반한 것이다. 그들 중 일부만이 박학다식한 지식을 두루 섭렵하며 수학을 다뤄서 오늘날 양반 산학자로 인정받는데, 그 대표적인 인물이 최석정, 박율, 홍대용, 황윤석, 홍길주, 조희순과 더불어 남병길이다. 남병길은 조선시대 사대부의 정신적 기반인 성리학, 보다 포괄적으로 유교의 원조인 공자도 공부했던 육예 중 하나인 수학을 배우는 것은 중요하다고 주장하였다. '육예'란 중국 주나라 이래 선비가 갖추어야 할 여섯 가지 덕목이고, 그 가운데 하나가 수학이므로 조선의 사대부도 수학적 소양을 갖추는 것이 마땅하다고 주장한 것이다. 곧, 사대부의 수학 공부가 중요함을 『익산』의 서문과 『산술관견』 서문에서 다음과 같이 역설하였다.

"수학은 비록 예에 속하나 그 이치가 오묘하여 선비들이 먼저 배워야 하고 경세에 실용이 된다. 그러므로 예전의 학자들은 이를 연구하지 않을 수 없었다. 하지만 어쩐 일인지 요즈음은 이를 부끄럽게 여기고 연구하지 않고 있다. 비록 재주가 뛰어나고 학문에 통달한 사람도 깊이 닦지 아니하고…."[38]

"수학은 옛적에 성인께서 세상을 이롭게 하는 중요한 방법이다. 신묘하신 우임금께서는 곱자를 써서 수평이 이루어졌는지 측량하셨다. 주나라 관리들도 학문을 가지고 어질고 능력 있는 자를 취하였으니, 공자 문하 70명의 제자 가운데 몸소 육예에 통달하지 않은 자가 없었다. 이것으로 보아, 산술은 만사에 실용적인 것이며 선비들을 위해서도 잠시라도 떨어질 수 없는 것이다. (중략) 무릇 다함이 없는 것이 수이고 지극히 미묘한 것이 수이다. 천하의 지극히 고요하고 드문 재능이 아니면 어찌 공을 세우고 연구하고 민첩하고 슬기롭게 깊이 밝히어 사람들의 지혜와 사려를 키우고 경계를 바르게 할 수 있겠는가?

지금의 사대부들은 모두 종횡의 계산을 부끄러워한다. 그것을 하찮게 여기는 것인지 아니면 할 수 없는 것인지 모르겠다."[39]

남병길은 세상을 다스리는 일의 근본에 수학이 있음을 말하면서 수학의 중요성은 공자도 인정한 것인 만큼 사대부도 수학을 공부해서 수학적 소양을 갖춰야 한다고 주장한다. 책 서문에서 이러한 이야기를 하는 것

자체가 당시 사대부들이 수학 공부를 선호하지 않고 수학을 사대부의 소양으로 간주하지 않았음을 반증한다. 두 서문에 모두 등장하는 '부끄러워한다'는 구절이 바로 이를 증명한다. 그런데 『산술관견』서문에서 사대부들이 산학 공부를 부끄러워한다는 언급에 이어 사대부들이 수학 공부를 꺼리는 이유가 무엇인지 묻고 있는 문장은 더욱 흥미롭다. 그 이유가 수학을 업신여겨 그런 것인지, 아니면 수학적 능력이 부족해서 그런 것인지를 묻고 있는 것이다. 사대부가 수학을 안 하는 것인지, 못하는 것인지를 물으면서 후자일 수 있다는 가능성을 내비치어 은근히 수학의 중요성과 사대부의 무능력을 대비시키는 듯하다.

당시의 수학은 오늘날과 같이 모든 과학의 기초이자 가장 중요한 교과로서의 위상을 갖지 못한 실용적 필요에 의한 예(藝) 즉 기술로 간주되었지만, 남병길은 수학의 원리를 파악하는 것이 학문을 주업으로 삼는 사대부 학자들이 연구해야 할 학문이라고 생각했던 것이다. 이는 조선 후반기에 수학에 대한 인식이 단순한 기술을 벗어나서 학문으로 인정받기 시작했음을 보여준다. 그러나 이런 생각은 이미 17세기 박율의 저술에서 그 씨앗이 시작되고 있음을 알 수 있다.

이와 같은 선구적 신념에 기초하여 남병길 스스로는 수학과 천문학 공부를 열심히 하였고, 그 결과로서 저술한 책이 다수이다. 수학책으로는 『측량도해』, 『유씨구고술요도해』, 『구장술해』, 『무이해』, 『산학정의』등이 있고 천문학책으로는 『시헌기요』, 『양도의도설』, 『성경』, 『선택기요』등이 있다. 남병길의 저서는 양적으로 풍부했을 뿐만 아니라 수학적 내용의 질적 수준이 훌륭했던 것을 여러 문헌에서 확인할 수 있다.

공동 연구를 했던 남병길의 이상혁에 대한 평은 이미 보았고, 이상혁은 남병길에 대해 어떻게 생각했는지 궁금하다. 『측량도해』의 서문을 보자.

육일재 남학사는 살펴봄이 절도가 있고 바다를 번성하게 하여 정사를 맑게 하고 백성을 순화했다. 공은 많은 여가를 내서 두 편의 도해를 취하여 그것을 해석했는데, 있는 것을 다듬고 심오한 것은 남겨두었다. 또 진구소의 『수서구장』 측망류에는 바르지 못하게 서술된 문제를 찾아볼 수 있고, 설정한 방법이 이미 오류가 많으며 또한 간편함을 버리고 번거로운 방식을 취한 것도 있다. 그래서 마침내 조목을 살피고 하나씩 예와 도해를 바로잡아 그것을 책의 끝에 붙이고 『측량도해』라고 이름을 붙였다. 계승함을 잊지 않고 흠모하고 오직 순서를 부지런히 받들었으니, 이에 분수에 넘치는 것은 하지 않고 외람되게 처음과 끝을 뒤섞지 않는다. 이와 같이 하면 옛 산법의 뛰어난 학문이 오래갈 것이다. (중략) 공은 학식이 넓고 품위가 있으며 두루 통달했고, 미묘한 것을 탐구하며 심오한 것을 끌어올렸는데, 일반적인 군자가 할 수 있는 바가 아니다.[40]

신분의 차이를 개의치 않은 공동 연구자였던 두 사람의 밀접한 관계로부터 충분히 예측할 수 있듯이, 두 사람은 서로에게 무한 신뢰와 존경을

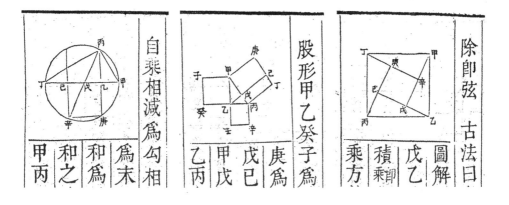

〈그림 5-14〉 『유씨구고술요도해』 중 일부

보였던 것이다.

남병길이 저술한 산학서 『유씨구고술요도해』와 『측량도해』의 공통점은 '도해', 즉 그림을 이용하여 수학적 원리를 설명하고 문제 해결 방법을 해설했다는 점이다. 그림을 이용하는 것이 스스로 수학을 이해하고 수학을 배우는 사람에게 얼마나 도움이 되는지 남병길은 잘 알고 있었다.

> 나는 오직 배우기를 좋아하는 이들이 쉽게 수학을 이해할 수 있기를 바랄 뿐이지, 감히 선각자를 자처하는 것이 아니다.[41]

조선시대의 산학서는 주요 내용이 기하보다는 대수에 치우치므로 그림이나 도식은 거의 등장하지 않는다. 줄글을 따라 읽어서 전체 내용을 파악해야 하는 독자의 어려움을 해소하기 위한 전략으로 남병길이 선택한 것이 시각적 표현의 활용이다. 그림과 함께 해법을 설명함으로써 이해를 도울 수 있었던 것이다.

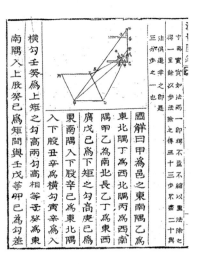
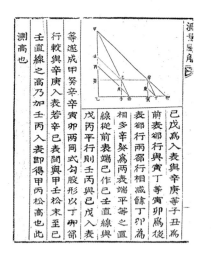

〈그림 5-15〉 남병길의 『측량도해』 일부

다음은 『유씨구고술요도해』와 『측량도해』에 들어 있는 그림을 이용한
설명이다.

3. 남병철

남병철(南秉哲, 1817-1863)과 남병길(南秉吉, 1820-1869) 형제[42]는 천문학을
공부하고 많은 저술을 남겼다. 형 남병철은 예조판서, 대제학 등을 역임
하였다. 남병철 역시 동생과 마찬가지로 천문학과 수학 둘 모두에 조예가
깊었다. 기록에 의하면 두 형제는 성년이 될 때까지 판서를 역임한 큰 외
삼촌인 김유근(金逌根, 1785-1840)으로부터 학문을 배웠다. 막상막하의 능
력자였던 두 형제 모두 관직을 두루 거치고 학문적 열심을 보이고 저작
을 남겼다는 점에서 훌륭함에 있어 우열을 가리기 어렵다. 특히 남병철은
동생 남병길에 비해 더 많은 관직을 거쳐 활발하게 활동한 관료형 학자
였다. 문과에 급제한 뒤 나라의 요직을 두루 거쳤는데, 『조선왕조실록』에
적힌 몇 가지 관직만 보아도 규장각 대교, 성균관 대사성, 홍문관 부제학,
규장각 직제학, 대제학 등 실로 대단한 요직을 거쳤다고 할 만하다. 이러
한 직책을 수행하면서 중국과 서양으로부터 유입된 수학 및 천문학 지식
에 쉽게 접할 수 있는 이점을 누렸을 것이며, 또한 남병철이 거친 직책은
다른 요직에 비해 학문을 가까이하고 공부할 여유를 가질 수 있는 자리
이기도 하다. 이러한 점에서 남병철이 조선 후기 최고의 산학자 중 일인이
라 일컬어질 만하다.

남병철이 저술한 천문 또는 수학책으로 『해경세초해』, 『의기집설』, 『성
요』, 『추보속해』 등이 있다. 이 중 『의기집설(儀器輯說)』은 이전과 당시에 사
용되던 천문관측기구의 구조와 사용법 및 계산법에 관한 설명을 모아놓

은 책이다. 이상혁이 고안한 한국형 해시계인 양경규일의(兩景揆日儀), 동생 남병길이 고안한 양도의(量度儀)도 포함되어 있어, 혈연과 학문으로 연결된 세 산학자의 교집합이라 할 만한 책이다.[43]

남병철이 저술한 천문서에도 수학적 설명이 많이 들어 있지만 순수하게 수학에 관련된 저술로는 『해경세초해(海鏡細草解)』(1861)가 있다. 이 책은 중국 원나라 이야(李冶, 1192-1279)의 『측원해경(測圓海鏡)』(1248)을 해설한 것이다.

이야의 『측원해경』은 안팎에 있는 15개의 직각삼각형과 직각삼각형에 내접하는 원 그림인 '원성도식(圓城圖式)'에 포함된 변 사이의 관계에 대한 수학적 설명 및 문제를 담은 책이다. 원은 원 모양의 성(원성)에 동, 서, 남, 북, 네 개의 문이 있는 상황으로 묘사되며,[44] 도형을 지칭하기 위해 天, 地, 日, 月 등 한자를 이용해 점에 기호를 붙였다. 이 그림에서 주어진 변 사이의 관계로부터 내접원의 지름을 구하는 170개의 문제를 다룬다. 각 문제

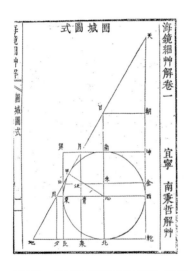
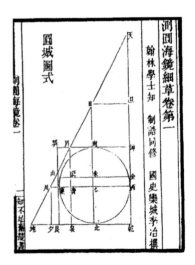

〈그림 5-16〉 남병철의 『해경세초해』(왼쪽)와 이야의 『측원해경』(오른쪽) 비교

의 해법에 대한 상세한 설명을 담고 있기 때문에 '○○세초해'라는 제목을 붙인 것이다.

〈그림 5-16〉에서 보듯이 원성도식 그림에서 이야의 것과 남병철의 것이 조금 다르다. 남병철의 것에는 이야의 것에 없던 보조선 '心甲'이 첨가되었다. 그 이유는 남병철 자신이 책에 설명해놓았듯이, 삼각형 '甲心日', '甲川心', '心川日'은 모두 '닮음'임을 이용하여 "地를 편리하게 풀고자 선분 心甲을 첨가한" 것이다. 우리의 선조들은 대대로 전해져오는 학문을 공부했지만, 그대로의 답습이 아니라 충분히 이해하고 보완하여 질적 발전을 꾀하고자 하는 태도를 지니고 있었다.

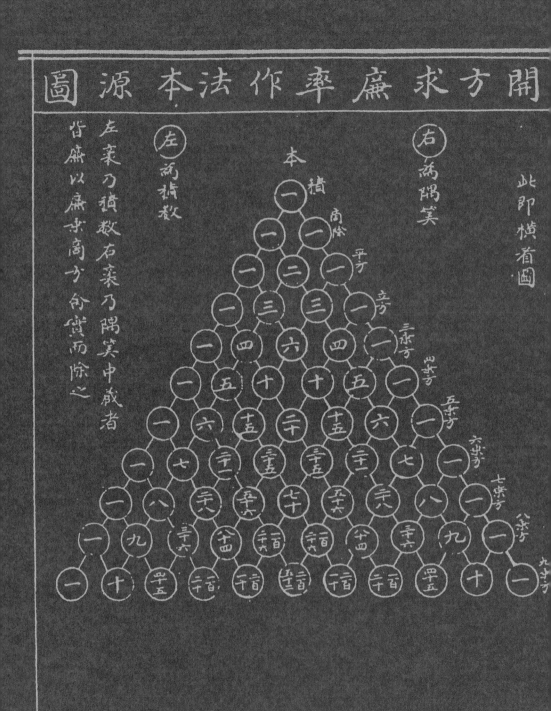

開方求廉率作法本源圖

此即橫看圖

右隅算　左商積數

本　積　商除　平方　立方　三乘方　四乘方　五乘方　六乘方　七乘方　八乘方　九乘方

左袤乃積數右袤乃隅算中藏者
皆廉以廉求商方命實而除之

한국 전통수학과 근대 서양 수학의 만남까지

새로운 역법의 출현

18세기 초까지의 조선 수학은 전통수학에 바탕을 두고 발전했으며 중국의 전통수학 수준을 뛰어넘는 쾌거를 이뤘지만, 18세기 중엽에 들어서며 사정이 급변하였다. 이는 중국의 시헌력 도입과 이를 위한 서양 수학에 관련돼 있다.

조선 후기 과학의 역사에서 수학과 가장 밀접한 관련을 가진 사건은 시헌력의 도입이다. 17세기 중엽 조선은 임진왜란과 병자호란의 두 전란을 겪었다. 전통적 가치관에 입각한 천문, 역법은 왕의 통치에서 중요하였으나, 원나라의 수시력에 기초하여 조선 초기에 만들어진 칠정산은 오차가 드러나고 있어 전란 후 새로운 역법의 필요성이 절실하였다. 한편 시간이 지나면서 빈번한 연경사행(燕京使行)을 통해서 들어온 서양의 문물은 새로운 과학에 대한 호기심과 미래를 위한 절박함 등이 맞물려 서양 천문학에 대한 큰 관심을 불러일으켰다. 이런 이유로 시헌력의 도입이 시작된 것은 자연스러운 일이었다.

그러나 시헌력의 도입 과정은 순탄하지 않았으며 이의 중심에는 수학이 자리하고 있다. 따라서 시헌력을 도입하고 그 완전한 수용으로 나아갔던 200여 년의 과정은 조선 후기 과학 발전의 역사와 함께 조선 후기 수학 발전사 및 서양 수학 도입의 역사를 설명한다고 볼 수 있다.

1. 시헌력의 배경

시헌력이란 17세기 초에 중국으로 들어온 서양 신부들을 통해 유럽의 천문학 기술을 사용해 만든 새로운 역(曆)이다. 이것은 당시 중국에 들어온 예수회 신부들이 이끌어낸 가장 큰 사회적, 과학적 변화이다. 중국에서 시헌력이 필요했던 이유도 수시력을 바탕으로 만든 명(明)나라 대통력의 오차가 커진 것에 기인한다.

이를 위해서 서광계(徐光啓, 1562-1633)는 수학자이자 천문학자인 이지조(李之藻, 1571-1630) 및 서양의 신부 과학자들인 롱고바르디(Nicolas Longobardi, 龍華民, 1556-1654), 테렌츠(Johann Terrenz Schreck, 鄧玉函, 1576-1630) 등과 함께 역법을 고쳐나갔다. 1630년에 서광계는 이지조와 테렌츠 신부 대신 아담 샬(Johann Adam Schall von Bell, 湯若望, 1591-1666)과 로(Giacomo Rho, 羅雅谷, 1593-1638)와 함께 숭정(崇禎) 4년(1631)에 역서를 완성해 3회에 나누어 황제에게 올렸다. 이후 1633년에 서광계가 죽고 다시 2회에 나누어 추가로 올린 역서까지 합하여 '숭정역서(崇禎曆書)'라고 부른다.

그러나 이 역법을 미처 시행하기도 전에 이자성의 난과 청나라와의 전쟁 등으로 1644년 명나라가 멸망하였다. 이보다 한 해 전인 1643년, 어린 나이로 황제가 된 청(淸)나라의 순치제(順治帝)는 북경에서 통치를 시작하면서 아담 샬에게 숭정역서를 다시 편집하게 한다. 그 결과 순치 2년(1645), 서양신법역서(西洋新法曆書)를 편찬하고 시헌력(時憲曆)이라는 새 역을 반포하게 된다.

2. 중국에 전래된 서양 수학

서양 과학을 대거 중국에 들여온 신부들은 많은 유럽의 과학 서적을 중국어로 번역해냈다. 이 책들은 대부분 천문학 및 의기와 관련된 것들이 었지만 이 가운데는 일부 수학책도 들어 있었다. 그중 대표적인 것으로, 조선에 들어와 영향을 끼친 책은 이지조가 서학서(西學書)의 내용을 모아 서 1629년에 간행한 『천학초함(天學初函)』이다. 『천학초함』은 여러 서적을 모은 총서(叢書) 형태의 책으로 크게 '이편(理篇)'과 '기편(器篇)'으로 나뉘 어 있다. '이편'은 천주교의 입장에서 쓴 종교와 윤리 관련된 내용의 서적 10종, 또 '기편'은 과학기술 관계 서적 10종으로 총 52권을 모은 것이다. 이 가운데 수학책은 '기편'에 들어 있는 『동문산지(同文算指)』, 『기하원본(幾 何原本)』, 『구고의(句股義)』 등이다.

'기편'에 들어 있는 『동문산지』는 마테오 리치와 서광계가 편역했다. 『동문산지』는 로마노의 예수회 대학 콜레지오 로마노 교수인 클라비우스 (Clavius, 1538-1612)[1]가 쓴 기초적 산술 교과서인 *Epitome Arithmeticae Practicae*(1583)와 정대위(程大位)의 『산법통종(算法統宗)』의 내용을 절충한 것이 다. 그리고 『기하원본』은 클라비우스가 주석을 단 『유클리드 원론(*Euclidis Elementorum libri XV*)』 기하학 부분의 첫 6권을 마테오 리치와 서광계가 중 국어로 번역한 것이다. 조선에서는 17세기 초 최석정이 『동문산지』의 내 용 일부를 그의 책 『구수략』에 소개했으며, 조태구는 『기하원본』의 방법 론을 『주서관견』에 소개했다. 또 성호 이익(李瀷, 1681-1763), 정약용(丁若鏞, 1762-1836) 등도 『기하원본』을 공부한 것으로 알려져 있다.[2]

그러나 이런 수학책들은 기초적이고 특수한 내용만을 수록하고 있었다. 청나라 초기에는 서양 천문학에 필요한 수학을 제대로 설명한 책이 없었지만, 1723년에 『수리정온(數理精蘊)』이 나오면서 이 문제가 해결되었다. 『수리정온』은 서양 수학 및 과학에 관심이 많았던 청 강희제(康熙帝)가 역법(曆法), 음률(音律), 산학(算學) 세 분야에 걸친 총서를 만들도록 명해서 이뤄진 『율력연원(律曆淵源)』의 산학 부분을 말한다.[3] 『수리정온』은 상편에 『기하원본』을 포함하고 있다. 이 『기하원본』은 『천학초함』에 있는 『기하원본』과는 다른 책으로 1671년에 출판된 파르디(Pardies, 1636-1673)의 『기하학 입문(Elemens de Geometrie)』을 번역한 것이다. 하편에서는 방정식이 1차, 2차 및 3차 이상으로 나뉘어 다뤄졌고, 그 내용 모두가 도형을 사용한 증명으로 해설되었다. 특히 서양 방정식을 중국 수학과 통하는 기호로 바꾼 차근방이 '차근방비례'장에 도입되었다.

3. 조선의 『수리정온』과 『적수유진』

중국은 17세기 초부터 서양 수학과 과학을 적극적으로 받아들였지만, 그를 위한 수학 총서의 저술은 100년이 넘은 뒤에야 이루어졌다. 이것은 조선도 마찬가지여서 조선에서 서양 수학이 본격적으로 받아들여진 것은 시헌력을 도입한 지 100년이 넘어서였다. 서양 수학이 제대로 들어온 것은 『수리정온』이 처음이며, 황윤석이 1748년에 저술 완료한 『산학본원』에 『동문산지』와 함께 『수리정온』을 인용하고 있으므로 적어도 이 시기에는 『수리정온』이 이미 조선에 들어와 있었다. 따라서 조선의 학자들은 서양 천문학을 위한 수학에 대한 정보를 18세기 중엽에는 갖추고 있었던 것으로 보인다.

이때까지는 조태구(趙泰耇, 1660-1723)가 구조적인 서양 수학을 접해보고, 홍대용(洪大容, 1731-1783)이 서양 천문학을 위한 수학이 필요함을 알아본 수준 이상은 아니었다. 조선의 수학계는 병자호란 이후 동양의 전통수학에서 괄목할 만한 발전을 보임과 함께 청의 과학과 수학을 도입하기 위해 부단히 노력했지만, 제대로 된 서양 수학은 도입되지 못했고 『수리정온』이 들어와 있어도 이를 이해하는 방법을 잘 모르고 있었다. 그 이유는 중국과 비슷하다고 보인다. 즉, 조선도 우선 시헌력에만 관심이 집중됐고 이의 핵심에 수학이 있다는 사실을 알아차리기까지 많은 시간이 걸렸다는 뜻이다. 조선에 시헌력이 도입된 이후 100년이 지나서야 이 총서를 제대로 알아야 한다는 사실을 깨닫게 된 이유는 무엇보다도 시헌력을 제대로 설명해주는 사람이 조선에는 없었기 때문이었다.

시간이 지나면서 조선에는 중국의 서적이 많이 들어왔으며 이 가운데는 매문정이 연구한 수학을 그의 손자 매각성이 정리한 『매씨총서집요(梅氏叢書輯要)』(1761)가 있었다. 이 책은 60권으로 이뤄져 있고 매각성은 맨 끝에 자신의 저술 두 권을 부록으로 붙였다. 이 가운데 『적수유진(赤水遺珍)』은 조선의 학자들이 특히 많이 본 책이다. 『적수유진』은 매각성이 매문정의 수학을 정리하면서 그 속에 빠져 있는 몇 가지 수학적인 문제를 모아놓은 것이다. 이 중에는 천문에서 북극출지(위도)를 계산하는 방법이라든가 천원술을 써서 3차방정식을 푸는 방법 등 15개의 문제가 들어 있다. 이 책이 매우 중요하게 읽힌 것은 천문역법에 필요한 몇 가지 중요한 문제를 복잡한 해설 없이 곧바로 풀고 있기 때문인 것으로 보인다.

조선은 19세기로 들어오면서 전통수학 서적과 함께 중국에서 들어온 서양 수학 서적 속에 담긴 수학의 내용을 비교할 수 있게 되었다. 그리고 때를 맞춰 이상혁과 조희순 등이 나타나서 『수리정온』과 『역상고성』의 모든 수학 내용을 이해하고 정리하였다. 이 와중에 중국과는 다르게 방정식 풀이에서 천원술을 사용하는 방법을 선택한 것이 조선 말기의 수학이며, 이것이 19세기 조선으로서는 서양 천문역법인 시헌력을 이해하는 가장 현명한 선택이었다.

4. 조선 후기의 천문학과 수학

서양의 과학은 17-18세기에 들어서면서 급격하게 발전했고 이는 중국에서도 천문학 및 우주관의 변천을 초래했다. 그리고 이런 변천은 조선 지식인의 사고에도 큰 변화를 주었다. 예를 들면, 『주비산경』 등에서 보이는 하늘은 둥글고 땅은 네모나다는 동양의 우주관은 서양 천문학이 들어오면서 땅이 둥글다는 지원설(地圓說)로 옮겨가게 된다.

조선에서의 서양 천문학은 비교적 빠른 시기에 자리를 잡아갔으나, 이에 비해 천문학이 필요로 하는 수학은 상당히 늦어졌다고 볼 수 있다. 중국의 경우에 이런 시기적 차이가 생긴 것은 서양 수학책의 번역이 늦게 시작된 점에 있다고 할 수 있다. 그렇다면 조선은 어째서 수학의 발전이 늦었을까? 수학의 필요성을 뒤늦게 알았는지, 아니면 필요성은 알았어도 수학을 이해하는 데 시간이 걸렸는지가 궁금하다.

이 문제는 많은 천문학과 수학의 역사를 검토해야 하는 어려운 문제이고 몇 가지 사항만으로 바로 답하기에는 무리가 있다. 그러나 한 가지 지적할 부분은 서양 천문학의 발달 방법이 관측과 이를 통한 예측이 가능하도록 하는 계산을 통한 접근이란 것이다. 즉, 계산을 해보면서 맞지 않는 관측, 특히 많은 별들의 관측값을 설명해내는 이론의 발견이 목표였다. 그러나 조선의 상황을 보면 조금은 달라 보인다. 조선 후기 사대부의 접근법은 관측과 계산에서는 조금 멀어 보이고 오히려 사변적(思辨的)이고 철학적인 접근을 통해서 천문을 이해하고 역법 이론에 접근하는 경향이 있었다. 예를 들어 홍대용은 천문에 대해 많은 연구를 했지만 수학을 사용해서 직접 계산하지는 않았다. 실제로 이를 위한 구면삼각법 같은 지식은 모르고 있었다는 것이 이를 단적으로 말해준다. 한편 역법을 직접 다루는 관상감의 관원들은 측정과 계산에 중심을 뒀지만 이를 이론으로 발전시키는 동력을 갖지 못한 것은 아닌가 싶다. 이 두 측면이 합해지는 데 시간이 오래 걸렸다는 것이 조선의 수학, 특히 서양 천문학을 위한 수학이 늦게 발전한 이유의 하나가 될 수 있다.

이는 19세기 중엽의 남병길과 이상혁을 보면 조금 더 잘 이해할 수 있다. 이 두 사람은 학문에서 사대부적 접근을 하는 쪽인 관상감 제조와 관측과 계산을 주로 하는 관상감 관원이었지만, 서로 거리가 있는 관점을 융합시켜 드디어 『수리정온』 및 『역상고성』의 수학의 이해를 끌어냈다. 남병길, 이상혁에서 가능했던 성취가 그 이전에는 어째서 일어나지 못했는가에 대한 답은 조선 후기 상당수의 유학자가 천문역상에 깊은 공부가 있었음에도[4] 그를 위한 수학에 이어지지 못했기 때문이다. 그러나 예외적으로 남병길은 자신이 수학책을 저술할 정도로 계산에 익숙했기 때문에 두 측면의 조화와 발전이 가능했을 것이다.

조선 후기의 수학은 천문학을 위한 수학으로 진행됐다. 18세기 중반부터 홍길주, 이상혁, 조희순에 이르는 과정에서 구면삼각법은 그들의 궁극적 목표로 보인다. 그리고 이의 발전에는 시간이 걸렸지만, 조희순에 이르러서 드디어 『수리정온』이 만들어진 시기의 중국 수학에 이르게 되었다. 그리고 결국 시헌력에 필요한 수학이란 목표를 충분히 달성했다.

2절

서양 수학을 바라본 두 가지 관점

조선 후기에 접어들면서 전통수학의 변화에는 여러 요인이 있으나 그 중에서도 서양 수학이 도입된 것은 수학의 변화를 크게 촉진했다. 이런 전환기에서 우리가 주목해야 할 가장 중요한 양상은 당시 학자들이 어떻게 이 변화에 대처했는가 하는 점이다. 이는 다시 말해서 동양 수학에 서양 수학을 어떻게 융합시켰는가 하는 문제이다. 시간이 지나며 이 문제는 나름대로 슬기롭게 해결돼나갔지만, 서양 수학을 맞닥뜨린 초기에 우리나라 학자들이 이를 받아들인 방식은 나름대로 흥미롭다.

지금 남아 있는 자료로 맨 처음 서양 수학의 영향이 나타나는 책은 최석정의 『구수략』과 조태구(趙泰耇, 1660-1723)의 『주서관견』이다. 이는 둘 다 영의정이 쓴 수학책이라는 점에서도 흥미롭다. 최석정은 18세기 초에 영의정을 지냈고 이때쯤 책을 썼다. 조태구는 이보다 조금 뒤에 영의정이 되었고 그의 책도 당연히 최석정의 『구수략』보다 조금 늦게 썼을 것이다. 이 두 사람은 영의정을 역임하고 수학을 중요시하는 등 외적으로는 매우 비슷한 상황에 있었지만 그들의 수학은 정반대되는 특징을 보인다.

1. 최석정과 성리학

앞에서 최석정이 성리학을 연구하며 수학을 발전시킨 내용을 보았다. 그러나 그는 단순히 전통수학과 전통철학에만 관심을 둔 것은 아니었다.

앞에서 알아 봤듯이 『구수략』 6장에서 최석정은 곱셈과 나눗셈을 설명하고 바로 뒤에 4개의 구구도(九九圖四)를 소개했다. 이들 가운데 앞의 두 개는 채침의 구구방수도(九九方數圖)를 옮긴 것이어서 전통 동양 철학의 핵심 도표라고 할 수 있을 것이다. 그러나 나머지 두 개는 채침에게서 보이지 않는 것이며 아마도 『동문산지』에 들어 있는 것을 가져왔을 것이라고 추측되고 있다.

이제 이 상황을 살펴보면 최석정이 『구수략』의 맨 앞쪽에 중요하다고 하면서 두 개의 방진도를 실은 것은 하나는 동양의 것이고 또 하나는 서양의 것이었다. 이를 보면 그가 이 두 도표를 동양과 서양의 수학에서 각각 찾아내고서 얼마나 흥분했을지 상상이 된다. 그에게는 전혀 다른 두 세상에서 만들어진 두 도표가 완벽하게 맞아 들어가는 것을 찾아냈다고 느꼈을 것이다. 그는 이것을 동서양이 하나되는 순간으로 해석했을지도 모르고 그렇게까지는 아니더라도 두 세상의 이론이 융합된 궁극적 이론을 만들어내고 있다고 생각했을 것 같다. 이는 계산의 입장에서는 단순한 곱셈표지만 수(數) 철학의 입장에서는 결코 단순한 표가 아니다.

한편 『구수략』 을편(乙編)의 계산법도 『동문산지』에서 나왔음을 앞에서 알아보았다.[5] 그리고 여기서도 최석정은 계산법을 4가지 또는 8가지 범주로 나누어 동양 철학적으로 설명했다. 삼율법 또는 사율법이라 하는 것은

$$a : b = c : x$$

를 만족시키는 x를 구하는 문제이다. 이때 주어진 세 수와 미지수를 각각 1율(率), 2율(率), 3율(率), 4율(率)이라 하고, 이것을 다시 일월성신(日月星辰)이라 이름 붙여 동양 철학의 사상(四象)으로 해석하였다. 이것은 『동문산지』에 없는 최석정 식의 해석이다. 그리고 이렇게 서양의 수학적 방법을 동양적 철학의 틀에 맞춰 해석하면서, 동양 철학이 구조적으로 서양 수학에 나타날 수 있다고 느꼈을 것이다.

즉, 최석정은 서양 수학도 동양 철학을 바탕으로 해석할 수 있고 또 동양식으로 범주를 나눠서 분류해나갈 수 있다고 믿었다. 그는 이렇게 생각할 수 있는 근거를 채침이 다루던 수의 이론에서 발견했을 것이다. 따라서 채침의 방진뿐만이 아닌 다른 방진들도 완벽하게 만들려 시도한 것은 하나도 이상하지 않을 뿐만 아니라, 이런 것이야말로 수학에서 가장 중요한 부분이라고 생각했을 것이다. 그의 책 『구수략』에서 가장 중요한 마지막 네 개의 방진 역시 채침의 기본수 배열을 바탕으로 만들어낸 것이란 사실은 이를 잘 보여준다.

2. 최석정이 본 계산 도구

최석정은 『구수략』의 마지막 부록인 정편(丁編)에서 두 가지 계산 도구를 설명하고 있다. 이 가운데 하나는 중국의 주산(珠算)이고 또 다른 하나는 네이피어(1550-1617)의 막대(Napier's rods)이다. 최석정은 중국 관리들이 주산을 사용하고 있고 그에 반해 조선에서는 주산이 별로 사용되지 않고 있었다는 것을 나타내었다. 네이피어의 막대는 아마도 최석정이 처음 보는 것이었고, 네이피어의 막대에 대한 이야기는 로(Jaques Rho, 羅雅谷, 1593-1638)가 쓴 『주산(籌算)』을 참고했다고 쓰고 있다.[6]

이 두 가지 계산 도구는 복잡한 연산을 하기에는 조선에서 쓰이던 산가지에 비해서 한계가 있는 도구였다. 그는 주판을 산가지 대신에 쓰는 것은 현명하지 못하다고 했고 이는 주판의 편의성을 빼면 맞는 이야기일 것이다. 한편 그는 네이피어의 막대도 계산하는 데 한계가 있다고 썼다. 이는 얼핏 그렇게 보일 수도 있을 것이다. 그러나 네이피어의 막대는 다른 장점이 있는 계산법이었는데 최석정은 이를 제대로 파악하지 못한 것처럼 보인다.[7] 비록 그는 이 두 도구가 별로 좋다고 생각하지는 않았지만, 이 둘을 언급해둘 필요가 있다고 생각했다. 이 사실로 보아 처음 접한 서양 수학이 그에게 강렬한 인상을 남겼다고 보인다. 흥미로운 것은 그가 이 두 도구를 나란히 소개한 것은 앞에서 동서양의 도표를 나란히 소개한 것과 비슷하다. 아마도 그는 동서양 수학의 철학적 공통점을 대비해서 보여주고 싶었던 마음이 있었을 것이라고 추측할 수 있다.

3. 조태구가 본 서양 수학

최석정과는 반대로 조태구의 『주서관견』은 그리 철학적이지도 않고 동양 사상의 영향도 적다. 조태구도 기본적으로 동양 산학의 방법을 『구장산술』의 구성에 맞춰 사용하고 있지만 그의 관심사는 수학의 의미를 해설하는 것이 아니라 수학 방법의 논리적 타당성을 설명하는 것이었다. 그런 면에서 최석정이 수리철학적 관점을 견지했다고 한다면 조태구는 정통 수학자라고 할 수 있다. 조태구는 그의 책에서 특별한 서양 수학의 방법을 거론하지는 않았다. 그럼에도 그의 설명, 특히 마지막에 들어 있는 구장문답 부분에서의 설명은 동양 수학에서 특별히 약한 부분인 논리적 근거의 설명에 치중하고 있다. 대부분의 동양 산서가 문제를 푸는 방법이 왜 옳은지에 대한 것은 독자에게 맡겨두고 방법의 디테일에만 집중한 것과는 크게 대비된다. 조태구의 수학 해설은 동양의 공부 방법이 백번 읽으면 통한다고 해서, 설명을 안 해줘도 결국은 알 수 있다는 것에 반해서 설명을 직접 적어주는 것의 장점을 바로 보여주는 해설이다.

조태구의 『주서관견』을 읽으면서 느낄 수 있는 것은 수학에 관한 냉정한 태도이다. 그는 최석정처럼 동서 양쪽 문화의 소통 가능성을 보여주지 않았다. 오히려 『수리정온』의 기하학에 대한 증명에 해당하는 것을 보고 그것의 효용성을 냉정하게 파악했다. 그는 『수리정온』을 언급하지도 않았고 그 자신이 여러 문제에 붙인 해설이 독특한 것이었음에도 자랑스러워하는 기색도 없다. 오히려 꼭 필요한 것이니까 가져다 쓸 뿐이고 모자라는 것은 내가 설명을 붙이면 그만이라는 식이었다.

4. 동서양 수학의 융합

『구수략』과 『주서관견』은 처음 서양 수학을 접한 두 영의정 수학자가 이를 받아들이는 다른 방식을 보여준다. 이 두 사람이 거의 같이 본 서양 수학책들은 그들이 받아들이는 태도와 결과에서 다른 결과를 낳는다. 최석정이 본 것은 동, 서양 수학에서 가장 기초적인 수의 셈, 그리고 그 도구적 방법의 공통점과 상이점이고, 또 그 속에서 나타나는 동양 철학의 구조가 그의 관심이었다. 그러나 조태구는 이보다 훨씬 깊은 서양 수학의 방법론적 핵심을 꿰뚫었고 이를 직접 사용해서 논리적 설명으로 발전시켰다. 그의 관심사는 셈의 방법보다는 도형의 구조에 있었고, 철학적 이론보다는 논리적 논거가 훨씬 더 중요했다. 달리 말하여 최석정의 수학은 내용보다는 이것의 기술적 방법의 형식적인 면을 강조했으며, 반면에 조태구는 형식에 구애되지 않고 그 내용을 설명하는 데에 전력을 다했다는 점에서 크게 대비된다. 그리고 이 두 사람의 사고의 차이를 통해서 조선 수학의 한 특징인 자유분방하고 융통성이 있음을 볼 수 있다.

『구수략』과 『주서관견』에는 동양적인 내용과 서양적인 내용이 함께 나타나지만, 두 책의 수학이 지향하는 면은 다르다. 이렇게 지향점이 달라지는 것은 조선 후기에 들어서면서 조선 수학이 성숙했음을 보여주는 단면이기도 하다.

수학이 단순한 한 가지 방법론에 매달려서 모두 똑같은 생각을 하고 있는 수준을 넘어서, 같은 것을 보아도 전혀 다른 생각을 할 수 있고, 이를 받아들일 수 있다는 것은 오늘날에도 어려운 일이다. 동시에 학문 일반에서 성숙한 조선의 학자들은 각자 저마다의 관점과 철학을 발전시키고, 자신의 판단에 따른 연구를 해나갔음을 수학 분야에서 볼 수 있다. 다시 말해서, 조선 학문의 초미의 관심사 중 하나인 서양의 천문학을 이해하고 이를 받아들이는 방법은 학자들의 수만큼 다양했으며, 일관된 계획 아래서 연구해나갔다기보다 각자가 원하는 방향으로 원하는 내용을 연구해나갔다고 보인다. 이는 학문의 발전은 더디게 만들었지만, 오히려 자유로운 연구를 위한 환경이 만들어졌다고 볼 수 있다. 또 때로는 수학에서 기호의 중요성을 간과하는 선택을 하기도 했지만 반면에 이는 가장 효율적인 선택이기도 하였다.

3절

삼각함수의 등장

18세기 우리나라 전통수학에서 서양 수학의 요소를 처음 제대로 볼 수 있는 수학책은 실학자 담헌 홍대용(1731-1783)의 『주해수용』이다. 『주해수용』에 인용된 책은 우리나라 17세기의 수학자 경선징이 쓴 『상명수결』, 박율의 『산학원본』을 비롯하여 중국 수학책인 주세걸의 『산학계몽』, 정대위의 『산법통종』, 양휘의 『양휘산법』 중 『속고적기산법』 그리고 중국에 소개되었던 유럽 수학을 엮은 『역상고성』, 『수리정온』 등이다. 즉, 『주해수용』은 우리나라와 중국과 서양의 수학책을 두루 참고하고 인용하여 집필된 산서라고 할 수 있다. 따라서 『주해수용』의 내용은 당시 우리나라의 산서에서는 다루지 않았던 내용이 포함되어 있다. 물론 동서양의 수학이 조화를 이루어 체계적으로 기술되지 못하였고 몇몇 내용에서는 전통수학을 기술함에 있어 미진하고 거친 부분이 눈에 띈다. 이로부터 관점이 다르고 따라서 내용도 차이가 있었던 동서양 수학의 본격적인 만남을 이해하고 저술하는 작업이 결코 쉽지 않았을 당시의 상황을 추측할 수 있다. 홍대용의 노력과 뚜렷한 수학관 등이 없었다면 결코 완성되지 못했을 이 책은 실학자의 입장에서 본 실용적인 새로운 체계에 따라 집필되었기 때문에 현재 우리가 보아도 높이 평가받아 마땅하다.

한편 『주해수용』은 실학자가 집필한 산서라는 사실로부터 기대할 수 있듯이 천문학 등의 분야에서 수학의 실용성을 적절히 드러낸다는 특징을 지닌다. 『주해수용』보다 본격적이고 깊이 있는 수학적 의미가 있는 산서는 『주해수용』 이전이나 이후에도 많이 존재한다. 그러나 17-19세기 당시 우리나라의 수학자 경선징(1616-1691), 박율(1621-1668)을 비롯하여 최석정(1645-1715), 홍정하(1684-1727), 황윤석(1719-1791), 이상혁(1810-1883?), 남병철(1817-1863), 남병길(1820-1869) 등이 지은 산서의 제목과 달리 『주해수용(籌解需用)』은 "수학으로 풀어서 필요한 수요에 부응한다."는 수학의 실용적 목적을 잘 보여준다.

이제 책의 구체적인 내용을 통해 당시 조선에 유입된 서양 수학과 수학의 실용적 측면에 대한 홍대용의 생각을 탐색해보자.

책은 내외편으로 구성된다. 내편에서는 대수, 기하, 삼각법 등의 기초적이고 원리적인 문제들을 해설하고 외편에서는 당시의 정치, 경제, 과학, 문화의 여러 부문에서 일상적으로 쓰이는 응용수학적인 계산 문제들을 푸는 방법을 알기 쉽게 해설하였다. 『주해수용』은 계산에서 더욱 편리한 양식을 도입하지 못하였고, 기호화를 실현하지 못한 것을 비롯하여 현대적 관점에서 보면 형식면에서나 내용면에서 부족한 점이 많으나[8] 독자적인 체계와 그 시대에 필요했던 근대적인 실용수학을 따뜻한 애정을 가지고 당시의 사람들에게 소개했다. 서문을 보면 『주해수용』의 성격을 보다 명확하게 알 수 있다.

1.『주해수용』서문

"공자가 일찍이 '위리(곡식의 창고를 관장하는 벼슬)'라는 벼슬을 한 적이 있다. 일명 '회계'를 말하는 것인데, '회계'라는 것이 수학을 버리고 어찌 설명할 수 있겠는가? 역사가들이 말하길 공자의 제자들이 집대성하여 몸소 육예에 능통했다고 그것을 칭한다. 고인들이 실용에 힘썼다는 뜻과 같은 개념일 것이다.

산법은『구장산술』에 기초하는데, 대대로 내려오는 방법 또한 여러 가지가 있다. 그것들은 자세한 것도 있고 간략한 것도 있고, 들쭉날쭉하여 한결같지 않다. 풀어놓은 것을 보면 대개 특이한 부분이나 숨겨진 방법을 찾는 것이 거의 숨바꼭질과 가깝다. (아마도 그 이유는 저자들이 여흥이나 유희 식으로 소일거리 삼아 계통 없이 수학을 대했던 태도에 기인하지 않나 생각한다.)

나는 지금의 실정에 맞게 실용적으로 수학을 다룬 내용을 찾아서 나의 뜻에 부합된 것을 붙여 한 권의 책으로 꾸며보았다. 언제든지 용량과 길이의 비율, 상황에 맞는 실용성을 활용하여 회계를 처리할 수 있게 하였다. 또 이 법을 익히는 자는 마음을 가라앉혀 깊이 생각하면 족히 본성을 기를 수 있고, 깊이 탐구하고 깊이 찾으면 족히 지혜에 도움이 될 수 있다. 이 공이 어찌 금슬 간편과 무엇이 다르겠는가?

하늘은 만물의 변화가 있어 음양의 이치에 벗어나지 않고, 주역은 만물의 변화가 있어 강하고 부드러운 것에 벗어나지 않고, 수학은 만물에 있어 승제에 벗어나지 않는다. 음양이 바른 자리에 서면 어지럽지 않고, 강하고 부드러움이 질서에 맞게 잘 교차하면 성장과 조화를 이룬다. 바른 자리는 하늘의 법도가 되고, 교차하여 쓰면 주역에서 법도가 되니 어찌 수학에 있어서 승제의 기술이 아니겠는가? 만약 이러한 논리를 바탕으로 이 논리를 넓히고 잘 펼치어 작은 도리를 보고 큰 법을 깨닫는 것은 이 책을 읽는 사람의 몫일 것이다."[9]

이 서문은 무엇보다 이 책이 실용에 주안점을 둔 것을 분명히 하고 있다. 수학의 실용성은 수학의 추상성과 함께 중요한 특성이다. 물론 전통적인 수학, 동양의 수학이 현실을 염두에 둔 것은 확실하다.[10] 그러나 『주해수용』은 책의 제목에서부터 나타나듯 철저하게 실용을 강조한다. 이것은 책의 시작이 도량형의 단위라는 사실에서 다시 확인된다. 그리고 『구장산술』에 대한 견해이다. "산법은 『구장산술』에 기초하는데, 그것들은 자세한 것도 있고 간략한 것도 있고 들쭉날쭉하여 한결같지 않다."고 한다. 여기서 한결같지 않다는 말에 주목하면 그것은 문제들의 분류와 쓰임에 있어 일관된 수준을 유지하지 못한다는 것과 함께 계통적이지 못하다는 뜻일 것이다. 따라서 『주해수용』을 적어도 실용적인 측면에서 본다면 계통적이고 순차적이며 정제된 문항으로 이루어져 뒤의 응용과 잘 연결된 감을 받는다. 전문적인 수학서라기보다 교육적 목적으로, 실용적 목적으로 집필된 산학서인 것이다. 이것은 "나는 지금의 실정에 맞게 실용적으로 언제든지 용량과 길이의 비율, 상황에 맞는 실용성을 활용하여 회계를 처리할 수 있게 하였다."는 대목에서 다시 한번 확인할 수 있다. 마지막으로 "본성을 기를 수 있고, 지혜에 도움이 될 수 있다. 이 공은 대단하다."는 표현에서 수학의 본질을 나름대로 파악한 담헌 홍대용의 생각을 파악할 수 있다. 나아가 그 시대나 그 이전 선비의 필독 서적인 『주역』을 빌려서 수학의 힘을 설명함으로 글을 맺고 있다.

내편에는 또한 원의 반지름이 주어질 때 원에 내접하는 정14각형과 정18각형의 변의 길이를 구하는 문제—결국 삼차 방정식을 푸는 문제—, 고차방정식을 근사적 방법으로 푸는 문제 등 복잡한 대수 문제들을 알

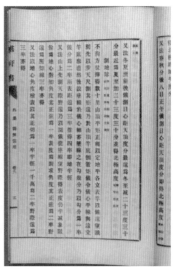

〈그림 6-1〉『주해수용』이 포함된 홍대용의 문집 『담헌서』

기 쉽게 풀어놓았다. 특히 삼각함수와 관련하여 오늘의 평면 삼각에서 쓰이는 공식들을 취급하면서 삼각함수에 관한 기본 공식들과 간단한 삼각함수표를 주고 여러 가지 응용문제와 구체적인 각의 삼각함수 값을 계산하는 방법까지 밝혀놓았다.

외편에서 홍대용은 더욱 뚜렷하게 실용적인 수학 문제들, 예를 들어 측량과 천문관측 심지어 음악 이론과 악기를 다루는 데 있어 응용 수학적인 문제들을 독특한 풀이법으로 자세히 설명하였다. 그는 이 과정에서 측지 측량에서 하나의 대상을 두 곳에서 측량할 때 생기는 각도의 크기에 따라 그 대상까지의 거리를 계산하는 방법을 새롭게 풀며 지구의 중심으로부터 태양까지 하짓날의 거리를 알고서 동짓날의 거리를 계산하는 문제, 계산 기구 또는 도표를 이용하여 여러 가지 복잡한 계산을 하는 문제 등을 풀었다. 그는 여기에서 계산을 위한 원주율을 소수 여덟째 자리까지 정확한 근삿값인 3.14159265로 하였다.

홍대용은 또한 온갖 양의 단위를 당시 현실에 맞게 "요사이의 법대로 정하여 거의 실용에 적합하게" 할 것을 주장하였는데 특히 수학과 일상 생활에서 쓰는 도량형의 단위를 정하는 데서 지구의 둘레를 기준으로 삼을 것을 제기한 것은, 1미터의 표준 길이를 지구 둘레의 4000만분의 1로 할 것을 국제적으로 합의 결정한 것이 19세기 중엽이었다는 사실에 비춰볼 때, 아주 흥미로운 일이다. 홍대용은 이때에 도량형의 단위를 전통적이나 관습적으로 임의로 정하는 것은 잘못이라고 지적했다. 그러한 잘못된 단위를 그대로 받아들이고 고집할 필요가 없다고 강조하면서 반드시 확고한 기준에 따라 과학적으로 규정해야 한다고 주장했다.

홍대용의 서양 수학에 관련된 이해와 설명은 『주해수용』 내편의 사율법, 삼각, 팔선 등을 보면 알 수 있다. 사율법(四率法)은 9문제가 있는데 이것은 비례관계식과 제곱근의 설명이다. 삼각총률(三角總率), 팔선총률(八線總率)로 이름 붙인 삼각, 팔선은 삼각형의 수선의 이용과 삼각함수의 응용을 최초로 소개한 것인데, 이는 오늘날 고등학교 수학과 교육과정에서 배우는 삼각함수의 배각, 반각, 덧셈정리에 포함될 수 있다. 그리고 원에 내접하는 다각형의 한 변의 길이를 구하는 법 등 이전 산서에서 볼 수 없는 서양 수학의 내용이 보인다. 구면삼각법은 다루지 않고 평면삼각법에 그쳐서 구면삼각법의 내용은 홍길주가 등장하기를 기다릴 수밖에 없었지만, 당시 쓰임을 고려한 삼각비를 염두에 두고 자세히 설명한 사실은 중요하다.

또, 비례법, 약분법, 면적법, 체적법 등의 새로운 용어는 서양 수학을 받아들이려는 홍대용의 저술 정신을 잘 보여준다. 이 정신은 또한 전통적인 산목 계산(포산)을 의식적으로 간과하고 있는 점에도 나타나 있다.

좀더 세부적으로 기존의 산서에서 볼 수 없었던 서양 수학과 관련된 몇 가지를 보면 다음과 같다.

홍대용은 『담헌서』 외집 5권에서 『주해수용』 전체 분량의 대략 $\frac{1}{3}$을 직각삼각형인 구고 부분에 할애하였다. 주목할 것은 이 중 팔선총률에 들어 있는 삼각법과 그 응용문제들은 조선에서 최초로 소개된 것이라는 사실이다. 그런데 유클리드 기하학의 기초는 전혀 언급 없이 측량에 관한 내용이 주를 이룬다. 즉, 본격적인 유클리드의 기하학이 아닌 실용적인 기하 활용을 목적으로 한다는 점에서 서양 기하를 재해석한 것으로 볼 수 있다.

일반삼각형을 다루는 삼각총률(三角總率), 삼각함수를 다루는 팔선총률(八線總率)은 서양의 수학에서 처음으로 소개되는 부분이다. 일반적인 삼각형의 경우 3변과 3각, 6개의 요소 중에서 적어도 하나의 변을 포함한 3가지를 알면 나머지를 구할 수 있다. 이를 위해서 삼각함수나 닮음비등을 이용한다. 즉, sine법칙이나 cosine법칙 등이 그것이다. 따라서 이 부분은 삼각함수와 닮음비 등을 이용하는 계산법을 설명하고 있다. 즉, 구고총률을 일반적인 삼각형으로 확장시킨 것이다.[11] 『주해수용』이 총 14가지 문제 유형과 해법을 다룬 최초의 산서임에도 불구하고 이후 조선 수학 발전에 제대로 기여하지 못한 것은 형식과 내용면에서 체계적이지 못하며 그림이 없고 그 이유에 대한 설명이 부족했기 때문이다.

팔선총률(八線總率)에는 임의의 각에 대한 삼각함수의 값을 구하는 과정이 설명되어 있다. 삼각함수의 법칙들을 모두 모아 팔선총률이라 한다. 이 책의 구고총률 이후에 취급된 내용은 서양 수학을 받아들인 것인데 이 경우에 여러 책에서 필요한 부분만을 인용하여 서술하였다. 원문에서 우리나라 산서로는 처음 팔선(八線)을 소개하고 있는데, 현대의 삼각함수로 바꾸면 다음과 같다.

1. 정현(正弦): $\sin\theta$ 2. 여현(餘弦): $\cos\theta$

3. 정시(正矢): $1-\cos\theta$ 4. 여시(餘矢): $1-\sin\theta$

5. 정절(正切): $\tan\theta$ 6. 여절(餘切): $\cot\theta$

7. 정할(正割): $\sec\theta$ 8. 여할(餘割): $\csc\theta$

팔선총률 다음의 십호정현(十弧正弦), 팔호정현(八弧正弦)에서 홍대용은 sine값을 제시하고 있다. 이를 보면, 예를 들어 30도를 5만이라고 썼다. 이는 현대 수학에서 $\sin 30° = 0.5$를 나타낸 것인데 1을 10만으로 나타냈으므로 0.5는 5만으로 쓴 것이다. 또 이 밖에 십호정현에서는 60도, 45도, 18도, 36도, 12도, 10도, 20도, 12도54분25초반, 21도42분51초 등 10개의 sine값이, 팔호정현에서는 8개의 sine값이 제시되어 있다.

이어 나오는 원의(圓儀) 부분의 18문제 중 16번째와 17번째의 문항은 지금의 사인법칙, 제2코사인법칙 등을 이용하는 본격적인 삼각문제이다. 이들을 보자.

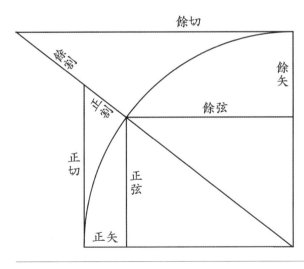

〈그림 6-2〉 할원팔선 (출처: 김상미, 허민(역) 산술관견)

16번째 문항:

[문] 성(城)을 바라보며 각도기를 설치하여 성의 너비를 측정하려고 한다. 지금 각도기와 성의 남쪽 모퉁이 사이의 거리는 900장이며 각도기와 성의 북쪽의 모퉁이[隅]사이의 거리는 1,200장이라고 한다. 각도기로 남쪽 모퉁이에서 북쪽의 모퉁이를 엿보니 그 표각이 120도에 위치하였다고 한다. 이때의 성의 나비는 얼마가 되겠는가?

[답] 1,825장(丈) 약(弱)

17번째의 문항:

[문] 성루(城樓)에 각도기를 설치하여 성밖에 있는 2개의 돈대(즉 평지에 흙을 모아 둔 곳)를 측정하려고 한다. 누각의 위에서 성의 선[城線]을 따라서 오른쪽 돈대를 바라보니 그 표각이 90도이고 왼쪽 돈대를 바라보니 30도라고 한다. 그리고 성의 누각 좌측으로 130장의 성 위에 각도기를 설치하여 역시 성의 선을 따라서 좌측 돈대로 엿보니 표각이 110도의 위치에 있고 우측(右側)의 돈대를 엿보니 표각이 45도였다고 한다. 이때의 누각과 양 돈대 사이의 거리는 각각 얼마이며 양 돈대 사이의 거리는 얼마인가?

[답] 누각과 우측 돈대 사이의 거리는 130장(丈)

누각과 좌측 돈대 사이의 거리: 231장(丈) 약(弱), 양 돈대 사이의 거리: 193장(丈) 강(强)」

천문학과 실용적인 수학을 위한 수학을 설명하기 위해 서양 수학의 힘을 빌리는 것은 당연한 귀결이므로 '천문'과 '실학'으로 대표되는 홍대용은 그 시대에 드물었던 서양 수학을 소개하는 사람 중 하나가 되었다.

『주해수용』은 수학 계산에 보다 더 편리한 근대적인 양식을 도입하지 못하고, 대수 문제 풀이에서도 기호화를 실현하지 못했다는 점에서는 중세 수학의 틀을 벗어나지 못한 한계가 있지만, 내용상으로는 많은 부분에서 독자적인 체계와 근대적인 서양 수학의 조합을 갖춘 귀중한 유산이라고 평가된다.

4절

천원술과 차근방

우리나라 산학을 주도한 것은 방정식 이론이다. 조선 초기부터 방정식의 풀이와 응용에 큰 발전을 보인 이래 고급 전통산학은 천원술과 개방술이 전부라고 할 만큼 방정식이 큰 역할을 했다. 천원술이 어떻게 개방술에서부터 갈라져 나왔고 어떻게 방정식 이론을 발전시키는 주역이 됐는가는 중국의 산학사에 들어 있다. 그러나 그 대부분은 잊혀지고 오늘날 전하지 않는다. 우리는 이 잊혀진 수학을 다시 구성하고 발견해서 조선의 빛나는 수학을 일으켰다.

17세기부터 서서히 들어온 서양의 수학은 이런 지평을 완전히 바꿔놓았고 방정식 이론에서는 차근방이 들어왔다. 새로운 학문에 우리는 물론 중국도 이 변화를 매우 힘들어했다. 그러나 현명한 조선의 산학자들은 이를 극복하고 서양 수학을 효율적으로 수용하는 방법을 발견했다. 이는 서양 수학에 우리 전통산학을 융합하는 것이었다. 여기서 천원술과 개방술은 큰 역할을 했다. 중국은 잊혀진 전통산학을 우리나라에서 다시 배워 가서 우리와 비슷한 길을 걸었지만 완전히 잊어버린 천원술을 제대로 복원하는 것은 매우 어려웠다고 보인다.

이 과정은 2,000년 전 중국에서 시작된다.

1. 개방술에서 발명된 천원술

동양 수학의 근간을 이루는 『구장산술(九章算術)』(BC 2-BC 1세기경)의 9개 영역의 문제들 가운데 가장 중요한 것은 방정식과 관련된 것이다. 동양 사람들은 거의 모든 것을 방정식 문제로 이해했다고 봐도 무방하다. 이는 그리스의 수학이 도형과 기하에 바탕을 두었던 것과는 전혀 다른 전개이다.

구체적으로 『구장산술』의 '소광(少廣)'장에서는 제곱근을 푸는 개방술을 다뤘고, '영부족(盈不足)'장에서는 일차방정식, '방정(方程)'장에서는 연립 일차방정식을 다뤘다. 그리고 '최분(衰分)'장과 '구고(勾股)'장에서는 급수 문제와 기하 문제를 다항방정식으로 바꾸어 풀 수 있는 문제를 다룸으로써 어려운 문제 대부분을 방정식 문제로 환원시켰다.

이것은 우리도 마찬가지여서 역사상 천문, 역법 등의 요구가 있을 때마다 방정식 이론은 발전을 보인다. 삼국시대부터 연구된 수학은 고려시대에 들어서는 천문역법의 도입과 관련해서 방정식 풀이가 연구되었다는 기록이 남아 있다.

중국 방정식론의 발전 역사에서 맨 처음 나타난 것은 제곱근의 계산방법인 개방술이었다.[12] 개방술은 이미 주(周)나라 때 사용되었다. 진시황의 분서갱유 이후 한대(漢代)에 들어 다시 쓰인 『구장산술』에 이 방법이 등장한다. 근삿값을 이용하여 제곱근을 계산하는 방법은 거의 천 년이 지나서 훨씬 발전된 방정식 풀이법인 증승개방술이 나타날 때까지 줄곧 쓰였다. 이 방법은 일반인들 사이에서는 20세기 초반까지도 사용되었다.

초기 『구장산술』의 방법을 수학적으로 표현하면 방정식 $ax^2=A$ 또는 $ax^3=A$에서 미지수 x의 양수 근의 근삿값을 구하는 문제이다. 이때 제곱근을 구해야 하는 숫자 A를 실(實)이라고 부르고 계수 a를 하법(下法) 또는 우(隅)라고 했다. 제곱근을 구하는 방법은 '개평방술(開平方術)', 세제곱근을 구하는 방법은 '개입방술(開立方術)'이라 하고 이렇게 방정식의 해를 구하는 방법을 일반적으로 '개방술(開方術)'이라 불렀다.

시간이 흐르면서 개방술은 단순히 위와 같은 간단한 방정식의 해를 구하는 데에 그치지 않고 일반적인 방정식의 풀이로 확장되어나간다. 결국 7세기에는 일반적인 3차방정식을 풀 수 있게 되었다.

개방술은 11세기 중엽에 몇 가지 도구가 개발되면서 큰 변화가 시작됐다. 이의 단초는 개방술에서 산대의 움직임을 보면 일정한 규칙이 보인다는 데 있었다. 송나라의 수학자들은 이 규칙이 어떤 것인지를 파악해냈다. 이렇게 개방술은 보다 단순한 숫자 셈의 반복으로 바뀌어나갔다.

개방술 계산을 시작할 때 늘어놓는 숫자들은 결국 방정식의 계수들이다. 그리고 계산을 따라서 이 숫자가 변해나간다. 산학자들은 이렇게 일정한 위치에서 변하는 숫자들이 어떤 의미를 가지고 있을 것이라고 생각하게 되었다. 자연스럽게 이들은 개방술에 나타나는 숫자의 배열에 의미를 부여하여 개념을 세워나갔다. 모양은 전혀 달랐지만 서양의 다항식이나 방정식에 해당하는 개념을 가지게 된 것이다. 이를 정형화(定型化)한 것은 11세기 중엽 북송(960-1127)의 가헌(賈憲, 1010?-1070?)이었다. 그리고 이렇게 방정식의 계수를 산대로 늘어놓고 바꿔나가는 방법을 천원술(天元術)이라고 불렀다. 그는 또 방정식 풀이의 원리로부터 이항전개(二項展開) 공식을 사용해야 한다는 중요한 사실을 알아냈고 이항전개의 계수를 표시한 수표를 만들었다.[13]

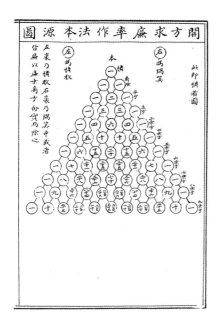

<그림 6-3>
『양휘산법』의 영향으로 '개방작법본원도'라는 이름으로 제시된 가헌의 삼각형. 서양의 파스칼의 삼각형에 해당한다.

그가 발견한 새로운 계산법을 따르면 고차원 도형을 상상할 필요도 없었고 심지어는 이항전개의 계수도 필요 없음을 알아내었다. 이것은 놀라운 발견으로 방정식 풀이를 단순한 반복 알고리즘으로 바꾼 획기적인 사건이었다. 이 방법을 증승개방법(增乘開方法) 또는 체승개방법(遞乘開方法)이라고 부른다. 이런 방법은 차수와 상관없이 모든 방정식의 근사해를 구하는 방법이 되었다. 서양 수학에서도 이와 똑같은 방법을 발견하였지만 이는 매우 늦어서 19세기 초반에 들어서서 이루어졌다. 서양에서는 이를 발견한 사람들의 이름을 따서 '루피니(Ruffini, 1765-1822)와 호너(Horner, 1786-1837)의 방법'이라 부른다.[14]

이런 발전 덕분에 송(宋)나라의 수학은 날개를 달고 발전했다. 비록 송나라 자체는 여진족이 세운 금(金)나라에 밀려 북쪽 땅을 내어줬고 이어서 강대해진 몽골에게 멸망하게 되지만, 그 학문은 중국 최고의 전성기를 맞이한다. 이렇게 발전한 수학은 금나라에 전해지고 결국은 원(元)나라의 천문역법인 수시력으로 결실을 맺는다.

천원술은 서양에서 미지수를 x라고 나타내기 시작한 데카르트의 발견처럼 중요한 발견이었다. 이렇게 다항식을 나타내면 다항식 계산이 매우 편리해진다. 그리고 우리가 오늘날 사용하는 필산보다 매우 빠르게 계산할 수 있다는 장점이 있다. 우리나라에서는 18세기 초 숙종 시대 수학자 홍정하가 완벽한 계산법으로 완성하였다.

중국에서 천원술을 기술한 남아 있는 최초의 산학서는 이야(李冶, 1192-1279)의 『측원해경』(1248)이다. 이 방법은 계속 사용돼서 이야의 『익고연단』(1259), 양휘의 『양휘산법』(1274-1275), 진구소의 『수서구장』(1262), 주세걸의 『산학계몽』(1299)과 『사원옥감』(1303) 등 모든 산서에서 사용되었다. 우리나라에는 고려 때 전해진 『산학계몽』을 통해 처음 알려진 것으로 추측된다. 조선 산학에서 천원술을 적용한 문제 해결을 다룬 산서로는 『구일집』, 『산술관견』, 『익산』 등이 있다.

2. 우리나라에서 많이 사용된 천원술

천원술은 중국에서 11세기부터 14세기까지만 사용됐다. 송나라 때 주판이 발명됐고 간단한 계산에 매우 편리한 이 기계는 짧은 시간 동안에 산대를 몰아내버리면서 천원술도 함께 몰아냈다. 천원술은 아마도 고려 시대에도 사용되었을 것이나 15세기 초반에 본격적으로 조선에 들어왔다. 세종 때 칠정산을 만들면서 방정식 풀이가 매우 중요한 문제가 되었고, 『세조실록』 6년 6월 16일의 기사에 나오는 "10차방정식을 풀 수 있었다."는 이야기는 천원술을 사용하는 증승개방법을 알아내 사용했다는 의미이다.

세종이 명해서 중국에서 들여온 중요한 산서(算書)에는 『양휘산법』, 『산학계몽』이 있다. 이 책들은 13세기의 책들로 당시의 중국 산학을 집대성한 책이다. 세종대의 학자들은 이 책들을 통해서 천원술을 연구했다. 이렇게 조선에 뿌리내린 천원술은 조선 말까지 변함없이 많은 산학자의 사랑을 받았다. 어떤 이유에선지 조선의 산학자는 물론 상인들조차도 주판을 사용하지 않고 산대를 사용했다. 덕분에 조선은 전통수학의 핵심인 천원술을 잃어버리지 않고 발전, 완성시킬 수 있었다.

조선의 수학을 제대로 알 수 있는 자료는 임진왜란(壬辰倭亂, 1592-1598) 이후의 자료를 통해서이다. 우리는 남아 있는 수학책들의 내용에서 방정식에 대한 이론과 그 이해가 어떻게 변해왔는지를 소상히 알 수 있다. 이 구체적 내용들은 다음 장에서 알아본다. 여기서는 간단히 어떤 사람들이 방정식을 연구하고 어떤 저술이 그 내용을 다뤘는지 소개한다.

조선에서 방정식 이론은 세 번의 발전을 이룬다. 그 첫째는 위에서 소개한 세종대왕 시대의 수학 발전이다. 그러나 세조대에 들어서면서 수학을 직접 사용할 기회가 적어지자 실제로 수학을 잘 이해하는 사람들이 적어지고, 수학 연구도 등한히 했음을 앞의 『세조실록』 기사를 통해서 알 수 있다. 임진왜란과 병자호란이 일어난 후, 전문가들도 공부하지 못할 정도로 수학책이 없어진 것이 확인된다.[15]

그 두 번째는 양란 후의 산학 발전 때이다. 이 시기에 나온 수학책 가운데 현재 전해지는 것은 경선징(慶善徵)의 『묵사집산법(默思集算法)』과 박율(朴繘)의 『산학원본(算學原本)』이다. 이 두 책은 모두 17세기 중, 후반의 책임에 틀림없지만 『묵사집산법』은 쓰인 시점이 알려져 있지 않고, 『산학원본』은 저자 박율의 사후에 그의 아들 박두세가 1700년에 발간하였고 최석정이 서문을 썼다. 이 두 책을 보면 방정식에 대해서 많은 연구를 하였음이 나타나지만, 이 가운데 『묵사집산법』은 천원술을 이야기하지 않고 단순하게 2,000년 전부터 내려오던 동양의 계산법을 사용하고 있다. 이에 반해서 『산학원본』은 책 전체가 천원술을 설명하는 책이며 그 내용이 매우 진보적이고 자유로운 사고 아래 쓰인 책이다. 이 두 저술이 가능했던 것은 김시진이 중간(重刊)한 『산학계몽』에 힘입은 바가 크다.

조선의 산학자들은 대(代)를 이어 산학을 전수하면서 천원술을 빼놓지 않았다. 산학이 겨우 숨을 쉬던 임진왜란과 병자호란을 지나 복구된 거의 첫 번째 책으로 보이는 박율의 『산학원본』은 천원술을 자유자재로 구사하였다. 박율은 한 걸음 더 나아가 천원술을 통한 방정식의 풀이에 이전보다 더 중요한 의미를 부여할 수 있었다. 이것은 조선에서 천원술이 가장 중요한 자리를 계속 유지하고 있었음을 반증한다.

세 번째로 방정식이 발전하는 것은 18세기 후반부터이다. 서양 수학의 방법을 정리한 『수리정온』이 들어오면서 산학자들은 천원술에서 관심이 멀어졌다. 그러나 우여곡절 끝에 19세기 중반의 남병길과 이상혁이 천원술의 우월성을 다시 알아내며 되살아났다. 그리고 전문가들 사이에서 천원술이 잠시 소외되었어도 일반 유학자들에게는 천원술은 거의 유일한 수학 계산법이었다. 이 사실은 천원술이 소외되던 시기의 유학자 배상열의 『서계쇄록』을 보면 알 수 있다.

이렇게 우리나라에서 보존된 천원술과 개방술은 18세기 초반에 중국으로 역수입되었다. 홍정하의 『구일집』 잡록 부분에 홍정하와 중국의 유명한 산학자 하국주의 수학 문제 풀이 대담의 장면이 나와 있다. 이 세세한 장면의 기술을 통하여 하국주는 중국의 전통수학에 천원술이 있다는 것을 처음 알고 이를 다시 중국에 전했다는 사실을 알 수 있다. 이후 중국에서는 당시 풀지 못했던 삼각형 문제 4개를 해결할 수 있었고 이는 18세기 중반에 매각성이 정리한 『적수유진』에 들어 있다.[16]

3. 전통 방정식의 발전

　우리나라에서도 방정식의 풀이법은 오래전부터 사용되었을 것이다. 그러나 어려운 수학은 잘할 때는 잘하다가도 안 하면 책도 없어지고 아는 사람도 없어지곤 했다. 전통 방정식론인 천원술과 개방법은 우선 세종대에 확실한 발전을 했다. 앞서 이야기한 『세조실록』의 기사를 보면 계를 올린 이조의 관리는 동양 산학에 해박한 지식을 가지고 있었다. 세종대에 10차방정식을 푸는 데 어려움이 없었다는 그의 말은 큰 의미를 가진다. 10차방정식을 푼다고 하면 고대의 방정식 풀이법으로는 불가능하다. 또 11세기 가헌에 의한 이항전개를 사용하는 것도 쉽지 않다. 보통 알려져 있는 가헌삼각형[17]도 7차항의 전개 정도까지만 있을 뿐이다. 그리고 혹시 가헌삼각형이 마련돼 있었다 해도 이것을 푸는 것은 결코 쉽지 않다. 다만 천원술을 사용해서 나타내고 증승개방법을 사용해야만 큰 어려움 없이 이를 계산할 수 있다. 따라서 이 기사가 시사하는 바는 첫째로 세종대의 산학자들은 천원술과 증승개방법을 잘 사용할 수 있는 수준에 있었다는 것이다.

　둘째로 이것이 다는 아니다. 천원술과 증승개방법은 단순히 알고리즘만 잘 알려주면 방정식의 이론은 잘 몰라도 얼마든지 따라할 수 있을 것이다. 혹시 세종대에도 이런 식으로 수학을 풀이한 것은 아닌지 의심할 수도 있다. 그러나 우리는 세종대에 들어온 중국의 산서가 『양휘산법』, 『산학계몽』, 『상명산법』 세 종류뿐임을 알고 있다. 그리고 실제로 증승개방법의 알고리즘을 설명한 책은 중국에 단 하나만 알려져 있는데[18] 이 책은 조선에 들어온 적이 없다. 따라서 증승개방법의 원리만 최소한으로 설명되어 있는 『양휘산법』만으로 이 알고리즘을 배울 수는 없었을 것이라고 생각된다. 결국 세종대의 산학자들은 증승개방법을 개발해냈음이 틀림없다는 추론이 가능하다. 이것이 불가능한 일은 아닐 것이다. 18세기 초의 홍정하는 이를 다시 발견해냈을 뿐 아니라 한 걸음 더 나아가 천원 술 계산법을 완결 지었다.

이미 알아보았듯이 세조대에 이르러 이미 고급 방정식 이론은 잊혀져 가고 있었고 200년 가까이 지나서 병자호란이 끝나는 시점에서야 겨우 복구를 위한 노력이 시작됐다. 이 당시의 노력의 배경에는 1645년에 들여 온 중국의 시헌력이 있었음은 이미 서술하였다.

이때 다시 시작된 산학의 총체적인 연구는 다양한 형식으로 이뤄졌으며 약 70년이 지나서 홍정하에 이르러 완결됐다. 이 과정에서 중인 전문 수학자들이 큰 역할을 담당했음을 미루어 짐작할 수 있다. 우선 17세기 중후반의 결과로 보이는 중인 수학자 경선징의 『묵사집산법』은 개념적으로 어려운 수학은 다루지 않았다. 경선징의 산학은 조선의 산학이 중인 수학자를 통해서 어떻게 전수됐는지를 잘 보여준다. 조선의 산학이 부침을 겪는 중에도 중인들은 꾸준히 산원들에게 필요한 산학을 잊지 않고 전수해나갔음을 알 수 있게 해준다. 그 덕분에 병자호란이 끝나자 사라진 산서를 복원하는 데 경선징과 같은 산원은 중인의 수학을 쉽게 저술할 수 있었다. 즉, 산학의 복원 초기에 중인 산학의 역할이 지대했다고 보인다.

한편 사대부의 산학은 부침이 심했지만 여기서도 최소한의 산학은 유지되고 있었다. 거의 같은 시기에 박율은 천원술을 완벽히 서술하고 그 수학적 의미를 발전시킨 내용을 책에 담았다. 또 저술은 없지만 『산학계몽』의 어려운 문제들을 거침없이 풀고 설명할 수 있었던 임준과 같은 사대부가 있었다. 17세기 중엽에 산학을 공부한 사대부가 숫자 면에서는 크게 줄었더라도 그 내용은 면면히 이어가고 있었음을 보여준다. 이는 중국의 경우, 청나라 초기의 전통산학에서 천원술이 완전히 사라져서 방정식 풀이에 산가지를 쓸 수 있다는 사실조차 모르는 것과는 확연히 대비된다.

이렇게 이어진 조선의 천원술과 개방법은 18세기 초의 홍정하에게로 이어졌음은 의심의 여지가 없다. 전쟁이 끝나고도 70년 정도 흐른 후이지만 홍정하는 조선에서도 잊혔다고 보이는 증승개방법을 완벽하게 재발견하고, 그 의미를 새롭게 알아냈을 뿐 아니라, 그 계산 과정을 이해하면 천원술 자체를 자유롭게 사용할 수 있게 된다는 새로운 사실을 알아냈다.[19] 이 사실을 수학적으로 설명하고 구체적으로 기술한 사람은 동양에서는 홍정하 한 사람뿐이다. 그리고 그가 방정식에 뛰어날 수 있었기 때문에 구고술에서도 뛰어날 수 있었다. 뒤에서 알아보듯이 그는 천원술로 분수 방정식을 다루었다고 추측된다.

이 천원술은 끊어질 듯 끊어지지 않고 19세기 중엽에 이상혁에게 도달한다. 그리고 천원술은 조선 말의 산학이 서양 천문학을 공부해내는 데 중요한 역할을 한다. 천원술은 동양 산학에 없어서는 안 될 핵심적인 계산 수단이었으며 19세기 말까지, 심지어는 20세기 중엽까지도 가장 빠르게 계산할 수 있는 도구였다. 그리고 조선의 산학자들은 이 도구를 버리지 않고 동양 전통수학의 맥을 이어갔다.

4. 천원술과 사원술 표기

천원은 방정식에서 오늘날 구하고자 하는 대상을 문자로 나타낸 미지수는 x에 해당하는 전통산학의 명칭이다. 문제 해결에 천원술이 동원되었는지 여부는 두 가지를 통해 확인할 수 있다. 첫째, 풀이의 맨 앞에 '立天元一爲A…'라는 구절이 나온다. 이 구절은 A를 x로 놓는다는 의미이며 곧 주어진 문제 상황에 적합하게 미지수를 잡는 단계이다. 그리고 이렇게 잡은 천원에 따라 다항식이 계수의 산대 배열로 이루어진다. 둘째, 천원술을 사용하면 오늘날과 같이 문제를 다항식으로 구성한 다음 변형해 나가게 되며 마지막 방정식의 상수항(實)이 다항식과 같은 쪽에 놓이므로 보통 음수가 된다. 이는 전통 개방술을 사용할 때 실이 양수인 것과 대비되므로 차이를 알아볼 수 있다.

천원술의 첫 단계에서 출현하는 산대 표현은 ┆이다. 위에서부터 상수항, 1차항의 계수를 의미하므로 ┆은 1x+0에 해당하고, 곧 x를 나타낸다. 이어서 문제의 조건에 맞는 방정식을 구하여 상수항, x의 계수, x²의 계수 등 차수 순으로 정렬한다. 이상혁의 『익산』에서처럼 太를 상수 자리 옆에 써서 상수항임을 명시하는 경우도 있다.

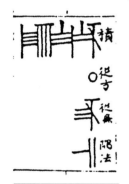

〈그림 6-4〉 『구일집』의 천원술에 의한 3차방정식 표기

〈그림 6-4〉는 『구일집』에 나오는 천원술 표기의 예이다. 이 문제는 4차원 도형의 부피를 대상으로 하므로 부피를 말하는 적(積)이 상수항 옆에 쓰여 있다. 그 아래로 종방, 종렴, 우법은 각각 1차항, 2차항, 최고차항의 계수를 나타낸다. 따라서 이 산대 배열을 현대적 표기로 나타내면 삼차방정식 $12x^3 - 36x^2 - 1498176 = 0$에 해당한다.

천원술을 표기할 때, 미지수가 없으므로 산대 배열의 위치에 따라 그 수가 어느 자리의 계수에 해당하는지 파악해야 한다. 위치가 그것을 말해주므로 항마다 별도의 이름을 반드시 쓸 필요는 없지만 『구일집』에서 다룬 최고차식인 10차식 정도 되면 그 행의 수가 11개나 되어 한눈에 파악하기가 쉽지 않다. 이를 명확하게 구별하기 위해 수 옆에 이름을 제시하기도 하는데, 제1종, 제2종, …, 제n종과 같이 표시하기도 하고, '갑, 을,…'과 같이 십간을 써서 나타내기도 하였다.

천원술을 이용하여 방정식도 나타낼 수 있고 다항식도 나타낼 수 있다. 즉, 천원술 표현은 문제의 해법에 따라 방정식 $f(x) = 0$이 되기도 하고 다항식 $f(x)$가 되기도 한다. 천원술로 표현된 식이 방정식이라는 것을 나타내기 위해 홍정하는 특별히 '개방식'이라는 명칭을 사용했으며, 필요에 따라서는 '좌식(左式)', '우식(右式)', '금식(今式)' 등 식(式)자를 붙여서 방정식임을 나타냈다.

천원일(天元一)을 쓰면 미지수가 한 개인 경우의 식을 나타낼 수 있는데, 만약 미지수가 여러 개일 경우 어떻게 할 수 있을까 하는 궁금증이 생긴다. 이를 위해 만들어낸 것이 사원술이다. 천원술이 문자가 한 개인 다항식을 표현하는 방법인 데 비해, 사원술은 문자가 네 개인 다항식을 표시하는 방법이다. 천원술은 이미 12세기부터 체계화됐다. 여기서부터 미지수를 하나씩 더 추가하여 14세기 초 주세걸의『사원옥감』에 나오는 사원술이 정립되었다.

전통산학에서 구하고자 하는 대상이 여러 개인 문제 상황은『구장산술』의 방정장에서부터 출현할 정도의 일반적인 것이었기 때문에, 천원술에서 미지수의 개수를 여러 개로 확장하려는 생각은 매우 자연스런 발상이다. 다만 천원술로 나타낼 때 산대 배열이 평면 위에서 이루어진다는 점에서 미지수 개수의 확장은 동서남북 4개의 방향으로까지만 가능하다는 것이 그 한계이다. 그래서 사원술인 것이다.

사원술의 문자는 주역에서 말하는 삼재(三材)인 천(天), 지(地), 인(人)에 물(物)을 추가한 네 가지로 나타낸다. 네 개의 문자가 포함된 사원식을 계수만 가로세로로 배열해서 나타낸다. 여기서도 천원술과 마찬가지로 산대 배열의 위치에 따라 항의 계수를 구별해야 한다. 가운데의 태(太, 상수항)를 중심으로 아래쪽이 천, 왼쪽이 지, 오른쪽이 인(人), 위쪽이 물(物)의 계수가 위치하는 방향이다. 구체적으로 천원(x), 지원(y), 인원(z), 물원(u) 네 문자가 포함된 다항식의 계수 위치는 〈그림 6-5〉와 같다. 이 배열에서 아래쪽만 보면 천원술만이 보인다.

u^2y^2	u^2y	u^2	u^2z	u^2z^2
uy^2	uy	u	uz	uz^2
y^2	y	太	z	z^2
xy^2	xy	x	xz	xz^2
x^2y^2	x^2y	x^2	x^2z	x^2z^2

〈그림 6-5〉 사원술의 배열

여기서 네 개의 문자 x, y, z, u 중 두 개씩 곱하여 생기는 항은 모두 6개인데, 동서남북 4방향에서 인접하지 않은 ux와 yz가 빠져 있음을 볼 수 있다. 2차원 평면 배열의 한계 때문인데, 식의 표현에서는 필연적으로 다루어야 하므로 해결책이 필요하다. 이를 위해 『사원옥감』에서는 태 둘레로 xu의 계수를 좌하, yz의 계수를 우상에 비껴놓았다. 이렇게 하면 이론적으로는 사원술을 이용해서 4원 n차방정식을 모두 표현할 수 있을 것 같다. 그러나 실제로는 xyz의 계수 위치의 부정확성이나 음의 지수항 계수와 반대쪽 문자의 계수의 중복 문제 등 맥락 없이 산대 배열만 보아서는 오류의 여지가 있다. 〈그림 6-6, 6-7〉에서 보듯이 『사원옥감』의 가령 사초(假令四艸)의 제3문인 삼재운원(三才運元)에 나오는 $-xy^2+xyz-x-y-z$를 나타내는 산대 배열에서 xyz항의 계수 1의 애매한 위치나 제4문인 사

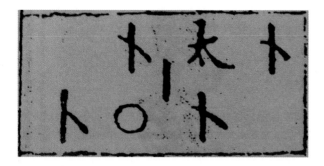

-1		太	-1
		1	
-1	0		-1

〈그림 6-6〉
삼재운원의 사원술 : xyz항의 계
수 $\frac{404}{2$太$}$1이 태(太) 주위에 애매하
게 위치해 있다.

| 4 | 0 | 4 |
| | 2太 | |

〈그림 6-7〉
사상회원(四象會元)의
사원술 예

상회원(四象會元)에 나오는 산대 배열은 $2+4yu+4zu$와 $2+4yx^{-1}+4zx^{-1}$ 두
가지를 의미할 수 있고, 실제로는 후자에 해당하는 풀이다. 따라서 천
원술, 사원술의 산대 배열은 문제 상황 및 해법과 함께 해석되어야 한다.

5. 서양 수학을 만난 조선의 방정식론

　전통 방정식 이론은 중인 산학자 홍정하에 이르러 큰 발전을 보였지만
이는 사대부에게는 크게 알려지지 않았다고 보인다. 사대부들은 많은 계
산을 빨리할 이유가 없었고, 따라서 증승개방법은 방법 정도만 알고 있
거나 이마저도 모르고 있었을 것이라고 생각된다. 18세기 중반에 시헌력

을 위한 수학을 연구하기 시작한 것은 관상감 관원과 과학에 관심을 가진 사대부들 모두였다고 보이지만 이 중에서 중인 관원들의 수학은 거의 알려진 것이 없다. 관상감에서 시헌력을 잘 사용했다는 기록도 별로 보이지 않는다. 아마 중인들은 매일매일의 업무에 바쁘다 보니 부분적인 계산법만 익혀 쓰고 전체적인 방법에는 관심이 없었을 수도 있었을 것이다.

그러나 양반 산학자들은 많은 노력을 기울였다는 사실이 나타나 있고 이들의 산서에 보이는 18세기 중반부터의 방정식 이론은 매우 초보적인 수준에 머물렀음을 볼 수 있다. 대표적으로 홍대용의 『주해수용』은 두 장에 걸쳐서 방정식을 다룬다. 내편(內篇) 상(上)의 '개방법'에서 단순한 제곱근과 세제곱근을 푸는 방법을 사용하는 문제만 다루고, 내편(內篇) 하(下)의 '천원해(天元解)'에는 천원술을 써서 푸는 문제를 다루었다. 이것들은 대부분 2차방정식이고 마지막에 3차방정식이 몇 개 들어 있을 뿐이다. 그리고 천원술 표기는 사용하지 않고 말로만 계산 과정을 이야기한다.[20] 이는 이 책의 삼각함수 계산이 기초적인 공식과 문제에 국한되고 있으며 꼭 필요한 구면삼각법은 언급되지 않는 것과 관련이 있다. 즉, 필요한 도구의 개념은 잡혔지만 복잡한 3차원 문제에 활용하는 방법을 알아내지 못했다고 볼 수밖에 없다. 홍대용은 3차원에서도 수직 방향으로 놓인 평면 위의 기하와 평면삼각법을 활용하는 문제를 많이 다뤘다. 이런 상황은 18세기 후반까지 지속된다. 일견 보면 조선의 방정식론은 후퇴했다고 말할 수밖에 없다. 그러나 이런 취약한 부분은 19세기에 홍길주의 저술이 완성되면서 달라진다.

위에서 본 것처럼 사대부 산학자들은 홍정하의 『구일집』과 같은 책을 볼 수 있는 길이 없었다고 보인다. 그 원인은 양반과 중인 사이의 연결고리가 생각보다 약했던 것이라고 추측된다.

고차방정식을 많이 활용하게 되는 것은 천문역법과 관련된 계산을 많이 하게 되면서부터이다. 이는 관상감 관원보다는 사대부 천문학자인 남병길로부터 비롯되었다. 그러나 남병길도 이조판서와 관상감 제조를 겸직한 터라 계산에 매달릴 수는 없었을 것이다. 아마도 그 전의 제조들과 똑같이 남병길도 관상감원 가운데 똑똑한 사람을 뽑아 수학 계산을 시켰을 것이다. 이렇게 해서 드디어 천재 수학자 이상혁은 남병길과 같이 연구를 시작하게 된다.

다른 사람과 차이가 있다면 남병길은 계산의 내막을 이해하고 있었다는 것이다. 계산의 세세한 부분과 빠르게 계산하는 방법은 몰랐어도 무슨 계산을 어떻게 해야 하는지 알고 있었던 것이다. 그 덕분에 그는 수학의 여러 이론을 이상혁과 함께 연구할 수 있었고 필요한 모든 계산을 해낼 수 있었다.

이상혁의 입장에서는 운이 좋게 남병길과 일을 같이하게 되면서 공부할 수 있는 수학책을 쉽게 구할 수 있었을 것이다. 이 과정에서 그는 자신이 맡은 일에 필요한 빠르고 정확한 계산방법을 찾게 됐을 것으로 보인다. 그가 찾은 것은 남양 홍씨 집안에서 전해 내려온 홍정하의 『구일집』이었고, 그 결과 천원술과 증승개방법은 이상혁에게 전해졌다. 그리고 이상혁은 이 산대를 사용한 계산법이 매우 효율적이란 것을 알아보았을 것이다. 20세기 말에 계산기가 나오기 전까지도 주판셈은 계산을 보통 사람의 10배~20배 빠르게 할 수 있는 전통수학의 계산기였다. 이상혁도 산대를 사용해서 방정식을 풀 수 있게 되면서 오늘날 새 컴퓨터를 얻은 것 같았을 것이다.

앞에서 설명한 것처럼 조선 학자들은 꼭 필요한 것만 추려서 잘 활용했다. 이상혁도 서양의 방정식 구성법과 함께 전통산학의 천원술과 개방법을 활용했다. 이 과정에서 계산 효율이 떨어지는 서양식 방정식 표기법은 사용하지 않게 되었다. 조선이 멸망하지 않고 지속됐다면 이는 서양 수학으로 가는 길을 조금 더 지체시켰을지 모른다. 그러나 이런 것을 알기도 전에 일본에 의한 조선 강제합병과 이에 따른 학문 단절이 시작되고 말았다.[21]

구고술과 구면삼각법

구고술이 동양의 수학에서 어떤 위치에 있었는지 알기 위해서 우선 구고술이 발달해온 역사를 살펴본다.

1. 전통 구고술 발전의 역사

맨 처음 역사에 나타나는 구고술은 『주비산경』에서 천문을 계산하는데 구고정리(피타고라스 정리)를 사용한 것이고, 그다음은 『구장산술』에서 구고 문제를 방정식을 세워 푼 것이다. 『구장산술』의 구고 장(章)은 학자들이 생각하듯이 한나라시대에 와서 『구장산술』 속에 추가된 것이다. 혹시 한나라 이전에 원래 들어 있었다고 해도 이것은 『구장산술』의 수학 가운데 가장 늦게 나타난 것임에는 틀림없다. 이 구고술은 그 이전까지의 수학을 바꿔놓았다. 이렇게 말하는 이유는 구고술이 도형의 문제를 방정식 문제에 처음 연계시켰기 때문이다. 이 새로운 수학은 도형의 성질을 방정식을 풀어서 알아낼 수 있다는 것을 처음 보여준 것이다. 또한, 이 것은 다른 문제들보다 훨씬 발전된 형식의 문제였다. 즉, 구고술은 발전된 두 가지 분야의 융합을 보여주는 응용수학이었고 서양에서는 데카르트 가 이와 똑같은 생각을 바탕으로 해석기하를 창안해냈다.

천원술로 오랜 기간 『구장산술』 수준의 단순한 문제만을 다루던 중국 의 구고술은 7세기 초에 당나라의 왕효통(王孝通, 580-640)이 쓴 『집고산 경』에서 처음으로 구고술 문제를 체계적으로 도입한다. 이것은 구고 문제 와 개방술의 제대로 된 결합을 의미한다. 왕효통은 이 문제들을 3차 및 4차방정식을 구성해서 해결하였다. 그러나 아직 방정식 이론이 발전하기 전이어서 『집고산경』에서는 천원술을 사용하지는 못하고 풀이는 도형을 이용한 고대 방법을 썼다.[22]

중국은 7세기 중엽에 이순풍이 그때까지의 중요한 산서들을 집대성하 고 나서부터 수학이 크게 발전하기 시작했다. 이 작업 덕분에 사람들은 수학의 여러 관점을 종합해서 볼 수 있게 되었고 이는 천원술 발달의 한 가지 원동력이 되었다고 보인다. 정확한 시기는 알 수 없지만 고대 개방술 의 산대 계산 과정은 7세기를 넘어서면서 천원술이라는 형태의 형식적인 계산술 체계와 그를 사용하여 방정식을 푸는 방법인 개방술로 정착되어 갔다. 즉, 개방술의 산대를 늘어놓는 방법은 방정식을 푸는 과정을 나타 내는 형식적 방법으로 자리잡으며 천원술이 되었다. 천원술은 오늘날의 다항식과 방정식 표기법과 다항식을 다루는 대수적 계산술에 해당하는 도구가 되었다. 반면, 개방술의 계산방법은 천원술 덕분에 조직적으로 탈 바꿈할 수 있었으며 11-13세기의 계산 혁명인 증승개방법을 이끌어냈다.

7세기 초 왕효통이 구고술에 일으킨 큰 변화는 11세기 천원술의 발달 과 같이 큰 발달을 이뤘을 것으로 짐작된다. 13세기에 양휘는 구고술에 서 가장 중요한 10가지 1차식을 화(和)와 교(較)로 분류하여 이름을 붙였다. 이 10가지 식은 대칭식이나 교대식 또는 이와 유사한 것으로 구고술의 모든 계산을 말로 표현할 수 있게 하였다. 이런 방법은 일상적으로는 매우 편리했겠지만 수학의 발전에는 그리 도움이 되지 못했다.

13세기까지 전성기를 누렸던 중국의 수학은 그 이후 큰 변화를 맞는다. 14세기부터 시작해서 중국의 고전 수학은 많은 부분이 사용되지 않으면서 잊혀지고 비교적 평범한 수학이 시작되었다. 15-16세기에 중국의 여러 산서가 구고술을 다뤘지만 발전은 별로 보이지 않는다.[23] 그리고 16세기 말이 되면서 마테오 리치 등이 서양 수학을 가지고 들어와서 전혀 새로운 수학으로의 전환이 시작됐다.

이 시기에 들어온 서양 수학은 맨 먼저 클라비우스가 주를 단 유클리드 원론 가운데 앞쪽 기하학 부분 6장이 중국어로 번역된 『기하원본』(1607)이다. 또 같은 사람의 실용산술개론 교과서도 번역되어 『동문산지』(1613)라는 이름으로 출판된다. 이 시기에는 17세기 중반에 시헌력(1645)이라는 서양식 역법이 반포됨과 함께 서양 수학은 중국 수학 및 과학의 중심을 이루게 된다. 서양에서 도입된 수학은 역법의 이론을 정리하라는 강희제의 명으로 매문정이 저술한 역작 『수리정온』(1723)에서 총정리되었다. 『수리정온』은 1730년에 조선에 들어온다. 이 시기에 중국에서 구고술을 다룬 책은 서광계의 『구고의』(1605), 『측량이동』(1608), 이지조가 번역한 『동문산지』(1613), 매문정의 『구고천미(句股闡微)』[24] 방중통(方中通)의 『수도연(數度衍)』(1661), 두지경(杜知耕)의 『수학론(數學論)』(1681) 등이 있다.

18세기에 중국은 고전 수학에 눈을 돌려서 많은 전통수학의 재해석을 시도한다. 이는 조선에도 다시 전해져서 19세기 산학에 큰 영향을 주었다. 남병길과 이상혁은 이 영향을 크게 받았으며 조선 특유의 형식으로 서양 수학을 받아들이는 계기가 됐다.

2. 조선의 전통 구고술

17세기 조선에서 구고술을 잘 보여주는 산서는 없다. 물론 박율의 산학을 보면 당시에 구고술이 중요한 계산법이었음에는 의심의 여지가 없다. 그러나 경선징이나 박율이나 모두 기하 문제로서 구고를 바라보지 않는다. 경선징은 구고를 간단한 1차방정식 문제의 소재 정도로 다루고 있고, 박율은 2차방정식 문제의 중심 소재로 다루고 있을 뿐이다. 그러나 이어지는 18세기의 산학을 보면 구고술은 자체로 중요한 수학이었음을 알 수 있다. 비록 17세기 산서가 이 부분을 제대로 다루지 않았어도 그 쓰임이 많았던 것을 유추해 알 수 있다.

홍정하와 유수석은 조선 중기에 완전히 전통적인 산학만을 연구한 마지막 세대이다. 17세기 조선 산학의 부흥은 경선징과 같은 징검다리를 거쳐서 놀라운 성공을 거뒀다. 18세기 초엽의 홍정하는 박율이 생각한 방정식을 통한 수학 문제 해결이란 생각을 구체적인 문제로 보여줬다. 그 대표적인 것이 홍정하의 구고술이다. 홍정하는 구고술의 문제들을 개별적으로 해결하지 않고 모두 천원술을 통해서 방정식으로 환원하는 통일된 수학 방법으로 재구성했다. 홍정하가 구고 문제에서 천원술을 어떻게 사용했는지는 다음 장에서 자세히 설명한다.

홍정하와 유수석은 같은 시기에 활동했고 서로 교류가 많았다고 보인다. 두 사람의 저술에는 공통되는 문제가 매우 많다. 홍정하의 구고술에서 천원술이 매우 돋보인다면, 유수석의 저술에서는 매우 많은 유형의 문제와 200개가 넘는 피타고라스 수의 쌍을 찾아가지고 있었다는 사실이 독특하다. 특히 유수석은 전통 구고술의 여러 방법론을 조선 산학자들이 어떻게 분류하고 사용했는지를 잘 보여준다. 예를 들면 구고술에서 많이 쓰이는 일련의 방법을 '양화술(兩和術)'이라는 이름으로 분류하고 있다. 이것은 중국에는 보이지 않는 용어로서 조선만의 독특한 해석법이 있었음을 보여준다.

18세기 초까지 전통적인 구고술은 최고로 발전했고, 조금 지나서부터는 중국을 통해 들어오는 서양 천문학의 계산법이 관심의 대상으로 변해나갔다. 그리고 구고술의 관심은 평면기하에서 공간기하와 구면삼각법으로 옮겨졌다. 서양 구고술을 가장 먼저 눈여겨본 사람으로는 조태구를 들 수 있다.

조태구가 쓴 『주서관견』의 구장문답에 보이는 그의 구고술 가운데 다음은 특기할 만하다. 8번 질문인 "할원법(割圓法)이 무엇인가"라는 질문에 그는 다음과 같이 기술한다.

> 보통 원둘레를 지름의 3배라 하지만 이는 단순히 원에 내접하는 정육각형의 둘레일 뿐이고 원에 내접하는 더 잘게 나눈 정다각형을 생각하면 그 호의 길이가 점점 길어지면서 결국은 원의 호가 된다.[25]

이것은 『구장산술』에서 유휘가 주를 달아 설명한 내용이며 조태구는 『구장산술』을 보지 않고도 같은 설명을 더 설득력 있게 하고 있다. 그는 56번 질문에 대한 답에서도 구고술을 써서 일반삼각형의 세 변 길이로부터 이 삼각형의 넓이를 구하는 법을 설명하였다.[26]

3. 18세기부터의 구고술과 정약용

17세기에 우리나라로 들어온 시헌력은 초기부터 조선 학자들에게 매우 어려운 문제로 대두되었다. 18세기 초부터 시헌력에 관심이 있는 학자들은 어떻게든 『역상고성』과 『수리정온』의 수학을 이해해야 한다는 것을 알고 있었다. 그러나 아무런 설명 없이는 서양의 발전된 기하학을 이해해내기에 역부족이었고 오랜 시간을 필요로 했다. 조선에서 『수리정온』의 내용을 처음 제대로 파악한 것은 『수리정온보해』(1747, 1755 또는 1787?년)라고 할 수 있다. 이 책의 저자 학산초부(鶴山樵夫)는 학산(鶴山) 서호수이다.[27] 『수리정온보해』를 보면 당시 조선 천문학 최고의 학자로 꼽히는 서호수에 와서야 『수리정온』이 처음 제대로 연구되었다고 보면 무방하겠다. 이 『수리정온』에는 구면삼각법과 관련된 기초적인 내용이 조금 들어 있지만 제대로 된 구면삼각법은 없다.[28] 18세기 후반에 들어서야 서양 기하학을 제대로 다룰 수 있게 되었고 구면삼각법을 다룰 바탕이 마련됐다고 볼 수 있다. 이는 조금 앞선 시기의 홍대용의 수학에서도 평면의 삼각법은 익숙하게 다루지만 구면을 다루지 않고 있는 것과 일맥상통한다.

18세기 후반은 수학이 매우 혼란한 시기처럼 보인다.[29] 수학적 관점에서는 동양 수학이나 서양 수학에 모두 뛰어난 수학자 또는 이를 모두 정리한 수학자가 잘 보이지 않는다. 천문학은 계속해서 매우 중요한 관심사였지만 시헌력 이래의 천문학은 제대로 감당하기 어려웠음이 틀림없고 또 이를 위한 서양 수학도 매우 복잡해서 조선에서 당장 뿌리내리기에는 무리였다고 보인다.

1) 정약용의 『구고원류』

그러나 서양 수학을 처음 맞아 혼란한 와중에도 전통산학의 맥을 잇는 구고술의 저술이 있었으며 더구나 세계에 단 하나밖에 없는 독특한 저술이 됐다. 이것은 정약용이 저술했다고 알려져 있는 『구고원류』이다.

이 책은 『유씨구고술요도해』처럼 구고술에 대한 내용밖에는 없는 책이다. 그것도 여러 실용적 문제 풀이법을 해설한 책이 전혀 아니다. 이 책은 직각삼각형의 세 변의 길이 구(a), 고(b), 현(c)의 2차식들 가운데 기하학에서 많이 나오는 일정한 꼴의 다항식을 변형하는 공식을 모아놓은 책이다. 예를 들어 앞의 『유씨구고술요도해』에 나오는 19번째 문제는 다음과 같은 구고술의 공식을 활용하는 문제이다. 즉 $a^2+b^2=c^2$일 때 다음이 성립한다.

$$(a+b+c)^2=2(a+c)(b+c)$$

이 식은 "현화화의 제곱은 구현화와 고현화의 곱의 두 배이다."라는 식으로 읽었다. 예를 들면 $a+c$는 구와 현의 합이므로 구현화(句弦和)라 하는 식이다. $a+b+c$는 현(弦)과 구고화(⋯和)의 합(和)이므로 현화화(弦和和)라 부른다. 물론 이 식은 항상 성립하는 식이 아니라 직각삼각형의 세 변의 길이에 대해서만 성립한다.

옛날 동양의 수학은 문자를 사용한 대수학이 없었으므로 이런 식을 많이 기억해야 직각삼각형과 관련된 문제를 쉽게 풀 수 있었다. 그리고 앞의 『유씨구고술요도해』는 이런 공식을 200개 정도 사용하고 있는 것이다. 정약용이 쓴 『구고원류』는 이 공식을 직접 나열한 것이고 일정한 유형의 공식을 빠트린 것 없이 모두 모아 수록한 책이다. 그러니까 『구고원류』에는 이런 식의 말로 된 공식이 1,700여 개가 들어 있다. 그리고 이것은 구고술을 사용해서 변형해야 하므로 사실 그리 쉬운 계산이 아니다. 위에 들었던 『유씨구고술요도해』의 19번 문제의 공식은 『구고원류』에서 2차식 공식집 부분의 52번째 공식이다.

이 책의 내용에서 또 하나 중요한 것은 이 공식들 가운데 두 항의 차의 결과가 양수가 나오는 것이 있다. 이런 경우 정약용은 빼는 항의 계수를 늘려가며 음수가 나올 때까지 식을 변형해본 곳이 여러 곳 있다. 즉,

어떤 이유에서인지 이 식들의 부등식을 계산해본 것이다. 다항식 계산도 특이하지만 다항식의 부등식을 생각해보는 것도 동양에서는 거의 아무도 하지 않은 것이다.

이 책의 내용은 수학적으로 중요한 몇 가지 사항이 있지만 여기서는 한두 가지만 이야기하자. 우선 이 책은 정약용의 저술로 제대로 인정받지 못한다. 그 첫째 이유는 정약용의 저술 목록에 없기 때문이다. 정약용이 아니라면 저자는 누구인가? 이를 알기 위해서 가장 먼저 물어보는 질문은 이 책은 왜 썼을까이다. 이 저자는 구고술을 활용하는 법을 잘 이해하고 있었다. 하지만 실제로 계산은 많이 해보지 않았다고 생각된다. 홍정하 등의 수학자들은 자신들이 잘 알고, 많이 사용되는 구고술 공식을 중심으로 사용했을 것이며 이것은 그리 많지 않았다. 그러나 이에 익숙하지 않은 사람은 구고술 공식을 모두 적어놓고 싶었을 것 같다. 아마 처음에는 이렇게 많은 줄 몰랐을 가능성이 높지만 이 사람은 이것을 하나씩 찾아나갔다고 보인다. 하나하나 계산하는 데 시간이 꽤 걸렸을 것이므로 시간도 많이 투자했다. 특히 이 내용은 다른 책을 참고해 베껴 편집하여 만들 수도 없다. 동양 산학 어느 곳에도 없고 현대에도 없다. 따라서 업무로 바쁜 중인 전문 산학자들은 이런 시간을 쓰기 어려웠을 것이다. 따라서 산학에 관심이 많은 양반 학자로 보인다.

다른 한 가지 사실은 정약용이 이 책을 쓸 때 이 공식들을 특정한 순서로 늘어놓았는데 이것은 지금 우리가 볼 때 사전에 단어를 넣는 순서에 해당한다고 보면 된다. 그런데 정약용이 이런 순서를 어떻게 알아냈을지도 매우 궁금하고 또 이 1,700여 개의 식을 썼는데 순서가 틀리게 들어간 것은 하나도 없다는 것도 매우 놀랍다. 사전식 배열이라는 방법을 창안해서 만든 것이 아닐까 추측된다.

그가 사용한 순서를 알아보자. 우선 기본적인 항은 다음 〈표 6-1〉의 이름을 참조하자. 사용하기 편리하도록 도표에 있는 것처럼 우리는 이것에 기호를 s_0에서 s_{12}까지 붙이기로 한다. 또 직각삼각형의 넓이는 A로 나타낸다.

현화화(弦和和)	$a+b+c$	s_0
현화교(弦和較)	$a+b-c$	s_1
현교화(弦較和)	$-a+b+c$	s_2
현교교(弦較較)	$a-b+c$	s_3
구고화(句股和)	$a+b$	s_4
구고교(句股較)	$-a+b$	s_5
구현화(句弦和)	$a+c$	s_6
구현교(句弦較)	$-a+c$	s_7
고현화(股弦和)	$b+c$	s_8
고현교(股弦較)	$-b+c$	s_9
구(句)	a	s_{10}
고(股)	b	s_{11}
현(弦)	c	s_{12}
구고적(句股積)	$ab/2$	A

〈표 6–1〉 정약용이 사용한 구고술 용어와 현대적 의미, 그리고 이를 설명하기 위한 기호. 이 가운데 위에서부터 10개는 양휘가 이름 붙인 오화(五和)와 오교(五較)이다.

『구고원류』에서 다루는 식들은 다음과 같은 형태이다. 즉, 이 중에서 s_0부터 s_9까지의 10개의 식 가운데 두 개를 곱한 꼴의 식 두 개를 더하거나 뺀 것이다. 예를 들면 $s_1 s_2 + s_3 s_4$와 같은 꼴의 식이다. 이때 곱하는 두 식이 같으면 제곱이 나온다. 또 더하는 두 식이 같아서 $s_1 s_2 + s_1 s_2$이면

$2s_1s_2$이지만 이때는 그냥 s_1s_2라고 나타내기로 한다. 『구고원류』는 이렇게 만든 식을 구고술을 사용하거나, 사용하지 않고 변형시킨 결과를 답으로 주는 방식이다. 이때 답은 꼭 인수분해가 되지는 않지만, 다시 적절히 위의 14개의 식을 써서 나타냈다. 앞에 나오는 식을 몇 개 적어보면 다음과 같다.

弦和和冪 卽 弦冪 句股相乘積 句弦相乘積 股弦相乘積 各二

$$s_0^2 = (a+b+c)^2 = 2c^2 + 2ab + 2ac + 2bc$$

弦和和冪 與 弦和和乘弦和較積 相加 卽 句股和 乘 弦和和 之二倍

$$s_0^2 + s_0 s_1 = (a+b+c)^2 + (a+b+c)(a+b-c) = 2(a+b)(a+b+c)$$

그리고 이 공식집의 2차식 부분은 $s_0^2 = (a+b+c)^2$으로 시작해서 $s_0^2 + s_0 s_1$, $s_0^2 + s_0 s_2 \cdots$. 하는 식으로 나아가면서 $s_0 s_9 + s_9^2$까지 간 다음에 다음으로 s_1^2에서 시작하여 $s_1^2 + s_1 s_2$하는 식으로 나아간다. 결국 마지막 공식은 s_9^2으로 끝난다.

4. 홍길주

홍길주는 기록상 구면삼각형의 이론을 제대로 공부한 첫 번째 수학자이다. 홍길주의 이론이 세련되게 잘 정리돼 있음을 보면 구면삼각법을 연구한 학자는 이미 여럿 있었을 것으로 추측할 수 있다. 홍길주의 수학은 그의 문집에 소량으로 흩어져 있다. 문집 가운데 『숙수념(孰遂念)』 지(地) 14관의 『기하신설』 50쪽과 『항해병함』 제20권의 『호각연례』 136쪽이 그의 수학적 저술의 대부분이다. 이 가운데 『호각연례』는 구면삼각법을 다루고 있고 구고술은 『기하신설』의 3번째 부분인 '잡쇄수초'(20쪽)에 들어 있다. 이 자료들의 내용은 『역상고성』과 『수리정온』에 대한 연구 결과라고 보인다.

그는 구고술에 대한 간단한 몇 가지 문제만 풀었다. 즉, 그는 구고술의 방법론은 전혀 설명하지 않았고 이것을 써서 푸는 기하 문제만을 소개하였다. 그러나 그가 푼 문제와 그 이후에 나오는 구면삼각형의 내용으로부터 홍길주는 구고술을 자유자재로 사용하고 있었음을 알 수 있다. 아마도 특별히 설명할 부분이 없다고 생각했을지도 모른다. 이것으로 보아 이미 19세기로 넘어 들어오면서 조선은 18세기 초반까지의 수학 수준을 훨씬 넘어섰을 것이라고 판단된다.[30]

『호각연례』는 구면삼각형을 푸는 방법은 하나도 빼놓지 않고 정리한 것이다. 동양 수학에서 구면삼각형을 호삼각형(弧三角形)이라 불렀는데, 평면이든 구면이든 "삼각형을 푼다."는 것은 삼각형이 결정될 조건이 변과 각으로 주어졌을 때 안 주어진 나머지 변과 각을 구하는 것을 말한다. 따라서 이 책은 어떤 의미에서는 계산방법의 공식집이라고 해도 좋다. 그러나 단순히 방법만을 모은 것이 아니라 어째서 그렇게 되는지를 모두 설명했다. 즉, 공식과 그 증명 모음이다.

홍길주가 이것을 쓰게 된 것은 그의 서문처럼 『역상고성』에는 구면삼각형을 어떻게 푸는지 기본 설명만 있고 이를 어떻게 사용하는지에 대해서 예가 부족하기 때문이었다. 『역상고성』은 기본적으로 천문 서적이고 따라서 천구에서 천체(별)의 위치를 측정하고 거기서 시간을 알아내는 것이 전부이다. 따라서 구면삼각형 중에서도 특별한 삼각형만을 다루게 되고 또 미리 알고 있는 변과 각도 몇 개는 정해져 있다. 따라서 몇 가지 문제를 어떻게 푸는지에만 관심이 있다. 그러나 홍길주의 시각으로는 모든 가능한 문제를 다 설명한 것이 아니었다.

구면삼각형을 푸는 문제는 크게 두 가지로 나뉜다. 하나는 삼각형의 꼭지각 가운데 적어도 하나가 직각일 때이고, 다른 하나는 어느 각도 직각이 아닌 일반삼각형인 경우이다. 앞의 것은 오늘날 직각 구면삼각형이라 부르는 것인데 중국에서는 이것을 정호삼각형(正弧三角形)이라 번역했다. 반대로 일반 구면삼각형은 사호삼각형(斜弧三角形)이라 했다. 구면에서는 평면과 달리 삼각형이 결정되는 조건이 ①세 변의 길이가 주어질 때, ②두 변과 한 각이 주어질 때, ③한 변과 두 각이 주어질 때, ④그리고 세 각이 주어질 때로 나뉜다. 평면 삼각형일 때와는 다르게 4번째 경우가 추가된다. 이렇게 되는 이유는 다른 무엇보다도 구면에는 닮음으로 모양을 바꿀 수가 없기 때문이다. 즉, 세 각이 같은 두 삼각형은 그 크기도 같아져야 한다.

정호삼각형을 푸는 문제는 주어질 수 있는 조건이 10개가 있고, 이 각각의 경우에 모르는 변이나 각이 3개가 더 있어서 결국 모두 30개가 된다. 한편, 사호삼각형을 푸는 문제는 가능한 조건이 20개가 있으니까 문제는 60개가 있는 셈이다.[31] 따라서 정호삼각형에 대해서 단지 7개 풀이 예제만 있고 또 사호삼각형에 대해서는 단지 8개의 풀이만 들어 있는 『역상고성』은 홍길주에게 만족스럽지 못했을 것이다. 더구나 『역상고성』의 문제에서 어떤 각도는 정해져 있다. 예를 들어 황도와 적도 두 대원의 사잇각은 항상 23.5도이다.[32] 홍길주에게는 이렇게 특수한 숫자로 주어진 예제도 불만스러웠을 수 있다. 그는 특수한 숫자가 아니라 각도를 甲, 乙, 丙 하는 식으로 나타냈다. 오늘날로 보면 각 A, 각 B, 각 C 라고 하는 식이다. 즉, 홍길주는 『역상고성』을 읽었지만, 그는 천문학에서 한 단계 비약한 추상화된 순수 수학의 관점에서 이 문제들에 접근했다.

우리는 7장에서 홍길주가 정리한 90개의 풀이 가운데서 한두 문제만을 알아볼 것이다. 특히 사호삼각형을 푸는 것은 쉬운 문제가 아니다. 오늘날도 계산을 빨리할 필요가 있는 것이 아니라면 사호삼각형을 두 개의 정호삼각형으로 나눠서 구면삼각법의 기본 공식을 사용하는 것이 이해하기 쉬울 정도이다.

5. 이상혁

19세기 중엽에 들어서서 조선 말의 천재 수학자인 이상혁이 나타난다. 원래 관상감 산원이면서 산학도 공부해서 여러모로 뛰어났던 이상혁은 당시 천문학의 일인자였다고 인정되는 관상감 제조인 남병길에게 발탁되어 함께 천문학과 산학을 연구하였다. 그 결과 중국에서 들어오는 많은 서양 수학책을 섭렵하고 다시 많은 중국 고전을 연구하였으며 결과적으로 이 모두에 통달하게 되었다. 그는 남병길과 많은 천문학 관련 저술을 하고 여러 산학책을 썼다. 이들은 처음에는 서양 수학에 관심을 두었다가 중간에 동양 수학으로 옮겨가게 된다. 이 부분에서 가장 큰 역할을 한 것 중의 하나는 중국에서 간행된 매각성의 『적수유진』이라는 수학책으로 보인다.

이상혁에 이르러 서양 수학에 대한 연구가 쌓여서 『수리정온』의 내용을 모두 제대로 이해하고 사용할 수 있었다. 이상혁은 서양 수학 연구를 시작했고 그의 초기작인 『차근방몽구』와 『산술관견』은 서양 수학에 관한 내용이다. 『차근방몽구』는 방정식의 풀이에 대한 것이고, 『산술관견』은 기하에 관련된 것으로 여기는 평면삼각법 4장과 부록 구면삼각법이 나뉘어 들어 있다. 이 가운데 평면삼각법은 각각 ①정다각형이 주어졌을 때 내접 및 외접하는 원의 지름을 구하고, ②원 안에 내접해 있는 세 개의 합동인 정사각형의 변의 길이를 알 때 원의 지름을 구하고, ③부채꼴의 호의 길이에서 중심각의 삼각함수(sine 및 cosine) 값을 구하고, ④또 역으로 삼각함수 값에서 호의 길이를 구하는 것을 설명하였다.

『산술관견』은 전체적으로 쉬운 내용에서 어려운 내용 순서로 되어 있지만 차근차근 설명한 책이 아니라 이미 『수리정온』의 내용을 안다는 가정하에 미진한 부분을 더 설명한 것이다. 예를 들어 남병길이 쓴 『산술관견』의 서문에서, 첫째 장의 내·외접원에 대한 설명을 하는 이유로 "수리정온이 (할원법 부분에서) 정해진 비율의 비례를 쓰는 데 그치므로 이것으로 그 빠진 것을 보충한다."[33]고 하였다. 또 셋째 장의 방법은 자르투(Petrus Jartoux, 杜德美)가 쓴 구정현시첩법(求正弦矢捷法)의 내용인데 『적수유진』 등에 있지만 그 원리가 없어서 이를 해설했다고 했다. 구정현시첩법이란 현대 수학으로는 삼각함수의 무한급수 표현이다. 오늘날에는 테일러 전개법(Taylor expansion)이라고 부르는 것이다.

그러나 이상혁의 천재성은 여기에 그치지 않고 구면삼각법의 연구로 나아갔다. 아마도 그는 수학 자체보다는 천문, 역법에 쓰이는 수학에 더 관심이 많았을 것이라 보이지만, 결과적으로 그의 수학은 천문학자보다는 수학자의 관점에 있었다.

남병길도 공간 기하, 특히 구면의 기하는 이해와 함께 활용하는 것이 중요하다는 생각을 했다. 이 사실을 보여주는 대표적인 예로 남병길이 쓴 『양도의도설』이 있다.[34] 양도의는 오늘날의 각도기인데, 『양도의도설』은 각도기를 사용하는 방법에 관한 해설서이다. 이 책의 내용은 매문정의 평의론(平儀論)[35]에 바탕을 두면서 구면 기하를 계산하는 방법을 적었다.

즉, 구면삼각형을 푼다면 홍길주와 같은 공간상의 구면삼각형을 머릿속으로 생각하지만 거기 필요한 계산 대신에 작도된 각을 직접 재서 근삿값을 구해버리는 방법을 사용하는 것이다. 이것은 수표를 사용하는 계산에 비해서는 정확도가 떨어진다. 작도 과정에도 오차가 생겨나고 또 각을 젤 때도 오차가 많이 들어간다. 그러나 복잡한 계산 없이 어느 정도 정확한 값을 재빨리 구할 수 있다는 장점이 있다. 구해보기 어려운 팔선표(八線表)[36]에 의존하지 않고 계산할 수 있다는 것이 더 큰 매력이었을 것이다.

이상혁은 따로 구면삼각법의 이론을 정리해놓지 않았다. 정리한 것이 있었지만 실전되었을 수 있다. 아니면 홍길주의 풀이나 중국 산서만 가지고 있으면 특별히 더 이야기할 것이 없다고 생각했을지도 모른다. 그가 구면삼각법에 관해서 쓴 것이 『산술관견』 마지막 부분에 한 가지 남아 있다. 그의 책 『산술관견』 마지막 부분 부록에 들어 있는 구면삼각형에서 나오는 공식 두 개(Napier's analogies)의 증명이 그것이다. 『산술관견』과 『양도의도설』은 1855년 겨울, 거의 동시에 완성했다. 이 시기는 남병길과 이상혁이 천문에 필요한 공간 기하 연구를 완료했을 때이다. 그리고 이때의 계산법은 당연히 서양의 방법이다.

이 사실만으로도 이상혁은 당시 알려진 구면삼각법의 모든 방법을 통달하고 있었음을 보여준다. 특히 중국을 통해 들어온 방법을 활용하는 수준을 넘어서 증명 없이 들어온 공식을 간략한 개요만 보고 자세한 증명을 써나가는 것은 그 분야의 달인만이 할 수 있는 것이다. 이 증명은 조선 산학 전체를 통틀어 가장 길고 어려운 증명이라고 생각된다. 이상혁은 간단한 몇 줄의 설명만 보고 그 논리 전체를 파악했으며 자신만의 증명으로 풀어서 해설할 수 있었다.

『양도의도설』과 『산술관견』의 내용을 비교해보면 남병길과 이상혁은 필요에 따라서 작도와 측정을 사용한 것을 볼 수 있다. 따라서 그는 근삿값 계산법과 수표를 이용한 더 정확한 수치를 계산하는 방법 두 가지 모두에 숙달되어 있었음을 알 수 있다. 이는 100년 전, 홍대용과 같은 학자들이 구면삼각법을 거의 다루지 못했던 시절에 비하면 놀라운 발전이다. 물론 100년의 세월이 흐르는 동안, 국가의 지원이 없었다고는 할 수 없지만 세종 때와 같은 국가의 대대적인 지원 없이 이룩한 이 놀라운 성과는 조선 수학자들의 위대한 업적으로 기록될 것이다.

6. 조희순

무관이면서 제주목사를 지냈던 조희순은 본문 73쪽짜리의 작은 책 『산학습유』만을 남겼다. 그러나 이 책에는 남병길과 이상혁이 쓴 2,000쪽이 넘는 방대한 내용 이상의 수학이 들어 있다. 이 책에서 가장 눈에 띄는 부분은 우선 중국을 통해 들어온 산서를 거의 다 연구한 것이 아닌가 하는 점이다. 필요한 내용을 요소요소에서 가져다 쓰고 있다. 그러나 그 책을 그냥 옮긴 것은 아니다. 모든 내용을 정말 잘 요약했고 그림 하나하나도 자신의 생각에 맞게 변형해서 그렸다. 내용에 들어 있는 수학을 완벽히 이해했다고 할 수밖에 없어 남병길이 이 책의 서문에서 조희순을 극찬한 것이 하나도 과하지 않다고 보인다.

『산학습유』는 짤막짤막한 장으로 나뉘어 있다. 그 제목을 보면 '구고보유(句股補遺)', '정호약법(正弧約法)', '차형(次形)', '사호지귀(斜弧指歸)', '호삼각형용대수산(弧三角形用對數算)', '팔선상당(八線相當)', '현시첩법(弦矢捷法)', '사지산략(四之算略)'이다.

조희순의 『산학습유』에 대해서는 그 서문을 써준 남병길이 극찬을 하였다. 제목처럼 다른 곳에서는 미처 설명하지 못한 몇 가지 모자라는 부분을 설명한 책이지만 매우 중요하고 가장 어려운 부분만을 썼다. 그 내용은 크게 구고술과 구면삼각법이다. 이 모든 것은 천문역법에 필요한 수학이며 실제로 『산학습유』에서는 관련된 8개 항목을 다루고 있다. 이 가운데서 구고술과 관련된 것은 '구고보유'와 '사지산략' 두 부분이다. '구고보유'에서 조희순은 『수리정온』의 내용을 바탕으로 새로운 결과를 만들어내었다. 한편 '사지산략'은 주세걸의 『사원옥감』을 연구하여 발전시킨 것이다. 그가 뛰어난 점은 이원술에서 사원술까지를 설명하기 위하여 새로운 문제 14개를 만들어 넣었다는 것이다.

'구고보유'에서는 『수리정온』의 '구고현화교상구법(句股弦和較相求法)'에 들어 있는 문제 중에서 그 해법이 빠져 있는 네 문제의 공식과 풀이법을 보충했다. 그다음 그는 삼각형의 세 변의 합과 차 사이의 비례식에서 출발해서 두 개씩의 곱이 같다는 관계식을 얻고 이를 변형해서 2차방정식을 만들어 모르는 합과 차의 값을 구해내는 방법을 고안했다. 『수리정온』에서 이런 종류의 문제를 도형을 이용하여 관계식을 만들어낸 것과 비교하면 매우 새로운 방법인데, 이것은 조희순의 수학적 능력을 보여준다.

한편 '정호약법'은 직각 구면삼각형 풀이법이다. 『역상고성』에는 10가지 경우의 30가지 문제를 풀어야 한다고만 적혀 있고, 홍길주는 이 모든 경우의 풀이를 적었지만, 조희순은 다음과 같이 이야기한다.

> 『역상고성』은 번잡함을 없애고 간략히 하여 단지 10문제에서 30가지를 구하도록 했지만 실은 6문제를 가지고 16가지만 구할 수 있다면, (뒤에 설명하는) 3가지 비례식에서 (변과 각을) 서로 바꿔서 비례식을 만들면 나오지 않는 것이 없다.[37]

즉, 이 풀이법은 단 3가지 비례식에 기초하고 있음을 파악한 것이다.

그리고 '차형'에서 구면삼각형의 극삼각형(쌍대삼각형)과 그 성질을 요약했다. 조희순은 구면삼각형에는 차형이 4가지가 있다고 했는데 여기서는 정호삼각형에 대해서 두 가지 차형을 설명하고 있다. 정호삼각형의 차형 4가지가 자세히 설명돼 있는 것은 중국 수학자 매문정의 『호삼각거요(弧三角擧要)』이다. 이 사실로 조희순은 이 모든 서적을 연구했음을 알 수 있다.

그러고는 위에서 말한 차형을 써서 정호삼각형을 푸는 문제 6제 16구를 공식으로 요약했다.

『사호지귀』는 일반 구면삼각형인 사호삼각형을 푸는 방법을 설명한 것인데 그는 여기서도 법(法)은 6가지만 쓰면 되고 이를 3가지로 나눠 설명한다고 했다. 그 이전의 중국 책에서는 총교법과 수호법이라는 복잡한 방법을 사용하고 있었다. 그리고 홍길주도 이런 방법으로 풀었다. 그러나 그는 여기서 이 모든 문제를 반화교법, 즉 이상혁이 증명한 불분선삼률법을 사용하는 것이 복잡한 계산을 피할 수 있는 장점이 있다고 말한다.

그는 이 외에도 구면삼각법 계산에서 로그(log)를 활용하는 방법을 적고, 다시 삼각함수와 수표를 사용하는 방법, 서양 신부 자르투가 소개한 삼각함수의 무한급수 표현법을 역으로 활용해서 각을 구하는 방법, 그리고 원대의 사원술을 활용해 계산을 빨리하는 방법 등을 설명했다.

이 가운데 자르투의 정현시첩법을 해설한 『현시첩법』에서는 자르투의 삼각함수 무한급수 표현을 4차항까지만 사용하였다. 그는 정현이나 정시의 값을 알 때 이 4차 다항식으로 방정식을 만들어 풀면 각이 구해진다는 아이디어를 고안했다. 또한 이렇게 각의 근삿값을 구해내는 방법이 수표를 활용하지 않고 재빨리 계산하는 방법임을 알아보았다. 이것은 현재 우리도 잘 사용하고 있는 현대적인 방법이다. 남병길은 이 중에서 삼각비 계산에서 로그를 활용하는 것이야말로 가장 필요한 것이라고 극찬하였다.

이상혁과 조희순에 이르러 중국을 통해 들어온 서양 수학을 완벽히 마스터하고 우리 실정에 맞는 형태로 정립했음을 볼 수 있다. 이는 조선 말기에 우리 산학자들이 근대로 들어설 준비가 돼 있었음을 뜻하는 근거가 될 수 있다. 물론 중국으로 들어온 산학이 서양 수학의 입장에서 보면 기초적인 부분에 그치고 있으나 중국과 우리나라는 비슷한 상황에 놓여 있었고 비슷한 가능성을 가지고 있었다고 할 수 있다. 일제강점기로 중국과는 다른 길을 걷게 되지만, 조선 말기의 어려운 국제 정세와 열악한 국내 상황에도 이들은 맡은바 할 일을 충실히 그리고 성공적으로 하여 조선 산학의 찬란한 마지막 불꽃을 피웠다.

6절

본격적인 서양 수학의 등장과 개화기

개화기는 1876년의 강화도조약 이후부터, 우리나라가 서양 문물의 영향을 받아 종래의 봉건적인 사회 질서를 타파하고 근대적 사회로 개혁되어가던 시기이다. 이 시기 우리 수학에 변화가 뚜렷이 나타났는데, 스스로의 변화라기보다 외적인 요인에 의한 변화였다. 예를 들어, 이상혁이나 조희순 같은 조선 말기 산학자들의 서양 수학을 대하는 태도와 달리, 서양 수학을 연구하여 동양 수학과의 차이점을 학문적으로 탐구하는 것이 아니라 점차 수학을 근대화의 수단으로 인식하게 된다. 즉, 정치, 사회적인 변화의 영향을 받아 가르치고 배우는 수학의 내용도 본질적으로 동양 수학에서 서양 수학에로의 변화가 분명해지는 것을 볼 수 있다. 오랫동안 내려왔던 전통수학과 별개로 서양의 수학이 대중에게 본격적으로 유입되고 수학책이 많이 발간되었기 때문이다.

1800년대 후반부터 소위 신식 문물의 유입과 함께 그것에 적응해야 한다는 사회적 합의에 따라 보통 교육에서 수학은 아주 중요하게 인식되었다. 따라서 학문으로서의 수학을 연구하고 발전시키는 것은 뒷전으로 하고 먼저 서양 수학 교육체제로의 대변환이 일어나는데 그 선두에 서양 수학을 교육하기 위한 수학책이 있었다. 일제강점기가 시작되는 1910년까지 약 20여 년간 우리나라의 수학은 서양 수학을 소개하고 교육하는 양상을 띠는데, 이 시기에 나온 수학책은 이상설의 『수리』(1897)가 최초이다. 이 절에서는 숨 가쁘게 전개된 개화기에 출간된 수학책을 중심으로 우리 개화기 문명 속의 수학을 살핀다.

〈표 6-2〉의 수학책 5권은 개화기의 다양성과 자유로운 출발을 잘 보여주는 태생적 특징을 갖는다.

연도	저자	책이름	특징(분류)
1900	남순희	정선산학	유학
1900	이상설	산술신서	자생적 독학
1901~1906	이교승	신정산술 1,2,3	관학
1902	필하와(Eva Field) 신해영	산술신편	해외 선교사, 해외
1908	이상익	초등근세산술	대수, 기하 분야의 신식 산술 책

〈표 6-2〉 개화기의 우리 수학책

이 5권의 책 말고도 을사늑약(1905년 11월 17일) 이후 일제강점까지의 기간 중 국가적 절체절명의 위기의식 속에서 과학 및 기술을 배우고 교육시키는 일만이 나라를 온전하게 유지시킬 수 있다는 인식 속에서 탄생된 수학책들이 있다. 이 책들은 우리 민족이 자발적이고도 폭발적으로 세운 전국 각지의 학교의 교재로 쓰였던 것이 틀림없었을 것이다.[38] 수학책의 봇물 속에서 이 시기에는 많은 종류의 수학책들이 편찬되었다. 이 편찬의 중심에는 이상설의 동생 이상익이 있었다.

을사늑약을 전후한 시기를 통틀어 '개화기의 우리 수학'이라 불러도 무방하다. 이 시기를 별도로 명명할 수 있는 의의는 서양 수학을 최초로 소개했다는 사실과 새로운 문물과 시대적 각성에 따른 다양한 노력이 있었다는 점에서 찾을 수 있다. 또한 이 시기에는 외세 침략의 기운이 서서히 밀려오고 있었기 때문에 민족의 각성과 욕구에 따라 서양 수학이 대중 속에 본격적으로 유입되었다. 자주적 입장에서 수학에 대한 깊이 있는 인식을 바탕으로 교육기관에서 사용할 수학 교재를 염두에 두고 집필한 수학자들이 있었고 그 결과가 출판됐다. 위에 적은 수학책 5권의 서문, 목차, 내용을 중심으로 분석하면 다음과 같은 사실을 알 수 있다.

1. 국가의 위기와 수학 교육

개화기에 들어서서 외국의 진출이 늘어나면서 1897년 10월 12일 조선은 대한제국으로 국호를 바꿨다. 이는 정치적인 이유도 있지만 국가 발전을 위한 새로운 노력의 상징이기도 하다. 수학에서는 앞서 보았던 다섯 저자의 활동을 통해서 대한제국 시기의 수학과 수학 교육의 일면을 볼 수 있다. 근대 서양 학문을 수입하는 데 열정적이었던 사람들로 평가되는 이 저자들을 저술 연대순으로 나열하면, 이상설(李相卨, 1870-1917), 남순희(南舜熙, ?-1901), 이교승(李敎承), 필하와(Eva Field, 1862-1932), 신해영(申海永, 1865-1909), 이상익(李相益, ?-?)이다.

당시 우리나라는 어지러운 동아시아 정세 속에 놓여 있었고 충분히 위기를 감지하고 있었다고 보인다. 그러나 국제적인 지지를 받지 못하는 상황이었고 청일전쟁(1894)의 결과는 예측하지 못한 것이어서 정치·외교적으로 별 성과가 없었다. 이에 여러 사람들이 국가의 미래를 위해서 각고의 노력을 했고 특히 국민 교육에 힘쓴 것으로 보인다. 위의 저자들 역시 여러 경로로 수학을 접했으며 수학 교육이 나라를 위기에서 구하는 데 핵심이 된다고 믿었음을 알 수 있다.

대한제국 수립 전부터 조선은 초등교육기관인 소학교(小學校)를 널리 보급시킬 계획을 세웠기 때문에 교원 양성을 위한 사범학교가 필요하였다. 1895년에 '한성사범학교관제'가 제정되면서 공식적으로 1895년 4월 사범학교를 설립하여 운영하였으며, 곧이어 같은 해 7월 '한성사범학교규칙'도 공포되었다.[39] 학교의 편제는 본과와 속성과를 두었고, 수업 연한은 각각 2년과 6개월로 하였다. 부속학교로는 심상과와 고등과가 설치된 수업 연한 3년의 부속 소학교가 있었다.[40]

1906년에는 '사범학교령'이 반포됐으며 이는 국·공립학교만으로 운영됐다. 반면에 개인이 기금을 모아 설립한 사립사범학교도 여럿 운영되었는데, 대구사범학교, 서우사범학교 등 10개 내외였다. 그러나 모든 사범학교가 국권 상실 이후 일제가 반포한 '조선교육령'에 의해서 폐지됐다.

〈그림 6-8〉 한성사범학교 전경

〈그림 6-9〉 한성사범학교 수업(헐버트가 교사로 있었는데, 그는 수학과 영어를 가르쳤다.)

2. 개화기 수학 교과서를 쓴 사람들

『정선산학』의 저자 남순희는 일본에 유학을 갔던 인물이다. 그는 1898년에 일본 도쿄의 공수학교(工手學校)를 나왔다고 알려져 있다. 귀국 후 민영환(閔泳煥, 1861-1905)이 1898년에 설립한 흥화학교(興化學校)에서 교사가 되었다.[41]

그는 다음 해인 1899년에 의학교가 만들어지면서 의학교 교관이 되었다. 의학교에 있는 동안 여러 책을 번역하는 등 교육을 위해 몸 바쳤으며, 수학책으로 『정선산학』을 썼다. 이 책은 대한제국 시절 꾸준히 인쇄된 가장 인기 높은 교과서인 것으로 보인다.

이상설과 이상익은 형제간이다. 보재(溥齋) 이상설은 개화기의 학자이며 독립운동가이다. 그는 고종 31년 조선의 마지막 과거시험(1894년)에 급제했다. 1896년 성균관 교수 겸 관장, 한성사범학교 교관, 탁지부 재무관, 궁내부 특진관, 학부협판(學部協辦), 법부혁판(法部協辦) 등을 역임하였다. 을 사늑약 이후 북간도로 망명하여 서전서숙(瑞甸書塾)을 건립하여 민족 교육을 했던 교육자이기도 하다. 북간도에 있을 당시 이준(李儁, 1859-1907), 이위종(李瑋鍾, 1887-?) 등과 함께 고종의 특사로 헤이그에서 열린 만국평화회의에 참석한 것은 잘 알려진 역사적 사실이다. 그는 수학 및 과학을 보급하기 위하여 교과서를 썼으며 그 가운데 『산술신서』와 『수리(數理)』가 수학 교과서이다.

이상익은 이상설의 동생으로 이상설의 보살핌을 받으며 자랐다고 한다. 이상익에 대해서는 별 기록이 없지만, 저술과 신문 기사 등을 통해 몇 가지 사실을 알 수 있다. 책 『초등근세산술』에 서문을 써준 함재(涵齋) 안종화(安鍾和, 1860-1924)는 조선 말기부터 대한제국 시절에 걸쳐 활동한 역사학자이며 계몽운동가·교육자였다. 그는 이상익을 벗이라 칭했고 두 사람은 교육을 통해 나라를 일으키려는 노력을 경주했다고 보인다. 이는 나라의 운명이 풍전등화 같던 이 시기에 정3품의 안종화가 1905년 11월 26일에 을사늑약에 반대하며 올린 다음 상소에 잘 나타나 있다.

> "(전략) 그리고 다시 어질고 능력 있는 신하를 선발해서 책임지고 성사시키며 을사늑약이 폐하의 뜻에 크게 배치될 뿐 아니라 폐하의 결재도 받지 않았다는 내용을 보여준다면 이른바 늑약은 저절로 폐지될 것입니다. 그런데도 폐하는 무엇이 두려워서 하지 못하는 것입니까? 만일 신의 말처럼 하지 않는다면 500년의 태묘 사직(太廟 社稷)과 4천리의 신민들은 들어서 노예의 노예에게 맡기는 것이니 아득히 푸른 하늘에 이것을 어떻게 차마 말하겠습니까?"

1905년 한성사범학교 수학 교관이었던 이상익이 을사늑약 이후에 보인 행적을 보면 무척이나 흥미롭다.

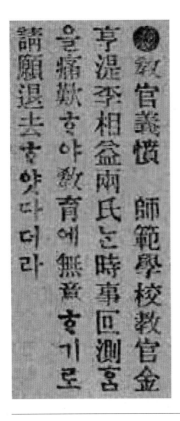

〈그림 6-10〉 신문명 《대한매일신보(大韓每日申報)》 일자(양력) 1905년 11월 21일, 면수: 04 단수 :06, 기사 제목: 교관의분(教官義憤), 기사 유형: 잡보(雜報), 기사 위치: 02면 4단 (소장처: 국립고궁박물관)
〈그림 6-11〉 신문명 《황성신문(皇城新聞)》 일자(양력) 1906년 07월 05일(大韓光武十年七月五日木曜), 기사 제목: 산술전문(筹術專門), 기사 유형: 잡보(雜報), 기사 위치: 03면 05단 (소장처: 국립 고궁박물관)

〈그림 6-10〉은 을사늑약 나흘 후의 《대한매일신보》 기사이다. 교관으로서 시사를 예측하기 어려운 것을 통탄해서 교관직을 내놓았다는 내용이다. 〈그림 6-11〉은 다음 해에 새로이 '산술전문학교'를 설립했다는 것을 알리고 있다. 두 기사를 통해 이상익의 좌절과 함께 이후 마음을 다잡은 것을 알 수 있다. 흥미로운 사실은 이상익이 일반학교가 아닌 수학을 전문으로 가르치는 학교를 열었다는 것이다. 나라를 위기에서 구하는 데 수학 교육이 그 무엇보다 중요하다는 그의 신념을 볼 수 있다.

『신정산술』은 저자가 명기돼 있지 않다. 다만 서문에서 그 내용을 학생들에게 가르친 사람이 이교승이라고 돼 있으므로 그가 저자일 것으로 추측된다. 혹은 그의 강의록 등을 다른 사람이 교열하여 출판했을 가능성도 있으나 그래도 이교승을 저자라고 봐야 한다. 이교승에 대해서는 잘 알려져 있지 않지만, 수학을 가르쳤다는 그의 경력에 기초하여 대한제국 시기에 학교 선생으로 활동한 관리로 기록된 인물을 검색하여 동명의 한 사람을 찾을 수 있었다. 그는 국내의 관학기관에서 공부하고 나서 평생을 가르치기도 한 소위 국내 '관학파'이다. 한성사범학교[42]의 전신이라고 할 수 있는 사범학교를 1894년에 마치고 이미 관립소학교 교사로 있던 이교승은 1895년 설립된 한성사범학교를 다시 우등으로 졸업하면서 그해 자충교원으로 몸담기 시작했다. 이후 이교승은 부교관을 거쳐 교관이 되고 나서도 줄곧 한성사범학교를 떠난 적이 없다. 그러다 1908년에 비로소 성균관 교수에 서임된 기록이 나타난다.[43] 따라서 이교승은 조선의 교육 개혁 초기부터 교육 현장에 참여하기 시작하여 대한제국 후반부인 을사늑약 이후까지 꾸준히 교직에 몸담은 인물임을 확인할 수 있다.[44]

필하와는 우리나라에 와서 활동한 미국 여류 선교사이다. 그는 노스웨스턴 의과대학을 졸업하고 의사가 된 지 오래지 않아서 미국 북장로회 해외선교부 파송으로 실드(Shields, Esther)와 함께 내한하여 제중원에서 의료 선교에 힘썼다. 본명은 Dr. Eva H. Field(1868-1932)이고 필하와는 한국식 이름이다. 1897년 한국에 와서 제중원 의사로 시작했으나, 『산술신편』이 나온 시기는 그녀가 (세브란스로 막 이름을 바꾼) 병원의 의사 신분일 때였으며 아직 미혼이었다. 한국에 온 이후로도 쭉 독신이었던 필하와는 부인과 사별 중에 있던 선교사인 피터스(Alexander Albert Pieters)와 1908년 3월 결혼하였으며,[45] 자신이 봉직했던 세브란스 병원에서 1932년 7월 20일 64세로 사망했다.

그는 신해영과 함께 『산술신편』 및 『고등산학신편』을 저술했다. 이 책은 순 한글로 쓰여 있는데, 학교에서 이 책으로 수학을 가르칠 때 통역을 대동하였다고 하므로 이 책을 저술할 때는 신해영과 함께 저술했을 가능성이 크다. 책 서문의 내용으로만 판단해보건대, 중국에서 마테오 리치와 서광계가 그러했듯이 필하와가 책의 내용을 해설하고 신해영이 우리말로 풀어 적었을 것으로 추측된다.

한편 신해영(申海永, 1865-1909)은 초명이 좌영(左永), 자는 윤일(潤一), 호는 동범(東凡)으로 알려져 있으며, 갑오개혁 때 관비로 일본에 유학하여 게이오의숙(慶應義塾)에서 경제학을 전공하였다고 한다.[46] 유학을 마치고 귀국하여 독립협회에 가담했다. 1898년 11월 29일 대한제국 중추원이 설립되면서 독립협회의 목표 중 하나인 의회 설립이 달성됐고, 그는 구성원인 의관(議官)으로 임명됐다.[47] 그러나 박영효(朴泳孝)·서재필(徐載弼)을 대신(大臣) 후보로 천거한 사건에 연루되어 곧 의관 직책에서 해임된다.[48]

신해영이 『산술신편』을 쓴 시기는 이 사건으로 해임되고 5년 동안 공직 활동에서 배제된 시기이다. 그는 1904년에 징계가 사면되고서야 공직에 돌아올 수 있었다.[49] 1905년 3월 사립보성전문학교 교장을 맡는 등 다시 교육 분야의 활동이 두드러지고 1906년 7월에는 교육에 필요한 도서를 직접 인쇄 보급하기 위해 보성사(普成社)를 설치하기도 했다. 마침내 8월에는 정3품의 학부편집국장(學部編輯局長)에 임명됨으로써 대한제국 후반기의 교육 정책과 실무에서 중추적 역할을 하게 된다. 1906년에 그가 쓴 『윤리학교과서』는 당시의 대표적인 국민윤리 교본으로서 애국심 고취를 통하여 젊은이들의 마음속에 국권 회복의 의지를 구축시켰다. 이후 1909년 9월 사망할 때까지 교육에 힘썼다.

3. 민영환이 세운 사립학교에서
근대화를 위해 쓰였던 수학책: 『정선산학』

남순희가 쓴 『정선산학』의 서문에는 다음과 같은 구절이 있다.

> 산학은 육예(禮, 樂, 射, 御, 書, 數)의 하나이고 옛 선비들이 공부를 하는
> 데 필요한 과목이었다. 요즈음에는 예, 악이 붕괴되고 사, 어가 끝나니
> 산학도 함께 없어졌다. 심한 경우에는 그것을 단지 술수로만 여겨서 달
> 갑게 여기지 않음을 이루 다 형용할 수 없다.
> (중략) 그러나 산학의 경우는 맞는 것은 있으나 맞지 않는 것은 없으니
> 어찌 이런 잡학과 함께 싸잡아서 산학을 공부하지 않겠는가? 또한 산
> 학을 배우는 목적이 반드시 격물치지(格物致知)하는 것이니 진실로 격
> 물치지하려면 산학을 놔두고 무엇을 가지고 하겠는가?
> (중략) 이 책으로 장차 사람마다 산학을 공부하여 그 이치를 알고, 또
> 집집마다 산학의 이치에 밝아질 것이다. (후략)
> 광무 4년(1900) 7월 15일
>
> 영가 권재형 씀

이 서문 외에도 책 말미에 임병항(남순희가 교사를 겸임하고 있던 당시 사
립 흥화학교 부교장)이 쓴 저자 남순희에 대한 간단한 소개가 있는데 다음
과 같다.

> 나의 벗 남군(南君) 동자(東子)여! 일본에 유학하여 학업을 완성하고 돌
> 아와 자신이 간직한 보배로운 것을 한 시대에 널리 베풀 적에, 수학
> 은 모든 학문의 근본이요 또한 나의 벗 동자가 매우 깊이 연구한 학문

이다.

　남순희의 『정선산학』은 1900년에 초판, 1907년에 재판이 나왔고, 책의 인기가 높았다는 흔적이 있다. 기하, 비례의 이치와 직각삼각형, 원의 분할을 서문에서 언급하였는데, 본격적인 서양 수학을 다루었음을 알 수 있다. 기하, 비례의 이치와 구고, 할환의 법 같은 용어는 동양 수학에서도 쓰이는 용어인데 이 책은 동, 서양의 수학의 중간점에서 서양 쪽으로 기울어진 수학책으로서 의미가 크다.

　『정선산학』의 목차를 보면 현재의 수학책과 크게 다르지 않다.[50] 다만 목차의 제목이 한자 용어로 되어 있다는 정도가 차이이다. 예를 들어 명수법[51]은 전통산학의 용어이다.

　이 책은 일본의 당시 산술책 중에서 긴요한 것을 뽑아 편집된 것이라고 하였다. 특히 주목할 것은 "이 책이 휴대함에 편하게 하였으므로 기하 삼각과 측량도식은 생략하나 이 책에 형통하면 혼자 능히 공부해나갈 수 있다."고 하였으므로 그는 기하 삼각법과 측량도식에 대한 교안도 갖고 있었음을 알 수 있다. 그는 을사늑약 후 자결한 이 학교의 설립자이자 교장인 민영환이 세운 흥화학교에서 측량을 가르쳤을 것이라고 추측된다. 서문의 '지사(志士)'라는 단어로 미루어 『정선산학』과 저자 남순희의 목적이 현대 수학을 혼자서도 공부할 수 있는 교재를 보급하고자 했고, 이를 통해 조국의 근대화를 위한 측량법과 이를 위한 수학을 보급하려 했던 것이다.

4. 대표적 독립운동가 이상설의 수학책: 『산술신서』

이상설의 『산술신서(算術新書)』에는 1900년 7월 19일 학부 편집국장 이규환(李圭桓)의 서문이 있다. 1900년 5월 16일(관보 5월 18일)에 편집국장이 된 이규환은 조선의 학자들이 서양 산법을 제대로 이해하지 못한 것을 염려하였는데, 마침 경(經)에도 깊은 조예를 가지고 또 수학 실력이 뛰어난 이상설(李相卨)이 쉬고 있어서 우에노 기요시(上野淸)의 수학책을 번역해 줄 것을 여러 차례 부탁하여 허락을 받아 이 『산술신서』를 1,000부 인쇄하여 출판한다고 하였다.

이상설은 범례에서 이 책이 저본으로 삼은 『근세산술(近世算術)』이 심상사범학교와 심상중학교에 상당하는 학교에서 사용할 교과서로 적합하게 저술되었음을 밝혔다. 우에노 기요시(上野淸)는 일본 책 서문에서 산술을 대수, 기하, 미적분으로 들어가기 위한 준비 단계로 상정하였으나, 이상설은 대수와 기하만 언급하였고 부족한 부분은 그의 또 다른 수학책 『수리(數理)』에서 초보적인 경우로 다루었다. 『산술신서』 상권 一, 二는 모두 144쪽으로 되어 있고, 각 편별로 사용된 용어의 영어를 나열한 부록을 덧붙였다. 덕분에 19세기에 사용된 용어와 현재 사용하고 있는 수학 용어를 비교할 수 있다. 또한 이상설의 『산술신서』는 단순한 번역서 이상의 가치가 있다. 이상설은 서양 책을 저본으로 편찬한 우에노 기요시의 일본 책 내용 중 삭제할 것은 삭제하고 덧붙일 것은 덧붙여 자신만의 독특한 방식으로 책을 집필했기 때문이다.[52]

그가 책에서 수학과 산술을 정의하는 데 "학문은 지식의 휘류(彙類, 같은 종류나 같은 성질의 것을 모은 것)를 가리킴이요, 술(術)은 작용의 방법을 보여줌으로 이 둘은 같지 않다."라는 문장을 첨가하여 '술'을 응용으로 이해하였다. 그는 예제에서 우에노 기요시의 것을 많이 버리고 새로운 문제로 대치하였으며, 우리나라에 관계되는 문제들을 그대로 쓰지 않고 내용을 바꿨다. 조선 팔도의 관(官)의 수의 합을 구하는 문제를 이 책에서는 이를 경기(京畿), 호서(湖西), 호남(湖南), 영남(嶺南), 관동(關東), 해서(海西), 관서(關西), 관북(關北)의 주군(州郡)의 수의 합을 구하는 것으로 바꾼 것이 그 예가 될 것이다. 또한 다른 책의 내용을 참고해서 새로운 문제들을 첨가했다. 특히 우에노 기요시의 책에는 예문(例問)이 들어 있지 않은데 이 상설은 예문을 넣어 "주의산식(註義算式)을 상론(詳論)하여 후설(後說)하는 여러 문제(諸題)의 해석하는 방법을 약시(略示)하노라."라고 하였다. 이는 이 상설이 사범학교의 교관으로 가르치면서 문제 풀이의 중요성을 인지한 것이며 교육에 대해 많은 생각을 했음을 드러낸다.

제3편에서는 수학의 기본 법칙들로 교환법칙(互換定理), 결합법칙, 배분법칙(分配定理)과 순서구조 등을 다루고, 지수를 도입하여 지수법칙을 다루었다. 이는 전통수학과는 다르게 서양의 구조적인 사고에 눈뜬 것으로 볼 수 있다. 이 책에는 정수의 성질과 관련해서 증명을 중요시하고 문제에서도 여러 곳에서 증명을 요구했다.

뒷부분인 제6편 소수잡제(小數雜題) 제37~39문에서 무한급수를 취급하는데, 이것들은 차례로 무한등비급수를 나타내는 무한급수의 문제이다. 제7편 순환소수 예제 46의 제81~83문은 순환소수를 무한급수로 보아 합을 구하는 문제이다. 기초적인 수학책이지만 현대 수학에 바탕을 두고 있음을 쉽게 알 수 있다.

이 책은 서양 수학을 바탕으로 하는 새로운 수학의 필요성에서, 다른 학문과의 연계성을 염두에 두고 저술되었다는 특징을 지닌다. 특히 서양 수학을 소개함으로써 나라를 개화시키려는 의식을 뚜렷이 보여준다.

5. 제대로 된 교육과정에 맞춘 교과서: 『신정산술』

앞서 소개한 두 권의 책보다 한 해 늦게 나온 『신정산술』은 몇 가지 특기할 만한 사항이 있다. 첫째는 책을 읽는 독자가 확실하게 미리 정해져 있다는 점이다. 『신정산술』은 한 권의 책이 아니고 세 권으로 된 시리즈이다. 그 이유는 가장 초등 과정인 소학교의 심상반 이수과정 3년 동안 각 학년마다 한 권씩 배우게 하는 수학책의 용도로 펴냈기 때문이다. 둘째는 시리즈다 보니 1, 2권은 1901년에 나왔지만 3권은 한참 늦은 1906년부터 발견되는 것으로 미루어 당시 여건상 책 전체가 한꺼번에 발간되지 못했음이 분명하다는 점이다.

앞에서도 이야기했지만 이 책을 쓴 사람이 누구인지는 불분명하다. 『신정산술』은 저자를 밝히지 않은 채 시리즈의 각 권마다 편집인만 양재건으로 명시되어 있고, 판권지는 제3권의 끝에만 실려 있다. 저자를 파악할 수 있는 유일한 정보는 제1권 서문에만 담겨 있다. 서문에 나와 있는 이교승이 이 책을 썼다는 것은 반론의 여지가 없어 보인다.

『신정산술』은 1901년 8월(광무 5)에 제작되었는데 제1권은 심상 1학년용, 제2권은 심상 2학년용, 제3권은 심상 3학년용으로 사용되었다. 세로쓰기와 가로쓰기를 혼용하고 있으며, 초보적인 사칙연산부터 지금의 초등학교 수준의 수학을 다루었다. 이 책에는 예제와 문제가 수록되어 있는데, 이 가운데 문제들은 주로 문장제로 되어 있으며 예제와는 달리 단위를 붙인 문제의 계산을 다루는 것들이다.

이교승은 교사를 양성하는 관립사범학교의 현직 교수였으므로, 다년간의 교직 경험을 바탕으로 해서 개발한 교재가 『신정산술』이다. 따라서 전문적인 수학 교사에 의해 쓰인 서양 수학을 담은 최초의 수학책이라 할 수 있을 것이다. 이후에도 이교승은 제1차 관비 유학생 출신이며 법조계에서 활동한 이면우와 같이 『산술교과서』[53]를 펴내는 등 꾸준히 수학책을 썼다.

『신정산술』은 갑오개혁 이전부터 서구 근대 수학을 자발적으로 연구하기 시작한 한국 근대 수학사의 효시적 선구자가 쓴 수학책이고, 일반인 대상이 아니라 본격적인 학제에 맞춘 최초의 수학 교과서라는 점에서 의의가 있다.

6. 한글 가로쓰기로 된 최초의 수학책: 『산술신편』

『산술신편』의 서문은 한글로 되어 있으나 오늘날의 한글 표기와 달라, 다음과 같이 정리한다.

> 산술이 발달됨이 그리스에서 시작해서 그 나라 사람에 의해 교수한 것이라. 그러나 아라비아 숫자를 쓰기 전에는 확실한 학문이 되지 못하더니 그 후에 사람들이 그 자획의 간단함과 편리함을 합당하게 여겨 점점 전파하였으니 이 숫자의 출처는 인도에서 왔다하는데 마침내 세계에 널리 전파되어 예수님 강성 일천칠백 년부터는 세계상에 학교를 설립한 자가 이것으로써 여러 학파 중에 한 가지 가장 요긴한 부분을 삼았도다.
>
> 이 산학을 서국 사람들이 배우는 책에 있는 것을 번역하였으나 대한 사람의 매매하는 형편과 풍속에 합당하게 만든 것이 많다. 또 이 책에 산법과 산식을 온전히 기록한 것이 아니라 대강 번역도 하고 저술도 한뿐인즉 이밖에도 또 있으니 이법을 자세히 배운 후에야 차차 계급을 따라 오르는 것이 좋을 것이다.

산술을 처음보시는 이는 알 듯하나, 소학교나 중학교에서도 배워야 아는 것이고 또 이 책의 편집을 아라비아 숫자와 같이 가로로 쓰는 것은 배우는 이에게 편리함을 위함이니 청하건대, 여러 곳에서 배우는 사람들은 이 책을 보고 유익하게 수학지식을 얻기를 바란다.

이 책은 순 한글로 기술되기 때문에, 오늘날의 수학책과 같이 가로쓰기로 되어 있다. 서문에 "서국 사람들이 배우는 책에 있는 것을 번역하였으나 대한 사람의 매매하는 형편과 풍속에 합당하게 만든 것이 많다."라고 한 것은 서양 수학을 다루지만 우리나라의 형편에 맞는 내용 및 형식으로 재구성되었음을 알 수 있다.

책의 내용을 보면, 제1권은 기본 셈법에서 출발해서 순환소수까지, 그리고 미터법의 사용법을 넣었다. 제2권은 비례식에서 출발해서 개방법과 등차 및 등비급수 그리고 구적법을 다룬다. 내용상 실생활에 필요한 것만을 망라하여 구성했고, 일반인의 접근이 쉽도록 최소한의 한자만을 사용한 한글 가로쓰기를 채택한 최초의 수학책으로서 의의가 크다.

이 책의 저술과 관련해서 책이 출간되기 직전인 1902년 초의 광고문은 흥미롭다. 정확히 이 책을 지칭하는지는 알 수 없지만 광고 내용은 "광성학교 교사 신해영이 이미 우리말 수학책을 편찬했는데 비용 문제로 출간하지 못하다가 서양 사람의 도움으로 출판할 수 있게 됐다."는 것이다. 이는 『산술신편』의 광고임이 거의 확실하며, 저자가 신해영이고 필하와의 역할은 감소되는 것으로 해석된다. 다만 확실하게 단언하기는 이르므로 향후 다른 자료와 연구가 필요한 문제이다.[54]

7. 독립운동가의 수학책: 『(초등)근세산술』

다음은 『초등근세산술』 서문의 일부이다.

> 수학은 정미하고 광박하여서 (중략) 이 학문을 공부하는 마음가짐은 끝까지 사물을 연구해서 완전히 알아야 한다. 이 학문의 내용은 점과 선과 면과 체적 같은 것과 사칙과 구장의 계산과 이치로부터 일상생활의 여러 가지 일에서 시작하여 끝에는 천지상하와 씨줄 날줄, 즉 천지를 구성하는 삼라만상까지 포함된다. 그러므로 이 학문은 진실로 얕고 쉽게 말할 수 없을 것이다.
>
> 지난 시절 내 나이 약관에 한수 북쪽의 어느 한 절에서 공부를 할 때, 수리정온을 보고 마음을 몰두하여 이년 여 시간 그것을 익혔다. (중략) 세월이 흘러 30여 년이 지났다. 지난날 내가 배운 것은 강습하지 않게 된 지 오래되었다. (중략)
>
> 나의 벗 연제 이상익과 함께 기숙사를 만들어 신식 수학책을 얻어서 공부하였다. 이 신식 수학책을 이용하고 후생하는 방법은 나의 말이 없어도 자연히 훗날 밝혀질 수 있을 것이다. 아아, 나와 뜻을 같이하는 사람들에게 공경스럽게 이 책을 바친다.
>
> 융희(순종) 술신 천중일
> 안종화가 삼일재에서 쓰다

『초등근세산술』은 독립운동가이며 수학자이자 교육자인 이상익이 썼다. 그 내용도 『산술신편』과 크게 다르지 않아 보이지만, 이상익이 수학에 밝아서 책을 세련되게 만든 것으로 보인다.

이 책은 수학자인 저자의 수학관을 잘 보여주는 저술로 오늘날의 초등학교와 중학교 수준에 해당하는 수학을 포괄하고 있다. 내용은 주로 대수와 기하이며 제8편에서는 실생활에 쓰이는 내용을 수록하고 여러 단위를 전통식이 아닌 서양식으로 환산하였다. 우리말로 서술하면서도 단원의 제목은 한자와 영어를 병기해 여러 상황에 대비했다고 보인다. 실생활에 필요한 내용으로는 보험과 조세를 설명하고 퍼센트(%)를 설명하는 등 실용성이 돋보인다. 기하도 입체도형의 부피까지 다루는 등 현대의 초·중등학교의 교재로도 손색이 없을 정도이다.

독립운동가였던 저자가 수학 교육에 전심전력한 것은 수학 교육이 독립운동의 하나라고 본 것일지도 모른다. 특히 많은 연습문제를 넣어 실질적인 수학 실력을 배양하려고 했던 특징도 같은 맥락으로 해석된다. 책 제목에 '초등'이라 표기한 것은 '고급' 수학책을 염두에 두고 있었다고 보이지만 이것이 나오지 못한 것은 당시의 안타까운 실정을 대변해준다.

8. 결론

개화기는 조선이 존속되던 기간이었지만 바람 앞의 촛불과 같은 시기였기에 수학의 필요성(서양의 신학문의 필요성)을 절감하고 지금과 같은 학제가 아닌 많은 공립, 사립 교육기관이 불붙듯이 세워진 시기였다. 결과적으로 개화기 교육자들은 강력한 힘으로서의 서양 문물을 희구했으며 그들은 힘의 바탕이 수학이라고 판단했던 것 같다. 서양 수학, 특히 실생활과 직접 관련된 수학의 필요성을 절실히 깨닫고 있었다.

개화기 수학책들은 초등 수준의 교재 성격을 띠며 조선 말기의 이상혁, 조희순 등이 추구하던 수준 높은 구면삼각법과는 결을 달리한다. 조선 말의 수학 연구의 목표가 서양 천문학을 제대로 받아들이는 것이고 이는 제왕학을 향한 마지막 안간힘이었다면, 개화기의 수학은 일반 백성의 배움을 위한 터전을 만드는 것으로 완전히 선회한 것을 볼 수 있다. 이 두 수학 사이에는 단절이 있었음이 드러난다. 개화기의 지식인들은 19세기 중엽의 발전된 전통수학이 서양 수학을 어떻게 수용했었는지에 대해서 전혀 모르고 있었다. 이는 마치 17세기 초반까지 발전했던 순수 전통수학에 대해서 17세기 중엽의 지식인들이 거의 모르고 있던 것과 유사하다. 이와 같은 두 번의 시기적 단절은 별로 길지도 않은 시간 격차라는 점에서, 연구 시스템이 결여된 상황에서 개인에 의한 학문 연구가 지닌 한계를 단적으로 보여준다.

7장

한국 전통수학 방법론

산대 계산법

1. 산대

산대는 중국에서 기원전 1000년경부터 사용되었다. 고대에는 대나무를 둥글게 깎아서 만들었는데,[1] 그 뒤 점차로 짧아졌으며 나무를 세모 또는 네모 형태의 단면으로 깎아 만들기도 하였다. 산대를 산(筭) 또는 주(籌)라고 하였고 수학을 산학 또는 주학이라 하였다는 점에서 중국 산학에서 산대의 중요한 위상을 짐작할 수 있게 한다.

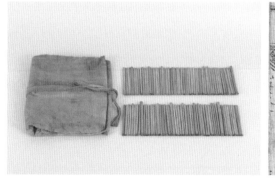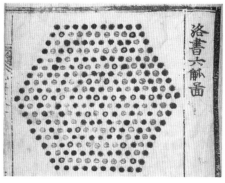

〈그림 7-1〉 산가지(왼쪽, 국립민속박물관 소장)와 『구수략』의 낙서육고도(洛書六觚圖)[2]

산대는 수를 나타내고, 그것을 이동하여 계산을 수행하였으므로 수의 표기 도구이자 계산 도구였다. 먼저 수를 나타내기 위한 방법은 다음과 같다. 일, 백, 만 등 홀수 번째 자리의 수는 아래 박스 그림의 제1열과 같이 세우고, 십, 천 등 짝수 번째 자리의 수는 제2열과 같이 옆으로 뉘어서 나타냈다. 그리고 6 이상의 수는 위쪽에 5를 나타내는 산대를 하나 반대로 놓아서 간결하게 나타냈다. 이 경우, 산대 하나의 크기가 1인 것인 아래쪽 것은 하목(下木 또는 一木)이라 부르고 크기가 5인 것은 상목(上木 또는 五木)이라 불렀다. 그리고 오늘날에는 0으로 나타내는 수가 없는 자리는 산대를 놓지 않고 비워뒀다. 그러나 책에서는 이렇게 하면 혼동의 여지가 있어서 기호 ○로 표시했다.[3] 또 양수는 빨간 산대를 쓰고 음수는 까만 산대를 썼다. 그러나 책에서는 산대로 나타낸 수의 1의 자리 숫자에 가로로 비스듬히 산대를 걸쳐놓은 모양으로 음수임을 나타냈다. 1보다 작은 소수 0.4123은 ○≡I=Ⅲ과 같이 나타냈다. 이렇게 하면 실제로 수를 매우 빽빽하게 써서 공간을 절약할 수도 있다.(아래 박스 그림)

	1	2	3	4	5	6	7	8	9
일, 백, 만,… 자리	I	II	III	IIII	IIIII	Ⳁ	Ⳁ	Ⳁ	Ⳁ
십, 천, 십만,… 자리	—	=	≡	≣	≣	⊥	⊥	⊥	⊥

⊥ Ⳁ

위 그림에서 오른쪽 숫자 6은 위의 가로로 놓인 5를 나타내는 상목과 아래쪽에 세로로 놓인 1을 나타내는 하목 한 개를 써서 6을 나타낸다. 마찬가지로 10의 자리의 7도 위의 세로로 놓인 5를 나타내는 상목과 아래쪽에 가로로 놓인 1을 나타내는 하목 두 개를 써서 7을 나타낸다.
따라서 1에서부터 9까지 한 자리 숫자를 보면 그 위치에 따라서 이와 같이 두 가지로 나타난다.

‖≡○─Ⳁ
2 3 0 1 6

Ⳁ≡╫
−732

이런 사실을 설명하는 내용은 보통 사람들이 기억하기 쉽도록 구결로 만들어 외우게 하였다. 예를 들어 황윤석의 『산학입문』에 있는 행산위(行算位), 포산결(布算訣)이나 『묵사집산법』의 종횡법(從橫法) 등이 이것이다.[4]

	⊥	⦀⦀	≡	𝍐
‖	⩵	⫴			
⊤	⊥	𝍐	—	⦀⦀
𝍐	⊥	⊤	=	

	6	5	3	7
2	8	3	0	1
6	7	7	1	4
7	6	6	2	0

중국에서는 명나라의 15세기 중반까지, 그리고 우리나라에서는 19세기에도 산대가 주요 계산 수단이었다. 산대로 하는 계산은 기본 사칙계산은 물론 제곱근, 세제곱근, 방정식, 연립방정식까지 풀 수 있었다. 여기서는 가감승제의 계산법에 대해서만 기술한다.

산대를 가지고 계산할 때는 다음과 같은 일들이 자주 나타난다. 이것에는 이름을 붙여서 설명했다.

(1) 첨입, 배개: 상목이나 하목 등에 변동이 없는 경우

첨입(添入): 1+2, 6+3 등과 같이 상목이나 하목 배열에 변동이 없는 더하기.

배개(排開): 2-1, 8-2 등과 같이 상목이나 하목 배열에 변동이 없는 빼기.

(2) 상목에 변동이 생기는 경우

상첨하배(上添下排): 4+3=4+5-2 등과 같이 상목이 첨가(+5)되고 하목이 배제(-2) 되는 더하기.

하첨상배(下添上排): 7-4=7-5+1 등과 같이 상목이 배제(-5)되고 하목이 첨가(+1) 되는 빼기.

(3) 십 자리에 변동이 생기는 경우

우배좌진(右排左進): 4+7=4-3+10 등과 같이 합이 10이 넘게 되어 일의
자리(右)에서 배제(-3)되고 십의 자리(左)에 올리는 더하기.

좌퇴우첨(左退右添): 16-8=16-10+2 등과 같이 일의 자리의 빼기(6-8)가
부족하여 십의 자리(左)에서 물리고(退, -10) 일의 자리(右)에 첨가(+2)
되는 빼기.

2. 덧셈과 뺄셈

전통산학에서는 매우 늦게까지 현재의 필산이나 암산과 같은 것은 없
었다.[5] 산법을 사용하는 사람들은 산대를 사용하여 계산했다. 산대 계산
법을 익히면 덧셈 뺄셈은 대부분 간단하게 원리를 이해하게 되고, 이것도
익숙해지면 기계적으로 할 수 있었다.

덧셈, 뺄셈에서 가장 중요한 것은 합해서 5, 10이 되는 경우를 활용하
는 것이다.

합해서 5가 되는 경우: 1+4, 2+3, 3+2, 4+1
합해서 10이 되는 경우: 1+9, 2+8, 3+7, 4+6, 5+5, 6+4, 7+3, 8+2, 9+1

예를 들어 필산에서는 3+4=7, 7+6=13, 13-6=7 등이 머릿속으로 계산(暗算)
하여 나오나, 산대에 의한 계산에서는 다음과 같이 기계적으로 나온다.

‖‖‖ + ‖‖‖‖ = ‖ + ‖‖‖‖ = ∏ (1+4=5를 적용)

∏ + ⊤ = 一〇 + ‖‖ = 一‖‖ (5+5=10을 적용)

一‖‖ - ⊤ = 一〇 - ⊤ + ‖‖ = ‖‖‖ + ‖‖ = ‖‖‖‖ + ‖ = ∏ (10-6=4, 4+1=5를 적용)

예제1) (1) 376+459

풀이)

(1) 필산

필산	포산			
321 + 147 400 60 8 468	Ⅲ = Ⅰ Ⅰ ≡ Ⲡ ① 산대로 나타낸다.	Ⅲ = Ⅰ ≡ Ⲡ ② 합친다. 백의 자리는 끼워 넣는다.	ⅢⅠ ⊥ Ⅰ Ⲡ ③ 십의 자리에서 1+4=5(십)는 산대를 세운다.	Ⅲ Ⅰ ⊥ Ⅲ Ⲡ ④ 일의 자리에서 1+7=8은 끼워 넣는다.
		첨입	상첨하배	첨입

㊑ 이와 같이 피가수(被加數), 가수(加數) 모두를 산대로 나타내고 변형시켜가는 것을 이격산(二格算), 이에 대해 피가수만 산대로 나타내고 가수는 머릿속에 기억한 채 변형시켜가는 것을 일격산(一格算), 피가수, 가수, 합을 각각 산대로 나타내며 변형시켜가는 것을 삼격산(三格算)이라 한다.

㊑ 여기서는 높은 자리(백 자리)부터 계산하였으나, 낮은 자리부터 계산할 수도 있다.

(2) 필산

필산	포산			
376 + 459 700 120 15 835	Ⅲ ⊥ Ⲧ Ⅲ ≡ Ⅲ ① 산대로 나타낸다.	Ⅲ ⊥ Ⅰ Ⅲ ≡ Ⅲ Ⲡ ② 합친다. (백)1+4=5로 산대를 뉘였다.	Ⅲ ⊥ Ⅰ Ⅲ ≡ Ⅲ Ⲡ ≡ ③ (십) 8+2=10을 백의 자리로 올린다.	Ⅲ ⊥ Ⅰ Ⅲ ≡ Ⅲ Ⲡ ≡ Ⅲ ④ (일) 1+4=5
		상첨하배	우배좌진	첨입

㊑ 이는 높은 자리부터 계산한 것이며, 피가수, 가수, 합을 모두 산대로 나타내었으므로 삼격산이다.

(3) 필산

237−456=−(456−237)

필산	포산			
456 - 237 9 10 200 219 구하는 답은 − 219	Ⅱ ≡ Ⲡ Ⅲ ≡ Ⲧ ① 237은 빨간 산대 −456은 검은 산대로 나타낸다.	≡ Ⲡ Ⅱ ≡ Ⲧ ② 검은 산대에서 빨간 산대를 제거한다. 백의자리에서 4−2(백).	Ⲡ Ⅲ = Ⲧ ③ 십의 자리에서 5−3(십).	Ⅱ − Ⅲ ④ 일의 자리에서는 10−7=3을 십의 자리에서 산대 한 개 제거, 일의자리는 6+3.
		배제	배제	좌퇴우첨

㊑ 이는 높은 자리부터 계산한 것이며, 이격산이다.
237은 놓지 않고 마음속으로 생각하고 포산하면 일격산이다.

앞의 예제들은 2개의 수들의 덧셈, 뺄셈에 관한 것으로 이것을 계속해서 실행하는 다음의 연습문제는 유형별로 5개의 수들의 덧셈, 뺄셈에 관한 것이다. 반복 연습하여 숙달하여야 곱셈, 나눗셈 등을 할 수 있었다.

3. 곱셈(승산, 乘算): 보승법(步乘法)

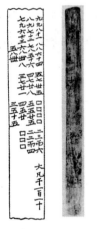

〈그림 7-2〉 한(漢)대 죽간의 구구단 (출처: Li, Yan and Du Shiran, Chinese Mathematics (Oxford, 1987))

곱셈구구는 〈그림 7-2〉[6]에 나타난 한(漢)대의 죽간에서 알 수 있듯이, 1~2세기경에도 사용하였다. 곱셈, 나눗셈의 설명을 위하여 피승수(被乘數)×승수(乘數)=곱(積), 피제수(被除數)÷제수(除數)=몫(商)…나머지(殘實, 殘) 같은 용어를 사용한다.

곱셈, 나눗셈에 대해서는 『손자산경』, 『하후양산경』 등에서 그 계산 절차를 분명하게 설명하고 있다.

곱셈에서는 제1행(上格)에 피승수, 제3행(下格)에 승수를 놓아 계산한 결과를 제2행(中格)에 놓는다. 한편, 그 역연산인 나눗셈에서는 곱셈에서의 같은 수가 그 역할이 바뀌게 되므로 제2행에 피제수, 제3행에 제수를 놓아 계산하고 그 몫이 제1행에 위치하게 된다. 이때 연산 대상과 그 결과를 3개의 행에 배열하므로 삼격산(三格算)이라고 한다.

	곱셈	나눗셈
제1행	피승수	몫
제2행	곱	피제수
제3행	승수	제수

〈표 7-1〉 삼격산인 곱셈과 나눗셈에서 각 행의 역할

필산	산대 포산을 숫자로 바꾼 그림

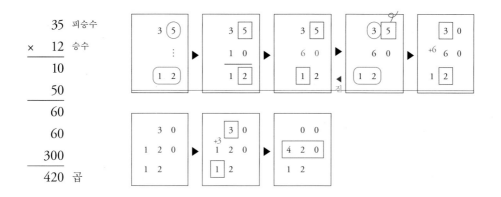

35 피승수	
× 12 승수	
10	
50	
60	
60	
300	
420 곱	

다음 계산법은 배상열의 『서계쇄록』의 설명을 옮긴 것이다. 문제는 35×12를 계산하는 것이다.

(설명) 피승수 35를 1행, 승수 12를 3행에 쓰고 높은 자리부터 곱하여 그 결과를 2행에 배열해나간다.

1단계: 승수의 일의 자릿수의 피승수의 일의 자릿수를 위아래로 맞추어놓는다.

2단계: 피승수의 일의 자리인 5와 승수를 곱한다.

　(ⅰ) 승수의 일의 자리와의 곱 5×2=10을 승수의 자릿값을 기준으로 하여 놓는다.

　(ⅱ) 승수의 십의 자리와의 곱 5×10=50을 더한다.(60).

3단계: 이미 곱한 피승수의 5을 없애고 승수 12를 한 자리 앞으로 낸다(進).

　(ⅰ) 피승수의 십의 자리와 승수를 곱한다. 역시 자릿값에 주의한다.

　(ⅱ) 30×2=60을 더한다.(60+60=120)

　　30×10=300을 더한다.(120+300=420)

이때 중요한 것은 승수의 자리 옮김으로 인한 자릿값의 변화다. 즉,

㉠ 이는 피승수, 승수, 곱을 각각 산대로 나타내고 있으므로 삼격산이고, 낮은 자리부터 곱하였다. 높은 자리부터 곱하여도 상관없으며 승수는 미리 앞으로 나가서 시작하고 피승수 십의 자리가 끝나면 승수를 뒤로 물리게 된다(退).

곱을 쓸 때 승수의 자릿값을 기준으로 하여 쓴다. 따라서 실제로는 60+36이 아니라 60+360이 된다.

이 계산을 이격산(二格算)으로 하는 방법은 승수를 마음에만 두고 실제로 산대로 놓지 않는 것이다. (이 승수는 써놓은 문제를 보아도 된다.) 그러면 피승수만을 늘어놓고 시작하게 되며 그 아래쪽에 답이 써진다.

4. 신외가법

위의 문제와 같이 승수가 두 자리 숫자이며 십의 자리 숫자가 1인 경우에 사용할 수 있는 방법이다. 이에 대해서 『산학입문』에서는 다음과 같이 설명한다.

> 맨 앞자리가 1일 때 이 방법을 이용한다. 먼저 끝자리 작은 수부터 계산을 시작한다. (중략) 더한다는 것은 자신을 1로 하고 이 외의 것을 더하는 것이다. (후략) (但首位一者用此法 先從末位小數算起 [중략] 加者以本身爲一卻於一之外加添也 [후략])

위에서 계산했던 문제 35×12를 신외가법으로 계산하면 다음과 같다. 이 계산에서 승수 12를 놓지 않으면 일격산(一格算)이 된다.

산대 포산을 숫자로 바꾼 그림

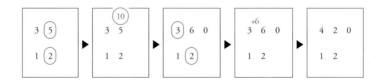

방법은 승수의 10과 피승수를 곱한 것은 이미 놓은 피승수라고 생각하는 것이다. 단지 10과의 곱이므로 피승수가 10을 곱한 만큼 한 자리 왼쪽에 있는 것이라고 생각해야 한다. 다시 말하면 현재의 35를 350이라고 생각하는 것이다. 그러면 이미 10과의 곱은 끝났으므로 승수의 2와의 곱만 해서 더해나가면 된다. 낮은 자리부터 계산하면 5×2=10을 계산해서 50에 더하면 60이 된다. 다음 3×2=6은 계산하되 이는 360에서 십의 자리에 맞춰 더해줘야 한다. 30과의 곱이기 때문이다.

㉠ 신외가법도 높은 자리부터 계산할 수 있다. 낮은 자리부터 계산하면 일의 자리와의 곱을 더하는 과정에서 10의 자리가 넘쳐서 백의 자리가 1만큼 커지면 다음 곱에서 피승수의 원래 숫자를 못 알아볼 수 있다. 그래서 신외가법은 높은 자리부터 곱해나가는 것이 좋다.

5. 나눗셈(제산, 除算): 상제법(商除法)

나눗셈의 포산은 앞에서 다룬 곱셈의 역연산(商除法이라 함)으로 문제 5695÷67에서 필산과 비교하면서 설명한다.

풀이)

필산	포산			

필산:
```
            85
    (67)  5695
         - 480
         -  56
          335
         -300
         -  35
            0 나머지
```

	몫		≝○	≝||||
피제수	≡丅≝||||	≡丅≝||||	≡丅≝|||| ≡ⅲ○ ||||⊥ ------ |||≡|||||	|||≡||||| ||○○ ≡○||||| ------ ○
제수 ⊥ⅲ	⊥ⅲ	⊥ⅲ	⊥ⅲ
	1단계	2단계	3단계

(설명) 피제수 5695를 제2행, 제수 67을 제3행에 쓰고 높은 자리부터 나누어가며 제1행에 몫을 놓는다.

1단계: 피제수와 제수의 가장 높은 자리를 맞추어놓는다. 피제수의 56이 제수 67보다 작으므로 제수를 한 자리 물린다.

2단계: 몫의 십의 자리로 8을 어림잡고(假商), 8과 제수와의 곱을 피제수에서 뺀다.

(ⅰ) 제수의 십의 자리와의 곱 8×6=48을 56에서 뺀다.(895)

(ⅱ) 제수의 일의 자리와의 곱 8×7=56을 89에서 뺀다.(335)

㈜ 여기서는 빼는 경우 빨간 산대로 나타내었으나 실제 포산에서는 나타나지는 않는다.

이때 중요한 것은 제수의 자리 옮김으로 인한 자릿값의 변화다. 즉 곱을 뺄 때 제수의 자릿값을 기준으로 하여 뺀다. 따라서 실제로는 -4800 -560이 된다.

3단계: 제수 67을 한 자리 물린다. 몫의 일의 자리로 5를 어림잡고(假商), 5와 제수와의 곱을 2단계에서 남은 피제수(잔실)에서 뺀다.

(ⅰ) 제수의 십의 자리와의 곱 5×6=30을 33에서 뺀다.(35) 역시 자릿값에 주의 한다.

(ⅱ) 제수의 일의 자리와의 곱 5×7=35를 35에서 빼면 0이 되어 계산을 마친다.

㈜ 이는 피제수, 제수, 몫을 각각 산대로 나타내고 있으므로 삼격산이다.
㈜ 만약 나눗셈이 딱 떨어지지 않는다면 제2행에 남는 나머지를 분자, 제수를 분모로 하여 분수로 나타낸다. 즉, 위의 단계에 따라 5698÷67을 한다면 $85\frac{3}{27}$이다.

이 단계에 따른 산대 배열은 위와 같다.

다음과 같이 몫을 1행에 따로 놓지 않고 2행 실의 앞자리에 놓으면 이격산이 된다.

필산	포산			
67)　85695 　　- 480 　　-　56 　85335 　-300 　-　35 　　　0　나머지	피제수 〓丅〓Ⅲ	〓丅〓Ⅲ	몫 〓〓丅〓Ⅲ 〓Ⅲ〇 Ⅲ丄 - - - - - - - 〓〇Ⅲ〓Ⅲ	〓Ⅲ Ⅲ〓Ⅲ Ⅲ〇〇 〓Ⅲ - - - - - - 〇
	제수 丄Π	丄Π	丄Π	丄Π
		1단계	2단계	3단계

6. 나눗셈(제산, 除算): 귀제법(歸除法)

　주세걸이 지은 『산학계몽』에는 "按古法多用商除 爲初學者 則後人以此法代之"라는 글이 나온다. 이것은 "옛날의 방법(商除法)을 살펴보면 처음 배우는 사람은 알기 어려워, 후세 사람들이 이 방법(귀제법)으로 대신하였다."라고 해석할 수 있다. 앞에서 설명한 상제법은 몫을 어림해야 하는 불편이 있으므로, 이를 없애기 위해, 곱셈의 구구단처럼, 나눗셈에서도 다음의 나눗셈구구를 만들어 사용한다. 나눗셈구구를 사용하여 나눗셈을 하는 방법을 귀제법이라 한다. 따라서 귀제법을 공부하려면 먼저 나눗셈구구를 노랫말로 외워야 한다.(표 7-2)

㈜ 법이 한 자리인 경우 구귀제법(九歸除法)이라고도 하나, 여기서는 법이 두 자리 이상인 경우도 포함하여 귀제법이라 하였다.

　이는 1990년대까지 상업계고등학교 『상업계산』이란 교과서에서 볼 수 있던 나눗셈구구표이다. 1단, 2단, …, 9단을 각각 1귀, 2귀,…, 9귀(歸), 이 나눗셈 구구를 구귀가(九歸歌)라고 하였다.[7]

　그리고 나눗셈구구의 형태는 다음과 같이 실÷법의 몫(商)과 나머지(殘實)를 곱셈의 구구단처럼 노랫말로 만들었는데 다음과 같이 5가지 형태로 분류된다. 예를 들어 설명하면,

1단	2단	3단	4단	5단	6단	7단	8단	9단
1 進10	2·1 添作5	3·1 31	4·1 22	5·1 加1	6·1 下加4	7·1 下加3	8·1 下加2	9·1 下加1
	2 進10	3·2 62	4·2 添作5	5·2 加2	6·2 32	7·2 下加6	8·2 下加4	9·2 下加2
		3 進10	4·3 72	5·3 加3	6·3 添作5	7·3 42	8·3 下加6	9·3 下加3
			4 進10	5·4 加4	6·4 64	7·4 55	8·4 添作5	9·4 下加4
				5 進10	6·5 82	7·5 71	8·5 62	9·5 下加5
					6 進10	7·6 84	8·6 74	9·6 下加6
						7 進10	8·7 86	9·7 下加7
							8 進10	9·8 下加8
								9 進10

〈표 7-2〉 나눗셈구구

$30 \div 7 = 4 \cdots 2$는 7·3 42(칠삼 사이) — 기본형

$40 \div 8 = 5 \cdots 0$은 8·4 50(팔사 첨작오) — 添作五

$20 \div 5 = 4 \cdots 0$은 5·2 40(오이 가이) — 加m

$30 \div 8 = 3 \cdots 6$은 8·3 36(팔삼 하가육) — 下加m

$30 \div 3 = 10$은 3·3 10(삼진일십) — m進一十

의 5가지 형태로 구성되어 있다. 여기서 m은 1, 2, 3,… 9인 자연수이다. 시대마다 노랫말은 조금씩 다르나 거의 비슷하다. 노랫말을 사용하는 방법은 예제에서 설명한다.[8]

구귀제법을 설명하는 간단한 예를 하나 든다. 이 문제는 배상열의 『서계쇄록』에 설명돼 있는 문제로 360÷30을 계산하는 것이다.

아래 그림과 같이 피제수(實) 360을 2열에 놓고 제수(法) 30을 3열에 놓는다. 그리고 몫은 1열에 적게 된다. 따라서 삼격산이다.

1단계: 우선 제수와 피제수의 높은 자리를 나란히 맞춰놓는다. 즉, 360의 3과 30의 3이 위아래로 나란히 놓이게 한다. 이것을 대위(對位)라 한다.

　　i) 그리고 제수가 3으로 시작하므로 구귀제법 3단을 보면서 피제수도 3으로 시작하므로 봉삼(3)을 읽어나가면 봉삼진일십(奉三進一十)이다. 따라서 '진일십'한다. 즉, 10의 자리에 1을 적는다. 그리고 1×3=3을 덜어내게 되므로 360은 60이 된다.

2단계: 이제 피제수(법)를 한 자리 뒤로 물려 60과 나란히 놓이게 한다(退).

　　(i) 이제 피제수의 머리 숫자를 보면 6이므로 3단에서 6번째인 봉육(6)을 읽으면 봉육진이십(奉六進二十)이므로 1의 자리에 2를 쓴다. 그리고 6을 덜어내면 남는 것이 없어서 계산이 끝났다.

이렇게 얻은 몫은 12가 된다.

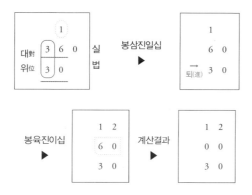

나눗셈에서 구귀제법을 써서 2격산으로 할 때는 몫을 따로 쓰지 않는다. 신외가법처럼 몫을 피제수와 같은 줄에 써나간다. 다음 그림에서 보듯이 위와 똑같은 셈을 한다. 단지 '봉삼진일십'을 외우면 그림에서와 같이 피제수의 3을 덜어내고 한 자리 앞으로 가서(進) 1을 쓴다. 그런 다음 제수를 한 자리 뒤로 물린다(退). 다시 '봉육진이십'을 외우고 6을 덜고 한 자리 앞에 2를 쓴다. 남은 숫자가 없으므로 나눗셈은 끝났고 피제수 줄에 남아 있는 숫자 12가 몫이다. 제수를 외우고 있으면 일격산으로 할 수도 있다. 계산이 매우 빨라진다.

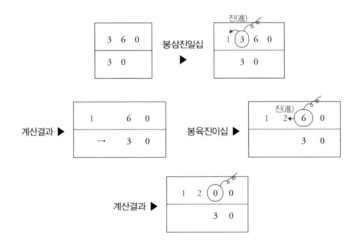

　　지금까지 본 것은 2자리 곱셈과 나눗셈을 해봤지만 자릿수가 올라가도 이 방법을 되풀이하면 된다. 마치 여러 자리 숫자를 곱해도 구구단만 있으면 되듯이 여러 자릿수를 나눠도 여러 번 되풀이해서 쓰면 된다.

천원술

우리는 이제부터 17세기의 천원술을 대표하는 박율의 『산학원본』과 18세기 초의 『구일집』을 통해서 조선 후기의 천원술과 개방술이 어떻게 발전해서 어떤 경지에 이르렀고 무엇을 알아냈는지를 본다.

1. 박율

세종대의 천원술은 이론과 계산이 모두 병행됐을 것임을 앞에서 이야기했다. 그러나 구체적인 산학 내용은 전해지지 않는다. 17세기 중엽부터 우리 산학을 복구할 때 중인 산학 가문에서 전해지는 기초적인 산학을 바탕으로 했을 수밖에 없으며, 나머지는 조선 초기와 마찬가지로 『양휘산법』과 『산학계몽』을 연구했을 것으로 추정된다. 이때까지 조선에는 중국의 다른 산서가 전해지지 않았다. 일본에는 곧바로 들어왔던 정대위의 『산법통종』도 우리나라에는 상당히 늦게서야 들어왔다. 그리고 당시의 중국 산서는 전통산학 부흥에 큰 도움이 될 수 없었다.[9] 이는 조선의 사정이 어려워 산학에 힘을 쏟지 못했던 것도 한 가지 이유이겠지만 청나라를 세우기 전의 후금이 우리와 명나라의 교역을 막고 있었던 탓도 있다.

박율의 산학에서 방정식 이론이 가지는 중요성은 다른 산서와 다르다. 『산학원본』이 독특한 점은 그 내용을 연구해보면 바로 알 수 있다. 동양의 전통산학 책은 거의 모두 기본에서 시작하여 차근차근 수학을 설명한 다음, 마지막에 연립방정식, 급수와 직각삼각형 이론과 그 응용을 이야기한다. 이 책은 그런 절차를 모두 건너뛰어 직각삼각형에서 빗변의 길이를 구하는 것으로부터 출발한다. 그의 책 전체의 내용은 천원술 이야기를 다루고 있다. 따라서 박율은 이 책에서 여러 가지 종류의 이론을 다루지 않고 방정식만 다루는 것처럼 보인다.

그러나 자세히 보면 이 책은 구고술과 관련된 문제로 시작하여 2차방정식을 세우고 푸는 방법을 필두로 정사각형과 정육면체, 원과 구의 넓이와 부피 등을 사용해서 고차방정식을 만들고 푸는 문제를 거친다. 결국은 연립방정식이나 수열의 문제까지도 방정식 문제로 바꿔 해결할 수 있음을 설명해나가고 있다. 그때까지 동양의 모든 수학책이 9가지 문제를 9가지 방법으로 해결한다는 관점을 벗어나지 못했던 것에 비하여, 이 책은 수학의 모든 문제가 방정식 풀이로 귀결된다는 것을 파악하고 명확하게 서술했다. 이런 점에서 박율을 보면 과연 17세기의 수학자인가 하는 생각이 든다. 이런 관점은 뒤이어 나타나는 홍정하의 수학이 어떻게 중국 수학의 단점들을 보완하고 완벽한 이론으로 재생시킬 수 있었는지를 이해하는 단초가 될 수 있다.

박율의 『산학원본』은 세 권으로 나뉘어 있지만 짤막한 중권이 원이나 구와 관련된 공식집에 해당한다는 것을 빼면 전체는 방정식과 그 풀이법에 대한 것이다. 그리고 이 풀이를 위하여 제곱근 계산법과 그의 역연산

〈그림 7-3〉
박율의 『산학원본』에 나타나는
2차식: $31742x^2 + 62504x + 31742 = 0$.

법, 이항전개와 그때의 부호 정하는 방법 등등의 공식을 거쳐서 방정식을 세우고 이 과정을 천원술로 나타내는 방법의 설명이 대부분을 차지한다. 〈그림 7-3〉은 박율이 사용한 천원술 방정식의 예이다.

그는 이런 식을 자유롭게 다루어서 방정식을 구성했다. 비록 홍정하와 같이 계산 도구로 천원술을 바라보지는 않았지만 13세기의 중국 산서의 설명보다는 훨씬 발전된 천원술 계산을 사용하였고 조리 있게 설명하고 있다.

이 책은 경선징의 『묵사집산법』과 마찬가지로 『양휘산법』과 『산학계몽』의 영향을 크게 받았다. 그러나 그 결과는 전혀 다른 양상으로 나타났다. 『묵사집산법』이 『산학계몽』의 내용을 형식면에서 그대로 따르면서 자신의 방식으로 풀어냈다고 한다면, 『산학원본』은 『산학계몽』의 내용의 핵심만을 뽑은 다음 자신만의 새로운 관점으로 재편했다고 할 수 있다.

경선징이 당대의 가장 뛰어난 전문가인 중인 수학자의 관점을 보여준다면 박율은 유학자의 관점에서 수학을 파악함으로써 구조적인 수학에 한 발을 내딛는다. 즉, 보기 드문 동양 전통수학자의 참신한 아이디어를 보여준다. 그리고 이런 박율의 관점은 50년 정도 뒤의 또 다른 양반 수학자인 최석정의 관점과도 매우 다르다. 박율이 당대의 김시진이나 임준 등과 궤를 같이한다면 최석정은 그 이후의 양반 수학자들의 성향에 가까우며 배상열의 『서계쇄록』과 같은 저술로 이어진다.

『산학원본』이 『양휘산법』의 영향을 받은 부분은 여러 군데 보인다. 우선 제곱근의 근사해를 분수로 나타낸 결과로부터 원래의 수로 돌아가는 『변고통원』의 방법을 언급하고 있다. 『변고통원』은 지금은 전해지지 않는 중국의 산서이다. 그 내용은 다음과 같다.

방정식 $ax^2 = c$를 풀 때 정수인 근사해를 찾아냈고 이것을 $x = \alpha$라고 하자. 이때 차상[10] y를 구하기 위한 방정식은 $ay^2 + 2a\alpha y + (a\alpha - c) = 0$이 된다. 이때 이 차상의 방정식의 근사해를 일차보간법을 사용해서 나타내면 구하는 제곱근 $\sqrt{c/a}$의 근사해는

$$x = \alpha + \frac{c - a\alpha^2}{a\,(1 + 2\alpha)}$$

이 된다. 이것은 제곱근의 근사해를 분수로 나타낸 것이다. 이제 "이것이 제곱근이라면 원래 문제는 무엇인가?"라고 물으면 위의 x를 제곱해보겠지만 이렇게 해서는 c/a가 나오지 않고 오차가 생기게 된다. 『변고통원』의 방법은 이 x로부터 c/a를 구해내는 방법이다. 『양휘산법』에서는 이것을 '환원술'이라 부르고 있다. 그러나 우리나라에서 인쇄된 『양휘산법』에 이 공식은 실려 있지 않다. 그런데 박율은 "근사해의 정수 부분을 제외한 분수의 분모, 분자를 각각 $A = a(1 + 2\alpha)$, $B = c - a\alpha^2$이라 놓으면

$$\frac{c}{a} = \frac{(A\alpha + B)^2 + (A - B)B}{A^2}$$

이 된다."라고 계산해놓고 있다.

박율은 이 밖에도 동양 산서로는 매우 드물게 근삿값의 오차에 대해

언급했다. 이것도 『양휘산법』에 있는 √2의 근삿값의 오차를 더 정확히 이야기한 것이다. 또한 수열과 관련된 최분 문제나 연립1차방정식인 방정 문제 등을 모두 천원일(미지수)로 세워서 천원술로 풀고 있다. 동양에서 수학 문제를 모두 천원술로 해석할 수 있음을 이야기한 책은 그 이전에는 없었다. 이것은 박율이 그 시대에 특이하게 매우 과학적으로 진보적인 사고를 했음을 보여준다. 이런 것이 조선의 학자들이 자유분방한 학문을 했음을 단적으로 보여주는 것이고 개인적인 연구만으로도 중국에 뒤지지 않을 수 있었던 저력이다.

박율은 일본이 자랑하는 수학자 세키 다카카즈(関孝和, 1642?-1708)와 비슷한 시기에 살았고 방정식 이론을 발전시켰다는 점에서도 비슷하다. 세키는 전통수학에서 현대적 개념을 뽑아냈다는 평을 듣는다. 박율도 이에 못지않은 업적을 이루었다고 할 수 있다. 이 두 사람의 차이는, 세키는 계산법을 더 잘 분석하여 계산적 구조를 찾았고, 박율은 보다 크게 수학적 구조를 제대로 파악했다는 점이다.

2. 홍정하

앞 절에서 소개한 바와 같이 홍정하는 증승개방술의 이름도 모르는 채 이에 대해서 『산학계몽』에 나오는 간략한 제곱근 풀이법 한두 문제와 『양휘산법』에 들어 있는 유익의 2차방정식 풀이법 그림만을 공부하고서 증승개방술을 완벽히 복원해내고 더 발전시켰다.[11]

홍정하가 알아낸 천원술 계산법은 사실 증승개방법의 계산법과 일맥상통한다. 그래서 이 둘을 여기서 함께 설명하고자 한다. 홍정하의 업적은 오늘날의 수학으로는 설명하기 쉽다고 생각하겠지만 꼭 그렇지만은 않다.

어려운 점은 오늘날의 수학이 아닌 11세기의 중국 수학자들이 알고 있는 내용을 써서 설명해야 한다는 점이다. 앞에서 말한 『산학계몽』과 『양휘산법』의 내용만을 써서 계산 과정을 분해해보면 한 가지 방법이 나온다.

1) 천원술 전개법의 원리

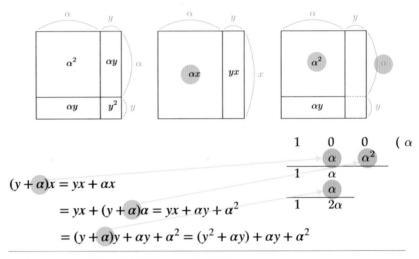

$$(y + \alpha)x = yx + \alpha x$$
$$= yx + (y + \alpha)\alpha = yx + \alpha y + \alpha^2$$
$$= (y + \alpha)y + \alpha y + \alpha^2 = (y^2 + \alpha y) + \alpha y + \alpha^2$$

〈그림 7-4〉 홍정하의 개방술의 원리와 현대식 조립제법과의 관계

이것이 어떤 내용인지 알아보기 위해서 2차방정식을 하나 잡아서 계산 과정을 이해해보기로 하자. 앞에서와 같은 문제 $x^2=625$를 푸는 13세기 중국의 계산법을 알아보고 이것을 홍정하는 어떻게 설명했는가 보기로 한다. 시작은 앞에서 이야기한 '석쇄개방술'의 설명과 마찬가지로 넓이가 625이고 한 변이 x인 정사각형에서 출발한다. 그리고 같은 방법으로 $20 \leq x < 30$이라는 사실을 알아내서 $x=20+y$라고 놓고 y를 찾고 싶다고 하자. 이제 〈그림 7-4〉에서 우리의 방법은 개방술의 핵심인 이항전개를 단계적으로 해나가는 것이다. 즉, $(y+20)^2$을 계산하기 위하여 제일 먼저 〈그

림 7-4〉 위의 가운데 그림과 같이 정사각형 x^2의 가로변 x를 20과 y로 나눈다. 그러면 전체 넓이 625는

$$(y + 20)\, x = yx + 20x \qquad (1)$$

가 된다. 그다음, 두 번째 단계로 위의 오른쪽 그림과 같이 이 도형의 왼쪽 직사각형에서 세로변 x를 다시 20과 y로 나눈다. 이렇게 하면 전체 넓이는

$$yx + (y + 20)\,20 = yx + 20y + 20^2 \qquad (2)$$

와 같이 된다. 이제 세 번째 단계는 남은 오른쪽 직사각형의 세로 변 x까지도 20과 y로 나누는 것이다. 이 결과 전체 넓이는 다음과 같이 나타내어진다.

$$(y + 20)y + 20y + 20^2 = (y^2 + 20y) + 20y + 20^2 \qquad (3)$$

이제 각 단계의 식의 계수를 보면 매 단계 (1), (2), (3)의 모든 도형이 다음 조립제법의 각 단계에 그림의 계산과 같이 계수로 나타난다는 것을 알아볼 수 있다. 그리고 이 나타나는 계수들을 그에 해당하는 도형으로 그려 자리를 옮겨 그려보면 〈그림 7-4〉의 아래쪽 그림처럼 옮겨가며 이것이 정확하게 조립제법의 숫자들과 같은 위치에 나타남을 볼 수 있다. 천원술은 이 계산 과정을 가로로 쓰지 않고 세로로 쓴 것일 뿐이다.

홍정하는 이 방법을 발전시켜서 가로세로의 초상 20이 서로 다른 숫자여서 $(y+a)(y+\beta)$ 같은 곱셈이어도 똑같은 방법으로 계산할 수 있음을 설명하였다.

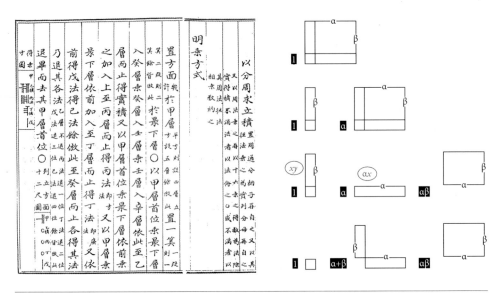

〈그림 7-5〉 홍정하가 발견한 일반 이항전개법(明乘方式)과 이를 도형으로 설명한 그림(오른쪽)

이러한 곱셈 공식은 〈그림 7-5〉의 오른쪽 도표와 같이 그려놓고 보면 당연하지만 오히려 현대식 다항식 표현에서는 쉽게 알아차리기가 어렵다. 실제로 오늘날에도 곱셈 공식을 사용해서 힘들게 계산할 뿐 이렇게 손쉽게 전개하는 방법을 알고 있는 사람은 거의 없다.

2) 홍정하가 개발한 수학적 도구들

홍정하의 『구일집』은 단순히 조립전개법 하나만이 뛰어난 것이 아니다. 동양 수학은 미지수 표현 등을 사용하지 못하여 서양 대수학에 매우 뒤처질 수밖에 없는 구조적 단점을 가지고 있었다. 그러나 홍정하는 그런 와중에서도 현대의 대수학적 개념들을 파악하고 이를 계산에 활용하였다. 이것들도 동양 수학 분야의 다른 곳에서는 전혀 찾아볼 수 없는 것들이다. 여기서는 홍정하의 독특한 방법을 한두 가지 더 설명하기로 하자.

3) 추상화된 신외가법

우선 홍정하가 앞에서 이야기한 발전된 계산법을 발견할 수 있었던 것은 고전 계산법의 핵심을 구조적으로 파악할 수 있었기 때문이다. 그 첫 번째 것은 신외가법(身外加法)이다. 신외가법이란 두 숫자의 곱셈에서 한 숫자의 첫 번째 자리의 수가 1인 경우의 계산법으로 7장 1절에서 설명했다.

홍정하는 이러한 숫자 곱셈법을 천원술에 활용하였다. 천원술에서 예를 들어 $p(x) \times (x+3)$을 한다고 하면 $x+3$에서 x는 계수가 1이고 3보다 한 자리 높은 수처럼 생각하는 것이다.

실제로 천원술에서는 $x+3$을 $\boxed{\begin{array}{c} 1 \\ 3 \end{array}}$ 으로 나타냈으므로 비슷하게 생각할 수 있다.(단지 가로로 쓰지 않고 아래로 내려썼을 뿐이다.) 따라서 우선 $p(x)$를 그대로 써놓고 한 자리 오른쪽으로 밀어서 $3 \times p(x)$를 더해주면 계산이 된다는 생각이다. 보고 나면 아주 쉽지만 이런 아이디어를 내었던 수학자는 동양의 어느 곳에도 없었다. 그는 『구일집』의 '부병퇴타문(缶甁堆垛門)'의 16번 문제 중 $(x+7) \times (x+8) \times (x+7.5)$를 곱해서 전개하는 계산에서 이것을 잘 활용하였다. 우선 $(x+8)(x+7.5) = x^2 + 15.5x + 60$을 계산해낸 다음에 다시 $x+7$과의 곱셈을 계산할 때 신외가법을 썼다. 그의 계산은 다음과 같이 되어 있다.

1	15.5	60	0
	7	108.5	420
1	22.5	168.5	420

즉, 그는 $x(x^2+15.5x+60)$의 계수 세 개를 그대로 둔 채로 다시 $7(x^2+15.5x+60)$의 계수를 하나씩 오른쪽으로 밀어 더했다. 이런 계산법은 나아가서 증승개방술의 요지인 조립전개법을 발견할 수 있는 발판이 되었다.

4) 유승(維乘)

이렇게 세 개의 1차식을 곱하는 문제에서 홍정하는 또 다른 대수적 구조를 알아냈다. 그는 부병퇴타문(缶瓶堆垜門)의 18번 문제에서 $(x-32)(x-33)$ $(x-32.5)$를 계산할 때 결과가 3차 다항식이 됨을 알고 있었기에, 그 계수 4개를 계산하는 데 다음과 같이 설명하였다. 첫째 x^3의 계수가 1인 것은 당연하고 x^2의 계수는 세 숫자 32, 33, 32.5를 모두 더한 것이고 상수항(實)은 이 세 수를 모두 곱한 것인데, 이때 1차항의 계수(염법)는 이 세 수의 '유승(維乘)'이라 하였다. 유승이란 이 세 수에서 두 개씩 뽑아 곱한 수들인 32×33, 32×32.5, 33×32.5의 합을 말한다. 이것으로부터 홍정하는 적어도 3개의 1차식의 곱셈에서 나타나는 다항식의 계수가 각각 인수의 상수항으로부터 일정한 조작을 통해 얻어지는 공식을 알고 있었다는 것을 추측할 수 있다. 그리고 오늘날 현대 대수학은 이런 식을 기본대칭식이라고 부른다. 홍정하는 18세기 초에 천원술에 기본대칭식이 등장한다는 사실을 인지하고 있었다. 그가 일반적인 차수의 곱셈에 대해서 이를 계산해내는 방법으로 개발한 것이 앞에서 설명한 홍정하의 조립전개법인 것이다.

5) 홍정하의 대수학의 의미

홍정하는 계산은 물론 이론에도 아주 뛰어났다는 것이 잘 알려져 있다. 또 그가 방정식은 물론 퇴타술(급수 이론)과 구고술(직각삼각형의 기하)에서도 천원술을 자유자재로 사용하여 계산하였음이 알려져 있다. 중요한 사실은 그 이전의 동양 수학의 발전 과정에서 어느 나라에서도 천원술은 단순히 다항식을 표기하는 방법으로서만 의미가 있었으며, 개방술특히 증승개방술은 구성된 방정식에서 근을 구하는 방법으로서만 다루어졌다는 것이다. 그러나 위대한 수학자 홍정하만은 천원술의 표기법을 다항식으로 이해해서 이의 곱셈은 방정식을 다룬다기보다는 다항식을 다루는 것으로 파악했다. 이런 관점은 홍정하만의 독특한 현대적 관점이었다. 그는 이런 관점 덕분에 다항식의 곱셈을 전개하는 과정에서 천원술을 사용하였다. 이 계산법은 개방술의 계산법과 거의 같다고 할 수 있지만 개념은 방정식이 아닌 다항식의 계산이다. 즉, 홍정하에게 천원술은 다항식이나 방정식 표기법을 넘어서서 이를 연산하는 도구이기도 했다. 현대적으로 말하면 홍정하의 천원술은 바로 대수학이었다. 그리고 이때가 동양 대수학이 한 걸음 나아간 대수학의 모습을 이룬 때이다. 비록 그 뒤를 잇는 이론의 발전은 없었지만 미지수를 갖지 않고도 대수학 개념을 발견하고 활용한 수학적 사고는 높이 평가될 수밖에 없을 것이다.

6) 『구일집』의 천원술

『구일집』 제8권 개방각술문 하 제15문[12]을 통해 천원술에 의한 표기 및 그 해법을 알아보자. 문제의 내용은 다음과 같다.

> 지금 연마되지 않은 옥 한 덩어리가 새알(구) 모양으로 되어 있다. 그 안에서 정육면체 모양의 옥을 제외한 나머지 외각 부분의 무게는 265근 15냥 5전이다. 다만 외각 부분의 두께는 4치 5분이라고 한다. 옥의 한 모서리와 옥돌 덩어리의 지름은 각각 얼마인가?[13]

이 문제의 본문의 풀이를 왼쪽에, 그에 해당하는 오늘날 식의 표현을 오른쪽에 배열하여 비교해보면 다음과 같다.

천원술로 푼다.

정육면체의 한 모서리를 천원일로
놓자. 〇
　　　　|

정육면체의 한 모서리를 x라 하면

옥 덩어리의 단면은 아래 그림과 같다.

「구일집」 제8권 제15문의 그림

여기에 문제에서 말한 수 4치 5분을
2배하여 더하면 옥돌의 지름 ⫿⫿⫿ 이다.
　　　　　　　　　　　　|

이때, 옥돌의 지름은 $x+9$이다.

이것을 세 번 곱하고 9배하면 구의
부피의 16배이다.

이것을 세제곱하여 9배하면

$9(x+9)^3=9x^3+243x^2+2187x+6561$

…①인데 고법에 의한 구의 부피는

$\dfrac{9 \cdot (\text{지름})^3}{16}$ 이므로

이 식은 구의 부피의 16배이다.

$16x^3$…②는 정육면체 부피의 16배이다.

(왼쪽 산대 표현의 −16은 16으로 고쳐야 한다.)

이것을 왼쪽에 놓아두자.
또 정육면체 옥의 한 모서리를 세 번 곱
하여 다시 16배하면 정육면체의 부피의
16배이다.

이것을 왼쪽에 놓아둔 것에서 뺀다.

①-②:

$$-7x^3+243x^2+2187x+6561$$

은 외각 부분의 부피의 16배이다.

이것을 다시 왼쪽에 놓아두자. 외각부분의 무게를 냥으로 고쳐서 이것을 석률 3으로 나눈다. [1418치 반이다.] 다시 16을 곱하여 얻은 수[22696]와 다시 옆에 놓아둔 것과 서로 셈하면

개방식 ⬚ 을 얻어 이 감종입방을 풀면 정육면체 옥의 한 모서리 5치를 얻는다. 여기에 외각의 두께를 2배하여 더하면 옥돌의 지름이다.

외각 부분의 무게로부터 부피를 구한다.

265(근) 15(냥) 5(전)÷3

$=(265\times16+15.5)$(냥)$\div3$

$=1418.5$

따라서 이 부피의 16배는 22696이다.

따라서 다음 삼차방정식이 성립한다.

$$-7x^3+243x^2+2187x-16135=0$$

$x=5$를 얻는다.

개방술과 증승개방법

1. 조선 산학에서 개방술(開方術)과 증승개방법(增乘開方法)

1) 홍정하(洪正夏)의 방정식 해법

홍정하(洪正夏, 1684-1727)는 『구일집(九一集)』에서 천원술(天元術)을 이용하여 $x^n - A = 0$꼴의 방정식을 구성하였다. 천원술(天元術)은 원래 중국에서 사용한 산대를 이용하여 다항식을 나타내기 위한 방법이었다. 그러나 명대 이후로 서양 수학의 전래로 중국 수학의 전통이 사라질 무렵 중국 수학의 영향을 받아 지속적으로 천원술(天元術)과 증승개방법(增乘開方法)을 사용해온 조선 산학에서는 중국보다 더 발전된 형태의 해법이 홍정하(洪正夏)의 『구일집(九一集)』에 들어 있다.

홍정하(洪正夏)는 2차방정식에서 2차항의 계수, 1차항의 계수, 상수항을 각각 우법(隅法), 종방(從方), 실(實)이라 하고 2차방정식의 해를 구하는 방법을 대종평방법, 평방번법, 감종평방법, 평방번적법, 평방익적법으로 분류하였다. 이 방법은 모두 증승개방법(增乘開方法)에 해당하는데 풀이 과정에서 나타나는 특징에 따라 이름을 달리한 것이다.

이차방정식 $p(x)=0$에 대하여 증승개방법(增乘開方法)을 통해 만들어진 차상(次商)을 위한 방정식을 $q(x)=0$이라 할 때, 평방번적법은 $p(x)=0$의 실(實)과 $q(x)=0$의 실(實)의 부호가 다른 경우의 해법이고 평방익적법은 $q(x)=0$의 실(實)의 절댓값이 $p(x)=0$의 실(實)의 절댓값보다 큰 경우의 해법을 말한다.

『구일집』에서 실제로 증승개방법(增乘開方法)이 나타난 것은 제5권 구고호은문(句股互隱門) 제64문이다. 제64문은 방정식 $0.5625x^2-18x-81=0$의 해 36을 구하는 문제이다. 이 문제에서 그는 자릿수를 사용하지 않고 초상(初商) 30에 대해 현재 우리가 사용하는 조립제법과 같은 방법으로 계산하고 있다. 여기서 차상(次商)을 구하기 위한 방정식의 실(實)이 $-81+(-33.75)=-114.75$가 되어 모두 음수인 것을 나타내고 있다. 즉, 익적법을 제대로 이해하고 있음을 알 수 있다.

홍정하(洪正夏)의 증승개방법(增乘開方法)은 18세기 초 동양 산학에서 가장 뛰어난 것이다.

2) 남병길(南秉吉)과 이상혁(李尙爀)의 방정식 해법

조선의 19세기 산학자 남병길(南秉吉)과 이상혁(李尙爀)은 송(宋), 원(元)대의 『양휘산법(楊輝算法)』(1274-1275), 『산학계몽(算學啓蒙)』(1299), 『상명산법(詳明算法)』(1373) 등의 기본적인 산서 이외의 이야(李冶)의 『측원해경(測圓海鏡)』, 『익고연단(益古演段)』, 주세걸(朱世傑)의 『사원옥감(四元玉鑑)』 등을 연구하였다. 이를 바탕으로 남병길(南秉吉)과 이상혁(李尙爀)은 『산학정의(算學正義)』(1867)와 『익산(翼算)』(1868)을 출판하였고 2차방정식의 풀이에서 직사각형의 넓이를 이용하여 번적(飜積), 익적(益積)이 나타나는 조건을 제시하였다.

『산학정의(算學正義)』에서 2차방정식 풀이는 직사각형의 넓이와 두 변의 합(長闊和) 또는 차(長闊較)가 주어진 경우에 두 변을 구하는 문제로 시작하는데 계수의 부호에 따라 이들을 분류한다. 두 변의 길이 $x, y (0 < y < x)$

에 대하여 조건

$$\begin{cases} x-y=a \\ xy=b \end{cases} \quad ; \quad \begin{cases} x+y=a \\ xy=b \end{cases} \quad (0<a,b)$$

을 만족할 때, 방정식 $-y^2-ay+b=0$ ···(1), $x^2-ax-b=0$ ···(2), $-x^2+ax-b=0$ ······(3)을 찾을 수 있다. 이때, (1), (2), (3)을 각각 교수대종법(較數帶從法), 감종평방법(減從平方法), 화수대종법(和數帶從法)이라 한다.

이들은 조건에서 x 또는 y를 소거하여 얻을 수 있지만 음의 항을 모두 이항시켜 등식을 만들면 직사각형의 넓이를 이용하여 설명할 수 있다. 직사각형에서 x는 長(길이), y는 闊(너비), α는 (1), (2), (3)의 초상(初商), β는 차상(次商)($y-\alpha$ 또는 $x-\alpha$)을 나타낸다.

〈그림 7-6〉에서 차상 β을 위한 방정식

$$-\beta^2-(a+2\alpha)\beta+(-\alpha^2-a\alpha+b)=0$$

은 직사각형의 넓이를 이용하여 확인할 수 있다. 이와 같이 2차방정식 풀이에서 사용된 증승개방법(增乘開方法)을 증명하고 익적(益積)과 번적(飜積)이 나타날 조건을 직사각형의 넓이(그림 7-6, 7-7, 7-8)를 이용하여 설명한다.

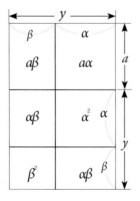
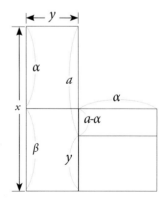

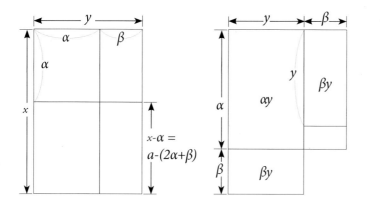

먼저, 감종평방법(減從平方法)의 경우, 〈그림 7-7〉에 의해

$$(y+\alpha)\beta = b+(a-\alpha)\alpha$$
$$y+\alpha = (\alpha+\beta-a)+\alpha = \beta+(2\alpha-a)$$

에서 $y+\alpha=\beta+(2\alpha-a)$를 대입하면 $[\beta+(2\alpha-a)]\beta=b+(a-\alpha)\alpha$이다.

여기서 오른쪽 변을 이항하여 얻어지는 식이 증승개방법(增乘開方法)의 차상(次商)을 구하기 위한 방정식이다. 따라서 오른쪽 변이 차상(次商)을 위한 방정식에서 상수항의 절댓값이다. 그런데 이것은 원래 방정식의 상수항 b에 그림의 오른쪽에 들어 있는 작은 사각형의 넓이를 더한 것이다. 따라서 상수항의 절댓값이 늘어난 익적(益積)임을 알 수 있다. 그리고 〈그림 7-7〉에서 α를 a보다 크게 잡을 경우 익적(益積)이 일어나지 않음을 알 수 있다.

화수대종법(和數帶從法)의 경우, 〈그림 7-8〉에 의해

$$(y+\beta)\alpha = b+(\alpha-y)\beta$$
$$x+y=a,\ x=\alpha+\beta$$

에서 $y+\beta=a-\alpha$, $\alpha-y=\beta+(2\alpha-a)$를 대입하면 $-[\beta+(2\alpha-a)]\beta+(a-\alpha)\alpha=b$이다.

이 식에서 b를 이항하면 차상(次商)을 구하기 위한 방정식이다.

이때 $(a-\alpha)\alpha=(y+\beta)\alpha$이므로, 이는 b보다 〈그림 7-8〉의 오른쪽에 들어 있는 사각형의 넓이만큼 크다. 따라서 차상(次商)을 위한 방정식의 상수항 $(a-\alpha)\alpha-b$는 양수이고, 원래 방정식의 상수항 $-b$는 음수이므로 번적(飜積)이 되는 것을 알 수 있다. 이 경우도 α를 y보다 작게 잡으면 그림에서 번적(飜積)이 일어나지 않음을 알 수 있다.

이와 같이 『구장산술(九章算術)』에서 제곱근을 구하는 과정을 사각형의 넓이에 적용하여 얻은 것에서 시작된 것으로 문자가 없는 경우에도 도형을 이용하여 나타내는 사고 방법은 동양 수학에서 많이 활용되는 방법이다.

이상혁(李尚爀)은 조선시대 중인(中人) 산학자이지만 남병철(南秉哲)(1817-1863), 남병길(南秉吉)(1820-1869) 형제와의 교류를 통하여 많은 자료를 구할 수 있었다. 『익고연단(益古演段)』, 『측원해경(測圓海鏡)』, 『사원옥감(四元玉鑑)』 등을 함께 연구하고 또한 서양 수학의 영향을 받은 『수리정온(數理精蘊)』과 『적수유진(赤水遺珍)』, 특히 차근방비례에 대한 연구를 하여 『익산(翼算)』을 출판하였다. 이상혁(李尚爀)은 『익산』에서 모든 방정식을 정부상당(正負相當)의 형태로 이해한다. 즉, 그가 취급하고 있는 방정식 $p(x)=0$은 항상 양의 근을 가지는 것을 조건으로 가지고 있기 때문에 $p(x)$의 계수는 반드시 양과 음인 것들이 동시에 들어 있어야 하는데, 양의 항들로 이루어진 다항식과 음의 항으로 이루어진 다항식을 이항한 다항식은 같아져야 하는 것을 정부상당(正負相當)으로 이해한 것이다. 그러나 이것은 그가 취급하는 방정식이 모두 양의 근이 있는 것으로 가정하기 때문이다. 따라서 일차방정식 $ax+b=0$에서도 a와 b의 부호가 달라야 한다고 강조한다.

『산학정의(算學正義)』에서는 익적(益積)과 번적(飜積)을 설명으로 그쳤지만 이상혁은 『익산』에서 2차방정식 (1), (2), (3)을 각각 교종(較從), 감종(減從), 화종(和從)이라 하고 익적과 번적이 나타나기 위한 충분조건을 언급하였다.

즉, 감종(減從)에서는 $\alpha < a$가 익적이 나타나는 충분조건이고 화종(和從)의 경우에도 $y < \alpha$가 번적이 일어나는 충분조건이라는 것이다. 보통 증승개방법(增乘開方法)에서 초상(初商) α를 추정할 때 해보다 작게 잡는다는 것을 생각하면 감종에서 익적이 일어나고 화종에서 번적이 나타나는 것을 알 수 있다. 이 조건을 현대의 2차함수의 그래프를 이용하여 설명하면 다음과 같다. 각 경우 x절편의 절댓값은 직사각형의 두 변의 길이, 방정식 $p(x)=0$에서, $p(a)=-b$이고, 초상(初商) α일 때 차상(次商)을 위한 방정식의 상수항은 $p(\alpha)$이다.

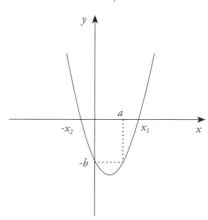

〈그림 7-9〉 교종(較從)

(1) 교종(較從)의 경우

  $\alpha > x_2$이면, 번적(翻積)

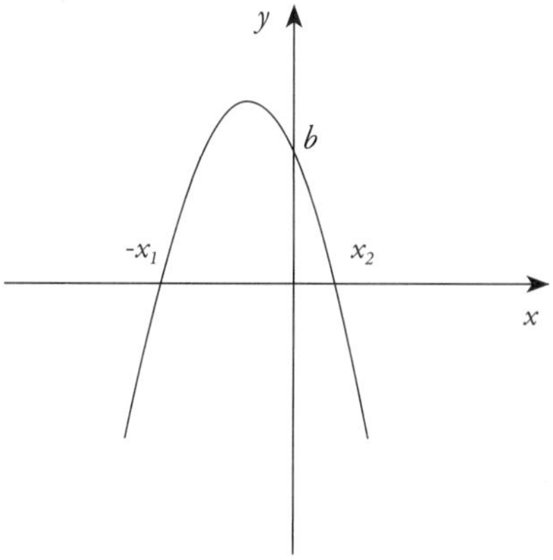

〈그림 7-10〉 감종(減從)

(2) 감종(減從)의 경우

(i) $0 < \alpha < a$이면, 익적(益積)

(ii) $x_1 < \alpha$이면, 번적(翻積)

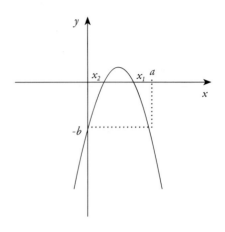

〈그림 7-11〉 화종(和從)

(3) 화종(和從)의 경우

(i) $x_2 < \alpha < x_1$이면, 번적(飜積)

(ii) $a < \alpha$이면, 익적(益積)

 이와 같이 남병길(南秉吉)과 이상혁(李尙爀)은 증승개방법(增乘開方法)을 기하적으로 증명하고 2차방정식에서 번적과 익적이 일어나기 위한 충분조건을 구하였다. 함수나 함수의 그래프에 대한 개념이 없었지만 남병길과 이상혁이 직사각형의 면적을 이용하여 이와 같은 조건을 얻어낸 것은 이전의 산학자들보다 훨씬 구조적이고 체계적인 수학적 사고방식을 가졌음을 의미한다. 이 사실은 동양 수학에서 매우 중요한 역사적 의미를 갖는다.

구고술

앞에서 이미 구고술의 역사적 내용을 대략적으로 알아보았다. 여기서는 몇 가지 예를 통해서 우리나라, 특히 조선시대 구고술의 내용을 알아본다.

1. 우리나라의 구고술

우리 수학은 중국의 수학에서 출발했지만 그 수용과 발전 과정은 전혀 다르다. 구고술의 경우 다음과 같은 차이가 있다. 2,000년 전 중국의 구고술은 『구장산술』에 집약되어 있고 이는 2차방정식 및 그 풀이법과 연계되어 측량 문제와 같은 현실적인 활용성이 매우 높은 수학이었다. 이후에 당나라의 왕효통이 구고술과 3차, 4차방정식을 연계시켰지만, 『구장산술』에 추가된 유휘의 도형들이 후대에 실전되면서 그 발전이 더디게 되었다.[14]

11-13세기 중국에서 수학이 크게 발전할 때, 남송의 양휘는 직각삼각형의 세 변의 합과 차로 만들어진 화(和)와 교(較)들 10개를 도입하여 구고술 문제를 해결했다.[15] 그러나 이는 방정식 구성에 의한 해결법과는 거리가 있었다. 원(元)에서 명(明)으로 넘어가면서 이들은 대부분 잊혀졌다. 이에 비하여 조선 초기에 국가의 필요에 의해 들여온 수학은 대부분 송, 원 시기의 수학이었다. 특히 구고술은 천문역법에 중요한 도구였으며 천원술과 융합되면서 방정식 이론의 획기적인 발전을 가져왔다. 따라서 13세기 이후의 우리 구고술은 중국과 전혀 다른 길을 걸으며 발전하였다. 이런 차이는 18-19세기에 중국이 그들의 전통수학을 다시 찾기까지 지속된다.

2. 전통 구고술의 발전

구고술은 도형과 관련된 문제에서 방정식을 구성하고 이를 풀어서 원하는 값을 얻어내는 도식을 이용한다. 서양 수학이 전혀 고려되지 않은 산학서는 경선징의 『묵사집산법』, 박율의 『산학원본』, 홍정하의 『구일집』과 유수석의 『구고술요』 등이 있다. 『묵사집산법』은 『산학계몽』의 구고술 문제 두 개를 변형해서 방정, 즉 1차연립방정식 문제로 바꾼 것이 전부여서 구고술을 다룬 부분은 거의 없다고 해도 과언이 아니다. 한편 박율의 『산학원본』은 그 시작이 구고술에서 시작하지만 구고술을 활용한 기하 문제를 푸는 계산 테크닉에는 관심이 없다. 구고술을 사용해서 조건을 가지고 2차방정식을 만드는 데까지만 다루고 있기 때문에 『산학원본』은 본격적인 구고술을 별로 다루고 있지 않다.

한편 홍정하와 유수석의 구고술은 매우 유사하다. 남병길이 쓴 『유씨구고술요도해』는『구고술요』의 문제를 가져다가『수리정온』과 같은 기하학적 방법을 써서 관계식을 찾고 방정식을 만들었다. 그러나 이것은 남병길이 천원술을 알기 전에 쓴 책이기 때문에 천원술로 간단히 풀 수 있는 문제들을 어렵게 풀었다.『구고술요』의 앞부분 문제가 홍정하의『구일집』에 있는 구고술 문제와 거의 똑같고, 유수석과 홍정하가 잘 아는 사이였음을 고려하면 이들이 사용한 계산법이 동일했을 것이라는 사실을 추측할 수 있다.

1) 홍정하

홍정하의 책을 보면 구고술 문제가 84개 있다. 이 중 78개는 구고호은문에 나머지 6개는 망해도술문에 들어 있다. 이 문제들은 직각삼각형의 세 변을 구($句$, a), 고($股$, b), 현($弦$, c)이라 할 때 이들의 합, 차 또는 곱과 비의 값을 두 가지 가지고 있다고 가정하고 구고현의 관계식을 또 하나의 조건으로 해서 세 변의 길이를 구해내는 문제이다. 홍정하가 다룬 조건들 중에서 a, b, c 세 개의 합이나 차를 다루는 문제가 없는데 이는 그가 당시의 새로운 중국 서적을 접하지 못했다는 뜻이 된다.

홍정하가 문제를 해결한 방법을 보면 고대 전통수학에서 쓰이는 방법인 넓이를 이용해서 만든 다항식의 연산을 사용한 해법, 근과 계수의 관계를 사용해서 2차방정식을 만들어 푸는 방법, 천원술을 이용하여 방정식을 구성하는 방법 등 세 가지 방법을 사용하고 있다. 이 방법들 가운데 앞의 두 가지는 조선에서 예로부터 전해지는 방법일 것으로 판단되고, 천원술을 사용하는 방법은 아마도 많은 부분 홍정하가 개발한 방법이었을 것이다. 그 이유는 홍정하가 활동하기 100년 전부터 전란으로 산학의 맥이 거의 끊겼을 것이고 중인 산학자 집안에서도 천원술과 개방술의 대가 끊어졌으리라는 것을 경선징의 저술을 통해 짐작할 수 있기 때문이다.

중인 산학자들이 천원술로 문제를 구성하고 증승개방법으로 푸는 것은 경선징의 시대를 지난 17세기 후반에야 다시 개발되기 시작했을 것으로 보인다.

홍정하가 구고술을 사용할 때 천원술을 써서 계산했음은 『구일집』의 구고술 문제 풀이에 직접 보이지는 않는다. 이것이 사실임을 유추하는 근거로는 우선 방정식 부분에서 설명한 것으로 홍정하가 발견한 이항전개 계산법(조립전개법)을 들 수 있다. 즉 그는 천원술을 자유자재로 사용할 수 있는 계산 도구를 가지고 있었다. 이와 함께 그의 문제의 해법을 보면 그의 계산이 보인다. 예를 들어 구고호은문 28문의 풀이에서 천원술을 사용했다.[16] 마찬가지로 구고호은문의 39문에서는 4차방정식을 얻게 되는데 이것 또한 도형을 사용할 방법이 없다. 구고호은문 28문의 문제와 풀이 과정을 보기로 하자.

주어진 직각삼각형의 넓이가 540(자²)이고, 밑변과 빗변의 차는 27(자)이다. 삼각형을 풀어라.[17]

이 문제는 다음과 같이 풀 수 있다.[18] 직각삼각형의 밑변을 a, 높이를 b, 빗변을 c라 하자. 그리고 밑변을 미지수로 잡는다: $a=x$. 그러면 문제의 조건에서 $b=1080/x$, $c=x+27$이 된다. 이 세 수를 천원술로 표현하면 다음과 같다.

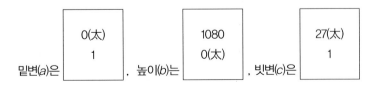

이제 구고현의 관계식 $a^2+b^2=c^2$에 대입하면 다음을 얻는다:

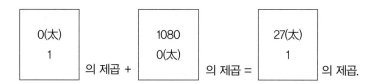

여기서 항들을 각각 이항전개하고 상수의 위치(太)를 맞추면 다음과 같은 꼴이 된다.

$$(太)\quad \begin{array}{c} 0 \\ 0 \\ 1 \end{array} \;+\; \begin{array}{c} (1080)^2 \\ 0 \\ 0 \end{array} \;=\; \begin{array}{c} 27^2 \\ 2\times 27 \\ 1 \end{array}.$$

양변을 정리하면 다음 방정식을 얻는다.

$$\begin{array}{c} -(1080)^2 \\ 0 \\ 27^2 \\ 2\times 27 \end{array}$$

여기에 다다르면 상수항의 위치(기준선, 太)는 중요하지 않다. 즉, 이 방정식 전체에 x를 곱하거나 나누어도 방정식을 천원술로 나타낸 모양은 변하지 않는다.[19] 단지 기준선(太)의 위치만이 변할 뿐이다. 이것이 천원술의 큰 장점이고 홍정하는 이를 잘 알고 있었다.

그러면 홍정하가 이런 방법을 썼는지 어떻게 알 수 있는가? 경선징의 『묵사집산법』에서 보듯이 전통적인 방법으로 방정식을 구성하면 "주어진 넓이나 부피가 미지수로 이렇게 표현된다."라는 식의 방정식을 얻게 되어서 이를 실(實)과 같다고 놓으면서 실의 부호를 양수로 쓴다. 즉, $p(x)=A$ 꼴로 표현하게 된다. 그러나 천원술을 써서 계산하면 상수항이 보통 음수로 나온다. 즉, $p(x)-A=0$과 같이 쓰게 되는 것이다. 이 문제에서 홍정하가 실을 음수로 표현한 것은 그가 천원술로 계산했다는 증거가 된다. 홍정하의 풀이에서 실이 양수인 것도 있고 음수인 것도 있는 것은 문제를 풀 때 도형에서 방정식을 유도했는가, 천원술로 유도했는가를 보여주는 좋은 지표이다.

2) 유수석

유수석의 구고술의 특징은 이미 앞에서 이야기하였다. 그의 문제 풀이 가운데 독특한 것은 양화술(兩和術)이라는 이름이다. 여기서 양화란 두 개의 합을 뜻하는 말이다. 구고술에서 많이 나오는 합과 차는 각각 5개씩 있는데 구고화 $(a+b)$와 같은 5개의 화(和) 가운데 두 개를 뜻한다. 즉, 문제에 주어진 두 개의 합을 변형해서 방정식을 만드는 방법이다. 『구고술요』에는 여러 문제에서 양화술이 등장하는데 이 방법은 『수리정온』 식의 도해 방법이 아니다. 그러므로 원래 유수석의 풀이 방법일 가능성이 많고 우리나라의 전통수학적인 방법으로 전해지면서 이름을 얻었을 가능성이 있다. 중국은 양화술이라는 이름을 사용하지 않았다. 간단한 문제를 하나 보자.

직각삼각형의 세 변 a, b, c에서 $a+c=136.9$척이고 $b+c=168.2$척이다. 이 직각삼각형을 풀어라.[20]

이 문제를 푸는 두 가지 방법을 보여주고 있는데, 첫 번째 것은 "양화를 서로 곱한 것의 두 배를 실(實)로 하고 이의 제곱근을 계산하면 이것이 $a+b+c$이다. 여기서 a, b, c를 계산하면 된다."라고 하고 있다. 즉, 직각삼각형의 변 사이의 관계식

$$2(a+c)(b+c)=(a+b+c)^2$$

을 활용하는 것이고 널리 알려져 있는 방법이다.

또 다른 방법은 "양화의 제곱의 합을 실(實)로 하고 양화의 합의 두 배를 1차항의 계수로 하고 2차항의 계수를 -1로 잡아서 풀면 c를 얻는다."고 했다. 즉, 방정식

$$-z^2+2(a+c+b+c)z=(a+c)^2+(b+c)^2$$

은 $z=c$를 근으로 갖는다는 뜻이다. 이것이 왜 성립하는지는 우변을 전개해보면 알 수 있다.

$$(a+c)^2+(b+c)^2=a^2+b^2+2c^2+2(ac+bc)=-C^2+2(a+b+2c)C$$

가 된다. 여기서 C는 c와 같은 값이지만 이 식에서 대문자 C만을 미지수 z로 보면 c가 만족시키는 2차방정식이 된다.

이 방법은 다음 문제와 같이 응용되었다.

$(a+c)^2+(b+c)^2$, $b-a$가 주어졌을 때 직각삼각형을 풀어라.

이를 풀기 위해서 다음과 같은 방법을 썼다. 직각삼각형의 관계식

$$\frac{(a+c)^2+(b+c)^2-(b-a)^2}{2} = (b-a)(C+A)+(C+A)^2$$

에서 $C+A$를 미지수로 보고 2차방정식을 풀어서 $c+a$의 값을 구한 다음 문제에서 주어진 $b-a$와 함께 양화술을 사용한다.

『구고술요』에 들어 있는 복잡한 문제는 다음과 같은 식이 주어졌을 때 직각삼각형을 푸는 문제이다.

- $a+b+c$와 $a\times c+b\times c$,
- $a+b+c$와 c^2+ab (or c^2+ac),
- $a+b+c$와 $(a+b)\times(a+c)$,
- $a+b+c$와 $(a+c)^2\pm b^2$

유수석의 구고술에는 피타고라스 수가 상당히 많아서 신기하게 느껴진다. 한 사람이 평생 계산해서 모았을 수도 있지만 우리나라 안의 여러 사람들을 통해서 전해 내려오는 것을 모았을 수도 있다. 이 가운데 많은 수는 소수를 포함하는 복잡한 수이며 이를 정수로 바꾸고 서로 소가 되도록 약분해보면 3자리나 4자리의 큰 수들이 많다. 그리고 이런 서로 다른 숫자 쌍이 200개가 넘는데, 이렇게 많은 피타고라스 수를 모은 예는 지금까지의 산학서 중에 없다.

이 가운데 몇 개를 모은 것이 다음 도표이다.

0.57	16.24	16.25	57	1,624	1,625
67.2	75.4	101	336	377	505
26	65.1	70.1	260	651	701
42.9	46	62.9	429	460	629
30	58.9	66.1	300	589	661
42.9	70	82.1	429	700	821
16.8	37.4	41	84	187	205
24	55.1	60.1	240	551	601

〈표 7–3〉 『구고술요』의 피타고라스의 수. 이 도표의 왼쪽은 실제로 사용된 수이며 오른쪽은 이를 정수로 바꾸고 다시 공통인수를 제거한 것이다.

3. 서양 수학 도입기의 구고술

이 시기의 산학서 중 최석정의 『구수략』은 가장 먼저 나온 책이다. 그러나 그는 수학의 기초론, 즉 철학적 바탕에 관심이 많았기 때문에 기술적 계산방법에 대해서는 별로 자세히 연구했다고 보이지 않는다.

1) 조태구

조태구의 『주서관견』에 있는 구고술은 대부분 중국 책에 있는 내용이다. 『주서관견』 마지막 부분에는 헤론의 공식[21]에 해당하는 계산을 했다. 조태구는 문답식으로 자신의 책의 풀이를 증명을 동반해서 해설했는데, "삼각형의 세 변을 알고 넓이를 구하는 방법도 상세한 설명을 들을 수 있습니까?"라는 질문에 "내가 그림으로 설명할 테니 그것을 보시오."라고 한 다음, 아래 그림을 가지고 증명한다.

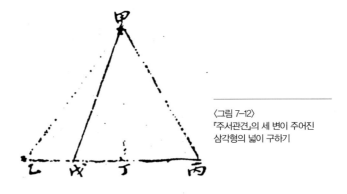

〈그림 7-12〉
『주서관견』의 세 변이 주어진
삼각형의 넓이 구하기

삼각형의 변으로부터 넓이를 구하려면 당연히 먼저 중장(中長: 높이)을 구해야 합니다. 중장을 구하려면 당연히 구현구고지술(句弦求股之術: 피타고라스 정리)를 사용해야 합니다. 그림에서 을병(乙丙)이 밑변이라 하고 갑(甲)에서 수선을 내려서 그 발을 정(丁)이라 하면 전체 삼각형은 두 개의 직각삼각형으로 나누어집니다. 즉, 작은 직각삼각형은 빗변이 갑병(甲丙)이고 이의 밑변인 정병(丁丙)의 길이는 모릅니다. 따라서 (이것만 가지고는) 중장 갑정(甲丁)을 구할 수 없습니다. 한편 큰 직각삼각형은 갑을(甲乙)을 빗변으로 가지는데 밑변 을병(乙丙)의 길이를 모릅니다. 따라서 (이것만 가지고는) 중장 갑정(甲丁)을 구할 수 없습니다. 따라서 두 빗변의 차를 가지고 두 밑변의 차를 구합니다. 이 방법은 빗변의 합 갑을(甲乙)+갑병(甲丙)에 빗변의 차(己乙)를 곱하고 이것을 밑변의 총합(乙丙)으로 나눠서 밑변의 차(戊乙)를 얻습니다. 이렇게 얻은 무을(戊乙)을 병을(丙乙)에서 빼서, 그 나머지 병무(丙戊)를 반으로 나누면 병정(丙丁), 즉 작은 직각삼각형의 밑변을 얻게 됩니다. 여기서 구현구고지술(句弦求股之術: 피타고라스 정리)을 쓰면 중장이 얻어집니다.

이것을 현대식 풀이로 바꾸어보자.

왼쪽 큰 직각삼각형의 밑변과 빗변을 a_1, c_1이라 하고 오른쪽 작은 직각삼각형의 밑변과 빗변을 a_2, c_2라 하면 높이 b는 공통이므로 다음 관계식이 성립한다.

$$c_1^2 - a_1^2 = c_2^2 - a_2^2$$

이 식을 고쳐 쓰면

$$c_1^2 - c_2^2 = a_1^2 - a_2^2$$

이 되고 이를 인수분해하면

$$(c_1 + c_2)(c_1 - c_2) = (a_1 + a_2)(a_1 - a_2)$$

이 된다. 우리는 $c_1 + c_2$, $c_1 - c_2$와 $a_1 + a_2$를 알고 있으므로 $a_1 - a_2$를 계산할 수 있고 여기서 a_2를 알 수 있다. 이제 직각삼각형에서 $b^2 = c_2^2 - a_2^2$를 계산해서 높이 b를 구하면 된다.

그의 이러한 설명은 오늘날 기하학에서 쓰는 방법과 같은 것이고 구고술을 활용하는 기본적 방법을 잘 설명한 것이다. 18세기 초의 수학책으로서는 매우 명쾌하고 논리 정연한 설명이다. 그는 이 뒤에서 이 차와 합의 곱이 왜 제곱의 차인가를 설명한다. 그리고 이를 쓰면 두 직각삼각형의 높이가 공통이라는 사실로 밑변의 제곱의 차가 나오고 다시 밑변의 차까지 얻을 수 있음을 자세히 설명하고 있다. 이 모든 관계식의 근거로 도형을 사용한 증명을 덧붙인 것은 『기하원본』을 공부해서 새로이 받아들였던 논리의 중요함을 처음 인지한 결과이다. 따라서 『주서관견』은 우리 전통수학을 보충한 중요한 저술이었다. 『주서관견』은 18세기 초반에

서양 수학과 서양 천문학을 알아내려는 노력의 결과로 보이며, 18세기 후반의 홍대용, 홍길주, 서호수 등으로 이어져 내려가는 산학의 첫 걸음이었다.

4. 구고술의 본격적 발전

서양 수학이 본격적으로 중요하게 여겨진 것은 17세기 중반에 시헌력을 사용하려고 하면서부터이다. 그러나 당시는 두 번의 전란으로 우리 전통수학도 이어지지 못한 상태여서 이를 감당하기가 매우 어려웠다. 18세기에 들어서야 시헌력을 어느 정도 사용할 수 있게 되었고 이때쯤부터 시헌력의 배경이 되는 서양 천문학을 이해하려는 시도가 있게 된다. 관상감에서도 이에 대한 노력을 경주했으나 천문학과 수학의 많은 발전은 정부의 밖에서 활발하게 이뤄졌다. 특히 이 발전은 100년에 걸친 큰일이었고 관의 주도하에 이루어진 것이 아니라 재야의 학자들도 나서서 자연스럽게 이룬 학문의 발전이었다.

우선 18세기에 천문학과 서양 수학에 처음 관심을 가진 학자로 홍대용을 들 수 있다. 이 당시 북학에 관심이 있던 많은 사람들이 노력을 했지만 이 중에서도 홍대용은 천문학과 그것의 이해를 위한 배경으로서의 수학을 연구하였다. 그의 산학서인 『주해수용』에 구고술 부분이 있는데 18세기 중반의 조선 학자들이 시헌력의 천문학인 『역상고성』과 이것에 바탕이 되는 수학을 다룬 『수리정온』을 이해한 정도의 수준이다.

얼마 지나지 않아서 서호수는 이 책들을 전체적으로 바라보는 수준에 도달한다. 서호수는 『수리정온보해』를 써서 『수리정온』을 이해했음을 보여주었다. 이 산서는 홍대용의 『주해수용』의 서양 수학에 대한 이해보다 훨씬 발전했음을 나타내주는 책이다. 이는 결국 19세기 초반의 홍길주와 같은 수학자로 전해져서 가장 핵심이 되는 구면삼각법에 관한 깊이 있는 연구를 할 수 있게 되었다. 그리고 19세기 중반에 접어들어서 남병길과 이상혁, 조희순 같은 학자를 배출하였다. 이들은 가장 어려운 구면삼각법에서도 자신만의 해설과 보충을 하였고 100년이 넘는 수학 발전의 마침표를 찍었다

1) 홍길주

홍길주의 수학은 그의 문집에 소량 흩어져 있다. 이 가운데『숙수념(孰遂念)』지 14관의『기하신설』50쪽과『항해병함』제20권의『호각연례』136쪽이 그의 수학적 저술 대부분이다. 이 가운데『호각연례』는 구면삼각법을 다루고 있고 구고술은『기하신설』의 3번째 부분인 '잡쇄수초'(20쪽)에 들어 있다. 이들 내용은『역상고성』과『수리정온』에 대한 홍길주의 연구 결과라고 보인다.

그의 구고술은 전통 구고술과는 거리가 있다. 서양 구고술 관련 자료만을 연구했을 것으로 파악된다고 하지만 여러 가지 응용하는 문제를 다뤘다는 점이 특기할 만하다. 이러한 예 가운데 독특한 문제를 하나 보자.[22]

직각삼각형이 있는데 밑변(句) a가 자연수로 주어졌다. 높이와 빗변이 모두 자연수일 때 이를 구하여라.

이 문제는 구고술과 관련된 일종의 부정방정식이다. 홍길주가 제곱근을 푸는 그만의 새로운 방법을 제시한 것과 연관성이 많다. 이 문제도 자연수의 제곱수에서 제곱근을 구하는, 세 변이 자연수인 경우를 생각한 것이라고 할 수 있다. 홍길주는 자연수들의 관계, 즉 오늘날의 수론(數論)

에 관심이 많았다고 할 수 있다. 이 문제는 『기하신설』이라는 이름에 걸맞게 기존의 수학과는 다른 새로운 것을 추구했다. 이 문제의 풀이에는 다음과 같은 방법들이 사용됐다.

1) $b = \dfrac{a^2-1}{2}$, $c = \dfrac{a^2+1}{2}$

2) $b = \left(\dfrac{a}{2}\right)^2 - 1$, $c = \left(\dfrac{a}{2}\right)^2 + 1$

3) $b = \dfrac{1}{2}\left(\dfrac{a^2}{m} - m\right)$, $c = \dfrac{1}{2}\left(\dfrac{a^2}{m} + m\right)$

4) $b = \dfrac{1}{m}\left(\dfrac{a}{2}\right)^2 - m$, $c = \dfrac{1}{m}\left(\dfrac{a}{2}\right)^2 + m$

책 속의 다른 문제들이 원의 기하학적 성질과 관련된 문제이듯이, 이 방법도 원의 성질을 바탕에 두고 표면적으로 정수의 이론으로 나타낸 방법이라고 할 수 있다. 여기서 앞의 두 방법에서는 a가 홀수인가 짝수인가에 따라 답이 자연수가 아닐 수 있다. 한편 나머지 두 방법에서 m은 임의의 자연수를 잡을 수 있다고 쓰여 있지만 실제로 m은 너무 큰 수가 되면 안 되는 것이 당연하다. 즉, 각각 $m < a$ 및 $m < a/2$를 만족시켜야 한다.

2) 이상혁

이상혁은 서양 수학과 동양 수학을 모두 섭렵하여 자신만의 수학적 방법론을 만들었다. 구고술에 대해서도 처음에는 『수리정온』을 연구하여 『차근방몽구』(1854)를 썼다. 이 책의 면류(面類)에 구고술 문제가 26개 들어 있다. 한편 『산술관견』(1855)을 저술할 때는 천원술을 연구하여 천원술 풀이가 들어 있다. 여기서 다룬 원과 관련된 문제는 매우 복잡하지만,

그는 닮은꼴과 원의 성질을 정확히 이해하고 사용하였다. 논리의 전개도 현대의 논증기하와 같은 수준으로 설명하고 있다. 마지막 저술인 『익산』(1868)에 이르러서는 완숙한 설명으로 구고술과 방정식의 관계를 완벽히 해설하였다.[23]

여기서는 조금 복잡한 『차근방몽구』의 면류 32번 문항을 보자. 이것은 직각삼각형의 세 변 a, b, c에 대해서 조건 $ab=\alpha$와 $a+b+c=\beta$가 주어졌을 때, 세 변을 구하는 것이다.

이상혁은 이 문제에서 c를 미지수로 보고 주어진 두 번째 조건 $a+b=\beta-c$에서 다음과 같이 c에 관한 방정식을 이끌어냈다.

$$(\beta-c)^2-2\alpha=(a+b)^2-2ab=a^2+b^2=c^2$$

여기서 c를 구한 다음, 계산한 $a+b$와 ab의 값으로부터 제곱근을 풀어서 $b-a$를 구하고 다시 a와 b를 구했다.

이 풀이법은 전통적인 천원술 풀이법과 다르다. 즉, 전통적인 방법을 쓰면 $b=x$를 천원으로 두고

$$a=\frac{\alpha}{x}, \ b=x, \ c=\beta-x-\frac{\alpha}{x}$$

에서 구고술을 써서 곧바로 방정식을 만들었을 것이다. 결국 이상혁은 홍정하의 『구일집』을 연구하면서 전통 천원술의 방법에 익숙해지고 모든 계산을 천원술에서 사원술까지로 통일하기에 이르렀다.

3) 조희순

조희순의 『산학습유』는 이상혁의 『익산』 바로 다음 해에 나온 산학서

이다. 아마도 그는 남병길, 이상혁 등의 모든 수학을 공부했을 것이다. 조희순은 『산학습유』에서 『역상고성』을 연구하면서 설명이 부족한 부분에 대해 매우 간략하게 새로운 방법과 해설을 하였다. 이 가운데 구고술과 관련해서는 구고보유 장에 들어 있는 몇 가지 공식이 기본이 된다.

$$\sqrt{(b+c)^2+(c+a)^2-(b-a)^2}=a+b+c,$$

$$\sqrt{(c-b)^2+(c-a)^2-(b-a)^2}=(a+b)-c$$

이것은 『수리정온』에 들어 있는 다음 두 등식에서 유추한 것이다.

$$\sqrt{(a+c)^2+(c-b)^2-(a+b)^2}=c-(b-a),$$

$$\sqrt{(b+c)^2+(c-a)^2-(a+b)^2}=c+(b-a)$$

한편, 다음 두 등식

$$\sqrt{2(c+a)(c-b)}=c-(b-a),$$

$$\sqrt{2(c-a)(c+b)}=c+(b-a)$$

도 발견했다. 이것도 잘 알려져 있는 등식

$$\sqrt{2(c+a)(c+b)}=a+b+c,$$

$$\sqrt{2(c-a)(c-b)}=a+b-c,$$

에서 유추한 것이다. 그리고 이 등식을

$$(c+b)(c-a)=\frac{(c+b-a)^2}{2}$$

라고 쓰고 $(c+b)-(c-a)=a+b$라는 사실과 함께 쓰면 이차방정식의 근과 계수의 관계에 따라 $c+b$(고현화)와 $c-a$(구현교)를 구할 수 있다는 것을 알아냈다. 그는 이런 새로운 계산법 8개를 새로 찾아 정리하였다.

그는 이 밖에도 구고술 문제를 『사원옥감』의 사원술 방법을 사용해서 푸는 방법을 개발했으며 이를 설명하기 위해서 14개의 새로운 문제를 만들어서 해설했다. 그의 해설의 특징은 기존의 방법이 구체적인 숫자로 주어진 문제를 가지고 해설하는 데 비해서, 모두 미지수인 상태를 두고 계산방법을 해설하고 있다는 점이다. 즉, 미지수 문제를 한자 글자나 단어로 나타냈을 뿐 현대적인 계산방법을 보여주고 있는 것이다.

구면삼각법

구면삼각법은 서양 수학이 도입되고 나서 우리나라 산학에 등장한다. 앞에서 이야기한 바와 같이 중국의 구면삼각법은 대부분 『역상고성』을 통해서 우리에게 도입됐다. 이를 처음 수학적으로 분석한 것은 홍길주이다. 여기서는 홍길주의 『호각연례』와 이상혁의 『산술관견』 그리고 조희순의 『산학습유』를 따라 조선 산학자의 구면삼각법을 알아본다.

1. 구면삼각형의 차형

구면삼각형을 다루는 매우 좋은 방법은 그 구면삼각형의 차형(次形)이라 불리는 또 다른 구면삼각형을 보는 것이다. 이 차형은 서양에서 구면삼각형을 연구하면서 만들어낸 중요한 개념이다. 오늘날에는 쌍대삼각형(dual spherical triangle)이라고 부르지만 옛날에는 극삼각형(polar triangle)이라고도 하였다. 그러나 동양에서 사용한 이 개념은 조금 복잡하다.[24] 즉,

다루는 구면삼각형의 모양이 어떤가, 또 어떤 성질을 알아보려 하는가에
따라서 차형을 여러 가지로 달리 잡아서 썼다. 우리 산서에서 조희순이
설명한 직각구면삼각형(정호삼각형)의 차형과 홍길주가 설명한 일반구면
삼각형(사호삼각형)의 차형을 각각 알아보기로 한다.

일반적으로 차형을 사용하는 목적은 크게 두 가지가 있다. 그 하나는
호가 90도보다 클 때, 즉 호의 중심각이 둔각일 때 이의 계산을 예각의
계산으로 바꾸는 것이다. 또 다른 하나는 각과 호의 역할을 바꿔서 각으
로 다루기 힘든 것을 호의 계산으로 바꾸는 것이다. 이제 알아보는 차형
에서 이런 성질이 어떻게 나타나는지 눈여겨보기로 한다.

1) 정호삼각형의 차형

조희순은 정호삼각형에서 차형을 잡는 방법을 그림을 그려서 설명했
다.(그림 7-13 왼쪽) 이 그림을 다시 그려보면 〈그림 7-13〉 오른쪽과 같다.
조희순은 두 개의 차형이 생기는 것을 그림으로 보여줬다. 원래 삼각형이
정호삼각형이라서 그림에서는 정형(正形)이라 나타냈는데 보통은 본형(本
形)이라 부른다. 그리고 새로 만든 두 차형을 차형1(次形一), 차형2(次形二)라

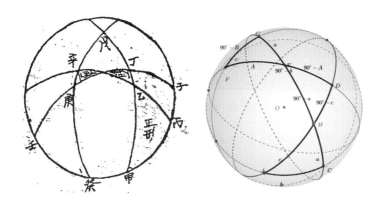

〈그림 7-13〉 조희순의 정호삼각형의 차형

고 그림에 표시했다.[25] 그리고 본형의 각과 변이 차형들의 각과 변과 어떤 관계인지를 설명하고 나서 "차형1로 풀기 어려운 것은 차형2를 사용하면 된다."[26]고 하고 설명을 마쳤다. 차형1과 차형2는 각각 매문정이 차형과 우차형(又次形)이라 부른 것이다. 여기에 조희순이 설명한 본형 및 차형의 변과 각 사이의 관계를 정리해놓는다.

이 그림에서 甲, 乙, 丙은 각각 A, B, C이고 丁, 己는 각각 D, E, 庚, 辛은 각각 F, G이다.(그림에 두 차형이 만나는 점 己가 표기돼 있지 않다. 제일차형 己乙丁은 오른쪽 그림에서 BDE이고 제이차형 己庚辛은 오른쪽 그림에서 EFG이다.)

제1차형에서	제2차형에서
(1) $BE=90°-a$,	(1) $EF=A$,
(2) $DE=90°-A$,	(2) $GE=a$,
(3) $BD=90°-c$,	(3) $FG=90°-B$,
(4) 각 D는 직각	(4) 각 D는 직각
(5) 각 B는 공통	(5) 각 B는 공통
(6) $E=90°-b$	(6) $F=c$

2) 사호삼각형의 차형

사호삼각형의 경우에 차형을 만드는 방법을 설명하면 다음과 같다. 우선 삼각형의 세 꼭짓점 각각에 대해서 이 점을 북극점이라고 할 때의 적도를 그린다.[27] 이렇게 그린 세 대원은 구면을 8부분으로 나눈다.(이 속에는 구의 중심에 대칭으로 서로 마주보며 모양이 같은 것이 두 개씩 있으므로 4쌍이 생긴다.) 이 가운데 하나를 차형이라고 부른다. 홍길주의 그림을 따라 그가 설명하는 차형을 그려보면 다음 그림과 같다.

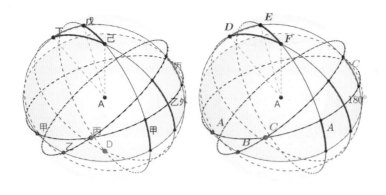

〈그림 7-14〉 홍길주의 사호삼각형의 차형[28]

그러면 본형과 차형의 변과 각 사이에는 다음과 같은 관계가 생긴다:

$$A=EF, \quad 180°-B=DF, \quad C=DE, \quad AB=F, \quad BC=D, \quad AC=180°-E$$

여기서 보면 변은 모두 각으로 옮겨가고 각은 모두 변으로 옮겨가서 역할이 서로 바뀐다.

2. 홍길주의 『호각연례』

홍길주의 구면삼각법을 알아보려면 그가 푼 문제를 직접 따라가봐야 한다. 우리는 정호삼각형 문제 하나에서 그의 논리를 직접 따라가보고, 사호삼각형의 풀이 하나를 통해서 홍길주의 풀이가 가지는 의미를 짚어보기로 한다.

1) 홍길주 정호삼각형 첫 번째 문제

여기서는 홍길주가 준 이름 그대로 쓴다. 홍길주의 문제 '一之一'은 세 각 甲, 乙, 丙(丙각은 직각)으로 주어진 정호삼각형에 대해서 변 乙丙(각 甲의 대변)의 길이를 구하는 것이다.[29] 홍길주는 이를 풀 때 다음과 같은 공식을 썼다:

$$\sin 甲 : \cos 乙 = 1 : \cos 甲丙$$

여기서 1은 각 丙(=90°)의 sine 값이고, 이 공식은 다시 써보면 구면직각 삼각형의 10개 공식 중의 하나인

$$\cos 乙 = \cos 甲丙 \sin 甲, \ \text{즉} \ \cos B = \cos b \sin A$$

이다. 이 공식을 쓰면 간단히 구하는 변 甲丙의 크기를 알아낼 수 있다. 홍길주는 이것이 성립하는 이유를 그림을 그려서 설명했다.(〈그림 7-15〉 왼쪽) 그러니까 홍길주의 다음 설명은 위의 공식의 증명이다. 그 내용은 다음과 같다.

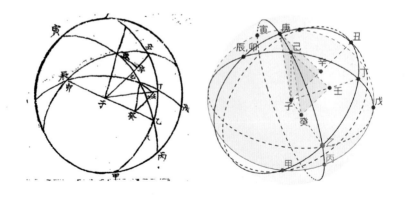

〈그림 7-15〉 홍길주의 정호삼각형 공식 증명

〈그림 7-15〉 왼쪽 그림에서 보면 주어진 삼각형 甲乙丙은 적도에 보인다. 여기서 점 甲과 乙을 극점으로 보고 각각 적도(대원)를 그린 것이 나타나 있다. 그리고 여기서 차형을 사용하고 있다.

이제 제1율인 乙각의 정현sine을 보자. 을각은 맞꼭지각으로 보면 △丁乙己의 乙각이기도 하며 이는 ∠庚子丑과 같다. 이제 庚에서 선분 子丑에 내린 수선 庚辛은 (辛각이 직각이므로) 그 길이가 sin 乙이다.(여기서 구의 반지름은 1로 생각한다.) 그래서 홍길주는 "을각의 정현은 경신(乙角正弦卽庚辛)"이라 했고 그 설명을 적었다.

제2율은 丙각의 정현sine이므로 1을 사용한다. 홍길주는 반경(半徑)이라 했다.

제3율의 경우도 마찬가지로 "甲각의 여현은 기임(甲角餘弦卽己壬)"이다. 甲각은 호 戊丁(의 중심각)과 같고 따라서 그의 여현cosine은 그의 여각인 호각 丁己의 sine이다. 이것은 점 己에서 선분 子丁에 내린 수선 己壬의 길이와 같다.

제4율은 호각 乙丙의 여현cosine이다. 그는 "을병의 여현은 기계(乙丙邊餘弦卽己癸)"라 했다. 乙丙변의 여각은 호각 己乙이 되므로 이의 sine 값은 점 己에서 선분 子乙에 내린 수선 己癸의 길이와 같다.

이제 그림에서 보면 庚辛과 己壬은 각각 호 甲乙丁을 품는 평면에 내린 수선이므로 평행하고 또 이 평면의 모든 방향과 수직이다. 한편 庚子, 己癸는 원 丙乙己를 품는 평면 안에서 직선 子乙에 내린 수선들이므로 서로 평행하다. 따라서 삼각형 庚子辛과 己癸壬은 닮은 직각삼각형이어서 대응되는 변의 길이의 비가 같다.

2) 홍길주 사호삼각형 첫 번째 문제

홍길주의 사호삼각형 1번 문제(斜弧 一之一)는 일반구면삼각형에서 세 각이 주어졌을 때 그 삼각형의 한 변을 구하는 문제이다. 주어진 각은 甲, 乙, 丙(=90°)이고 구하는 변은 甲乙변(=c)이다.

홍길주는 삼각형 甲乙丙 즉 본형(本形)의 차형(次形)[30]을 丁戊己라 하고 그 림에는 본형은 나타내지 않고 차형만 그려 넣었다. 그 이유는 본형과 차형의 관계 등의 해설이 다음 문제(一之二)에 들어 있기 때문이다. 그러니까 홍길주는 두 번째 문제를 먼저 풀고 해설을 넣었다고 보인다. 나중에 편집하는 과정에서 순서를 바꾼 것이다.

그는 본형과 차형 사이에 다음과 같은 관계가 성립한다는 성질을 잘 활용했다. 즉, 차형의 변 戊己(의 호각)는 甲각과 같고 변 丁戊는 丙각과 같으며 변 丁己는 乙外角(=180°-乙각)과 동일하다. 그는 다음과 같은 그림을 함께 그려놓았다. 왼쪽 그림은 『호각연례』에 들어 있는 그림이고 오른쪽 그림은 이를 컴퓨터 그림으로 다시 그린 것이다.

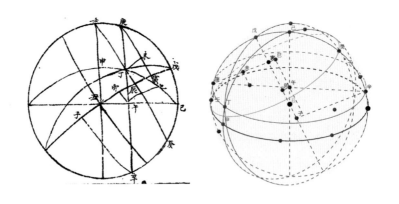

〈그림 7-16〉 홍길주의 사호삼각형 해법

이 문제에 대한 홍길주의 풀이는 다음과 같다:

$$\text{一率} : \frac{餘弦(甲+乙外)+餘弦(|甲-乙外|)}{2}$$

二率 : (|甲-乙外|) + 正矢(丙)

三率 : 1

四率 : 正矢(甲乙변)

이 공식을 현대적으로 해석할 때 주의할 점은 여기 나타나는 여현(餘弦)이나 정시(正矢)는 오늘날의 cosine이나 versine과는 약간 다르다. 홍길주가 사용한 값들은 길이를 나타내므로 모두 양수이다. 오늘날 cosine 값이 각의 크기에 따라 양수도 되고 음수도 되는 것처럼 사용하면 안 된다. 또 각의 차를 계산할 때도 어느 쪽이 큰지 모르므로 위의 내용처럼 절댓값을 잡아야 한다. 그래서 위의 삼률법이 나타내는 공식을 홍길주의 그림에 나타나 있는 각의 크기에 맞게 부호를 고쳐서 나타내면 다음과 같이 쓸 수 있다.[31]

$$\frac{\cos(A+(180-B))+\cos(-A+(180-B))}{2} : \mathrm{vers}(-A+(180-B))+\mathrm{vers}\,C = 1 : \mathrm{vers}\ c$$

이 식을 정리해보면 구면삼각형에 대한 각의 코사인법칙에 해당함을 알 수 있다. 즉, 홍길주의 해설은 구면삼각형의 각의 코사인법칙을 해당 그림에 대하여 증명한 것이 된다. 이 첫 번째 문제는 『역상고성』에서는 예제 풀이(設例)로 들어놓지 않은 것이다. 위처럼 쓰면 간단한 등식 같아 보이지만 이것이 성립함을 구면에서 유클리드 기하의 방법을 써서 증명하는 것은 오늘날의 기하학자에게도 결코 쉽지 않다.[32] 『호각연례』의 다른 문제들은 위와 같은 비례식을 세 번씩 세워나가야 풀리는 것도 있으므로 이런 풀이를 만들고 정리한 것은 놀라운 일이다. 현대 수학자의 눈에도 홍길주가 이 문제들을 전부 푼 것은 대단한 업적이라고 하지 않을 수 없다.[33] 홍길주는 이 계산 과정에서 차형을 훌륭하게 활용하였다.

3. 이상혁과 불분선삼률법의 해설

이상혁은 조선 말기를 장식하는 수학의 천재이다. 그는 당시 우리나라에서 접할 수 있었던 동·서양 모든 수학을 섭렵했을 뿐만 아니라 스스로의 힘으로 동·서양 수학의 모든 것을 깨우치고 여기서 더 나아갔다. 그는 이미 당시의 모든 수학에 정통해 있었으며 계산에도 막힘이 없었음에 틀림없다.

그가 『산술관견』의 부록에 자세히 증명한 공식은 서양에서는 네이피어 동류식(Napier's analogies)이라고 부르는 공식이다. 이 공식은 구면삼각형의 각(또는 변)의 합과 차의 삼각비의 비를 변(또는 각)의 삼각비로 나타내는 방법이다. 이 방법을 써서 이상혁은 구면삼각형에서 두 변과 그 사잇각을 알 때 나머지 두 각의 합과 차를 구해나가는 과정과 증명을 해설했다. 그리고 조희순은 구면삼각법의 모든 문제에서 이 공식을 잘 활용했다.

『산술관견』의 부록 시작 부분에서 이상혁은 이 증명을 쓴 이유를 밝히고 있다. 원래 이 공식은 폴란드 출신의 예수회 선교사로 중국에서 포교 활동을 하며 서양 과학서를 중국어로 옮기기도 한 목니각(穆尼閣, J. N. Smogolenski, 1611-1656)이 쓴 『천보진원(天步眞原)』에 실려 있다. 그러나 증명은 없어서 이 책이 중국에서 발간될 때 그 책의 발문(跋文)을 쓴 전희조(錢熙祚)는 발문 안에다 간략히 증명의 개요를 적으며 "이것으로 그 법을 세우는 근본을 말했다."고 적었다. 그러나 이상혁은 "어찌 이것으로 그 법을 세우는 근본을 말했다고 할 수 있겠는가?"[34]라고 해서 만족스럽지 않음을 이야기하고 장장 31쪽에 달하는 증명을 했다. 그는 전희조의 발문의 증명 개요도 그대로 실었으며 이 한마디 한마디가 무슨 뜻이고 그림에서 무엇을 이야기하는지를 자세히 해설했다. 이 과정에 들어간 그림은 10개나 된다.

그 공식은 다음과 같다:

$$\tan\frac{A-B}{2} = \frac{\sin\frac{a-b}{2}}{\sin\frac{a+b}{2}}\tan\frac{180°-C}{2} \,,\, \tan\frac{A+B}{2} = \frac{\cos\frac{a-b}{2}}{\cos\frac{a+b}{2}}\tan\frac{180°-C}{2}$$

이상혁이 해설한 증명의 한 부분을 보자.

〈그림 7-17〉의 그림은 이상혁이 위의 공식을 증명하는 과정에서 다음 식이 성립함을 설명한 부분이다.

$$(r\sin a+r\sin b) :(r\sin a-r\sin b) = r\tan\frac{A+B}{2} : r\tan\frac{A-B}{2}$$

이 부록의 맨 마지막에는 각과 변의 역할을 바꿔서 한 변과 그 양쪽 끝 각을 알 때 삼각형을 푸는 방법을 설명하면서 "모든 것을 차형으로 옮기면 각이 변이 되고 변이 각이 돼서 앞의 방법을 사용할 수 있다."고 하고 있다. 이를 보면 그가 이미 구면삼각형의 모든 방법에 통달해 있음을 알 수 있다. 이 증명이 현재까지 조선 산학 전체를 통틀어 가장 길고 어려운 증명이라고 보인다. 이상혁은 간단한 몇 줄의 설명만 보고 그 논리 전체를 파악했으며 자신만의 증명으로 풀어 해설할 수 있었다. 그리

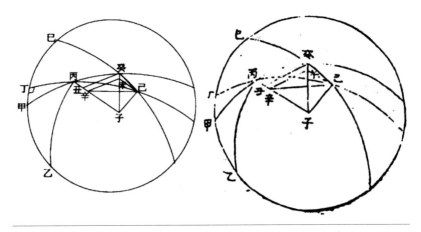

〈그림 7-17〉 이상혁의 『산술관견』 부록의 '불분선삼률법해'에 삽입된 그림

고 이 문제를 풀 때는 삼각함수표를 보고 각을 구하도록 하였다.

4. 조희순의 구면삼각법 총정리

조희순의 구면삼각법 내용을 잘 보여주는 부분은 소위 매문정이 해설한 차형과 참도를 자유롭게 활용하는 부분이다. 이 부분에서 맨 먼저 보는 곳은 '정호약법(正弧約法)'이라 돼 있으며, 정호삼각형을 푸는 세 가지 기본비례식이 주어져 있다.

1) 정호삼각형에 대한 세 가지 기본비례식

조희순은 정호삼각형을 푸는 10개의 공식과 실제로 푸는 30가지 풀이법이 모두 3개의 기본 성질에 바탕을 뒀다는 사실을 알아냈다. 이것은 실제로 오늘날의 구면삼각법 교과서의 설명과 똑같다. 그 세 개의 공식은 다음과 같다.

제1비례(第一比例)는 "구면삼각형 ABC(C가 직각)에서 각 A와 직각의 대변 c가 주어졌을 때 주어진 각의 대변 a를 구하려면 단지 정현(sine)만을 사용한다."고 하고 그 공식으로

$$1 : \sin A = \sin c : \sin a$$

를 주었다. 이 공식은 구면삼각형의 사인법칙이며 현재도 구면삼각형을 푸는 첫 번째 방법이다. 제2비례는 "각 A가 주어져 있고 A와 직각 사이에 끼인 변 b를 알 때 A의 대변 a를 구하려면 정현(sine)과 정절(tangent)를 사용한다."고 하고 그 공식으로는

$$1 : \tan A = \sin b : \tan a$$

를 주었다.[35] 제3비례는 "한 각 A와 직각의 대변 c가 주어져 있을 때 A와 C(직각) 사이의 변 b를 구하려면 여현(cosine)과 정절(tangent)을 사용한다."고 하고 그 공식으로는

$$1 : \cos A = \tan c : \tan b$$

라고 했다. 현대의 교과서도 이 세 식으로부터 나머지 모두를 유도한다.

2) 정호삼각형의 기본비례식 유도

다음으로 조희순은 위의 세 법칙이 성립하는 이유를 하나의 그림에서 일목요연하게 보였다. 즉, 그는 갑(甲)각[36]을 기본으로 하여 구면삼각형을 입체적으로 보면서 이 위에서 갑각을 중심으로 생각할 수 있는 기초

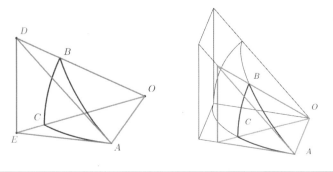

〈그림 7-18〉 각 *A*에 대한 참도

적 선분들을 그렸다. 이 선분들은 〈그림 7-18〉의 왼쪽과 같이 삼각뿔이 된다. 이 삼각뿔과 관련된 계산을 하려면 그림의 삼각뿔의 면 ADE를 밑면으로 하는 삼각기둥이 기본이 된다. 이런 삼각기둥을 동양 산학에서는 참도(塹堵)라고 부른다.(〈그림 7-18〉의 오른쪽 그림 참조)

중국에서 구면삼각법을 자세히 설명한 산서는 매문정의 『참도측량(塹堵測量)』이란 책으로 그의 『역산전서』 권60에 들어 있다.[37] 아마도 조희순은 이 책을 봤을 것으로 추측된다. 그러나 다음 〈그림 7-19〉에서 볼 수 있듯이 조희순이 생각한 참도는 매문정의 것과 방향이 반대일 뿐 아니라 전개한 위치도 다르고 점의 이름들도 달라서 이 부분은 조희순 자신의 설명임이 명백해 보인다. 특히 매문정의 책이 수십 쪽에 걸쳐서 매우 장황하게 설명한 것을 조희순은 몇 줄 안으로 요점만을 쉽게 설명하고 있다.

조희순의 설명을 위해서 3차원 그림을 하나 그려서 이해를 돕기로 한다.(그림 7-20) 이 그림은 정호삼각형 갑을병(甲乙丙)에 대해서 갑(甲)각에서의 접평면을 이용해서 삼각뿔을 그린 것이다. 이 3차원 그림을 정면에서 바라보면, 즉 앞쪽에 서 있는 면(立面)[38]으로 정사영하면, 조희순이 그린 오른쪽 그림과 같이 나타난다. 가운데 그림은 이것을 다시 그린 것이다. 이때 이 삼각뿔에서 중요한 삼각비의 값들은 모두 그림 안에서 선분으로

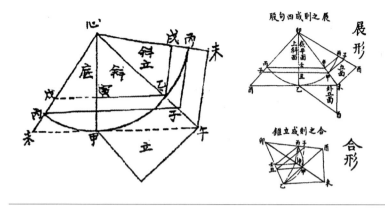

〈그림 7-19〉 조희순의 참도의 전도(왼쪽)와 매문정의 『참도측량』에도 함께 들어 있는 전도(오른쪽)

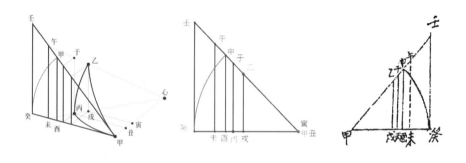

〈그림 7-20〉 참도의 투시도(왼쪽)와 이를 입면에 정사영한 그림(가운데), 오른쪽은 조희순의 원 그림

나타난다. 예를 들어 호 갑병(甲丙)의 정현sine은 선분 축병(丑丙)이다. 조희
순은 이렇게 모든 선분을 입면에 옮겨 그린 그림을 그렸다. 그는 이 그림
에 대한 설명으로 "따라서 전면 그림을 따로 그리고 시법(視法)[39]을 사용
해서 모든 선을 입면(立面)[40]으로 옮기면, 점 인(寅)과 축(丑)은 점 갑(甲)과
겹쳐 보이고 각 면에 있는 여러 선들은 모두 입면에 놓을 수 있으니, 이를
써서 이치를 드러내 밝힌다."[41]라고 해서 한마디로 복잡함을 없애버렸다.[42]

그는 이 선분들의 비가 갑(甲)각의 어떤 삼각비가 되는가를 가지고 다
음과 같이 정호삼각형의 기본 관계식 세 개를 유도했다.

$$\text{甲정현} = \frac{乙戌}{寅乙} = \frac{乙丙정현}{甲乙정현} \quad 즉 \quad \sin A = \frac{\sin b}{\sin c}$$

$$\text{甲여현} = \frac{甲未}{甲午} = \frac{甲丙정절}{甲乙정절} \quad 즉 \quad \cos A = \frac{\tan b}{\tan c}$$

$$\text{甲정절} = \frac{丙子}{丙丑} = \frac{乙丙정절}{甲丙정현} \quad 즉 \quad \tan A = \frac{\tan a}{\sin b}$$

3) 차형

그다음은 차형을 해설하고 있다. 이 내용은 앞의 항에서 알아보았다. 그는 책의 앞부분에서 정호삼각형의 차형은 네 가지가 있다고 했다. 위에 설명한 것을 보면 을각에 대해서 두 차형을 만들었는데 당연히 갑각에 대해서도 두 개를 더 만들 수 있다.

그는 두 차형을 쓰는 방법을 각각 설명한 다음에 '정호약법'을 계속해 나간다. 그는 차형에 위의 3비례식을 적용해서 정호삼각형을 푸는 16가지 방법을 말끔하게 해설했다.

4) 사호삼각형과 반화교법

그다음 사호삼각형에 오면 그는 예전에 사용됐던 총교법과 수호법을 버리고 모든 문제를 반화교법 즉 네이피어 동류식을 사용하면 된다고 설명했다. 그리고 이렇게 해서 복잡한 계산을 모두 피할 수 있을 것(庶不費繁算)이라고 했다.

반화교법은 앞에서 이상혁이 증명한 것이므로 조희순은 이것을 알고 있었고 단순히 활용했다. 이상혁이 두 가지 문제에서만 이것의 쓰임을 설명한 데 비해서 조희순은 모든 문제에서 반화교법을 사용하는 방법을 설명했다.

5) 사지산략의 사원술

조희순이 맨 마지막 부분에서 설명한 것은 중국 원대의 가장 어려운 연립방정식 풀이법인 사원술이다. 그는 사원술을 쓰면 많은 문제를 쉽게 풀 수 있음을 보였다. 그는 14개의 문제를 풀어서 이 방법의 강력함을 보였다. 이 가운데 2원술을 사용하는 문제 3개, 3원술을 사용하는 문제 8개와 4원술을 사용하는 문제 2개를 실었다. 이 가운데 12번째 문제는 문제가 틀렸다. 그러나 나머지는 이전의 산학자들이 어려워하던 문제인데 간단히 방정식으로 풀고 있다.

맨 앞의 3문제는 기하학 문제이다. 첫 번째는 유명한 품(品)자 문제로 주어진 원에 정사각형이 품자 모양으로 내접할 때 정사각형의 한 변을 구하는 문제이다. 이상혁은 『산술관견』에서 『수리정온』의 방법으로 방정식을 만들고 천원술로 풀었다. 그러나 조희순은 이상혁이 보인 기하학적

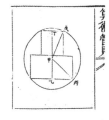

〈그림 7–21〉 조희순의 『산학습유』의 품자 문제와 이상혁의 『산술관견』의 품자 문제

조건 두 개를 써서 2원술로 풀었다.

이 세 문제를 제외한 나머지 11문제는 모두 구고술 문제이다. 즉, 직각삼각형에 대해서 두 가지 조건이 주어졌을 때 세 번째 식을 구하는 문제이다. 여기서는 4번째 문제를 알아보자.[43] 문제는 직각삼각형의 세 변을 각각 $a, b, c(a{\leqq}b<c)$라 할 때 다음과 같다.

$$\frac{2}{3}b+(b-a)=c, \quad \frac{ab/2+(c+b-a)}{2}=a^2\text{일 때}$$
$$\sqrt{ab+3(c+b-a)}\text{를 구하여라.}$$

그는 천원으로 (구고)교를 잡고($x=b-a$), 지원으로 고를 잡았다($y=b$). 여기서 첫 번째 조건식에서 $-15x+7y=0$을 얻었고, 두 번째 조건식으로부터 $18x-18x^2+6y+27xy-9y^2=0$을 얻어냈다. 그리고 이 두 방정식을 연립해서 계산했다. 그는 이 과정에서 구하는 수를 인원(人元=Z)으로 놓고서 양변을 제곱한 다음, 앞의 주어진 두 조건과 연립해 계산해서 x, y를 각각 구해냈다.

그러니까 그는 형식적으로 3원술을 썼다. 그러나 그는 2원술로도 계산할 수 있음을 밝혔다. 즉, 문제 마지막에 "이 문제는 천원과 지원만으로도 세 변을 구할 수 있다. 따라서 구하는 수를 인원으로 놓는 것은 꼭 필요치는 않다."[44]라고 적었다.

지금까지의 내용을 살펴보면 조희순은 조선 말기의 수학을 전부 꿰뚫고 있었다. 이상혁은 관상감에서 이 일이 직업이었고 평생을 수학만 한 산원이었지만 조희순은 제주 목사 같은 아주 분주한 업무를 맡은 관리로서 산학에 통달한 것이 놀랍다. 조희순의 수학은 이상혁과 함께 천문을 연구한 남병길의 수준을 훨씬 뛰어넘는 것이고 어떤 면에서는 이상혁을 능가했을지도 모른다. 그가 조선 말기에 실제로 수학 발전에 어떤 역할을 했는지 더 자세히 알지 못하는 것은 매우 안타까운 일이다.

중국과
일본의 수학

현재의 중국 땅에 문명이 생긴 것은 적어도 3,000년이 넘었고 최근 발굴되는 유적과 유물에 의하면 이보다 훨씬 더 오래됐을 것이라고 추측된다. 이 가운데 문명의 중심이 어디였는가는 항상 관심의 대상이고 많은 학자 간에 논쟁의 대상이기도 했다. 황하 문명이라고 불리는 동양권 문명의 최초 발상지가 어디인지 정확히 알 수 없지만, 이것이 뿌리내리고 발달한 곳은 중국 안에서도 전 범위에 걸쳐 있다는 것이 최근의 고고학 발굴 결과라고 전한다. 과거에는 학문의 발생지를 지금의 서안 중심으로 생각했지만 최근 양쯔강 유역에서 발굴되는 갑골문이나 죽간들을 보면 독자적으로 학문을 발전시키고 교류해왔음이 보인다고 추정하는 학자들의 전언이 있다. 수학 분야에서도 서쪽 지역의 『산수서』와 별개로 남쪽에서 발굴된 죽간에 관한 연구가 시작되고 있다고 한다.

실제로 풀이 많아 가축을 기르기 좋고 비가 와서 농사가 잘 되는 곳은 어디든지 사람들이 정착하고 문명을 발전시켰을 것이다. 그리고 이런 곳에서는 필요에 따라서 과학과 수학도 발전했을 것이다.

우리에게 남은 기원전 동양 전통수학의 기록은 『산수서』와 『구장산술』이 대표적이다. 중국의 수학 발전은 전적으로 『구장산술』에 의존하였지만, 이보다 이전의 수학이 상당히 여러 곳에서 나타나고 있고, 따라서 지역 간 학문적 교류가 성행했을 가능성을 배제할 수는 없다.

중국 전통수학의 시발점을 이루는 『구장산술』은 수학을 아홉 가지 주제로 분류하고 각 주제와 관련된 문제에 별개의 해법을 제시하며 시작되었다. 이렇게 발원된 수학이 동양 전체에 퍼져서 동양 전통수학의 모습을 결정했다. 그러나 나라마다 그 전파나 수용 정도에 차이가 있었을 것이고 그 차이를 파악하기 위해서는 기록으로 남긴 수학 성과가 있어야 하므로 그렇지 못한 시대나 지역에 관한 수학 주제의 범위나 발달 수준을 전체적으로 가늠하기는 쉽지 않다. 다만 한자 문화권에서 중국에서 비롯된 산학을 사용했음이 잘 알려져 있는 것은 한국과 일본이다.

한편 전통수학이 발전해나가면서 가장 중요한 문제로 부각된 것은 결국 다항방정식을 만드는 것과 푸는 것이었다. 그리고 다항방정식을 만드는 대표적인 두 가지 문제 상황이 수열과 급수의 조합(combinatorial) 문제인 퇴타술(堆垛術) 문제와 피타고라스 정리를 바탕으로 한 기하(geometric) 문제인 구고술(句股術) 문제였다. 방정식의 해법인 개방술과 더불어 11세기부터 개발되어 사용된 방정식을 세우는 방법이 천원술이다. 따라서 우리는 우리나라와 일본에 가장 큰 영향을 미친 다항방정식과 그 풀이법을 중심으로 한·중·일 동양 삼국의 수학을 비교 분석하여본다.

중국 수학과 그 영향

『구장산술』이 다루는 문제 상황 속 도읍의 크기가 작은 읍의 크기에서 큰 도시에까지 이른다는 사실 등으로부터 이 수학 문제들은 주(周)나라 초기부터의 문제들을 모은 것이라는 연구 결과가 있다.[1] 즉, 한나라시대에 한나라 민족에 의해서 정리된 『구장산술』의 수학을 발전시킨 민족은 중국 서안 지방을 중심으로 한 주나라 민족이고 이 민족이 그 이전의 상(商)나라 민족과 함께 중국 역사의 시작을 이루고 있다. 현재의 중국 문명은 이들의 문명을 이어받았지만 이들 민족이 실제로 현재의 중국인과 어떤 관계에 있는 민족이었는지에 대해서는 잘 알 수 없다.

우리가 알아본 중국의 수학 내용과 발전의 역사에 대해 간단히 요약하여보자. 『구장산술』이 집필된 것은 동양 수학의 역사에서 가장 큰 사건이었고, 이후의 중국 전통수학은 『구장산술』을 근간으로 하여 복잡한 여러 계기에 반응하면서 발전을 거듭한 결과라고 할 수 있다. 이 중에서 서양 수학이 들어오기 시작한 16세기 이후를 별개로 한다면, 형식적으로 크게 세 번의 변혁을 거친다. 우선 『구장산술』이 집필되고 나서 3세기 중엽에『구장산술』에 도형을 넣고 설명을 넣은 유휘의 주가 큰 변화의 시작이고, 다시 7세기 당나라 때 이순풍이 이끈 학자들이 당시까지 저술된 수학책을 모으고 주를 붙여 정리하여 십부산경(十部算經)을 저술한 것은 학문 발달에 큰 영향을 끼친 사건이며 당나라가 대국으로 성장하는 계기가 됐다고 할 수 있다. 한편 11세기 중반부터 13세기 말에 걸친 시기에 송나라에서 금나라를 거쳐서 원나라에 이르는 동안 민간 수학자들의 연구와 저술은 중국의 수학을『구장산술』의 수준에서 크게 한 단계 높인 것이고 그 결과로 나타난 천문과학 수준은 당시 세계 최고의 수학과 과학이었으며 중국 과학사의 최고봉이었음을 세계적으로도 인정받는다.

1. 고대 중국 수학의 전파

중국의 수학이 높은 수준으로 도약하면서 그 결과는 사방으로 퍼져나갔을 것이며 이것은 한국과 일본에도 영향을 미쳤다. 한국은 삼국시대부터 중국과의 교류를 바탕으로 문명이 발전했다. 특히 신라는 발달된 철기 문화를 바탕으로 당나라의 발달된 문명을 받아들였으며 이 가운데 당나라의 교육제도를 본떠서 교육기관을 설치하고 여기서 수학도 교육하였음이『삼국사기』에 남아 있다. 실제로 신문왕 2년(682)에 설치한 국학에서 산학에 박사(博士)를 두고『철경(綴經)』,『삼개(三開)』,『구장(九章)』,『육장(六章)』을 가르쳤다고 기록되어 있다. 이 가운데『구장』과『철경』은 중국의『구장산술』과『철술(綴術)』을 뜻하는 것으로 봐서 무방하다. 그러나『삼개』와『육장』은 중국에서는 그 이름을 찾을 수 없고, 삼국시대 우리 고유의 산학책일 가능성이 높다.[2] 그리고 이와 유사한 산학 과목에 대한 기록은 일본에도 보인다.[3] 이것은 중국 당나라시대의 발전된 문물이 한국에 전해지고, 그것이 다시 독자적 발달을 이루어 일본 땅에 차례로 전파되어나갔음을 알 수 있게 한다.

신라의 산학 교육은 고려로 이어져, 고려 성종 11년(992)에 당나라의 국자감 제도를 들여왔다. 관리 등용문인 과거에서는 명산과(明算科)를 통해 수학을 담당할 관리를 뽑았고 이때의 시험과목에 『구장산술』, 『철술』, 『삼개』, 『사가(謝家)』가 기록되어 있다. 신라시대의 제도를 이어받고 당나라의 제도에 맞춰 보완했을 것으로 추정된다. 고려시대의 산학에 대해서는 남아 있는 책도 없고 기록도 별로 없어서 자세한 논의가 어렵다는 한계가 있다.

2. 동양의 전통수학

동양 삼국에 전파된 수학은 그리스에서 발달한 서양 수학과는 전혀 다른 방향의 수학이었다. 그리스 수학은 자연수 계산을 바탕으로 해서 다른 모든 양을 자연수의 비로 나타내려고 하였다. 이 계산은 도형의 닮음을 사용해서 기하학 이론으로 발전되었으나, 이렇게 나타낼 수 없는 비인 무리수 비를 일찍이 피타고라스 때부터 인식하여 어쩔 수 없이 이차곡선론과 같은 복잡한 기하학이 탄생했다. 이에 비하여 동양은 자연수의 일부분을 분수로 설명했으며 이를 구체적으로 계산해야 할 때는 길이 자(尺)를 나눈 분(分), 리(釐), … 등을 사용하여 유한소수 개념을 이용해 계산했다. 따라서 동양 수학은 자연스럽게 유리수 범위에 머물렀으며 무리수가 등장하는 곳에서도 모두 소수 근삿값으로 대체하는 방식을 취하였다. 이는 오늘날 공학에서 모든 계산을 근삿값으로 바꿔 계산하는 것과 유사하다. 그리고 이를 계산하는 도구로 산가지(算木)를 사용했는데 이는 매우 효율적인 도구여서 신속한 계산을 가능하게 하였다. 이런 장점 덕분에 고대 중국 전통수학의 계산법은 서양에 비해 훨씬 빨리 발전할 수 있었다. 동양의 모든 나라는 현대 수학이 제대로 도입되기까지 이러한 수 체계를 사용하였고 무리수는 전혀 취급하지 않았다.

기원전에 제곱근을 푸는 데까지는 동서양 모두 유사한 방법을 사용했으며 별 차이가 없었지만, 방정식의 차수가 3차 이상으로 올라가면서 큰 차이를 드러냈다. 예를 들어 세제곱근의 계산법은 이미 『구장산술』에 들어 있고,[4] 3차, 4차방정식은 7세기 당나라의 왕효통의 『집고산경(輯古算經)』에 해법이 나오는 반면에,[5] 서양에서는 16세기가 되어서야 3차방정식의 근의 공식을 찾아냈다. 이 해법은 제곱근과 세제곱근을 사용해 근을 나타내는 데다가 값을 구체적으로 구하려면 또 다른 계산이 필요해서 실무적 관점에서는 매우 비효율적이었다. 중국의 방정식 이론은 다시 한번 발전하여 11-13세기에 송(宋), 원(元)대에 들어서면서 완벽하게 정리됐으며, 이때의 산서가 조선 초기에 한국에 들어오고 또 일본으로 전파돼나갔다.

『구장산술』에서 시작된 중국 수학의 특징은 모든 수학을 실생활 문제로 접근하는 것이다. 문제의 형식도 공통의 틀을 갖추어 대부분의 문제가 '금유(今有)'로 시작해서 '기하(幾何)'로 끝난다.[6] 실생활 문제라서 모든 답은 양수가 되고, 방정식 문제도 단지 양수해만 찾으면 된다. 그리고 방정식을 풀기 위해 미지수 없이 방정식의 계수만을 산가지를 사용하여 나타내고 계산하였다. 따라서 산가지를 효율적으로 사용하는 간편셈과 구결들이 만들어지고 이는 후대에 주판(珠板)을 사용한 셈법에 그대로 적용되었다. 또 모든 문제에 나오는 수는 길이처럼 실제로 단위가 붙어 있는 데이터로 주어져 있다.

방정식을 사용해서 구하는 값을 얻는 문제는 몇 가지로 나뉘는데 우선 문제의 조건이 구하는 값을 완전히 결정하지 못하는 문제, 즉 오늘날의 부정방정식 문제를 중국에서는 일찍이 다뤘다. 이런 문제는 『구장산술』의 방정(方程)장에 한 문제 들어 있다.[7] 이후 연립1차합동방정식도 다루게 됐는데, 4-5세기의 『손자산경(孫子算經)』에 들어 있는 문제는 서양에 알려져서 중국의 나머지정리(Chinese remainder theorem)라고 불린다. 이는 발전해서 13세기 진구소(秦九韶, 1202-1247)의 『수서구장(數書九章)』에서 대연구일술(大衍求一術)이라는 이름으로 완벽하게 설명된다.

일반적인 수학 문제는 구하는 수를 미지수로 잡고 방정식을 세워 해결하게 되는데 보통 분수방정식, 무리방정식, 연립방정식 등을 모두 다항방정식으로 변환하여 해결하게 된다. 따라서 결국은 다항방정식의 일반적인 풀이법이 중요해진다. 이런 발전은 왕효통에서 300년 정도 지나서 구체화되는데 송나라에서 이런 이론이 개발되고 발전된 데는 여러 가지 환경적 요인이 작용했다고 본다.[8] 북송의 많은 학자 사이에서 개발된 새로운 방정식 개념과 풀이법은 점차 알고리즘화 되어갔다. 초기의 방정식 이론을 만든 것은 『황제구장산경세초(黃帝九章算經細草)』를 저술한 가헌(賈憲)으로 기록되어 있고 이와 함께 『의고근원(議古根源)』을 쓴 유익(劉益)의 공도 보인다. 그러나 이 저술은 모두 전해지지 않고, 이보다 후대의 저술인 진구소, 이야(李冶, 1192-1279), 양휘(楊輝, 13세기), 주세걸(朱世傑) 등의 저술에서 그 초기 흔적을 엿볼 수 있다.

다항방정식 문제는 일반적으로 금유(今有)로 시작하는 문제의 조건을 변형해서 다항방정식을 구성하는 부분과, 이를 풀어서 문제에서 기하(幾何)라고 물어보는, 구하는 수를 계산해내는 부분으로 나뉘게 된다. 이 두 개념은 『구장산술』에서는 분리되어 있지 않았고 통칭해서 개방술로 불렸으나 11세기에 들어서면서 두 가지 과정에 다른 이름을 붙이기 시작했다. 앞의 다항방정식을 구성하고 나타내는 법은 북송의 도교의 영향으로 천원술(天元術)이라 불렸고 이로부터 이항전개를 써서 근을 계산해내는

11세기경의 알고리즘적 과정은 석쇄(釋鎖)개방법으로 불렸으며, 이에서 벗어나 새롭게 발전된 효율적인 개방술은 증승개방법(增乘開方法) 또는 체승개방법(遞乘開方法)으로 불리게 되었다.[9]

원래 방정식 풀이법은 다항식의 계수를 한자 숫자로 나타내서 말로 서술하는 것인데 미지수 기호가 없으므로 어느 항의 계수인지는 이름을 붙여 나타냈다. 이들의 이름은 상수항을 실(實), 최고차항은 우(隅), 그 사이의 항들은 낮은 차수부터 차례로 방(方), 상렴(上廉), 이렴(二廉),··· 하는 식으로 숫자로 차례를 나타내는 방식이다. 그러나 이러한 방식은 계산에 큰 걸림돌이 되었고, 이를 개선한 데는 천원술의 도입이 결정적인 역할을 하였다. 천원술은 오늘날 우리가 다항식을 나타내는 원리와 동일한데 서양처럼 미지수를 기호로 나타내지 않고 단순히 오름차순 또는 내림차순으로 다항식의 계수만을 산가지로 표시하는 방법이다. 이 계수들은 세로로 나열하였으며 미지수를 '천원(天元)'이라고 불렀다.

이 방법은 기존의 개방술에서 산대를 사용해 계산하던 방법을 확장한 것이기도 하며 이의 계산을 조직적으로 다룰 수 있다는 것을 파악하면서 개방술 계산법을 훨씬 확장된 계산법으로 바꿔나갈 수 있게 했다. 덕분에 비약적으로 발전된 중국의 방정식 이론은 13세기 말에 미지수를 천원(天元)에서 지원(地元), 인원(人元), 물원(物元)으로 차례로 늘려서 미지수의 개수가 4개에 이르는 다항식까지 다룰 수 있는 사원술(四元術)을 창안하기에 이르렀다. 11-13세기에 방정식 이론의 발전 과정은 해당 절에 자세히 설명되어 있다.

3. 서양 수학의 전래

13세기에 정점을 찍은 중국의 전통수학은 명나라에 들어서면서 많은 것이 잊혀지고 이 자리는 16세기 말 예수회 선교사 마테오 리치(利瑪竇, 1552-1610)가 중국에 들어오는 것을 계기로 점차 서양 수학에 내주게 된다. 16세기는 서양에서 아직 미적분이 태동되기 전이었고 전반적으로 유클리드의 원론(*Elements*)의 기하학적 계산법을 조금 더 산술적인 관점에서 바라보기 시작하는 시점이었으므로 리치 등이 가지고 들어온 수학은 초급 대수학 정도였다.[10] 이때 중국에 들어온 서양 방정식 표기법은 중국식으로 변형되어 도입되었다. 즉, 미지수는 근(根)이라는 글자로 나타내고 이의 제곱, 세제곱, 네제곱 등을 각각 평방(平方), 입방(立方), 삼승방(三乘方) 등을 사용하고 덧셈 기호는 글자 십(十)과의 혼동을 피해 기호 ⊥로 바꾸어 채택된다. 이와 같은 서양 방정식 표기법을 차근방비례(借根方比例)라 불렀다. 이 내용은 『수리정온(數理精蘊)』(1723)에 집대성되었고 우리나라에도 들어와 이상혁의 『차근방몽구』와 같은 산서를 낳았다.

『수리정온』은 기하를 사용해서 방정식을 구성했으므로 방정식의 구성 과정에 대해 도형을 사용해서 논리적인 설명과 증명을 상세하게 수록하였다. 그러나 방정식의 해법은 전통적 개방법을 사용했는데 산가지를 사용하지 않았으므로 매우 어려운 설명이 되었다. 전통의 천원술을 잘 사용하던 시절에는 천원술로 [2 3 1]이라 나타내면 $2+3x+x^2$을 나타내는 것이었지만 이것을 아래, 위로 한 칸씩 밀어서 $2x+3x^2+x^3$을 나타낼 수도 있고 $\frac{2}{x}+3+x$를 나타낼 수도 있었고 실제로 이렇게 잘 활용되었다. 따라서 천원술은 단순히 다항식만을 나타내지 않고 필요에 따라 유리식도 다루는 방법이었다. 이에 반하여 차근방이란 방법은 다항식만을 나타낼 수 있으며, 위와 같은 변형이 내재되지 않은 방법이어서 근본적으로 차이가 난다. 그러나 전통산학에 아주 익숙한 사람이 아니면 이런 셈법의 노하우를 갖지 못했기 때문에 천원술과 차근방이 차이가 없다고 받아들였다. 중국에서 매문정의 수학을 모두 정리한 매문정의 손자 매각성도 그가『매씨총서』의 부록으로 첨부한『적수유진(赤水遺珍)』에서 이같이 주장했다. 하지만 18세기 말에 중국 전통수학의 계산법의 우수성이 재발견되면서 19세기 중반까지 이에 대한 연구가 활발히 진행되었다. 마찬가지로 매각성의 관점을 받아들인 18세기-19세기 초의 조선 산학자들도 이 둘의 차이가 없다고 생각했다. 이는 19세기 중엽에 남병길과 이상혁의 공동 연구에 의해서 그 차이가 밝혀졌고, 이들은『수리정온』의 서양 수학을 통한 방정식 구성과 함께 산가지를 활용한 천원술과 사원술을 적절히 융합함으로써 이론과 계산의 균형을 맞추는 데 성공했다.

일본의 수학

    일본의 고대 수학은 가와하라(2010)[11]의 지적과 같이 신라 및 통일신라의 수학을 받아들인 것이 분명하고, 그때 전해진 수학은 김용운(2009)의 견해와 같이 삼국 가운데 상대적으로 발전이 늦었던 신라 고유의 것이라기보다는 백제의 수학이 신라와 일본에 고루 전해졌을지 모른다는 가능성이 충분히 일리 있어 보인다. 역사적으로 동양 삼국(한국, 중국, 일본)의 학술 교류에서 산학 교류의 근거는 찾기 어렵지만, 학문적 기초를 이루는 산학의 특성상 꾸준히 이어져 내려왔을 것이다. 한편 일본에 처음 서양 수학이 도입된 것은 16세기 중엽에 유럽 국가들과 교역이 시작된 때로 추측된다. 1549년에 예수회 신부 하비에르(Xavier, 1506-1552)가 일본에 왔으며 이것은 마테오 리치 신부가 중국에 들어온 것보다도 더 빨랐다. 해상무역의 길목에 있었던 일본은 지리적 특성으로 서양 문물이 빠르게 들어왔고 이와 함께 서양의 항해술, 측량술 등이 들어왔다.

    임진왜란의 주역이었던 도요토미 히데요시(豐臣秀吉, 1537-1598)가 사망하면서 전란이 끝나자 도쿠가와 이에야스(德川家康, 1543-1616)에 의해서 에

도시대(江戶時代, 1603-1867)가 열렸다. 쇼군으로 등극한 도쿠가와는 수하에 있는 다이묘(大名)들과의 관계를 강화시켰고, 자신에 반대하는 다이묘들과의 전쟁을 통해서 세력을 장악한 다음, 에도[12]에 막부(幕府)를 연 것이 1603년이었다. 도쿠가와 막부는 정권을 천황(天皇)에게 반환한 1867년까지 유지되었다.

에도시대 동안 일본의 사회는 여러 방면에서 전성기를 구가한다. 수학도 전례 없는 발전을 이뤘고 이때 일본의 수학은 '와산(和算)'이란 이름을 갖게 된다. 일본과 중국의 교역이 활발해지면서 당시 중국에 들어온 서양 수학이 지체 없이 일본으로 유입되었다. 실제로 서양 문물이 일본에 영향을 준 최초의 사건은 1543년 일본에 표류한 중국 배에 타고 있던 포르투갈인이 조총을 전해준 것이었고, 이보다 먼저 1551년부터 1614년까지 예수회 신부들이 일본에서 활동한 기간에 일본 안에 초등학교를 세우고 교육한 기록이 있다.[13] 이렇게 빠르게 서양 문화를 받아들이게 되면서 정대위(程大位)의 『산법통종(算法統宗)』은 출판된 해인 1952년에 일본에 들어왔다. 일본의 초기 산서 『진겁기(塵劫記)』(1627)는 이 『산법통종』을 기초로 요시다 미츠요시(吉田光由, 1598-1672)가 저술한 것이다. 또 이지조(李之藻)의 『천학초함(天學初函)』 역시 늦어도 1632년에는 일본에 들어와 있는 등 조선보다 훨씬 빨리 수학 문헌을 수입할 수 있었다. 당시 조선은 전란의 여파가 심하였고, 이후 청나라 전신인 후금(後金)이 조선과 명의 교류를 차단함에 따라 중국에서 벌어진 서양 학문 수입에 대한 정보를 거의 얻지 못했다.

한편 임진왜란 때 조선에서 가져온 『양휘산법』과 『산학계몽』은 일본의 수학 발전에 매우 중요한 역할을 했다. 『산학계몽』은 1558년에 일본에서 출판되는데, 당시 조선의 산서는 전란의 여파로 거의 모두 유실되고 산학도 매우 쇠퇴한 시기였다. 한편 조선에서 경선징, 박율이 저술을 통해 산학을 부흥시키려고 애썼던 시기인 17세기 중반에 일본에서는 천재적인 수학자 세키 다카카즈(關孝和, 1642?-1708)[14]가 나타났다. 그는 제자 다케베 카타히로(建部賢弘, 1664-1739)와 함께 일본 수학 발전에 가장 큰 공헌을 하였다. 세키가 조선 경주(慶州)에서 1433년 출판된 『양휘산법』을 구한 것이 1661년이다. 그는 이 책을 필사하여 공부하였고,[15] 다케베는 1690년에 『산학계몽』에 일본어로 주석을 단 『산학계몽언해(算學啓蒙諺解)』를 출판하여 일본 수학 발전의 기틀을 마련했다.

이렇게 외국의 문물을 재빨리 수입한 일본은 당시 사회 상황과 맞물려서 괄목할 만한 수학적 발전을 이루었다. 그 발전의 바탕에는 경제적 발전이 뒷받침되었다. 전쟁 후 17세기 일본은 경제적으로 매우 부유해져서 개인적 차원에서 수학책을 출판하는 사람들이 증가하였다. 출판된 책이 유명해지면 해적판이 난무해서 이를 막기 위해 저자는 책의 맨 끝에 '유다이(類題)'를 추가하기 시작했다. 그런데 이런 관행에 따라 사람들은 유명한 책의 유제를 풀고 이를 바탕으로 수학책을 새롭게 출판하는 일이 반복되면서 수학이 크게 발전했다. 또 부유해진 국가 덕분에 이들은 한문으로 된 내용을 일본 글로 바꿔 해설하는 책을 많이 출판할 수 있었고, 또 책에 그림을 많이 추가해서 일반인들이 읽기 쉬운 책을 많이 만들어냈다.

일본에서 부흥한 수학 와산의 저술 가운데 방정식론의 기틀을 마련한 것은 1666년에 사토 마사오키(佐藤正興)가 쓴 『산법근원기(算法根源記)』이다. 이 책으로부터 시작하여 방정식 해법에 천원술을 이용한 사와구치 카즈유키(澤口一之)의 『고금산법기(古今算法記)』가 1670년에 출판되었다. 이 책에서 처음 천원술을 사용했지만 실제로 산가지 표기 없이 문장으로 방정식을 설명했다. 이 시기는 박율이 천원술을 사용해 『산학원본』을 저술한 직후로,[16] 세키 다카카즈(關孝和)가 처음 산학을 공부한 시기로 보인다. 세키는 1674년에 자신의 첫 산서『발미산법(發微算法)』을 출판하였는데, 이것이 세키의 방정식론의 시작이고 일본의 본격적인 방정식론의 시작이기도 하다. 실제로『발미산법』에는 위의『고금산법기』에 풀이를 몰라서 유제로 들어 있는 원의 내부에 내접하는 반지름이 같은 세 원을 구하는 문제의 방정식을 제시하지만 방정식 구성 방법에 대한 설명은 없다. 이어 세키는 방정식 구성과 해법에『산학계몽』의 방법을 적용하여 천원술을 사용했고 1683년에는 이를 해설하는 각법병연단도(角法幷演段圖), 해복제지법(解伏題之法)을, 1685년에는 해은제지법(解隱題之法), 개방번변지법(開方飜變之法),[17] 병제명치지법(病題明致之法), 개방산식(開方算式) 등을 출판했다. 세키의 수학 문제는 '금유'와 같이 실생활 조건 없이 곧바로 방정식을 제시한다는 점에서 추상적 수학으로 한 걸음 다가간 것을 말해준다. 이 결과로 세키는 방정식에서 음수해도 생각할 수 있었고, 또 해가 없는 방정식도 생각할 수 있었다.[18] 17세기 중반의 박율이『구장산술』의 문제 형식에서 벗어나 모든 것을 방정식으로 생각할 수 있게 된 것이나, 17세기 후반의 세키가 금유 형식의 문제에서 벗어나 방정식 자체를 문제의 대상으로 볼 수 있었던 것은 그들의 천재성을 보여주는 것이지만 이는 새로운 환경의 자극에 의한 것이라고 할 수도 있을 것이다. 조선에서는 실학의 자극이 이런 자유로운 사고의 가능성을 열었다고 할 수 있고 일본 역시 외국 문물의 유입이 자극이 되었을 것이라고 생각하면, 역사에서 환경의 변화와 이에 대응하는 개개인의 노력이 긍정적 발전을 이끌어내기 위한 중요한 요소라는 것을 다시 알아볼 수 있다. 세키는 처음 제시한 방식의 방정식, 즉 '금유'로 시작하지 않는 방정식을 '개방산식(開方算式)'이라 불렀으며, 그가 다룬 방정식 가운데는 1,000차가 넘는 차수의 방정식도 있다. 주로 도형의 문제를 방정식으로 바꾼 것이며 정다형의 내접원 및 외접원의 지름을 구하는 문제도 다뤘다.

세키의 영향은 후대로 이어져서 그의 제자가 된 다케베 카타아키라(建部賢明, 1661-1716)와 다케베 카타히로 형제는 세키의 수학을 이어받고 이를 발전시켰다. 동생 다케베는 당시의 이케다 마사오키(池田昌意, ?-?)가 쓴 산서 『수학승제왕래(數學乘除往來)』에 들어 있는 유제 49문제를 천원술로 방정식을 세워 풀어서 쓴 책 『연기산법(硏幾算法)』(1683)을 출판하고 곧이어 스승의 책 발미산법을 일본말로 풀이한 『발미산법언해(發微算法諺解)』(1685)를 출판했다. 이들 형제는 1683년부터 세키와 함께 당시의 수학을 집대성한 책을 저술하기 시작하여 17세기 말에 12권을 완성하여 『산법대성(算法大成)』이라는 이름으로 출판했으며, 계속 저술을 이어나가 1710년에는 총 20권으로 이루어진 방대한 저술을 완성하였다. 이를 『대성산경(大成算經)』이라 불렀고, 세키의 수학은 모두 이 책 한 권 안에 수록되어 있다.

세키는 방정식론 외에도 연립1차방정식의 풀이에서 현대의 행렬식에 해당하는 개념이 사용됨을 알아내는 등 일본 수학의 발전에 지대한 공을 세웠다. 이때는 이미 일본에 네덜란드의 기술자들이 와 있었으며 네덜란드를 통해 들어온 학문과 사상인 난학(蘭學)이 시작되는 시기였다.[19] 서양인들과의 교류는 일본 문명의 발흥에 큰 역할을 했을 것임이 자명하다.[20]

삼국의 교류

역사의 기록은 많지 않지만, 동양 삼국의 학술적 교류 자취는 여러 군데서 발견할 수 있다. 예를 들면 정조 때 북학파 학자들의 중국 연행기를 통해 교류 내용을 비교적 상세히 알 수 있다. 홍대용이 천주교 신부들과 나눈 이야기나 연암 박지원이 연행에서 만난 절강의 선비들과 교류한 이야기, 기하학을 좋아해 자신의 호를 기하실(幾何室)이라 지었다는 유금이 중국에 가서 당시의 젊은 학자들의 시집을 소개하고 평을 받아 왔다는 이야기가 대표적인 사례이다.[21]

수학의 교류는 주로 책을 통해서 이뤄졌다. 각 저자가 저술한 내용의 출처를 확인하고, 내용의 변형을 검토해서 수학적 생각이 어떤 경로를 거쳐 전파되었는가를 파악하는 것이 가장 신뢰할 만한 자료이다. 우리는 이 책에서 이미 13-14세기 중국의 산서 3개가 우리나라 산서에 미친 영향을 전반적으로 검토했고, 이 외에 다음과 같이 몇 가지를 더 파악하였었다.

18세기 초 조선에 사신으로 파견된 사력(司曆) 하국주(夏國柱)가 홍정하 및 유수석과 대담한 일이다. 이것은 조선 학자에게는 평생에 얻기 어려운 기회였을 것이다. 한편 하국주가 조선의 이름 없는 산원에게서 산가지와 천원술을 처음 듣는 것도 그에게는 놀라운 경험이었음에 틀림없다.『중국수학사대계(中國數學史大系)』에 따르면 하국주가 풀지 못했던 문제는 당시 18세기 초에 중국에서 푸는 방법을 알지 못하던 4개의 구고술 문제 가운데 두 개였고, 결국은 매각성(梅瑴成)이 이 문제의 풀이를 알아내고 이를 자신의 『적수유진(赤水遺珍)』과 『수리정온』(1723)의 부록에 넣었다고 한다.[22] 1713년에 하국주가 중국에 돌아가서 중국에서는 풀지 못하는 이 문제들을 조선의 산원이 천원술이란 것을 써서 풀 줄 안다는 말을 당연히 전했을 것이고, 당시까지 천원술이 무엇인지 모르던 중국 수학계에서는 이를 알아내려고 노력했을 것이 분명하다.

매각성의『적수유진』에 들어 있는 이 문제 풀이의 천원술은 상당히 어설프다. 3차방정식을 풀어야 하는 문제이고, 또 3차방정식을 제대로 세웠음에도 불구하고 매각성은 이를 4차방정식(三乘方)이라 부르면서 계수 또한 잘못 적었다. 이를 푸는 과정도 증승개방법이 아닌 도형의 부피를 맞춰나가는 방식인 예전 방식을 쓰고 있으며 3차와 4차의 혼동 때문에 용어가 통일되지 못하다. 당시에 천원술을 독학해서 문제를 풀었기 때문에 천원술 계산법에 능숙하지 못했기 때문일 것으로 추측된다. 또한『수리정온』과 같은 서양 수학적 논증에만 익숙해 있어서 방정식 풀이를 연습하지 못했던 이유도 작용했을 것이다.

중국 사력이 조선의 산원과 교류하면서 빚어진 작은 사건이 대국이라 여겨졌던 중국의 수학 연구 방향을 바꿔놓는 큰 영향을 미쳤다는 점은 수학의 역사에서 잊힐 수 없는 장면이며, 수학 연구 교류의 중요성을 보여준다.

우리는 일본과의 교류와 관련하여 몇 가지 예를 보았다. 세키가 필사한 『양휘산법』은 지금은 실전된 15세기의 경주본이었다는 것과 이 필사본이 전해져 중국에 남아 있는 대표적인 『양휘산법』 책이라는 사실은 많은 것을 시사한다. 즉, 16세기 말에 일본에 전해진 조선의 중국 산서가 일본 산학인 와산을 일으키는 절대적으로 중요한 자원이 되었다는 사실과 함께 18세기 말 중국에서 전통수학을 찾으려고 노력할 때 찾아낸 중국의 가장 뛰어난 산서로 꼽히는 『양휘산법』과 『산학계몽』이 모두 한국에서 출판된 것이었을 뿐만 아니라 이 중의 하나는 일본을 거쳐서 중국으로 되돌아갔고, 결과적으로 중국의 18-19세기 전통산학의 부흥이 이 책들을 통해서 이뤄졌다는 것은 삼국 사이에 있었던 자의적 또 타의적 교류가 역사적으로 의미 있는 역할을 하고 있음을 말해준다. 특히 18세기 말 청나라의 나사림(羅士琳)이 『산학계몽』 책을 찾아다니다가 어렵게 조선의 1660년 중간본을 구한 곳이 북경의 중고책방 거리인 유리창(琉璃廠)이었다는 사실은 공식적 루트를 통한 국가 차원의 교류가 아닌 산원들의 사적인 교류가 훨씬 활발했음을 보여준다.

1장 한국의 고대 수학문명 개관

1. 李儼·杜石然,『中國古代數學簡史』(中華書局出版, 1964).

2. 위의 책.

3. 『도덕경(道德經)』은 중국의 춘추전국시대 노자(老子)가 지은 것으로 알려진 도가의 대표적인 경전으로 『노자(老子)』로도 불린다. 노자는 이 저서에서 전체적으로 자연에 순응하는 무위(無爲)의 삶을 살아갈 것을 역설하였다.

4. 이만규,『다시읽는 조선교육사』(살림터, 2010).

5. 강화 참성단(江華 塹星壇)은 인천광역시 강화군 화도면 흥왕리, 마니산(摩尼山) 꼭대기에 있는 제단이다. 상고 시대 단군(檀君)이 쌓았다고 알려져 있으며, 1964년 7월 11일 대한민국의 사적 제136호로 지정되었다. 참성단의 제단은 한민족만이 갖는 고유한 형태로 자연석들에 의지하여 둥글게 쌓은 하원단과 네모반듯하게 쌓은 상방단의 이중 구조로 구성되었는데 이러한 원방형 제단이 중국 요하 지역의 홍산문명 유적에서도 발견돼 유사성과 함께 문화의 관련성을 살펴볼 수 있다. 마니산에 참성단을 쌓아 하늘에 제사를 지내게 된 것은 강화의 생김새가 천하의 요새이기 때문이며, 강화도의 고유 지명인 마이(摩利)·혈구(穴口) 등은 하늘과 인연이 깊다고 전해온다. 또 단군 개국신화(開國神話)의 등장인물인 우사(雨師)와 운사(雲師)도 마니산과 밀접한 관계가 있다고 전해지는데, 이들은 환웅의 권속이므로 단군이 참성단을 설치하여 하늘에 제사 지낸 뜻을 짐작케 한다. (위키피디아)

6. 홍이섭,『조선과학사』(정음사, 1946).

7. 아이를 낳은 지 스무하루째 되는 날로 행동을 조심해야 하는 기간이다. 세이레라고도 하는 우리 고유의 사상이다.

8. 『삼국유사』, 1권 「기이」, 고조선(왕검조선).

9. 수비학(數祕學, numerology) 또는 수비술은 숫자와 사람, 장소, 사물, 문화 등의 사이에 숨겨진 의미와 연관성을 공부하는 학문이다. 칼데아의 수비학, 피타고라스의 수비학, 카발라의 수비학(게마트리아·노타리콘) 등이 있다. (위키피디아)

10. 대종교(大倧敎)에서 신성시하는 기본 경전으로 우주 창조의 이치를 81자로 풀이하고 있음. 대종교는 천신(天神)인 한인(桓因)의 뜻에 따라 한웅(桓雄)의 천부인(天符印)을 가지고 백두산 신단수(神檀樹) 아래 강림하여 홍익인간(弘益人間)·이화세계(理化世界)의 대업(大業)을 시작한 고사(古事)에서 연유하는 지고(至高)의 천서(天書)로 본다. 난해한 숫자와 교리를 담고 있어 여러 가지 다른 해석이 나오고 있으나 현대 한국의 불교계를 비롯한 다양한 분야의 학자들은 대체로 고대 한민족의 종교관, 우주관, 철학관을 담아낸 것으로 고도의 종교성을 띄고 있음을 인정하고 있다. (민족문화대백과, 위키)

11. http://www.busan.com/view/biz/view.php?code=2020020519113224243

12. http://www.usjournal.kr/news/newsview.php?ncode=179513607494699&dt=m

13. https://en.wikipedia.org/wiki/Trefoil_knot

14. 《세계일보》,《경향신문》기사 2011. 10. 13.

15. 이용복,『금헌 유방택선생과 천상열차분야지도』(2018).

16. 박창범,『하늘에 새긴 우리 역사』(김영사, 2002).

17. 위의 책.

18. 자는 도량형의 근간으로, 길이의 측정을 위해 널리 사용되었다. 삼국 및 통일신라시대의 경우 한척·당대척·고구려척 등의 경우처럼 국가명을 붙여 사용했다. 삼국시대의 유적지에서 여러 가지 척이 출토되고 있는 점과 신라의 경우 중고기에 남산산성비를 쌓을 때 축성의 거리를 척과 촌으로 분명하게 기록하였던 점 등을 고려할 때 우리 역사에서 일찍부터 사용되었다. 중국의 토지와 자연환경과 달라서 최적화된 길이의 단위를 필요로 했던 독자적인 고구려척은 고구려는 물론 신라와 백제도 쓰였다. 고구려척은 1척의 길이가 35.6cm라고 추측한 연구가 있다. (한국민족문화대백과사전 참조)

19. 리용태,『우리나라 중세과학 기술사』(평양: 1990).

20. 고구려 고분벽화에 담긴 천문의 흔적. (문화콘텐츠닷컴, "문화원형백과 한국천문 우리하늘 우리별자리" [한국콘텐츠진흥원, 2003])

21. 김용운,『한국수학사』(살림출판사, 2009).

22. 위의 책.

23. 익산 미륵사지 석탑(益山 彌勒寺址 石塔)은 전라북도 익산시 금마면 미륵사지에 있으며, 한국에 남아 있는 석탑 중 가장 오래된 석탑으로 국보 제11호로 지정되어 있다. 백제 무왕의 재위기간 중인 639년에 만들어진 이 석탑은 백제 석탑의 시원 형

식(始原形式)이라고 불리며, 여러 면에서 한국 석탑 전체의 출발점이라 할 수 있다. 해체 당시 높이는 14.2m로, 원래는 9층으로 추정되는 한국 최대의 석탑이다. 이 석탑은 목조 건물을 석재로 구현하여 백제의 목탑 모습을 잘 보여준다. (위키백과)

24. 부여 정림사지 오층석탑(扶餘定林寺址伍層石塔)은 백제시대의 대표적 석탑으로서 충청남도 부여군 부여읍 동남리에 소재하고 있다. 화강암으로 이루어졌고 높이는 8.33m이다. 정림사는 사비의 시내 한가운데 있던 중요한 절이었다. 1963년 12월 20일 국보 제9호로 지정되었다. 익산 미륵사지 석탑(국보 제11호)과 함께 2개만 남아 있는 백제시대의 석탑이라는 점에서도 귀중한 자료로 평가되며 한국 석탑의 시조(始祖)라 할 수 있다. (위키백과)

25. 길이를 측정하는 단위이며 도구인 자는 척이라고도 한다. 우리나라의 자는 『삼국사기』와 『삼국유사』를 비롯한 여러 자료에 '寸·尺·丈尋·匹·里' 등의 다양한 용례가 기록되어 있는 점을 고려할 때 삼국 및 통일신라시대에 체계화를 갖추고 사용되었음을 유추할 수 있다. 자의 길이는 이성산성에서 출토된 당대척(29.8cm)과 출토된 척(23.7cm)을 1척 5촌으로 환산하면 이를 고구려척(35.6cm)이라고 이해할 수 있고, 이외에 부여 쌍북리 유적에서 출토된 척(29.0cm) 등이 사용되었다. 따라서 삼국 및 통일신라시대에는 시기 및 국가에 따라서 한척(약 23cm), 고구려척(약 35.6cm) 및 당대척(약 29.7cm) 등이 사용되었다. (출처: 한국민족문화대백과사전 "자")

26. 배흘림기둥은 단면이 원형인 원기둥 중 기둥의 허리 부분을 가장 지름이 크게 하고 기둥머리와 기둥뿌리로 갈수록 줄인 항아리 모양의 기둥을 말한다. 서양권에선 엔타시스(entasis)라고 부른다. 원근과 지붕의 양감·무게감에 의해 기둥이 밑에서 보는 사람에게서도, 크기 비교 대상인 지붕에 대해서도 멀어 얇게 보이고, 무거운 지붕에 의해 눌리는 느낌이 있어 약하게 보이는 지붕 중간을 보강함으로서 건축물이 안정적으로 보이게 하는 기법.

27. https://ko.wikipedia.org/wiki/부여_정림사지_오층석탑

28. 홍이섭, 『조선과학사』 (정음사, 1946).

29. 위의 책.

30. 일본 학자들은 한반도에서 구구단표가 발견되지 않자 "구구단은 한반도를 거치지 않고 곧바로 중국에서 일본으로 직수입된 것"이라고 주장했다. 그러나 이 목간으로 그 주장은 허구임이 입증되었다. 광개토대왕비(414년)에도 '이구등조(二九登祚)'라는 대목이 있다. 이는 광개토대왕이 2×9=18, 즉 18세에 왕이 되었음을 알려준다. 또 백제 '나주 복암리 출토 목간'(610년)을 보면 '마중연육사근(麻中練六四斤)'이라는 부

분이 있다. 또한 대전 월평동 산성에서 등산객이 수습한 '구구단 기와'를 보면 '…오
십사오구사십오사구삽십육'이라는 숫자가 한자로 기록되어 있다.

31. 정훈진 (한국문화재단), "부여 쌍북리 백제유적 출토 목간의 성격 __201-4번지 및
    328-2번지 출토 목간을 중심으로__", 한국목간학회,『목간과 문자』제16호 (2016.
    06), 211-239쪽.

32. 목간의 종류는 물품 꼬리표 목간과, 두루말이 종이문서를 찾을 수 있도록 한 색인
    (인덱스) 목간, 그리고 춘궁기에 곡식을 빌려주었다가 추수기에 이자와 함께 원금을
    돌려받았음을 기록한 일종의 환곡문서인 대식(貸食) 목간, 이 밖에 궁궐 출입 때 신
    분을 증명하는 이른바 부신용 목간도 있고, 창고 정리용 목간 등 다양하다. 이것으
    로 보아 구구단 목간도 교육용보다 실용적인 계산을 위한 것으로 추측될 수 있다.
    즉, 적외선 촬영 결과 구구단으로 판정된 이 목간들은 관청이 문서나 물건 등을 운
    송하면서 사용한 것이다. 운송할 물품의 포장이나 문서꾸러미 윗부분에 올려놓거나
    목간의 구멍에 끈을 꿰어 고정시킨 상태로 사용했을 것이다.

33. 이병호(국립미륵사지유물전시관장); 윤선태(동국대 교수).

34. 손환일 박사 주장.

35. 윤선태,『목간이 들려주는 백제 이야기』,《경향신문》2007.

36. 전병기,『한국과학사』(이우출판사, 1982).

37. 백제관음상(百濟觀音像)은 일본 나라현 호류지(法隆寺)에 있는 목조 관음보살 입
    상으로 아스카시대에 만들어졌다. 높이 2.8m의 채색한 관음상으로 백제의 귀화인이
    만든 것으로 추정되기 때문에 백제관음상이라는 이름이 붙었다. 백제의 조각이 일
    본 조각에 공헌한 하나의 예라고 할 수 있다. (위키백과)

38. 발해의 영토는 현재 북한, 중국과 러시아, 몽고에 걸쳐 있어 우리가 직접 발해의 수
    학적 문명을 조사, 연구하는 데 여러 제약이 따른다.

39. "1998~2007년도 고고 발굴조사 보고",『발해상경성』, 황용순(중국 연변대학 박사연
    구생).

40. 경주시에 위치한 신라 왕성의 별궁 터이다. 문무왕 14년(674)에 황룡사 서남쪽
    372m 지점에 조성되었다. 안압지(雁鴨池)로 불렸었는데, 신라시대 때 '월지'라고 불
    렸다는 것이 확인되어 2011년에 '동궁과 월지'라는 명칭으로 변경됐다. 나라의 경사
    가 있을 때나 귀한 손님을 맞을 때 연회가 열린 곳이다.

41. 각 면에 다른 주사위처럼 숫자가 아니라 13면에 4자, 1면에 5자씩 음각으로 새긴 해
    서체의 한자 문구들이 새겨져 있고, 새긴 문구의 내용대로 행동해야 하는 술자리

벌칙들을 적었다. 14면체 주사위는 1976년 중국 서안 진시황 무덤 부근에서 비슷한 유물이 나온 사례가 있지만, 각 면에 숫자 대신 놀이용 문구를 적은 것은 신라의 주령구가 동양에서 유일하다.

42. 1145년경에 김부식 등이 고려 인종의 명을 받아 편찬한 삼국시대의 역사서. (보물 제722호, 국보 제322-1호, 국보 제322-2호)

43. 국학은 신라가 삼국통일 이후 682년에 완비되었다. 국학 제도는 고려에서는 국자감·성균감·성균관·국학 등으로 계승되고 조선에서 성균관으로 된다. 직제는 학장급인 경을 비롯하여 박사·조교·대사·사 등으로 구성되고 입학 연령은 15~30세로, 재학 기간은 9년을 원칙으로 했다. 국학에서는 『논어』·『효경』을 비롯하여 『예기』·『주역』·『상서』·『모시』·『춘추좌씨전』·『문선』 등을 가르쳤고, 산학박사를 두어 특수한 기술 분야인 수학 등도 교수했다.

44. 或差算學博士若助教一人, 以綴經三開九章六章教授之. (『삼국사기』 38권, 직관상 국학 부분, 권 제38 잡지 제7직관(職官) 上 국학의 교수법)

45. 김용운, 『한국수학사』 (살림출판사, 2009).

46. 『삼국사기(三國史記)』.

47. 원주율의 값을 구한 중국의 남조시대 유송의 수학자. 원주율을 $\frac{355}{113}$과 $\frac{22}{7}$사이의 값으로 보았다.

48. 김용운, 앞의 책.

49. 김용운 외, 『일본의 산학제도에서 수학교재』 (한국수학사, 1977).

50. 신라장적은 신라의 민정문서로서, 서원경(西原京: 현 청주시) 지방 4개 지역의 경제 상황과 국가의 세무 행정을 적은 자료이다. 일본 정창원에 있다. 당시 신라의 율령 정치는 물론, 신라 사회의 구조를 이해하는 데 대단히 귀중한 자료이다. 이 문서는 해서(楷書)로 씌었으며, 모두 62행(行)으로 되어 있다. 그 지역의 둘레·연호수(煙戶數)·인구·전답(田畓)·마전(麻田)·백자(栢子: 잣)·추자(秋子: 胡桃)·뽕나무 등의 나무 수와 소·말의 수효까지 기록되어 그 지방의 생태를 잘 알 수 있다. 이때 토지는 그 종류와 넓이를 기록하고, 사람은 인구·가호·노비의 수 등을 기록했다. 이 민정문서는 3년간의 사망·이동 등 변동 내용에 따른 변동이 기록된 점으로 보아 3년 만에 한 번씩 작성된 듯하다. 특히 사람은 남녀별로 구분하고, 16세에서 60세의 남자의 연령을 기준으로 나이에 따라 6등급으로 구분하여 기록하였다. 호(가구)는 사람의 많고 적음에 따라 상상호(上上戶)에서 하하호(下下戶)까지 9등급으로 나누어 파악하였다. (위키피디아; 한국민족문화대백과사전)

51. 황정하, "조선 영조·정조시대의 산원연구"(청주대학교 대학원 사학과 석사학위논문, 1987).

52. 『고려사(高麗史)』.

53. 『한국민족문화대백과사전』.

2장 한국의 수학문명

1. 이 글에서는 수에 대한 표기를 한글, 한자, 아라비아 숫자를 구별하지 않고 혼용한다.

2. 김용운·김용국은 그의 저서 『한국수학사』(살림출판사, 2009) 49쪽에서 다음과 같은 합동식으로 이를 표현하고 있다. [율 ≡ 역(曆) ≡ 역(易) ≡ 도량형(mod, 수(數)]

3. 그 이유는 우리가 살피는 면이 탐색해야 할 모든 면이라고 단언할 수 없기 때문이기도 하고, 이러한 상황은 층위에 대해서도 마찬가지일 것이기 때문이다. 더욱이 역사적으로 형성된 문화의 각 면과 층들이 어떻게 연결되는지 그 복잡한 구조를 파악하는 것은 원리적으로도 불가능할지 모른다.

4. 우실하, 『전통문화의 구성원리』 (소나무, 2007).

5. 김인희, 『한국 무속 사상 연구』 (집문당, 1993).

6. 우실하, 앞의 책.

7. 구미래, 『한국인의 상징세계』 (敎保文庫, 1992).

8. 위의 책.

9. 김용운·이소라, 『청소년을 위한 한국 수학사』 (살림, 2007).

10. 우실하, 앞의 책.

11. 이하 논의는 우실하, 위의 책, 268-275쪽 참조.

12. 『訓民正音』 制字解, "天地之道, 一陰陽伍行而已. 坤復之間爲太極, 而動靜之後爲陰陽. 凡有生類在天地之間者, 捨陰陽而何之. 故人之聲音, 皆有陰陽之理, 顧人不察耳."

13. 『訓民正音』 鄭麟趾序, "有天地自然之聲, 則必有天地自然之文. 所以古人因聲制子, 以通萬物之情, 以載三才之道, 而後世不能易也."

14. 『훈민정음(訓民正音)』.

15. 우실하, 앞의 책.

16. 오토 베츠, 배진아·김혜진 옮김, 『숫자의 감춰진 비밀』 (푸른영토, 2009).

17. 위의 책, 19쪽.

18. 강신표, "조선조 전통 문화에 있어서 리더쉽—어른father-man", 『한국문화인류학회』 10권 0호 (1978년 12월), 7-25쪽.

19. 김열규, "한국인의 수(數) 개념의 신비", 『기호학 연구』 14권 0호 (2003), 195-214쪽.

20. 배영기, "한국인의 수사상(數思想) 고찰", 『단군학연구』 15권 (2006), 289-318쪽.

21. [번역] "3은 완벽한 수이고, 셋으로 이뤄진 것은 모두 완벽하다."

22. 오토 베츠, 배진아·김혜진 옮김, 앞의 책.

23. 김성배가 모은 3과 관련된 말들 가운데는 다음과 같은 것이 있다. "길가다 상주 3 사람을 보면 재수가 있다./ 중매 3번 하면 죽어서 좋은 곳에 간다./ 결혼 후 3년 만에 떡을 먹으면 좋다./ 이불 속에서 세 번 재채기하면 운수가 대통한다./ 콩나물죽 3년 쑤면 부자가 된다./ 오동나무 가지를 3번 자르고 기르면 그 집안에 훌륭한 자손이 난다./ 첫눈이 왔을 때 3번 집어먹으면 감기에 안 걸린다./ 남의 곡식을 먼저 따먹으면, 죽어서 소가 되어 3년을 농사짓다가 다시 사람이 된다./ 좋은 말도 3번만 하면 듣기 싫다./ 개가 3년 묵으면 도섭한다./ 명태나 닭고기 3년 이상 먹으면 악귀 된다." (김성배, 『한국의 민속』 [집문당, 1995], 183-250쪽)

24. 김열규, 앞의 논문.

25. 오토 베츠, 배진아·김혜진 옮김, 앞의 책.

26. 具美來, 『한국인의 상징세계』 (敎保文庫, 1992).

27. 위의 책.

28. 오토 베츠, 배진아·김혜진 옮김, 앞의 책.

29. 김열규, 앞의 논문.

30. 오토 베츠, 배진아·김혜진 옮김, 앞의 책.

31. 具美來, 앞의 책, 29쪽.

32. 위의 책, 29쪽.

33. 위의 책, 32쪽.

34. https://terms.naver.com/entry.nhn?docId=2014311&cid=50826&categoryId=50826

35. 김열규, 앞의 논문, 204쪽.

36. https://ko.dict.naver.com/#/search?query=십년감수&range=all

37. 具美來, 앞의 책, 34쪽.

38. 위의 책, 34-35쪽.

39. 위의 책, 35-36쪽 참고. 편의상의 분류가 언어의 본질상 완전히 배타적이지 않아 중

복되는 경우도 있다.

40. 오토 베츠, 배진아·김혜진 옮김, 앞의 책.

41. 김열규, 앞의 논문.

42. 具美來, 앞의 책.

43. http://mblogthumb2.phinf.naver.net/20120625_85/fpcp2010_1340604786959z0Ao2_
    JPEG/sangsang1-3.jpg?type=w2

44. 우실하, 앞의 책.

45. 배영기, "한국인의 수사상(數思想) 고찰",『단군학연구』15권 (2006.12) (단군학회).

46. 위의 논문, 306쪽.

47. 정초·박연·김진(金鎭) 등이 새로 만든 혼천의(渾天儀)를 올렸다.(『세종실록』60권,
    세종 15년 6월 9일 경인 3번째 기사); "대제학 정초·지중추원사 이천(李蕆)·제학 정
    인지·응교 김빈(金鑌) 등이 혼천의(渾天儀)를 올리매, 임금이 그것을 곧 세자에게
    명하여 이천과 더불어 그 제도를 질문하고 세자가 들어와 아뢰라고 하니, 세자가 간
    의대(簡儀臺)에 이르러 정초·이천·정인지·김빈 등으로 더불어 간의와 혼천의의 제
    도를 강문(講問)하고, 이에 김빈과 내시 최습(崔濕)에게 명하여 밤에 간의대에 숙직
    하면서 해와 달과 별들을 참고해 실험하여 그 잘되고 잘못된 점을 상고하게 하고,
    인하여 빈에게 옷을 하사하니 밤에 숙직하기 때문이었다. 이로부터 임금과 세자가
    매일 간의대에 이르러서 정초 등과 함께 그 제도를 의논해 정하였다."(『세종실록』61
    권, 세종 15년 8월 11일 신묘 4번째 기사)

48. 세종 27년에『제가역상집』이 만들어졌을 때의 이순지의 발문에 그동안 제작한 간의
    들로는 "대소 간의(大小簡儀)·일성정시의(日星定時儀)·혼의(渾儀) 및 혼상(渾象)과
    해시계나 물시계 종류로는 천평일구(天平日晷)·현주일구(懸珠日晷)·정남일구(定南
    日晷)·앙부일구(仰釜日晷)·대소 규표(大小圭表) 및 흠경각루(欽敬閣漏)·보루각루
    (報漏閣漏)와 행루(行漏)" 등이 수록돼 있다고 기록돼 있다.

49. 의기란 천체의 운동을 관측하는 기구를 이르던 말이다.

50. 혼천의에는 오늘날 적도좌표계에 해당하는 값으로 천체의 고도와 방위각을 측정
    하는 기능이 있다. 동시에 지평좌표계로도 측정이 가능하다. 두 좌표계가 모두 들어
    있어서 사용이 매우 복잡하다.

51. 이런 것을 간의(簡儀)라 부른다. 곽수경이 만든 간의는 이슬람 관측기기의 영향을
    받았다.

52. 영수합 서씨를 말한다. 본관은 달성(達城). 영수합(令壽閤)은 당호(堂號)이다. 서경

주(徐景雨)의 손녀이며, 감사(監事) 서형수(徐逈修)의 딸로서 후에 승지(承旨) 홍인모(洪仁謨)와 결혼했다. 슬하에 홍석주(洪奭周)·홍길주(洪吉周)·홍현주(洪顯周) 삼형제와 두 딸을 두었는데 삼형제는 모두 당대 문장가로 이름을 날렸다. 두 딸 중 유한당(幽閑堂) 홍원주(洪原周)도 남자 형제에게 못지않은 시인이 됐다.

53. 홍길주의 문집에 들어 있는 『호각연례(弧角演例)』는 직각 및 일반 구면삼각형의 풀이법을 완벽히 정리한 것이다.

54. 위키백과: https://ko.wikipedia.org/wiki/앙부일구

55. 위키백과. 앙부일구 조. https://ko.wikipedia.org/wiki/앙부일구

56. 이 책에서는 해시계의 세 판을 각각 태양고호구(太陽高弧晷), 태양고구(太陽股晷), 태양구구(太陽勾晷)라고 부르고 있다.

57. 이 이유는 보통 태양의 위치를 가지고 시각을 이야기하기 때문이다. 즉, 시각은 정오를 기준으로 1시간 1각 등으로 시각을 매겨나갔는데 자정은 태양이 정확하게 정오 때의 반대쪽에 있을 때가 돼야 하고 이것을 알려면 별자리 틈에서 그날의 태양의 위치를 알아야 밤에도 지금 태양이 어디쯤 있는지를 알 수 있기 때문이다.

58. 실제로 이 기계를 써서 하루 중에 몇 번만 시각을 알아내고, 그 사이는 비교적 정확한 경복궁의 물시계를 가지고 시각을 읽어서 보신각 종소리 등으로 시각을 알렸다.

59. 명(銘)이란 어떤 기기를 만들었을 때 이것을 만들게 된 계기와 이 기기의 내용 그리고 그 원리를 새겨넣는 것을 말한다.

60. 승지 김돈(金墩)에게 명하여 작성된 서(序)와 명(銘)의 내용 가운데 이 기구의 사양을 설명하는 부분은 세종대왕이 직접 썼다고 한다. 『실록』에 '그 글에, "구리를 써서 만들었다."로부터, "다하면 처음으로 돌아온다."까지는 임금이 친히 지은 것인데, 승지 김돈이 직제학 김빈(金鑌)에게 보이며 이르기를, "내가 감히 글을 짓고자 함이 아니라, 다만 경들이 이를 가지고 깎고 보태어서 명과 서를 지어 오래 전하기를 도모하려고 한다."고 하였는데, 임금이 시각을 정하는 제도를 서술한 글이 간이(簡易)하고 상세하여 손바닥을 가리킴과 같이 명백하기 때문에 김돈 등이 능히 한 글자도 바꾸지 못하고 그 글의 머리와 끝만 보태어 그대로 명을 지었다.'고 쓰여 있다.

61. 이것은 원래의 주역의 해설에서 원둘레는 π=3을 적용해서 원둘레가 21이고 따라서 합은 49라고 했던 것을 이익이 고쳐 해설한 내용이다.

62. 상전 11장에서 가장 유명한 부분인 "易有太極, 是生兩儀, 兩儀生四象, 四象生八卦"을 보면 다음과 같이 설명하고 있다. 태극에서 양과 음인 양의가 나오는데, 그 과정을 '일생이법(一生二法)', 하나에서 둘이 나오는 법칙으로 설명한다. 양의에서 다시

태양(노양), 소음, 소양, 태음(노음)이 나오고, 여기서 또 팔괘가 나오는 과정을 기술하고 있다. 이것을 통해서 2, 4, 8로의 개념 확장을 볼 수 있다.

63. 『주역』 「상전(象傳)」의 11장에 역에 대해 설명하는 시작 부분이다.

64. 음도라는 말의 뜻, 즉 음도와 양도의 관계에 대해서는 현재 알려진 것이 없다.

65. 소옹과 채침 등은 중국 송나라 때 주희의 성리학을 수와 연계지어 발전시킨 학자들이다.

66. 팔진도는 중국의 삼국시대 촉한(蜀漢, 221-263년)의 유명한 군사 제갈량(諸葛亮)이 만든 진법이라고 전해진다.

67. Kwon, Gyunuk and Park, Sang Hu and Song, Yun Min and Choi, Seong Woong and Park, Poo-Sung, A study on solutions of Jisuguimundo using the range of magic sums, *Journal for History of Mathematics* 27-2 (2014), pp. 111-125.; Lee, Kyung Eon, A Study on various non-regular magic squares, *J. Korean Soc. Math. Ed. Ser. E.* 24-1 (2010), pp. 195-220.; Park, Kyo Sik, An approximate method to make Jisuguimundo, *Journal for History of Mathematics* 31-4 (2018), pp. 183-196.

68. 上爲綱數 下爲目數. 여기서 강목(綱目)이라는 것은 주자가 쓴 『자치통감강목(資治通鑑綱目)』(1172)에서 처음 사용된 것이다. 『자치통감(資治通鑑)』은 1084년에 쓰인 사마광(1019-1086)의 역사서이고 강목은 이를 장과 절로 묶어 나눌 때 그 이름들을 말한다고 되어 있다.

69. 채침(蔡沈, 1167-1230)은 남송 건주(建州) 건양(建陽) 사람이다. 자는 중묵(仲默)이고, 학자들 사이에 구봉선생(九峰先生)으로 불렸으며, 시호는 문정(文正)이다. 채원정(蔡元定)의 둘째 아들이다. 젊어 가학을 이었고, 주희(朱熹)에게 배웠다. 주희의 명령으로 『상서(尚書)』에 주를 달았는데, 10여 년의 시간이 걸려 영종(寧宗) 가정(嘉定) 2년(1206) 『서집전(書集傳)』을 완성했다. 그 밖의 저서에 『홍범황극(洪範皇極)』과 『채구봉서법(蔡九峰筮法)』 등이 있다.

70. 조희영, 『GuSuRyak』, Joseon Dynasty Math Book Consisting of Song Dynasty Do Seo Xiang Shu: The Horizon of Mathematical Humanities, *Korean Studies Quarterly* 40-1 (2017), pp. 105-132.

71. Hong, Young Hee, Mathematics of Chosun Dynasty and Shu Li Jing Yun, *Journal for History of Mathematics* 19-2 (2006), pp. 25-46.

72. 홍성사, 『최석정의 구수략』, 『한국수학사학회지』 26-2~3 (2013), 1-6쪽; 홍영희, Mathematics of Chosun Dynasty and Shu Li Jing Yun, 『한국수학사학회지』 19-2

(2006), 25-46쪽.

73. 가운데 중궁(中宮)에 토(土)인 (5, 10), 위쪽에 화(火)인 (2, 7), 아래쪽에 수(水)인 (1, 6), 왼쪽에 목(木)인 (3, 8), 오른쪽에는 금(金)인 (4, 9)를 놓았다.

74. 다음 그림은 화(火)와 목(木) 위치를 바꾼 낙서사구도. 이 도표의 가로세로 직선 위의 수의 합은 각각 63으로 모두 같다.

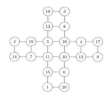

75. 「유예지」에 관한 내용은 2017년 1월 임원경제연구소 학술대회에서 발표된 장우석(서울대)의 논문을 따랐다.

76. 조선시대 후기 문신인 서명응(徐命膺)이 집필하고 그의 손자 서유구가 편찬한 전통 생활 기술집. 총 12권 6책. 서울대학교 규장각과 고려대학교에 소장 중인 보만재총서에 수록되어 있다.

77. 我人無乘車之制, 何所講於御也.

78. 藝者, 技能也.

79. 토지의 넓이는 곡물의 수확량과 관련이 있다. 정해진 넓이(수확량)를 가지는 정사각형의 한 변의 길이를 구하는 이러한 개방술은 토지를 직전화(직사각형화), 나아가서 방전화(정사각형화)하는 방식으로 농지를 체계적으로 관리하는 고대 중국의 농지 정리를 배경으로 한다.(강신원, 2006, 6쪽)

80. "…(전략)… 우물의 깊이, 성이나 마을의 폭, 도로나 마을의 멀리 있는 거리 등을 재어서 알 수 있으므로 이것(구고술)은 신기한 방법의 극치이다(…則山之高井之深城邑之廣道里之遠, 可以測之, 此妙術之極致也)."(『산학입문』 권21)

81. 李繼閔, 『算法的源流: 東方古典數学的特征』(科学出版社, 2007), 5쪽.

82. 比例者, 以今有之數, 求未有之數也. 大而推步七政, 小而量功命事, 無一不由於比例.

83. 전체 14단원 64문항 중 가감승제 11문항을 제외한 53문항 중 비례식을 이용하여 답을 구하는 것은 27문항으로 절반 이상을 차지하고 있다.

84. 비례식을 이용한 문제 해결 알고리즘은 『구장산술』의 「속미」장에 근원한다. 「속미」장에는 今有術이라는 방법으로 미지수를 구하는 비례식의 알고리즘이 제시되어 있으며 『동문산지』, 『수리정온』 이후에는 사율이라는 형식으로 보다 정형화되었다. 금

유술은 비례식을 구성하는 단계를 생략하고 바로 $x=\dfrac{bc}{a}$를 풀이로 제시하는 방식이지만 사율비례는 $a:b=c:x$을 구성하는 단계를 거쳐 $x=\dfrac{bc}{a}$를 구하는 과정을 풀이에서 제시한다. 『산법』은 사율비례라는 용어를 사용하여 1율(a), 2율(b), 3율(c), 4율(x: 미지수)로 나타내는데 이는 『수리정온』의 형식과 일치한다.

85. 중국의 孔凡哲(2008)은 응용문제, 즉 특수한 문제들을 반복적으로 다루면서 일반적 해법을 터득해가는 전통산학의 형식을 '개방적 귀납체계'로 명명하며 유클리드식의 연역체계와 확연히 구별 짓는다. 또한 이종희는 구체적인 실제 상황에 주어지는 사례를 통과해가는 사이에 그것이 암시하는 모범 또는 범례를 유도하고 판단하는 방법으로 '사례에 따른 추리(reasoning case by case)'를 『구장산술』로 대표되는 중국 산학의 한 특징으로 제시한다.(이종희, 2003, 20쪽)

86. 권오남·박정숙·박지현, "중학교 교육과정에서 비례적 사고가 필요한 수학 개념 분석", 『한국수학교육학회』 46권 3호 (2007년 8월), 315-329쪽.

87. 종묘는 조상에게 제사를 올리는 곳이고, 사직은 신에게 제사 지내는 곳이다. 새로운 행정수도 한양은 무학대사의 자문과 정도전의 설계로 북악산을 북에 두고 중심에 왕궁, 동쪽인 좌청룡 위치에 종묘, 서쪽인 우백호 위치에 사직단을 건축하였다.

88. 경회루는 태조 때 경복궁 안에 작은 누각이었던 것을 태종과 성종 때 2차에 걸쳐 확장하였고, 임진왜란(1592년) 때 소실된 것을 고종 4년에 재건하여 현재의 모습으로 중건되었다. 중건 당시 정학순(丁學洵)이 작성한 도면 「경회루삼십육궁지도(慶會樓三十六宮之圖)」는 설계의 원리가 불을 막기 위한 주역의 수를 동원한 6곱하기 6, 36궁을 지은, 육육궁의 원리(육육양제법[六六禳除法])임을 보여준다.

89. 금강비 5:7은 수학에서 정사각형의 변과 대각선의 비(2의 제곱근)를 근사치로 나타내는, 정사각형에서 한 변이 5이면 대각선은 7이라는 동양 수학의 근사치 공식인 방오사칠(方伍斜七)과 연결되는 매우 흥미로운 비이다.

90. 태조 때 정전(正殿)을 7칸의 규모로 지었으나, 500년간 27위를 모셔야 했으므로 11칸, 15칸, 19칸으로 확장되었다.

91. 그러나 제례를 준비하는 분주한 관원과 일꾼들, 악공들은 빠르게 움직일 수 있는 평평한 땅바닥의 길로 이동했다.

92. 현대 학문의 중요한 연구 주제, 예를 들어 AI에서 우리가 알고 있는 것을 시각화하여 나타내는 것은 중요하다. 시각 자료는 그 내용의 핵심을 단번에 파악할 수 있는 장점을 가지고 있다. 공학은 물론 인문사회의 많은 내용을 그림으로 바꾸는 기법은 디자인, 데이터 공학 등에서 개발되고 있는 중요한 수학 기법이다.

93. 직선 모양의 지붕도 위치에 따라 기울기가 달라 보이지만 직선 구성이므로 지붕의 전체적인 모양을 상상할 수 있어서 다른 지붕처럼 느껴지지 않는다. 팔작지붕은 사다리꼴의 맞배지붕의 측면에 지붕을 달아낸 형식의 지붕을 지칭한다. 높은 곳에서 지붕을 내려다봤을 때 그 모습이 팔(八)자와 비슷하게 생겼다고 하여 팔작이라고도 한다. 그 밖에 합각지붕이라고도 하며, 용마루, 내림마루, 추녀마루가 모두 사용되고 있다. 궁궐의 정전과 같이 권위가 있는 건물의 지붕에서 보인다.

94. https://en.wikipedia.org/wiki/List_of_hyperboloid_structures 참조할 것. 쌍곡포물면을 활용한 건축물도 볼 수 있다.

95. 인디언들은 식량과 안전을 위해 늘 이동해야 했던 자기 부족의 정체성을 표현하기 위한 수단으로 기하학적 문양의 생활용품을 만들고 테셀레이션 표현을 독특하게 했다.

96. 이런 평면의 움직임을 되풀이하면 평면의 모든 움직임을 만들어낼 수 있다. 이런 움직임들의 모임을 평면의 변환군이라고 부른다. 변환군의 이론은 현대 수학의 핵심 이론의 하나이다. 테셀레이션은 변환군이 하는 일을 우리에게 보여주는 좋은 예이다.

97. 조선 후기 학자 배상열이 문자와 수리에 관한 내용을 편집하여 저술한 수학책. 상하 2권 2책. 필사본. 규장각 도서에 있다.(출처: 『한국민족문화대백과사전』 서계쇄록[書計鎖錄])

98. 5개의 큰 점은 우주의 중심별을 상징하며, 2사분면은 앞밭(上田, 봄), 3사분면은 뒷밭(後田, 여름), 4사분면은 쩰밭(찢겨나가는 밭, 가을), 1사분면은 날밭(나가는 밭, 겨울)을 의미한다고 한다.

99. 이는 현재 영국의 도량형에 12진법이 남아 있는 것과 비슷하다. 예를 들어 1피트(foot)는 12인치(inch)이다.

100. 동양에서 하나의 장이나 절의 이름은 그 내용의 첫 두 글자를 사용하는 일이 많다. 구구단의 이름도 이 "구구팔십일"로 시작하는 내용의 첫 두 글자이다.

101. 이런 구결들의 역사는 오래됐으며 단순히 기억하기 위한 것만은 아니었다고 생각된다. 예를 들어 몸의 동작과 같은 것은 책에 기술하기가 어렵다. 그림을 그려도 동작을 잘 나타내지 못하니까 동작은 직접 스승에게 배우지 않으면 안 된다. 그러나 동작만을 보여줘서는 그렇게 동작하는 이유를 이해하기 어려워서 이를 설명하는 내용을 구결로 만들어서 따로 전고책이 없어도 기억하기 쉽도록 했다. 때로는 이런 동작이 비밀스런 것이어서 아무에게나 가르쳐주기 싫은 경우 동작은 동작만으로 전하

고 구결은 따로 말로 전해서 혹시 훔쳐보아도 배우기 어렵도록 만드는 역할도 했다.

102. 흔히 듣던 것이 심청전에 나오는 "공양미 삼백섬" 또는 "공양미 삼백석"이다.

103. 노중국, 『백제사회사상사』(지식산업사, 2010).

104. 한 변이 100 양전척인 정사각형 토지. 즉 양전척으로 1만 제곱자이다.

105. 여기서 夕자로 표기된 것은 작(勺)이라는 글자의 속자이다. 작(勺 또는 杓)은 1홉의 10분의 1에 해당되는 부피이다.

106. 1899년 서울에 설립되었던 은행. 근대적 금융기관의 선구가 되는 민족계 은행이었다. 1876년(고종 13) 강화도조약이 체결된 이래 일본 금융업계의 대한(對韓) 진출이 뚜렷해지자, 우리나라의 지배층과 실업가들은 민족자본으로 은행을 설립하여 경제 파탄의 돌파구를 마련하고자 하였다. (출처: 『한국민족문화대백과사전』)

107. 『한국민족문화대백과사전』: 사개치부법 항목; 현병주, 『사개송도치부법 정해: 조선 송도 상인의 계산과 기록』(다산북스, 2011); 조익순, 『四介松都治簿法 前史: 우리나라 固有簿記의 발자취』(해남, 2000); 조익순, 정석우, 『(조선시대 회계문서에 나타난) 사개송도치부법의 발자취』(박영사, 2006).

3장 국가의 바탕을 이룬 수학

1. 이런 기구를 원기(原器)라고 부른다.

2. 『삼국사기』 및 『삼국유사』 등에 寸·尺·長·匹·里·斤·斗·石·刀·苦 등의 도량형 단위가 사용되고 있는 점으로 이미 도량형 제도가 정착되어 있었음을 알 수 있다.

3. 이 황종관의 길이의 1/9이 한 치(一寸), 그것이 10개 모이면 한 자(一尺), 또 이것이 10개 모이면 한 장(一丈)이라 하는 식으로 정했다. 그리고 황종관을 피리처럼 불어서 나는 소리가 음률의 기본음 역할을 했다. 또 기장 1,200알의 무게가 1약(龠)이고 또 12수(銖)이며, 이의 두 배인 24수가 한 냥(兩)이다. 무게의 독특한 점은 16냥이 한 근(斤)이 된다는 것이다. 많은 단위가 10배인 데 대해서 이것만 16배가 되어 계산이 어려워진다. 부피도 비슷한데 똑같이 기장 1,200알의 부피가 1약(龠)인 것은 똑같고 이것의 두 배를 홉(合), 이의 10배는 되(升), 다시 10배는 말(斗), 그리고 다시 10배는 곡(斛) 또는 섬(石)이라 했다.

4. 그러니까 1결은 33^2(제곱보)인 것이다. 계속해서 2결은 47^2(제곱보) 하는 식으로 사용하고 있다. $33^2=1,089$이고 $47^2=2,209$이므로 자연수 단위에서 적절한 근삿값을 사용

하고 있다.

5. 검은 기장은 어느 동네의 것이냐에 따라 크기가 모두 달라서 통일된 도량형이 되기 어려웠다. 이런 문제는 세종대에 도량형을 정비할 때도 문제가 됐다. 이는 『세종실록』 12년 박연(朴堧, 1378-1458)이 세종에게 아뢴 다음 내용을 보면 알 수 있다: "(전략) 오늘날 반드시 먼저 바로잡아야 하는 것은 율관(律管)입니다. 이에 대해 옛날을 상고해보면 주나라는 유태(有邰) 지방에서 검은 기장을 얻고 나서 음률이 조화롭게 됐으며 한나라는 임성(任城) 지방에서 검은 기장을 얻고 나서야 옛날 음악을 복원할 수 있었습니다. (중략) 기장을 쌓아 율관을 만드는 것은 기장의 진품을 얻는 것이 가장 어려운 일입니다. 신이 동적전(東籍田)에서 기른 기장으로 만든 황종관의 음높이는 중국의 율관보다 소리가 높아서 우리나라의 기장 크기가 작은 것이 이유라고 보입니다. (후략)" 이를 보면 조선에서도 도량형을 정비할 때 율(律)부터 정비하는 정통 방법을 따랐다는 것을 알 수 있고 박연은 현명하게도 중국의 율관의 음에 맞는 길이를 주는 검은 기장을 선별하여 문제를 해결하겠다고 하고 있다.

6. 『성종실록』의 성종 5년 기사에 "호조가 3년에 한 번씩 되(升), 말(斗), 곡(斛)을 되는 그릇을 만들어서 각 도의 계수관에게 보내 그 지방의 측정 기구를 만들지만 오차가 크다."고 하고 있다. 그러면서 "율도량형(律度量衡)을 같게 함이 제왕이 하는 큰일이다."라고 하면서 "쇠로 된 자를 만들어 보내는 것이 좋겠다."고 건의하기도 한다. (『성종실록』 5년[1474] 11월 18일)

7. 세종 18년 11월 25일 병진 2번째 기사, 세종 19년 2월 11일 신미 1번째 기사 등을 볼 것. '정부에 의논하기를, "지금 서울 이남의 하삼도에는 흉년이 들어서 가산(家産)과 소·말을 다투어 가지고 시장에 와서 쌀을 바꾸는 까닭으로, 시장의 가게는 그 전보다 많이 증가되었다. 이로 인하여 시정(市井)의 간사하고 교활한 무리들이 혹은 평준(平準)이 아닌 되[升]·말[斗]을 쓰기도 하고, 혹은 평준(平準)의 그릇을 속여 고치기도 하고, 혹은 곡식을 뒤섞기도 하고, 혹은 모래를 섞기도 하여, 온갖 방법으로 속여서 적게 주고 많이 취하여, 그 본값에 비교하면 겨우 10분에, 6, 7을 얻게 된다. 어리석은 백성이 진실로 눈앞의 급한 것을 구하려고 고소할 여가도 없어서 더욱 곤궁하게 되니, 진실로 불쌍하고 민망스럽다. 경시서(京市署)는 비록 직책은 시령(市令)을 맡았지마는 관직은 낮고 인원은 적어서 능히 두루 살필 수가 없으니, 어찌 간사한 자를 징계하고 원통한 사람을 바로잡아줄 수 있겠는가. 지금부터는 헌부에서 엄중히 적발하여, 법으로 엄격히 다스리고, 겸해서 경시서의 근실하고 태만함을 규찰하게 함이 어떻겠는가." 하니, 여러 사람이 아뢰기를, "이같이 금령(禁令)을 만든다면

시골의 어리석은 백성들은 곡식을 바꾸기가 쉽지 않아서 먹을 것을 얻기가 어려울 것이니, 헌사에서 그 대강만 들어서 규찰하는 것만 같지 못합니다." 하니, 그대로 따랐다.' (『세종실록』 75권, 세종 18년 11월 25일 병진 2번째 기사); '의정부에서 아뢰기를, "가게[市肆]에서 쌀을 파는 자가 되도록 이익을 취하려고 하여 다투어 서로 사람을 속이어, 사는 데는 큰 말과 큰 되를 쓰고, 파는 데는 작은 말과 작은 되를 쓰며, 혹은 모래와 돌을 섞어 기회를 타서 꾀를 부리어 팔고서는 곧 숨기니, 시전(市廛)에 익지 못한 자는 찾아서 잡을 길이 없습니다. 심한 자는 당패를 만들어서 마음대로 도둑질을 하되, 속임수가 날마다 늘어서 금하고 막기가 어렵사오니, 예전과 같이 본가에서 장사꾼을 데려다가 사고파는 것을 허락하여 속임수를 없애게 하소서." 하니, 그대로 따랐다.' (『세종실록』 76권, 세종 19년 2월 11일 신미 1번째 기사)

8. 정확히 말하면 기장들이 만드는 황종관의 표준편차(또는 분산)를 알아내는 것이다.

9. 임금의 앞에서 학문이 높은 관리들이 강의하는 것을 말한다.

10. 이 도표는 장혜원, 『수학박물관』(성안당, 2010), 228쪽에서 인용하였다.

11. 이런 큰 사업이 규정대로 정기적으로 이뤄지기는 어려웠다고 한다.

12. '각도(各道)의 전지(田地)를 묵은 것이나 개간한 것을 구별할 것 없이 모두 측량해서 문서[地籍簿]를 만들되, (중략) 오래된 묵정밭[陳田]은 별도로 측량하여 속문적(續文籍)을 만들고, 만일 맡은 전지(田地)가 많아서 능히 혼자 측량할 수 없을 경우에는 감사(監司)에게 보고하여, 가까운 고을의 수령(守令)과 산학(算學)을 익힌 현질(顯秩) 6품 이상의 관원을 위관(委官)으로 정하여 차사원(差使員)과 함께 각 도에 나누어 보내어 측량하게 하고, 경차관(敬差官)이 항상 왕래하며 고찰하게 하여 옳게 측량하도록 힘써 민생을 편하게 하소서. (후략) 그중에 공정하게 측량하지 않은 자와 향리(鄕吏)나 경작(耕作)하는 사람이 지도(指導)하여주지 아니하여, 일부러 탈락되게 하여 이익을 도모하는 자가 있으면 『육전(六典)』에 의하여 3품 이상은 위에 아뢰어 논죄(論罪)하고, 4품 이하는 바로 단죄하여 시행할 것이며, 만약 경차관(敬差官)이 측량을 옳게 하지 아니하여 치우쳐서 보고 폐단을 일으키는 자는 감사(監司)가 친히 조사하여 위에 아뢰어 죄를 다스리게 하소서.' (『세종실록』 41권, 세종 10년 8월 25일 갑진 3번째 기사)

13. 장혜원, 『수학박물관』(성안당, 2010).

14. 『국역 고려사』: 지, 2011. 10. 20. 동아대학교 석당학술원. http://db.history.go.kr/KOREA/item/level.do?itemId=kr&types=o

15. 고려 충목왕(忠穆王, 1337-1348) 때 강보(姜保, ?-?)가 쓴 추시력첩법입성(授時曆捷

法立成)의 서문에 보면 최성지(崔誠之, 1265-1330)가 필요한 계산법을 구하기 위해 중국에서 돈을 들여 스승을 구해 계산법을 배워 돌아왔다고 하고 있다.

16. 한영호·이은희·강민정, 『칠정산내편』 1, 2 (한국고전번역원, 2016).

17. 역법 개정의 시작은 유정현(柳廷顯, 1355-1426)이 역법을 교정할 것을 건의하는 것으로 시작했다. 이를 받아들여 세종은 당의 선명력과 원의 수시력을 연구하고 차이나는 부분을 교정하도록 하고 이 책임을 정흠지(鄭欽之, 1378-1439)에게 맡겼다.

18. 『세조실록』 세조 6년 기사에 이 시기에 산법교정소를 설치했음이 기록되어 있다.

19. 『세종실록』 50권 세종 12년 10월 23일 기사.

20. 한영호 등, 『칠정산내편』 1 (한국고전번역원, 2016): 해제 조선의 역법 『칠정산내편』.

21. 『세종실록』 12년 기사에 의하면 처음 수시력을 연구한 것이 정초(鄭招, ?-1434)였고 그가 이를 밝혀서 계산이 맞아들어갔다고 나와 있다. 그러나 오차가 있어서 정확한 시각을 계산할 수 없었음을 알 수 있고 정초가 해결하지 못했던 것을 해결하기 위해 같은 해 7월에 정인지(鄭麟趾, 1396-1478)에게 일을 맡도록 했다.

22. 이런 생각 방법은 오늘날 필요한 가장 중요한 능력의 하나인 수학적 사고 방법이다.

23. 한영호 외, 『칠정산내편』 1 (한국고전번역원, 2016): 해제 조선의 역법 『칠정산내편』.

24. 하루의 주야각이란 그날 해가 뜨는 시각과 지는 시각을 천구 위에서 각도로 나타낸 것이다. 중국의 수시력을 쓸 때 서울에서 해 뜨고 지는 시각은 위도가 다른 중국의 수도에 맞춘 시각과 1년 매일매일이 전부 달라진다.

25. 실제로 태양의 각 좌표계에서의 각도의 환산표는 이미 수시력에 들어 있으므로 방정식을 풀지 않아도 된다.

26. '산법(算法)은 육례(六藝)의 하나를 차지하나, 주(周)나라 빈객(賓客)이 국자(國子)를 능히 가르친 이래로 역대(歷代)에서 그대로 답습(踏襲)하여 과(科)를 설치하여 선비를 취(取)하였고, 위(魏)나라·당(唐)나라 연간에는 산학(算學)이 더욱 전일(專一)하여 유휘(劉徽)와 같이 『구장(九章)』에 주(註)를 달고 『중차(重差)』를 속찬(續撰)하고, 순풍(淳風)이 『십경(十經)』을 주해(注解)하고 『보문(補問)』을 자세히 설명하니, 널리 종합되고 정밀하고 자세하여져 한때의 독보적(獨步的)인 존재였습니다. 그 후 과목(科目)이 이미 폐지되었고 산법(算法)을 전함이 드물었습니다. 더구나 우리 동방(東方)은 멀리 바닷가에 있어서 이미 산서(算書)를 구하지도 못하였으며, 누가 능히 산법(算法)을 알지 못하는데 또 어찌 능히 역법(曆法)을 알겠습니까? 오로지 우리 세종(世宗)께서 역법(曆法)의 밝지 못함을 탄식하고 생각하시어 역산(曆算)의 책(册)을 널리 구하였는데, 다행히 『대명력(大明曆)』·『회회력(回回曆)』·『수시력(授時

曆)』·『통궤(通軌)』와 『계몽(啓蒙)』·『양휘전집(揚輝全集)』·『첩용구장(捷用九章)』 등
의 책을 얻었습니다. 그러나 서운관(書雲觀)·습산국(習算局)·산학중감(算學重監)
등에서 한 사람도 이를 아는 자가 없었습니다. 이리하여 산법 교정소(校正所)를 두
고 문신(文臣) 3, 4인과 산학인(算學人) 등에게 명하여 먼저 산법(算法)을 익힌 뒤에
야 역법(曆法)을 추보(推步)하여 구하게 하였더니 수년 안에 산서(算書)와 역경(曆
經)을 모두 능히 통달하였습니다. 그래도 오히려 후세(後世)에 전하지 못할까 염려하
여, 또 역산소(曆算所)를 설치하고 훈도(訓導) 3인과 학관(學官) 10인이 산서(算書)
와 역경(曆經)을 항상 익히게 하고, 매일 장부(帳簿)에 적어서 열흘마다 취재(取才)
하여 그 근만(勤慢)을 상고하여 부지런한 자를 권장하고 게으른 자를 징계하여 학
업(學業)을 연마하게 하였기 때문에 산법(算法)을 아는 자가 서로 잇달아 나왔습니
다. 저 삼사(三司)의 사람들은 승제법(乘除法)을 조잡하게 익힐 뿐이요, 입방개법(立
方開法)을 오히려 알지 못하는데, 어찌 3승방(三乘方)·4승방(四乘方)을 능하게 알
아서 9승방(九乘方)의 법과 저 방정(方程)·정부·개방(開方)·석쇄(釋鎖)·도고(度高)
·측심(測深)·중표(重表)·누구(累矩)·3망(三望)·4망(四望)·구고(句股)·중차(重差)
의 법에 이르겠습니까? 역산학관(曆算學官)은 비단 산서(算書)뿐만 아니라 역경(曆
經)에도 또한 능히 익숙하고 겸하여 통달하였으나, 삼사(三司) 사람들의 학업(學業)
은 맡은 바가 가볍지 아니한데, 만약 역산소(曆算所)가 없었다면 우리나라에서 산법
(算法)을 아는 자는 거의 없었을 것입니다. 근년 이래로 학관(學官)이 오로지 도목
(都目)에서 빠지므로 실망(失望)하여 잇달아서 면(免)할 기회를 엿보아 벼슬하지 않
으니, 다른 사람들도 또한 이에 소속하려고 하는 자가 없습니다. 신은 수년이 지나지
않아서 형세가 장차 폐하여 없어질까 두려우니, 원컨대 지금 다시 장려하고 권장하
는 휼전(恤典)을 보이시어, 사람마다 흥기(興起)하여 전심(專心)으로 학업(學業)에
힘쓰도록 하여서 공효(功效)를 이루도록 하소서.' (『세조실록』 20권, 세조 6년 6월 16
일 신유 1번째 기사 중)

27. 한양의 위도를 말한다. 북극성의 고도는 위도와 같다.
28. 『세조실록』 36권, 세조 11년 6월 11일 정해 2번째 기사.
29. 이는 이순지의 죽음을 맞아 『실록』에 실린 기사이다. 즉, 이순지가 계산해낸 서울의
    위도를 처음에 믿지 않다가 중국인의 확인을 통해 그 말이 옳음을 알고 이순지를
    신뢰하게 된 내막이다. '이순지의 자(子)는 성보(誠甫)이며 양성(陽城) 사람이니, 처
    음에 동궁행수(東宮行首)에 보직되었다가 정미년에 문과(文科)에 급제하였다. 당시
    세종(世宗)은 역상(曆象)이 정(精)하지 못함을 염려하여, 문신(文臣)을 가려서 산법

(算法)을 익히게 하였는데, 이순지(李純之)가 추구(推究)하므로 세종이 이를 가상히 여기었다. 처음에 이순지가 추산(推算)하여 본국(本國)은 북극(北極)에 나온 땅이 38도(度) 강(强)이라 하니, 세종이 의심하였다. 마침내 중국으로부터 온 자가 역서(曆書)를 바치고는 말하기를, "고려(高麗)는 북극(北極)에 나온 땅이 38도 강(强)입니다." 하므로, 세종이 크게 기뻐하시고 마침내 명하여 이순지에게 의상(儀象)을 교정(校正)하게 하니, 곧 지금의 간의(簡儀)·규표(圭表)·태평(太平)·현주(懸珠)·앙부일구(仰釜日晷)와 보루각(報漏閣)·흠경각(欽敬閣)은 모두 이순지가 세종의 명(命)을 받아 이룬 것이다. 여러 관직을 거쳐 승지(承旨)에 이르고, 중추원 부사(中樞院副使)로 옮겼다가 정축년에 개성부유수(開城府留守)를 삼으니, 승직(陞職)을 사양하므로, 임금이 말하기를, "따로 경(卿)에게 맡길 일이 있으니, 외방에 나가는 것은 옳지 못하다." 하고, 드디어 명하여 고쳐서 제수하였다. 매양 진현(進見)할 때마다 임금이 급히 일컫기를, "부왕(父王)께서 중하게 여긴 신하(臣下)이다." 하고, 여러 번 상(賞)을 내려주기를 더하더니, 을유년에 판중추원사(判中樞院事)가 되었다가 이에 이르러 병(病)으로 졸(卒)하였다. 이순지의 성품은 정교(精巧)하며, 산학(算學)·천문(天文)·음양(陰陽)·풍수(風水)의 학(學)에 자상하였다.' (『세조실록』 36권, 세조 11년 6월 11일 정해 2번째 기사 중)

30. 『산학계몽』 집필 시기는 송나라에서 금나라와의 전쟁 그리고 원나라로 넘어가는 시기여서 중국도 매우 살기 힘든 때였을 것이다. 따라서 책을 출판하기도 어려웠다고 보이며 『산학계몽』도 모든 설명을 매우 간략하게 하고 풀이를 거의 싣지 않았다. 조선 초기의 학자들이 고급 개방술을 배울 수 있는 책은 『산학계몽』과 『양휘산법』뿐이었는데 『산학계몽』에 들어 있는 증승개방법은 제곱근과 세제곱근의 풀이 각각 한 문제씩만 들어 있어서 그 방법을 제대로 파악하기 매우 어렵게 되어 있고 『양휘산법』은 증승개방법의 원형(原形)만이 이차방정식에 대해 설명되어 있어서 이 또한 고차방정식에 적용하기 어렵다.

31. 『세종실록』 51권, 세종 13년 3월 2일 병인 첫 번째 기사 1431년 명 선덕(宣德) 6년 【태백산사고본】 16책 51권 22장 B면【국편영인본】 3책 297면.

32. '상참을 받고 정사를 보았다. 임금이 공조판서 정초(鄭招)에게 이르기를, "역서(曆書)란 지극히 정밀하고 세세(精細)한 것이어서 일상생활에 쓰는 일들이 빠짐없이 갖추어 기재되어 있으나, 일식(日食)·월식(月食)에 관한 것은 상세하게 알 길이 없다. 그러나 이것은 옛날사람(古人)도 역시 몰랐던 모양이다. 우리나라는 비록 이것에 정통하지 못하더라도 무방하긴 하다. 우리나라를 예로부터 문헌(文獻)의 나라로 일컬

어왔는데, 지난 경자년에 성산군(星山君) 이직(李稷)이 역법(曆法)의 교정(校正)을 건의한 지 이미 12년이 되었다. 그런데 이 역법의 교정은 정밀하고 정확하게 교정하지 못하여 나중 사람들의 비웃음(譏笑)을 사게 된다면 하지 않는 것만도 못할 것이니, 마땅히 정신을 바쳐 정밀히 교정해야 할 것이다. 그러나 우리나라 사람으로서 수학(算數)에 밝아서 방원법(方圓法)을 상세하게 아는 자가 드무니, 내가 중국어를 해득하고 중국말(漢音)을 하는 자를 택하여 중국으로 보내어 산법을 습득하게 하려고 하는데 어떤가?" 하니, 정초가 대답하기를, "성상의 하교가 옳습니다." 하였다. 임금이 대언들에게 이르기를, "산법(算法)이란 역법에만 쓰는 것이 아니다. 만약 병력을 동원한다든가 토지를 측량하는 일이 있다면, 이를 버리고는 달리 구할 방도가 없으니 원민생(元閔生)과 김시우(金時遇)로 하여금 통사(通事) 중에서 총명이 뛰어난 자를 선발하여 보고하게 하라." 하였다. 이에 사역원주부(司譯院注簿) 김한(金汗)·김자안(金自安) 등을 추천하여 중국으로 가서 산법을 익히게 하였다.' (『세종실록』 51권, 세종 13년 3월 2일 병인 1번째 기사 1431년 명 선덕(宣德) 6년【태백산사고본】 16책 51권 22장 B면【국편영인본】 3책 297면)

33. 조진협, 『조선시대 산학의 발전에 관한 연구』 (경남대학교 대학원 석사학위논문 [2012. 12]). 고려왕조가 멸망한 주요 원인 중 하나는 양전제의 문란이었다. 세종은 이것을 거울삼아 '전제평정소(田制評定所)'를 설치하여 전제를 확립하려고 하였다. 이러한 필요성으로 조선 초에는 통일신라나 고려 초기와 마찬가지로 산학에 대한 수요가 늘어난다. 또한 일찍이 국가 경영에 있어 수학의 중요성에 주목하였던 세종은 곧 그의 생각을 실천에 옮겨 고위층 문관인 집현전 교리까지도 산학을 배우게 하였고, 이보다 앞서 이조(吏曹)로부터 회계 관리의 적임자가 극히 부족하므로 산사를 양성하고 임용해야 한다는 건의를 받았다. 위의 내용대로 세종 13년(1431)에 문자를 해독하고 한음(漢音)에 능통한 통사 중에서 총명이 뛰어난 사역원(司譯院)의 주부(注簿) 두 사람을 선별하여 수학 연구를 위해 중국으로 유학을 보냈으며, 이보다 먼저 습산국(習算局)을 설치했다. 뒤에 언급하지만, 세종 15년 경상도감사 신인손이 『양휘산법』 300권을 복각하여 왕에게 바쳤다는 기록도 있다. 세종은 이 책을 호조와 서운관, 습산국에 나누어주었다. 고려 후기 이래 침체되었던 산학이 새 왕조와 함께 다시 시작된 것이다. 그리고 세종은 당시 부제학이었던 정인지로부터 『산학계몽』에 관한 강의를 받았을 정도로 산학에 열의가 있었다. 이러한 사실들은 문관, 무관을 가리지 않고 조정의 수학에 대한 관심을 높이는 데에도 도움이 되었을 것이다. 고려 초기 당(唐)의 제도를 본받은 산학제도가 국자감에 소속되어, 유학을 전공하

는 학생들도 수학을 익히게 하는 등 산학이 어느 정도 대접을 받은 것은 사실이지만, 세종의 산학에 대한 사고방식은 고려와는 비교도 안 될 정도로 진지하고 열의가 있는 것이었다. 따라서 우리 역사에서 일찍이 볼 수 없었던 수학의 부흥이 이루어졌다.

34. 홍대용, 『담헌서(湛軒書)』.

35. 잡과십학(雜科十學)은 1438년에 제정된 기술 분야 10개 교과.

36. '상정소(詳定所)에서 여러 학(學)의 취재(取才)에 있어 경서(經書)와 여러 기예(技藝)의 수목(數目)에 대하여 아뢰기를, "…산학(算學)은 상명산(詳明算)·계몽산(啓蒙算)·양휘산(揚輝算)·오조산(伍曹算)·지산(地算)이며…"'(『세종실록』 47권, 세종 12년 3월 18일 무오 2번째 기사)

37. 김용운, 『한국수학사』(살림출판사, 2009).

38. 『세종실록』 22권, 세종 5년 11월 15일 임진 4번째 기사 1423년 명 영락(永樂) 21년 【태백산사고본】 7책 22권 13장 A면【국편영인본】 2책 564면. '이조에서 계를 올렸다. "만물의 변화를 다 알려면 반드시 수학(算數)을 사용해야 하며, 선비가 닦아야 될 육예(六藝) 중에 수학이 들어 있습니다. 고려왕조는 이것 때문에 관직을 설치하고 전담하여 관장하도록 하였으니, 지금의 산학박사(算學博士)와 중감(重監)이 곧 그 것입니다. 실로 율학(律學)과 더불어 중요한 것이어서 이전(吏典)에 비할 바가 아닙니다. 요즈음 산학이 그 직분을 잃어서, 심하기로는 각 관청의 아전으로 하여금 돌아가면서 수학을 담당하는 직에 임명하였으니, 수학 관직을 설치한 본래의 뜻을 잃은 것이오며, 조정과 민간의 회계가 한갓 형식적이 되고 말았습니다. 청컨대, 이제부터 산학박사는 문벌이 좋은 양반 선비 집안의 자제로, 중감은 자원(自願)하는 사람으로서 아울러 시험하여 채용하고, 그들로 하여금 항상 수학(算法)을 연습하여 회계 사무를 전담하도록 하고, 그 벼슬의 등급이나 대우는 율학의 예에 따르도록 하소서." 하니, 그대로 따랐다.'

39. 이상욱·고영미, "홍정하의 구일집의 저술에 관하여", 『한국수학사학회지』 28-5 (2015), 233-248쪽.

40. 앞의 『세종실록』 47권 세종 12년 3월 18일 기사.

41. '이제 제사(諸司)에서 관장하는 바를 상고하건대, 교서관(校書館)은 자학(字學), 전의감(典醫監)은 의학(醫學), 서운관(書雲觀)은 음양학(陰陽學), 사역원(司譯院)은 역학(譯學), 승문원(承文院)은 이학(吏學), 병조(兵曹)는 무학(武學)으로, 각기 유사(有司)가 있는데도 따로 제학 제조(諸學提調)·별좌(別坐)·훈도(訓導)를 두는 것은

미편(未便)하니, 청컨대 모두 파(罷)하고 제사(諸司)의 당상(堂上)으로 하여금 제조
·별좌·훈도 등을 규찰(糾察)하게 하되, 다만 산학별좌(算學別坐)는 회계(會計)를
오로지 관장(管掌)하므로 소임이 매우 중(重)하니, 아울러 제조(提調)도 파(罷)하지
말고,···'. (『세조실록』 28권, 세조 8년 3월 21일 병진 2번째 기사)

42. 『세조실록』 12권, 세조 4년 5월 11일 정유 3번째 기사.

43. 『세종실록』 51권, 세종 13년 3월 2일 병인 1번째 기사.

44. (문화재청 국가문화유산포털) http://www.heritage.go.kr/heri/cul/culSelectDetail.do?
VdkVgwKey=12,17550000,11&pageNo=5_2_1_0# 참조.

45. '임금이 승정원(承政院)에 이르기를, "산학(算學)은 비록 술수(術數)라 하겠지만 국
가의 긴요한 사무이므로, 역대로 내려오면서 모두 폐하지 않았다. 정자(程子)·주자
(朱子)도 비록 이를 전심하지 않았다 하더라도 알았을 것이요, 근일에 전품을 고쳐
측량할 때에 만일 이순지(李純之)·김담(金淡)의 무리가 아니었다면 어떻게 쉽게 계
량(計量)하였겠는가. 지금 산학을 예습(五習)하게 하려면 그 방책이 어디에 있는지
의논하여 아뢰라." 하니, 도승지 이승손(李承孫)이 아뢰기를, "처음에 입사(入仕)하
여 취재할 때에 가례(家禮)를 빼고 산술(算術)로 대신 시험하는 것이 어떻겠습니
까." 하매, 임금이 말하기를, "집현전(集賢殿)으로 하여금 역대 산학의 법을 상고하
여 아뢰게 하라." 하였다.' (『세종실록』 102권, 세종 25년 11월 17일 무진 3번째 기사)

46. '승정원(承政院)에 전지(傳旨)하기를, "역서(曆書)와 산학(算學) 공부하는 생도(生
徒)는 매월 열흘마다 산서(算書)와 역경(曆經) 중의 한 책을 강(講)하게 하고, 도목
(都目) 때마다 반드시 강(講)하여 통(通)을 50이상 한 자를 취하되, 그중에 통을 많
이 한 자에게 체아직(遞兒職) 둘을 주고 품(品)을 따라 가자(加資)하여 직위에 준해
서 제수(除授)하고, 6품에서 거관(去官)한 후에는 재주를 따라 서용(敍用)할 것이며,
직위를 받은 자는 통 50을 제한 외의 남는 통을 모두 기록해두었다가 다음 도목(都
目) 때에 3일을 병(病)으로 못 나왔으면 통 하나를 삭제하고, 연고 없이 하루를 안
나왔으면 또한 통 하나를 삭제하고, 연고 없이 30일이 차도록 안 나왔으면 죄를 논
해서 충군(充軍)할 것이며, 생도가 결원되면 사부 학당(四部學堂)과 의관 자제(衣冠
子弟) 중 나이 17세 이하로 총명하고 민첩한 자 각 세 사람씩을 가려서, 모두 스스로
원하는 사람을 취하여 제조(提調)가 여러 번 심사해서 모자란 데에 메꿀 것이며, 6
품으로 거관(去官)하기 전에 계산하는 법이 정밀하고 밝은 자 및 다른 관원으로 산
법이 정밀하고 밝은 자 세 사람을 제조(提調)가 가려 뽑아서 제거훈도(提擧訓導)를
삼아, 그 생도는 학관(學官)이라 고쳐 일컫게 하고, 산서(算書)와 역경(曆經) 읽은 것

을 매일 장부에 기록해두되, 강이관(講肄官)의 예에 따라 매월 초8일과 23일의 두 휴가 날을 주고, 근태(勤怠)는 예조를 맡은 승지가 조사해 살피도록 하라." 하였다.'

(『세종실록』119권, 세종 30년 1월 23일 경술 1번째 기사)

47. 『고려사』73권, 지권 28, 선거2, 학교.

48. 『고려사』73권, 지권 27, 선거1, 과목1.

49. 영·정조조만 보더라도 전주 이씨 8명, 주계 최씨 8명, 남양 홍씨 7명, 태안 이씨 6명 등이다.

50. 병학, 율학, 자학, 번역, 의학, 산학.

51. 『세종실록』51권 13년 3월 12일 기사, 命集賢殿校理金鑌 漢城參軍禹孝剛習算法.

52. 『경국대전』1권 이전, 육조.

53. 홍문관은 문장과 학문과 인격이 있어야 함은 물론 가문에 허물이 없어야 했고, 우선 홍문록에 올라야 하였다. 홍문록이란 홍문관원의 후보로 결정된 사람 또는 홍문관원의 후보자로 간선하는 일을 가리키며, 홍문관·이조·정부(政府: 廟堂)의 투표(圈點)를 통해 다득점자의 순으로 결정되었다. 홍문관원에 결원이 생기면, 홍문록 중에서 주의(注擬)·낙점(落點)된 사람으로 충원하므로 홍문관원이 되기란 어려운 일이었다. 『경국대전』에 규정된 홍문관의 직무는 궁중의 경적(經籍) 관리와 문한의 처리 및 왕의 자문에 응하는 것이었다. 홍문관원은 모두 경연관을 겸했고, 부제학에서 부수찬까지는 지제교를 겸하였다. 그러나 실제적인 기능은 집현전과 같이 학술적인 성격과 정치적인 성격을 아울러 가졌다. 특히 언론 삼사의 하나로서 정치적으로 큰 비중을 가졌고, 학문적·문화적 사업에도 주도적인 구실을 한 기관이었다.

54. 『한국민족문화대백과사전』.

55. 1608년(광해군 즉위년) 대동법(大同法)이 선혜법(宣惠法)이란 이름으로 경기도에 처음으로 시행되면서 이를 관리하기 위해 설치한 관서. 뒤에 대동법이 강원도·충청도·전라도·함경도·경상도·황해도의 순으로 실시되면서, 이들을 관리하기 위해 설치한 각 도(道)의 대동청(大同廳)도 그 산하에 흡수되었다. 또한, 물가 조절과 진휼모곡(賑恤耗穀: 곤궁한 백성을 구제하기 위한 환곡제도로 춘궁기에 곡식을 빌려주고 추수기에 일정한 부가세를 붙여 거둬들임)을 겸했던 상평청(常平廳), 진구(賑救, 재해를 입은 자들을 구제함)를 전담했던 진휼청(賑恤廳), 균역법(均役法)에서의 군관포(軍官布)와 결작미(結作米) 및 어·염·선세(魚鹽船稅) 등을 관리했던 균역청(均役廳)이 순차로 속하게 되었다. 따라서 호조를 능가하는 최대의 재정기관이 되었다.

(『한국민족문화대백과사전』)

56. 조선 후기 균역법(均役法) 시행에 따른 여러 가지 일을 관장했던 관서. 1751년(영조 27) 균역법을 시행하면서 감필(減疋)에 따른 부족한 재정을 각 관청에 보충해주기 위해 어염세(魚鹽稅)·은여결(隱餘結)·군관포(軍官布)·결전(結錢) 등에서 재원을 마련하고, 이를 징수, 저축, 관리하며 해당 관청에 대한 급대(給代)를 총괄할 목적으로 설치되었다. 균역법이 처음 논의되던 1750년(영조 26) 7월, 균역절목청(均役節目廳)이라는 권설아문(權設衙門)으로 출발해 균역구관당상(均役句管堂上) 6인만 두고 급대재정 마련을 위한 방책을 강구하게 하였다. 이것이 완전히 타결되어 균역법의 실시를 보게 된 이듬해 9월에야 옛날의 수어청(守禦廳) 자리에 건물이 설치되고 정식 관청으로 발족되었다. 임원으로는 삼상(三相)이 으레 겸하는 도제조(都提調) 3인, 호조판서가 반드시 포함되는 제조(提調) 3인, 실직무신(實職武臣)으로 하되 그 중 1인은 비변사 낭청(郎廳)이 겸임하는 낭청 3인으로 구성하고 약간인의 서리(書吏)와 사역인을 두었다. 그러나 경비 절약책으로 2년 뒤인 1753년 선혜청(宣惠廳)에 합병, 선혜청도제조·제조가 균역청 사무를 겸해 관리하게 되었다. 다만 낭청 1인을 따로 두어 실무를 맡기되 상평청(常平廳)·진휼청(賑恤廳)의 사무를 겸해 살피게 하였다. 그리고 서리 2인, 고직(庫直) 1인, 사령(使令) 4인, 문서직(文書直) 1인, 군사 4인을 배속하게 하였다. 대체로 영조 때 균역청의 1년 수입은 전으로 환산해 약 60여만 냥에 이르렀다. 이를 급대조로 지출한 것이 약 50여만 냥이어서 매년 5만~6만 냥의 여유를 가지는 것으로 보고되고 있다. 그러나 1756년 노비의 신공(身貢) 감축에 대한 급대를 균역청이 맡게 된 뒤, 각 관청의 사소한 비용까지 지원해주게 되어 지출이 점차 증가, 순조 때 편찬된 『만기요람(萬機要覽)』에는 60만 냥을 넘고 있다. 이 비용은 호조의 1년 예산을 오히려 웃도는 것으로, 균역청의 재정기구적 성격을 말해 주고 있다. (『한국민족문화대백과사전』)

57. 1593년(선조 26)에 설치된 훈련도감 소속의 재정 관서. 훈련도감의 발족과 함께 설치되었다. 훈련도감에서 소용되는 의복·무기·비품 등의 물품을 조달하고, 급료 등의 재정을 관리, 운영하였고, 도제조(都提調) 1원, 제조(提調) 3인, 낭청(郎廳,종사관) 1인의 관원을 두었다. 도제조는 훈련도감 도제조를 겸하는 의정 1인이 겸임하였고, 제조 3인은 호조·병조판서 및 훈련대장이 당연직으로 겸하였으며, 낭청은 호조 별영색(別營色)의 낭청이 겸직하였다. 하급 관리로는 계사(計士) 1인, 서리(書吏) 4인, 고직(庫直) 1인, 사령·문서직·군사를 합쳐 8인을 두었다. 청사는 서울특별시 중구 저동(苧洞)에 있었고 여기에는 9개의 창고가 설치되어 있었다. 돈·쌀·귀중품·문서 등이 각각 하나의 창고에 보관되었고 5개의 창고는 예비로 비워두었다. 양향청의

재원은 주로 황무지를 불하받아 개간한 토지 및 죄인들로부터 적몰한 전답을 대여
받아 운영하는 수입으로 마련되었다. (『한국민족문화대백과사전』)

58. 조선 후기 국왕 호위와 수도 방어를 위해 중앙에 설치되었던 군영. 1682년(숙종 8)
병조판서 김석주(金錫胄)의 건의에 따라, 종전에 병조 소속의 갱번군(更番軍)이었던
정초군(精抄軍)과 훈련도감 소속의 갱번군이었던 훈련별대 등을 합쳐 하나의 군영
으로 탄생시킨 것이다. 즉, 당시 훈련대장을 겸했던 김석주가 국가 재정으로 운용되
던 장번급료병(長番給料兵, 현재의 장기복무 직업군인과 같음)인 훈련도감병 5,707
인 가운데 707인을 병조로 옮겨 도감병을 줄였다. 동시에 정초군과 훈련별대를 합쳐
1영·5부·20사·105초(哨)로 편제하고, 다시 이들을 10번으로 나누어 교대로 번상
(番上)하게 하되, 그 운용을 위해 보(保)를 설정해서 '금위영'이라 하였다. 훈련도감·
어영청과 더불어 국왕 호위와 수도 방어의 핵심 군영의 하나였던 금위영은, 그 임무
가 중요해 병조판서가 그 대장직을 겸직했고, 그 아래 금군인 기·보병과 짝을 이루
는 체제를 갖추었다. (『한국민족문화대백과사전』)

59. 조선 후기 중앙에 설치된 오군영(伍軍營) 중 왕을 호위하던 군영. (『한국민족문화대
백과사전』)

4장 전통산학의 발전

1. 삼국시대에도 조세와 천문역법은 나라를 운영하는 데 중요한 사항이었다. 삼국의 일
식 기사 기록이 자체적인 관측에 따랐으며, 따라서 천문과 역법을 자체적으로 사용
했다. (김용운, 『한국수학사』 [살림출판사, 2009])

2. 고구려에서는 조용조(租庸調)라는 세금제도가 시행되었으므로 이의 계산에 필요한
산원이 있었을 것이다. 백제는 역산(曆算)을 담당하는 일관(日官)이 있었고 또 자체
로 역(曆)을 만들어 사용했다는 기록이 『신당서(新唐書)』에 나와 있다.

3. 김용운, 『한국수학사』 (살림출판사, 2009).

4. 고려에서는 수학이 명산업(明算業)으로 교육되고 관리를 선발하였다.

5. 문(文)은 높이고 무(武)는 쓰지 않음.

6. 국사편찬위원회 자료: 『3 사회 신분』.

7. 『고려사』 「식화지(食貨志)」.

8. 박성래, 『한국과학사』 (한국방송사업단, 1982).

9. 박성래, "조선 유교사회의 중인기술교육",『대동문화연구』(1983).

10. 김용운, 앞의 책(2009).

11. 태종 6년 11월 15일: '십학(十學)을 설치하였으니, 좌정승 하윤(河崙)의 건의를 따른 것이었다. 첫째는 유학(儒學), 둘째는 무학(武學), 세째는 이학(吏學), 네째는 역학(譯學), 다섯째는 음양풍수학(陰陽風水學), 여섯째는 의학(醫學), 일곱째는 자학(字學), 여덟째는 율학(律學), 아홉째는 산학(算學), 열째는 악학(樂學)인데, 각기 제조관(提調官)을 두었다. 그중에 유학(儒學)은 현임(見任) 삼관(三館)의 7품 이하만으로 시험하게 하고, 나머지 구학(九學)은 시산(時散)을 물론하고 4품 이하부터 4중월(仲月)에 고시(考試)하게 하여 그 고하(高下)를 정해 출척(黜陟)의 빙거(憑據)를 삼게 하였다.'

12. 『태종실록』 12년 10월 17일: '십학제조(十學提調)를 더 두었다. 예조에서 아뢰었다. "십학(十學)에서 취재(取才)하는 법을 세운 지는 이미 오래되었으나, 아직 실효가 없으니, 바라건대, 각학(各學)에서 통(通)한 것의 다소(多少)를 요량하여 분수(分數)를 더 하고, 동등한 자는 근무한 일수의 다소를 겸용하여 등차(等差)를 정하되, 개사(開寫)하여 갖추 기록해 올려 탁용(擢用)에 대비함으로써 후학(後學)을 권려(勸勵)하게 하소서.";12년 11월 15일: '예조에서 십학(十學)의 천전사의(遷轉事宜)를 올렸다. 계문(啓聞)은 이러하였다. "십학(十學) 내의 사역원(司譯院)·서운관(書雲觀)·전의감(典醫監)·제생원(濟生院)·혜민국(惠民局)·율학(律學)·산학(算學)에서 직책의 유무(有無)를 논하지 아니하고, 모두 취재(取才)하여 입격(入格)한 자로 하여금 수직(授職)하고, 다음 해에도 또한 이와 같이 하기 때문에 출중(出衆)한 인재가 없습니다. 또 혹자는 엽등(躐等)하여 천전(遷轉)하므로, 해가 오래도록 종사한 자가 도리어 엄체(淹滯)됩니다. 원컨대, 이제부터는 제학(諸學)에서 취재할 때 현관(見官)의 각 품(品)을 제외하고는 전함(前銜)과 신진자(新進者)를 식(式)에 의하여 취재하되, 홍무예제(洪武禮制)의 문무 산관(文武散官)을 제수하던 정식(定式)에 의하여 정(正)·종(從)의 각품을 처음 제수하거나 승진 발령하고, 산관도 차례를 분간하여 제수하되, 현관(見官) 중에 특이한 자는 계문(啓聞)하여 그대로 두게 하소서." 임금이 그대로 따랐다.'

13. 박성래, 『한국과학사』(한국방송사업단, 1982).

14. 국사편찬위원회: 『3 사회 신분』.

15. 김양수, "조선후기 專門職 中人의 과학기술활동", 『역사와 실학』(2004).

16. '산원'은 조선의 관직 이름이 아니다.

17. 김양수, 앞의 논문.

18. 서반체아는 대체적으로 군(軍)과 관계된다. 즉, 양반특수군이나 비양반이면서 군인, 습독관(習讀官), 의원 등이 서반체아를 받았으며 서반관직의 80% 정도가 체아직이었다 한다.

19. 잡직체아는 비천한 계층이 받는 것으로 동반잡직체아, 서반잡직체아로 분류되었다고 한다. 여기는 공장(工匠)류와 마원(馬員), 악공(樂工), 화원(畵員) 등이 속했다.

20. 품계에 따른 체아직의 수는 동반보다 서반이 훨씬 많으며 이 중에서 종7품 이하에 몰려 있었다.

21. 『경국대전』에는 한품 이후에도 원하면 900일을 더 일하고 품계를 올려주는 식으로 정3품까지 오를 수 있다고 되어 있지만 실제로 이런 사람은 별로 없었던 것 같다.

22. 산원이 자신의 일에 정통하면 임금에게 아뢰고 중앙이나 지방의 서리(胥吏)로 임명하도록 했다(律員算員所業精通者啟授京外吏職). (「禮典」 獎勸)

23. 초기에는 태조 1년에 종9품인 산학박사만을 두었지만 세조 12년에 산학을 호조로 옮기면서 4품계로 개정되었다.

24. 승진할 수 있는 가장 높은 품계를 한품(限品)이라 한다.

25. 『구일집』에는 예외적으로 최석정의 마방진 가운데 오류가 있는 부분을 지적한 것도 하나 있다.

26. 이것은 고등학교 수준의 새로우면서도 유용한 방법이지만 지금도 아는 사람이 거의 없다.

27. 김창일·홍성사·홍영희, "조선(朝鮮) 산학자(算學者) 홍정하(洪正夏)의 계보(系譜)", 『한국수학사학회지』 23권 3호 (2010), 1-20쪽.

28. 이 그림에서 세로 선은 부자 관계 그리고 사선은 장인·사위 관계를 나타낸다. 빈 네모는 사람의 이름을 굳이 쓰지 않고 연결 관계만을 나타내기 위한 것이다.

29. 아마도 경선징은 산학자 중인 집안이어서 전쟁 후에도 이 책을 가지고 있었을 것이지만 지체 높은 양반도 주변에서 구할 수 없었다는 것은 당시에 남은 것이 거의 없었다는 것을 추정할 수 있다.

30. 최득대의 『실록』 기사 인용.

31. 『세종실록』에 나오는 기사에는 산원이 되기 위해 치러야 하는 취재의 시험과목은 중국 수학책의 이름을 딴 상명산, 계몽산, 양휘산, 오조산, 지산이었지만, 성종대의 『경국대전』에는 앞의 세 가지만 남게 된 것으로 기록되어 있다. 따라서 조선 후기에는 산학 교재로 『상명산법』, 『산학계몽』, 『양휘산법』, 이 세 권이 기본 수험서의 역할

을 했다.

32. 『주학입격안』에는 중인 산원의 생년만 기록되어 있고, 몰년이 나와 있지 않다. 이장 주는 2017년에 경선징의 행장을 발견하여 몰년이 1690년임을 알아냈다.

33. 홍정하 역시 중인 산원이므로 『주학입격안』에 몰년이 나와 있지 않지만, 2016년에 이장주가 족보 추적을 통해 몰년이 1727년임을 찾아내었다.

34. 김시진은 자신이 간행한 『중간산학계몽』의 서문에서, 세종대에 인쇄된 『산학계몽』 을 입수한 출처가 바로 경선징이라고 밝혔다.

35. 산법에 밝았다고 전해지는 대표적인 학자로는 조선 초기의 남재(南在, 1351-1419), 중기의 임준(任濬, ?-?), 김시진(金始振, 1618-1667), 이관(李慣, 1624-1692) 등이 있 고, 이 밖에 황희(黃喜, 1363-1452), 서경덕(徐敬德, 1489-1546), 이황(李滉, 1501-1570), 이이(李珥, 1537-1584) 등이 있다. 이들 이름은 최석정의 『구수략』에 있는 것 이다.

36. 컴퓨터 프로그램 개발에서 개인들이 대가 없이 기여해서 프로그램을 만들어내는 '오픈 소스' 또는 '오픈 컨텐츠' 방식을 지칭한다.

37. 산서의 구성 및 내용에 대한 설명은 장혜원(2006), 김영욱, 이장주(2018)를 토대로 한다.

38. 예컨대 김용운, 김용국(1977)은 역법을 만든 삼국시대의 몇몇 기사를 근거로 하여 산서의 존재 및 활용을 언급했다. 그들은 수학을 전제로 하지 않는 역법이 있을 수 없다고 봤다. 특히 『삼개(三開)』, 『육장(六章)』, 『구사(九司)』 등은 백제인이 중국 산 서를 재편집하여 신라와 일본에 보급시켰다는 추정의 타당성을 주장하고 있다.

39. 오늘날 전통산학 연구에 가장 큰 장애 요인은 한자로 인한 접근의 어려움이다. 다행 히도 2002~2004년에 한국학술진흥재단의 '기초학문육성지원사업(인문사회분야 국 학고전연구)' 지원으로 한국수학사학회가 수행한 '조선시대의 산서 번역' 연구 과제 를 통해 열권 남짓한 산서의 번역본을 접할 수 있고, 그 외에 개인 저술가의 노력으 로 번역본으로 재탄생한 산서들을 만날 수 있다.

40. 산서의 구성 및 내용에 대한 설명은 다음 참고문헌을 기초로 정리한 것이다. 장혜 원, 『산학서로 보는 조선 수학』 (경문사, 2006); 김영욱·이장주, "전통 과학기술분양 고전적 조사 연구(산학)", 한국고전번역원 (ITKC-2014-RE-02) (2015).

41. 김용운·김용국, 『한국수학사』 (살림출판사, 2009).

42. 자세한 내용 비교는 허민, "『산학계몽』과 『묵사집산법』의 비교", 『한국수학사학회지』 21-1 (2008)에서 볼 수 있다.

43. 상세한 내용은 이 책의 5장에서 확인할 수 있다.

44. 김영욱·홍성사·홍영희, "박율의 산학원본",『한국수학사학회지』18권 4호 (2005), 1-16쪽.

45. 동지사(冬至使)는 조선시대에 명나라와 청나라에 정기적으로 파견한 사신을 일컫는 말로, 동지 절기를 전후하여 보냈기 때문에 붙여진 이름이다.

46.『이수신편』은 황윤석이 고전적 교양과 치도(治道)·수양(修養)·독서(讀書)·처세(處世)·어문(語文) 등에 관한 평생의 연구와 당시 문제점으로 생각하였던 것을 정리하고 수집한 총 23권의 백과사전적 편저이다.

47. 황윤석, 강신원·장혜원 역,『산학본원』(교우사, 2002).

48. 이장주, "주해수용』(籌解需用)의 이해와 수학교육적 의의" (단국대학교박사학위논문, 2007).

49. 한국민족문화대백과. https://terms.naver.com/entry.naver?docId=794444&cid=46637&categoryId=46637

50.『구일집』제9권 잡록에 보면, 당시 홍정하와 유수석은 산학에 관한 문답을 하는 중 하국주에게 구고현의 관계 400여 가지를 알고 있다고 시사한 바 있다.

5장 수학의 부활

1. 홍만생 경선징의 묵사집산법, 세미나 기록.

2. 김영욱·홍성사·홍영희, "박율의 산학원본",『한국수학사학회지』18권 4호 (2005), 1-16쪽.

3. 실제로 김영욱·홍성사·홍영희(2005)는 고려대학교에서 발견한『산학원본』에 일부 누락된 부분을 황윤석의『산학본원』을 통해 복원할 수 있었음을 말한 바 있다.

4. 이하『산학원본』의 내용에 대해서는 김영욱·홍성사·홍영희(2005)를 토대로 고찰한다.

5. 예를 들어 분수 2/3를 '二分之三'이라고 썼고, '少半'이라고 쓰는 것은 보통 1/3로 나타내는데 그는 1/4이라는 의미로 썼다. 1/4은 보통 '弱半'이라 나타낸다. 마찬가지로 太半은 2/3라는 뜻이고 强半은 3/4을 뜻하는데 박율은 이것도 혼동해서 사용했다.

6. 실학파의 비조(鼻祖)라 일컬어지는 반계 유형원(柳馨遠, 1622-1673)과 거의 같은 시기를 살았다.

7. 실제로 최명길은 그의 큰할아버지였지만 최명길은 큰집에 양자로 들어가서 자랐다.

8. 홍영희, "朝鮮 算學과 數理精蘊",『한국수학사학회지』19-2 (2006), 25-46쪽.

9. 이를 연구했던 주자는 수학에도 밝았고 또 친구며 제자였던 채원정, 채침 부자를 통해서 여러 수리적 표상과 성리학의 관계를 연결짓는 역학(易學) 이론을 발전시켰다.

10. 이는 KAIST의 오용근, 한상근 두 학자에 의해 처음 알려졌다. 서양에서 직교라틴방진은 이보다 60여 년 후에야 오일러에 의해서 처음 연구되고 예가 알려지기 시작한 것이다.

11. 이것도 KAIST의 한상근 교수에 의해 밝혀졌고 논문으로 발표되었다.

12. 『한국수학사학회지』 2010년 8월호.

13. 장혜원, "Pardies의『기하 원론』탐구",『한국수학사학회지』31-6 (2018).

14. 홍성사·홍영희·김창일, Jo Tae-gu's Juseo Gwan-gyeon and Jihe Yuanben,『한국수학사학회지』31-2 (2018).

15. 이하『주서관견』의 내용에 대한 고찰은 홍성사·홍영희·김창일(2018)을 토대로 한다.

16. 홍성사·홍영희·김창일. Jo Tae-gu's Juseo Gwan-gyeon and Jihe Yuanben,『한국수학사학회지』31-2 (2018).

17. 홍정하, 강신원·장혜원 역,『구일집』(인) (교우사, 2006), 222쪽.

18. 이재연구소 편,『頤齋 黃胤錫의 학문과 사상』(경인문화사, 2009).

19. 황윤석, 강신원·장혜원 역,『산학입문』(22) (교우사, 2006), 1쪽.

20. 황윤석, 강신원·장혜원 역,『산학입문』(22) (교우사, 2006), 16쪽.

21. $\sqrt{2}$를 $\frac{7}{5}$ 로 간주한다.

22. 황윤석, 강신원·장혜원 역,『산학본원』(교우사, 2006), 129쪽.

23. 황윤석, 강신원·장혜원 역,『산학입문』(22) (교우사, 2006), 81쪽.

24. 황윤석, 강신원·장혜원 역,『산학입문』(22) (교우사, 2006), 68쪽.

25. 황윤석, 강신원·장혜원 역,『산학입문』(22) (교우사, 2006), 87쪽.

26. 이 책은 4부분(4권)으로 나뉘어 있으며 1권은 매우 짧으므로 실제로 4권 3책으로 되어 있었을 가능성이 높지만 실제로 흩어지고 순서가 엉망으로 정리되어 있어서 정확한 것을 알 수 없다.

27. 이런 책은 현장 문제에 바쁜 중인 수학자들은 쓰기도 어렵고 또 직접 계산하면 되므로 필요지도 않다. 이 공식을 발견하는 것도 오랫동안 계산을 해야 얻을 수 있는 것들이므로 간단히 저술할 수도 없다. 이런 공식이 모여 있는 책도 없으므로 손

쉽게 옮겨 정리할 수 있는 것도 아니다.

28. 전용훈, "19세기 조선 수학의 지적 풍토: 홍길주(1786~1841)의 수학과 그 연원", 한국과학사학회지 26-2 (2004), 299쪽.

29. 홍길주, 박무영·이주해 외 역, 『표롱을첨』 상 (태학사, 2006), 168쪽.

30. 아이열팔달이란 서양의 대수학(algebra)을 중국에서 처음 받아들일 때 매각성이 중국 발음으로 적은 것이다. 그는 『적수유진』의 서문에서 차근방법은 서양인들이 아이열팔달이라 부른다고 썼다.

31. 이상혁, 김상미·허민 역, 『산술관견』 (교우사, 2006), 3쪽.

32. 이상혁, 홍성사 역, 『익산(상편)』 (교우사, 2006), 2쪽.

33. 이상혁, 홍성사 역, 『익산(상편)』 (교우사, 2006), 2쪽.

34. 그는 추사의 시문집을 도맡아 세 차례 간행했다.

35. 추사 김정희가 수학을 알고 있었음은 추사가 쓴 일식과 월식에 관한 글 등 천문에 관한 글 3편이 있고, 그가 소장했던 동양 수학의 고전 『구장산술』을 가지고 남병길이 수학책 『구장술해』를 저술했다는 점에서 분명하다.

36. 이상혁, 홍성사 역, 『익산(상편)』 (교우사, 2006), 2쪽.

37. 이상혁, 김상미·허민 역, 『산술관견』 (교우사, 2006), 3쪽.

38. 이상혁, 홍성사 역, 『익산(상편)』 (교우사, 2006), 1쪽.

39. 이상혁, 김상미·허민 역, 『산술관견』 (교우사, 2006), 1-3쪽.

40. 남원상, 유인영·허민 역, 『측량도해』 (교우사, 2006), 2쪽.

41. 남병길, 『구장술해』; 강민정, "구장술해의 연구와 역주" (성균관대학교 대학원 박사학위논문, 2015).

42. 20세기에 이르러 중국의 과학문명사 책을 쓴 니덤(J. Needham, 1959, 683쪽)은 한국 부분에서, 남병철, 남병길 형제를 '19세기 초, 한국이 다수의 천문학 서적을 쓴 두 명의 학자를 낳았다.'고 소개하였다.

43. 문중양, "19세기의 사대부 과학자 남병철", 과학사상 33 (2000).

44. 방향에 있어 오늘날과 남과 북, 동과 서가 각각 뒤바뀌어 있다.

1. 클라비우스는 마테오 리치의 스승이었다.

2. http://dh.aks.ac.kr/sillokwiki/index.php/기하원본(幾何原本)

3. 다른 두 부분은 역법의『역상고성(曆象考成)』, 음률의『율려정의(律呂正義)』이다.

4. 유경로,『조선시대의 천문학』, 4절.

5. 홍성사, "최석정의 구수략",『한국수학사학회지』 26-2~3 (2013), 1-6쪽; Hong, Young Hee, Mathematics of Chosun Dynasty and Shu Li Jing Yun, *Journal for History of Mathematics* 19-2 (2006), 25-46쪽.

6. Rho의『주산』은 Napier가 쓴 "Rabdologiae, seu numerationis per virgulas"(1617)를 Rho 가 편집한 책으로『서양신법역서(西洋新法曆書)』(1645)에 들어 있다.

7. 홍영희, "조선 산학과 수리정온",『한국수학사학회지』 19-2 (2006), 25-46쪽.

8. 김용운(『한국수학사』[2001], 258쪽)은 '새로운 수학을 소개하려는 것에 지나지 않았다고 하여도 그 의도는 실패로 끝나버린 셈이다.'라고 하였다.

9. 籌解需用序 孔子嘗爲委吏矣. 曰會計當而已矣. 當會計者. 舍籌數奚以哉. 史氏言孔門諸子之盛. 以身通六藝稱之. 古人之務實用也如此. 孔氏之所以敎者. 其可知已. 籌法祖於九章. 歷代演之. 其術亦多矣. 病其各自爲書. 詳略不一. 往往逞奇索隱. 殆有近於迷藏之戱者. 齋居無事. 謹采其宜於今而適於用者. 間附己意. 錄爲一冊. 其斛斗段匹之率. 幷以時法通之. 庶得其實用而當於會計也. 且習是法者. 其潛心攝慮. 足以養性. 探賾鉤深. 足以益智. 此其功豈異於琴瑟簡編哉. 塢呼. 天有萬化而不外乎陰陽. 易有萬變而不外乎剛柔. 籌有萬術而不外乎乘除. 陰陽正位而不亂. 剛柔迭用而成章. 正位法乎天. 迭用則乎易者. 其乘除之術乎. 若由是而引而伸之. 觀小道而惡大德者. 存乎其人.

10. 김용운(『중국수학사』[1996], 112쪽)은 '산서 안에 다루고 있는 소재를 통하여, 당시의 사회상을 알 수 있었다.'라 했는데, 그만큼 현실적인 문제가 산학서의 소재였다.

11. 한영호, "서양 기하학의 조선전래와 홍대용의『주해수용』", 역사학보 170 (1998), 77쪽.

12. 그리스도 비슷한 시기에 비슷한 방법을 사용했다.

13. 서양의 파스칼의 삼각형에 해당한다.

14. '증승개방술'은 오늘날의 조립제법(synthetic division)과 매우 유사하다. 그러나 현대적 다항식의 표현과 다항식 나눗셈을 사용할 수 없었던 동양에서는 전혀 다른 방

식으로 증승개방술을 찾아내었다. 이 과정을 따라서 지금은 이 방법을 조립전개법(synthetic expansion)이라고 부르고 있다.

15. 1660년에 김시진(金始振, 1618-1667)이 전국을 뒤져도 찾기 어려운 『산학계몽』을 간신히 찾아 다시 펴냈는데 이 책의 서문에 이런 사실이 나와 있다.

16. 오문준의 『중국수학사대계』 7권, 360쪽.

17. 파스칼 삼각형이다.

18. 진구소의 『수서구장』이다.

19. 홍정하는 자신이 재개발한 계산법의 이름이 증승개방법이란 사실을 모르고 있었다. 조선에는 이 이름이 전해지지 않았다. 즉, 증승개방법이 적혀 있는 책은 조선에 매우 늦게서야 전해졌다.

20. 후에 활자로 인쇄하면서 빠졌을 수도 있다.

21. 일제강점기의 우리나라 땅의 교육은 일본의 학제보다 1년씩 적어서 제대로 교육받고 싶은 사람들도 일본의 상위 학교로의 진학이 매우 어려웠다.

22. 이 똑같은 문제들을 중국에서 천원술을 사용하여 해결한 것은 19세기에 장돈인이 『집고산경세초』를 저술하였을 때가 처음이었다.

23. 구고술을 다룬 15세기 중엽 우징(오경)의 『구장상주비류』(1450)는 중국의 새로운 시기의 시작 부분의 중요한 산서이다. 뒤를 이어 왕원수의 『산학보감』(1524), 구잉샹의 『구고산술』(1533)을 거쳐 청다웨이(정대위)의 『산법통종』(1592) 등이 구고술을 다루고 있다.

24. 1759년에 손자 매각성에 의해 '구고거우'라는 이름으로 다시 간행되었다.

25. 오늘날의 말로 바꾸면 원이 된다는 말은 원으로 수렴한다는 말을 뜻한다고 볼 수 있다.

26. 이것은 서양의 기하학에서는 헤론의 공식으로 불리는 것을 구체적으로 구하는 방법을 설명한 것이다.

27. 박성래 저, 『인물과학사』 참조. 서호수의 아들 서유구가 적어놓은 그의 부친의 저서 목록에 『수리정온보해』가 들어 있다고 한다.

28. 제대로 된 구면삼각법은 모두 『역상고성』에 들어 있다.

29. 중국도 18세기에는 전통수학 방법론을 잘 이해하지 못하고 있다.

30. 다만 방정식을 푸는 계산법에서만 홍정하 시절의 수준을 따라가지 못했을 수 있다.

31. 이 부분은 각각 正弧十綱三十目, 斜弧二十綱六十目이라고 되어 있다.

32. 황도가 적도에서 벗어나는 이유는 지구 자전축이 지구 공전궤도에서 23.5도만큼 기

울어져 있기 때문이다.

33. 數理精蘊則止用定率比例 故以此補其闕也.

34. 『양도의도설』은 남병길이 썼고 이상혁이 바로잡았다(訂)고 돼 있지만 아마도 수학적인 내용은 모두 이상혁이 만들어 넣었을 것으로 추측된다.

35. 이것은 매문정이 간평의(簡平議)에 대해 설명한 부분을 말하는 것 같다.

36. 중국에서 만든 삼각함수표를 말한다. 8가지 삼각함수(팔선)의 값을 각도에 따라 표시했다 해서 붙인 이름이다.

37. [원문] 故曆象考成删繁就簡 只設十題三十求 然其實則止六題十六求 而槩不出於三比例之更互成率.

38. 이만규, 『조선교육사』 (을유문화사, 1947).

39. 이 관제에 의하면 사범학교의 설립 목적은 '교관(敎官)을 양성하는 처(處)로 함.'이라 되어 있다.

40. 한성사범학교의 입학 자격은 본과를 20~25세, 속성과를 22~35세로 규정하였고, 정원은 본과 100명, 속성과 60명으로 하였다. 입학은 시험에 의한 선발과 학교장의 인정에 의한 무시험 전형의 두 가지가 있었다. 직원은 학교장 1명, 교관 2명 이하, 부교관 1명, 교원 3명 이하 및 서기 1명을 두며, 교관은 생도의 교육을 담당하고 부교관은 이를 보좌하며, 교원은 부속소학교의 아동을 가르치도록 규정하였다. 교과목은 수신·국어 및 한문·교육·역사·지리·수학·물리·박물·화학·습자·작문·체조 등을 가르쳤고, 속성과에서는 수신·교육·국문 및 한문·역사·지리·수학·이과·습자·작문·체조를 강의했다. (참고문헌: 『한국민족문화대백과사전』)

41. 흥화학교는 1898년 11월 5일 특명전권공사로 미국과 유럽 여러 나라를 둘러보고 온 민영환(閔泳煥)에 의해 외국어와 선진 기술 보급 등을 목적으로 설립된 사립학교이다. 설립 초기 주·야학 과정을 개설하고, 입학시험을 통해 국·한문 해득자(解得者) 위주로 학생을 선발하였다. 초등교육보다는 중등교육을 목적으로 영어, 산술, 지지, 역사, 작문, 토론, 체조 등을 교육하였다. 흥화학교는 교장 민영환, 교사 임병구(林炳龜), 정교(鄭喬), 남순희(南舜熙)로 구성되었으며, 설립 당시 기금과 운영자금은 김신영(金信營)이 제공하였다. 보통과와 고등과로 나누었으며, 보통과의 졸업 연한은 3년, 고등과는 2년이었다. 입학 연령은 15세 이상 30세 미만이었다. 설립 초기에는 교과목에서 영어를 중시하였고, 일어는 가르치지 않았다. 이후 심상과(尋常科), 특별과와 함께 당시 조선에 전국적인 토지 측량이 이루어지지 않은 점을 감안하여 측량을 전문으로 가르치는 양지과(量地科)를 설치하였다. 교육 내용은 영어·일어·측량

술 등이 강조되었다. 1900년 7월 13일자 《황성신문》에 당시 학생 수가 130여 명이었다는 기록을 보면, 당시로서는 상당수의 학생들이 재학하고 있었음을 알 수 있다. 1905년 영어와 일본어 과정을 별도로 설치하여, 영어와 일어 등 외국어를 전문적으로 가르치기 시작하였다. 당시 대부분의 근대적 학교들이 외국인 선교사에 의해 설립되었던 데 반해, 민영환이 세운 흥화학교는 조선인이 세운 신뢰할 만한 학교로 인식되었고, 더욱이 야간 과정이 개설되었기 때문에 인기가 높았다. 1899년 12월만 해도 학생 수가 주간 47명, 야간 79명으로 126명에 달했고, 12월 말에는 주간 60명, 야간 90명, 총 150명으로 늘었다. 이러한 학생 수 증가는 교사(校舍)와 재정의 부족을 초래하였다. 이에 민영환 외 여러 유지들이 출연(出捐)하여 1899년 8월 현재의 종로구 수송동·청진동 일대인 수진동(壽進洞)으로 학교를 옮겨, 교사를 늘리고 학과를 확대하였다. 또한 흥화학교는 서울뿐 아니라 지방에도 지교를 설립하였다. 당시 가장 보수적인 경북 지방에 2개의 지교를 설립하였다. 1899년 6월경 대구에 최처규(崔處圭)가 주도하여 사립 흥화학교를 설립하였고, 10월에는 안동에도 지교가 설립되어 안동 지방에서 최초로 근대식 교육을 실시하기 시작하였다. 1905년 민영환이 을사조약에 분개하여 자결한 뒤, 교장에 임병항(林炳恒), 부교장 겸 총무 교사에 백상규(白象圭)가 취임하였다. 을사조약 후에는 설립 정신을 교육구국(敎育救國)을 위한 인재 양성으로 전환하여 민족정신을 일깨우고 애국심을 고취하는 교육에 주력하였다. 이후 경영 곤란 등의 문제로 황실과 학부(學部)의 보조금, 유지들의 의연금(義捐金) 등으로 근근이 유지되다가 결국 1911년 폐교되었다.

42. 1895년 서울에 설립되었던 관립 교원양성학교. 당시 정부에서는 초등교육기관인 소학교(小學校)를 널리 보급시킬 계획이었으므로 교원 양성을 위한 사범학교가 필요하였다. 이에 「한성사범학교관제」를 공포하고 1895년 4월 학교를 설립하였으며, 곧이어 같은 해 7월 「한성사범학교규칙」을 공포하였다. 이 관제에 의하면 설립 목적은 '교관(敎官)을 양성하는 처(處)로 함.'이라 되어 있다. 학교의 편제는 본과와 속성과를 두었고, 수업 연한은 각각 2년과 6개월로 하였다. 부속학교로는 심상과와 고등과가 설치된 수업 연한 3년의 부속소학교가 있었다. 입학 자격은 본과를 20~25세, 속성과를 22~35세로 규정하였고, 정원은 본과 100명, 속성과 60명으로 하였다. 입학은 시험에 의한 선발과 학교장의 인정에 의한 무시험 전형의 두 가지가 있었다. 직원은 학교장 1명, 교관 2명 이하, 부교관 1명, 교원 3명 이하 및 서기 1명을 두며, 교관은 생도의 교육을 담당하고 부교관은 이를 보좌하며, 교원은 부속소학교의 아동을 가르치도록 규정하였다. 교과목은 수신·국어 및 한문·교육·역사·지리·수학·물리

·박물·화학·습자·작문·체조 등을 가르쳤고, 속성과에서는 수신·교육·국문 및 한문·역사·지리·수학·이과·습자·작문·체조를 강의했다. (『한국민족문화대백과사전』)

43. 1908년 11월 18일(大韓隆熙二年十一月十八日水曜)《황성신문》관보 六品李教承 任成均館教授叙判任官三等.

44. 국사편찬위원회에 나타나 있는 이교승(李教承)에 대한 정보는 다음과 같다. 본관 연안(延安)이고 아버지는 성균진사에 오른 이양재(李亮宰)이고, 생부는 6품 성균관 직원 이능재(李能宰)이다. 그는 1894년에 사범학교를 다녔고 1895년 8월 1일부로 사범학교 속성과 특별시험에서 우등으로 졸업했다. 그는 1894년부터 1900년까지 사이에 관립소학교 교원(官立小學校教員), 사범학교 교원(師範學校教員) 등을 받고 판임관(判任官) 6등부터 1등까지 승진했다고 되어 있다.

45. 『(고등)산학신편』(3판, 1910)의 경우 편찬자가 한글로는 역시 필하와지만 이전의 책과는 달리 영문으로는 Mrs. Alex A. Pieters, M. D.로 나타나고 있다.

46. 한국역대인물종합정보시스템 (http://people.aks.ac.kr/view.jsp?id=PPL_6JOc_A1865_1_0006531); G002+AKS-KHF_13C2E0D574C601B1865X0

47. 출처: 국사편찬위원회 한국사데이터베이스.

48. '의정부참정(議政府參政) 서정순(徐正淳)이 아뢰기를, "신이 지난번에 중추원 의관(議官)들이 회의를 할 때 망명한 죄인들을 뒤섞어서 추천하는 마당에서 같은 소리로 좋다고 한 여러 의관들은 모두 스스로 나타나 현고(現告)하고 일체 본 벼슬에서 파면시킬 데 대한 의견을 가지고 이미 보고하였으며, 보고대로 하라는 명령을 받았습니다. 해원(該院)의 현고하는 글을 받아 보니 의관 신해영(申海永), 어용선(魚瑢善), 변하진(卞河璡), 이승만(李承晩), 홍재기(洪在箕)는 좋다고 하는 쪽에서 손을 들었다고 보고되었으므로 모두 본 벼슬에서 해임시키고, 의관 유맹(劉猛), 정항모(鄭恒謨), 홍정후(洪正厚)는 혹은 논의의 정지를 청하였고 혹은 뽑아버릴 것을 청하였으며 혹은 문건에서 삭제할 것을 청하였지만 그러나 정부에 통첩(通牒)하는 마당에서는 모두 좋다고 하였으니, 한 달 동안 녹봉을 주지 않는 처벌을 적용하는 것이 어떻겠습니까?" 하니, 윤허하였다.' (국역 『조선왕조실록』, 고종 39권, 36년[1899 기해/대한 광무(光武) 3년] 1월 3일(양력) 1번째 기사, "중추원의 의관들을 처벌할 것을 청하다."【원본】43책 39권 4장 A면/【영인본】3책 87면.

49. 1905년 보성전문학교(普成專門學校)의 설립 당시 설립자 이용익(李容翊)이 학교 설립에 관한 구체적인 계획을 신해영에게 일임하자, 그는 2, 3명의 동지와 함께 학교 설

립을 의논하여 법률·이재(理財)·농학·상학·공학 등 5개 학과로 된 2년제 전문학교를 창립하도록 안을 만들었다. 그리고 이 학교가 고종황제의 재정적 후원 아래 '보성전문학교'로 개교하면서 초대 교장에 취임하였다.

50. 한식 제본으로 240mm×160mm인데 네 번 꿰맸으며 내리쓰기 274쪽이다. 참고한 책은 광무 11년(1907)에 나온 재판인데 서문 말미에 연월일이 광무 4년(1900) 7월로 되어 있는 것으로 보아 이때 초판이 나온 것 같다.

51. 특정 수들에 대한 표기방법(命數法, sign-value notation), 수를 셀 때, 수사(數詞)를 붙여 조직적으로 명명하는 방법이다. 정수를 셀 때 몇 개의 집단으로 나누고, 간단한 말로 조직적으로 명명하는 방법으로 예를 들어 1의 10배를 십, 10의 10배를 백, 100의 10배를 천, 1000의 10배를 만이라 하고, 만 이상은 일·십·백·천을 되풀이하고, 1만 배마다 억, 조, 경…, 항하사, 무량수까지 부른다.

52. [『산술신서』의 범례] 본서의 원명은 근세산술이다. 일본사람 상야 씨의 저술인데 편찬의 목적은 심상사범학교나 이와 해당되는 학과를 가르치는 여러 학교에 교과용도서에 가르치기로 희망하는 자를 위한 것이다. 원서 중에 문제의 번잡함을 피하기 위해서 여러 부분을 삭제하였다. 제4권 제5편의 여러 문제 등이 그 예이며 깨끗한 풀이를 위하여 여러 부분을 첨가하여놓은 예가 2권 4, 5편의 응용의 예이다. 기타 단원의 분류의 구별과 체제는 원서를 따랐다. 실제의 편리함과 페이지 수의 낭비를 줄이기 위해 국한문 혼용과 횡서를 쓴 것이 많다. 법칙을 이해하고 정리, 성질을 전개해서 이해하려면 독자는 주의를 기울여야 할 것이다. 본서에 영어를 쓴 것은 되도록 원서에 충실함이니, 독자는 먼저 영어 알파벳 자모를 공부하기를 권한다. 본서의 문법에서 공통적으로 쓰이는 일례로 단위를 가리키는 것은 총론 3절에 단위에 대한 의미가 나오는데 그것은 1인 수를 말한다. 영어나 일어에 '그러므로'라는 말은 같은 의미이니 이 책에 많이 쓰인다. 본서가 번역되어 나오면서 착오와 인쇄상의 결함이 있을지도 모른다. 독자는 발견하여 교정하여 읽는다면 번역한 사람으로서 다행으로 여길 것이다.'

53. 1908년 3월, 이교승 편찬, 이면우 교열, 관련 신간 광고기사 1908년 3월 27일《황성신문》.

54. [황성신문 기사] 기사제목: 國文筭術. 기사내용: ⊙光成學校敎師申海永氏가/國文筭術 冊全部四卷을 精密히 編著ᄒ얏ᄂ듸/其目次ᄂ 四則으로붓터 立方法ᄭ지/完結ᄒ고 其 文体 數字만/漢字와 亞拉比亞字 用ᄒ고/其外에ᄂ 總히 國文俗語로 著作ᄒ야/漢文 에 茫眛ᄒ 男子와 女人을 敎育ᄒᄂ듸/應用홈을 爲홈이듸 資本이 無ᄒ야/出刊치못ᄒ더니

近間에 西國人에게/囑托人梓ᄒ야 不久에 開刊된다 ᄒ니/敎育上에 미우 有益ᄒᆞᆯ듯ᄒ더라: [현대어] 광성학교 교사인 신해영씨가 우리말로 산술책 전 4권을 정밀하게 편저하였는데 그 목차는 사칙[연산]으로부터 입방법까지 완결하고 그 문체와 숫자만 한자와 아라비아 숫자를 쓰고 그 밖에는 모두 우리말로 저술한 것이 한문에 어두운 사람을 교육하기 위함인데 자본이 없어서 출간하지 못하다가 근간에 서양인에게 부탁해서 조판해서 곧 개간된다 하니 교육에 매우 유익할 것 같다.

7장 한국 전통수학 방법론

1. 옛날에는 대나무로 산대를 만들었다. 지름이 1푼이고 길이가 6치인데 271매로 육고를 이루어 한 줌이 된다. 양수를 나타내는 산대는 붉은 색, 음수를 나타내는 산대는 검은 색으로 나타내었다.(古者以竹爲籌 圓徑一分長六寸 二百七十一枚 而成六觚爲一握 正籌赤 負籌黑) (『구수략』 제5장 수기(數器) 편)
2. 이 육각형 배열이 앞서의 설명에 있는 육고이며, 점의 개수는 (1+2+3+⋯+9)×6+1=271개로 확인된다.
3. 글로 쓸 때 이 동그라미는 붓대 위쪽에 먹을 찍어 도장처럼 동그라미를 찍었다.
4. 행산위란 말은 산대 배열의 가장 기본이 되는 자릿값을 암시하며, 포산결이란 말에는 산대를 보자기에 싸가지고 다니다가 필요할 때 보자기를 펼치고 하는 계산을 뜻하는 포산(布算)할 때의 노래라는 의미이다. 종횡법 역시 산대를 가로나 세로로 놓아 수를 표현하는 방법으로, 포산결과 같은 내용을 담고 있다. 결국 세 가지가 모두 산대로 수를 표현하는 방식을 알려주는 노래다.

행산위　　行算位
영의 자리는 세우고 십의 자리는 뉘이네.　　零爲之立十當橫
백은 서고 천은 눕고 만 역시 세우네.　　百立千橫萬亦竪
억조에서 회까지 차례로 나아가고　　億兆至會次次推
각 자리마다 5의 산대는 위에 놓네.　　各當其上置伍數

포산결　　　　　　　　　　　　　　　　布算訣
일은 세로로 십은 가로로, 백은 서고 천은 넘어져 있네.　　一縱十橫 百立千僵

천과 십은 서로 같은 모양이고 만과 백은 서로 바라보네.	千十相當 萬百相望
6 이상의 숫자는 모두 5를 나타내는 산대가 위에 있네.	滿六以上 伍居上方
6은 같은 산대가 쌓인 것이 아니고 5는 산대 하나가 아니네.	六不積聚 伍不單張
십이 되면 자리를 나아가고 십이 안 되면 제자리에 나타내네.	言十自過 不滿自當
다만 이 비결을 정확히 이해하면 구장산술을 배울만 하네.	苟明此訣 可習九章

5. 필산은 18세기에 들어서면서 중국을 통해서 알려졌다.

6. 허민, "산대셈과 수판셈",『한국수학사학회지』18-1 (2005), 49-66쪽.

7. 김용운·김용국,『한국수학사』, 285쪽.

8. 주세걸 지음, 허민 옮김,『산학계몽』(上) (소명출판, 2009), 24-35쪽, 歸除法.

9. 17세기 중국도 전통산학은 거의 완전히 잊어버린 상태였다.

10. 해의 소수점 이하 자리 숫자.

11. 이를 설명하는 것은 Martzloff 교수가 제기한 다음과 같은 질문에 대한 답이 되며 이미 조선에서는 17세기에 홍정하가 이를 명확히 정리해놓았다. (J.-C. Martzloff가 쓴 동양 수학사 책 *A History of Chinese Mathematics*, pp. 246-247 참조.[11]) 진구소만이 호너의 방법[증승개방술]을 사용한 것은 아니지만… 지금까지 아무도 이 방법에 대하여 만족스러운 설명을 하지 못했다.(246-247쪽 참조: Qin Jiushao was not the only one to use this (Horner's) method.… Until now no-one has been able to give a satisfactory explanation of this,…: [참고문헌] J.-C. Martzloff, *A History of Chinese Mathematics*) 이 문제를 제대로 풀어내려면 중국에서는 조립제법을 어떤 생각으로 알아냈을까를 질문해야 한다.

12. 이 문제는 홍정하와 유수석이 중국 사력 하국주와 대담하는 중 옆에서 지켜보던 아제도가 하국주를 한껏 치켜 올리며 홍정하에게 그의 위대함을 시험해보라고 했을 때 홍정하가 낸 문제이다. 이에 하국주는 이 문제를 당장은 못 풀겠다고 하며 다음 날까지 풀겠다고 했지만 결국 답을 하지 못하였다.

13. 今有璞玉一塊形如鳥卵 內容方玉而空之 穀重二百六十伍斤 一十伍兩伍錢 只云穀厚四寸伍分 問玉方石徑各若干.

14. 홍성사·홍영희·김창일, "18세기 조선의 구고술",『한국수학사학회지』20-4 (2007), 1-22쪽.

15. 양휘는 여기서 다항식 연산을 사각형의 넓이를 이용해서 설명하고 유휘의『해도산경』의 중차(重差) 방법에 대한 증명도 추가했다.

16. 홍정하가 얻은 방정식은 3차방정식이고 이를 얻을 수 있는 방법은 피타고라스 정리

에 미지수의 2차식을 대입해 4차식의 관계를 얻고 여기서 4차항이 소거됨으로써 방정식을 얻는 방법밖에 없다.

17. [원문] 今有勾股積伍百四十尺 只云 勾弦差二十七尺 問各若干.

18. Young Wook Kim, Mathematics of Joseon dynasty —about the Tianyuanshu, *Advanced Studies in Pure Mathematics* 79 (2018), pp. 157-174.

19. 그리고 현대적 개념으로는 $x=0$이라는 무연근이 추가되는 정도이다. 전통수학에서는 근이 0인 문제는 다루지 않으므로 이것은 아무런 문제가 되지 않는다.

20. 句弦和一百三十六尺九寸 股弦和一百六十八尺二寸 問句股弦.

21. 길이가 각각 a, b, c인 선분으로 이루어진 삼각형이 있을 때, 면적을 S라 하면, $S=\sqrt{s(s-a)(s-b)(s-c)}$, $s=\dfrac{a+b+c}{2}$이다.

22. 이 책의 마지막 구고술 문항으로 18번 문제이다.

23. 홍성사·홍영희, "조선 산학과 사원옥감", 『한국수학사학회지』 20-1 (2017), 1-16쪽.

24. 이는 서양 수학이 동양에 전해진 17세기 초 서양의 극삼각형 개념이 복잡했기 때문일 수 있다.

25. 그림 속에 선들은 빗금을 친 것이 아니라 한자로 차형1, 차형2라고 쓴 것이다.

26. 차형1이 통하지 않으면 틀림없이 차형2로 서로 도움이 된다. [원문] 第一次形之難通者 則須第二次形以相濟也.

27. 현대 기하학에서는 이 대원을 이 점의 쌍대원(dual circle)이라 부른다.

28. 홍길주는 을(乙=B)각이 둔각인 삼각형에서 출발해서 차형 정무기(丁戊己=DEF)를 만들었다. 이 차형은 가능한 8개 삼각형 가운데서 가장 작은 것으로 잡은 것이다.

29. 같은 문제가 『역상고성』에는 '황도교각黃道交角과 황도교극권각黃道交極圈角이 주어진 경우에 삼각형을 풀라'는 말로 쓰여 있다.

30. 차형이란 주어진 구면삼각형의 세 변인 세 대원의 각각을 적도라 볼 때의 양 극점(북극, 남극)을 잡으면 6개의 점이 나온다. 이들로 만들어지는 구면삼각형을 원래 삼각형의 차형이라고 부른다. 이 개념은 서양에서는 극삼각형(polar triangle)이라고 부르는 것의 변형된 형태이다.

31. 정시(正矢) versine이란 다음 값이다: vers$A=1-\cos A$

32. 요즈음은 컴퓨터 프로그램으로 3차원 도형을 그려보고 돌려보며 생각할 수 있지만 당시에는 이렇게 모형을 사용하기도 쉽지 않을 때였다.

33. 물론 홍길주는 관계식에 나타나는 각이 90도보다 큰지 작은지 등의 경우를 나누지 않았으므로 완벽하다고는 할 수 없다. 그럼에도 모든 문제를 해결해본 것은 상당한

의지와 시간이 필요한 일이었을 것이다.

34. [원문] 可爲能言其立法之根矣.

35. 조희순의 책은 누군가의 필사본인데 필사한 사람이 산학을 몰라서 오자가 매우 많다. 이 공식은 몇 개의 오자를 고쳐야 읽을 수 있다.

36. 위의 각 A에 해당한다.

37. 매문정의 『매씨역산전서(梅氏曆算全書)』는 매문정이 죽은(1721) 후에 그의 손자 매각성에 의해서 1723년 출판되었다.

38. 갑점에서의 접평면이다.

39. 그가 말하는 시법이란 오늘날의 말로 하면 공간의 도형은 한 평면 위에 정사영하여 그리는 것이며 이렇게 그린 그림을 보통 시도(視圖)라고 부른다. 시법으로 그린 그림 시도를 매문정의 책에서는 측망지형(側望之形)이라고 불렀다.

40. 참도(삼각뿔)에서 구면의 바깥쪽을 막는 삼각형. 전개도에 입면(立面)으로 나타난 부분이다.

41. [원문] 故另圖全面 而用視法 移諸線于立面 則寅丑二點必合於甲點 各面諸線悉可於甲面 取之其理較明.

42. 조희순은 이 경우 정사영해도 해당 선분의 길이가 변하지 않음을 활용한 것이다. 정사영하는 방향과 수직으로 놓인 선분들은 정사영해도 그 길이가 변하지 않는다.

43. 홍성사·홍영희·이승온, "조선 산학의 사원옥감", 『JHM』 3-4 (2017).

44. [원문] 此緣只立天地兩元而可得勾股弦 故以人元爲所求數不則必須.

부록 중국과 일본의 수학

1. 강신원, "역사(歷史) 사회(社會) 환경(環境)과 구장산술(九章算術)의 구조(構造)", 『한국수학사학회지』 19권 4호 (2006), 1-22쪽.

2. 일본의 수학사가 가와하라(川原秀城)는 한국과 일본에만 보이는 이 책들이 한국의 수학책이라고 단정하고 있다. 가와하라 저, 안대옥 옮김, 『조선수학사』 (예문서원, 2010, 2017).

3. 9세기 말 일본의 양노령(養老令) 주석서인 『영집해(令集解)』에 『육장(六章)』과 『삼개(三開)』가 나타난다.

4. 『구장산술』의 소광(少廣)장에 $ax^2=b$, $ax^3=b$꼴의 방정식의 풀이법이 나타나며, 구고(句

股)장에 일반적인 2차방정식과 그 풀이도 한 문제가 들어 있다.

5. 당연히 근사해를 말한다. 『집고산경』의 고차방정식 풀이는 설명이 너무 간결해서 당시에는 이해하기 힘들었다.

6. 今有는 "여기 ~이 있다"라는 말로 문제의 조건을 이야기하는 것이고 幾何는 구하는 값이 "~얼마인가"라는 뜻으로 문제를 끝맺는다.

7. 이런 문제는 5세기의 『장구건산경(張邱建算經)』에 백계(白鷄) 문제로 들어 있는데 이 것은 더 일반적인 부정방정식 문제이다.

8. 곽서춘(郭書春)은 송나라 때 발전한 도교(道敎) 특히 전진교(全眞敎)의 철학적 사상이 발전하고, 전란으로 어지러울 때 도교 사원에 피신해서 생활했던 학자들이 도교의 사상을 받아들여 근본(元)을 찾는다는 의미에서 구하려는 미지수를 원(元)이라 부르고 기존의 제곱근 풀이법을 변형해서 천원술로 개량해나갔다고 본다.

9. 『구장산술』에 나타나는 제곱근 계산을 활용한 2차방정식 풀이는 흔히 고법(古法)이라 부른다. 반면 11세기에 발달한 석쇄개방법은 방정식의 차상 계산법에 가헌(賈憲)이 개발한 이항전개 계수표(가헌삼각형)를 활용하는 방법이고 증승개방법은 이항전개의 공식을 전혀 사용하지 않는 방법으로 새롭게 발견되었다.

10. 이 사실에 대하여는 Hartshorne 교수의 아티클을 볼 것. 그는 18세기 이전에는 다루는 양(量)이 모두 선분 또는 평면도형이었으며 그것의 길이나 넓이가 아니었다는 것을 강조한다. 즉, 오늘날의 수 개념은 없었고 수는 이와는 별개의 도구였을 뿐 데카르트의 미지수와 이에 들어갈 구체적인 양은 모두 선분 자체였고, 또 유리수비는 정수 또는 두 선분의 비이고 이 양은 수라고 인식되지 않았음을 보였다. 실제로 중국에 처음 들어온 유클리드 원론인 Clavius의 『기하원본』에도 수의 길이를 수학으로 사용하지 않으며 단지 길이와 비교하면 기하의 해석이 직관적임을 처음 소개하는 수준이다.

11. 가와하라 저, 안대옥 옮김, 『조선수학사』 (예문서원, 2010, 2017).

12. 에도(江戶)는 도쿠가와 막부가 있던 현재의 도쿄 지방의 옛 이름이다.

13. Konrad Schilling, *Das Schulwesen der Jesuiten in Japan (1551-1614)*, (1931).

14. 세키 다카카즈가 태어난 해는 정확히 알려져 있지 않다. 확인된 것은 1640년부터 1645년 사이에 태어났다는 것이다.

15. 세키 다카카즈가 조선 경주본 『양휘산법』을 필사한 것은 나중에 중국에 건너가게 되고 중국에서 전통산서 영인본을 만들 때 이 필사본이 사용되어서 현재 세키의 필사본이 전해진다. 이 사본의 맨 마지막 장에는 『양휘산법』을 만들고 인쇄한 조선의

관리들 등의 이름이 한 페이지 들어 있다.

16. 박율의 『산학원본』은 1700년에 출판됐지만 박율이 1668년에 사망했으므로 그의 책은 이보다 좀 이른 시기에 쓰여졌을 것으로 추정된다.

17. 이 책에서 증승개방법을 사용했다.

18. 이미 존재하는 도형이나 상황의 어떤 값을 추정하게 되면 이때는 항상 답이 있어야 하고 또 그 답은 항상 양수가 되지 않을 수 없다.

19. 난학이란 일본에서 네덜란드의 학문을 뜻한다. 네덜란드의 또 다른 이름인 홀란드(Holland)를 일본인들이 "오란다(和蘭)"라 불렀고 화란의 학문이란 뜻에서 난학(蘭學)이라 불렀다.

20. 세키는 당시 쇼군의 바로 밑에서 실무를 담당했고 오랫동안 여러 나라에서 온 기술자 등과 많은 교류를 한 구체적 내용이 네덜란드의 기록에 남아 있다.

21. 정민, 『18세기 한중 지식인의 문예공화국』 (문학동네, 2014).

22. 오문준(鳴文俊), 『중국수학사대계(中國數學史大系)』 7권 (명 말부터 청 중기까지), 362쪽.

〈표 및 그림 일람〉

〈표 일람〉

〈표 1-1〉 고려시대 각 관서에 배치된 산사와 계사표

〈표 2-1〉 오행론의 활용

〈표 2-2〉 음양오행론, 삼재론, 십간십이지의 연관 관계

〈표 2-3〉 「유예지」 권2 산법의 단원별 내용

〈표 2-4〉 『산학입문』의 근하유법

〈표 2-5〉 전세강가식과 입경가식

〈표 2-6〉 선가식

〈표 2-7〉 정신지법과 환입송

〈표 3-1〉 도량형의 환산

〈표 3-2〉 법전별 산학 관직의 변천

〈표 3-3〉 계사의 직무 내용과 정원

〈표 4-1〉 『한국과학기술사자료대계』에 담긴 조선 산서

〈표 6-1〉 정약용이 사용한 구고술 용어와 현대적 의미

〈표 6-2〉 개화기의 우리 수학책

〈표 7-1〉 삼격산인 곱셈과 나눗셈에서 각 행의 역할

〈표 7-2〉 나눗셈구구

〈표 7-3〉 『구고술요』의 피타고라스의 수

〈그림 일람〉

〈그림 1-1〉 바빌로니아 점토판 '플림톤 322'

〈그림 1-2〉 중국 신화의 복희와 여와가 곱자와 컴파스를 들고 있는 비림의 비석 탁본

〈그림 1-3〉 철제 마방진 사진과 탁본

〈그림 1-4〉 산자전서체 사진

〈그림 1-5〉 정주목과 정낭. 가로로 걸쳐놓은 나무 정낭과 이를 걸쳐놓을 수 있도록 만
든 기둥 정주목

〈그림 1-6〉 천부경

〈그림 1-7〉 64괘

〈그림 1-8〉 울주 천전리 고대 암각화

〈그림 1-9〉 세잎매듭의 여러 가지 구조

〈그림 1-10〉 고구려 첨성대 발굴 터 사진

〈그림 1-11〉 천상열차분야지도

〈그림 1-12〉 평양 청암동 금강사 디지털 복원도

〈그림 1-13〉 고구려 각저총 천장과 고구려 창천 1호분

〈그림 1-14〉 수원 화성과 투시도

〈그림 1-15〉 정림사지 5층석탑

〈그림 1-16〉 미륵사지 석탑

〈그림 1-17〉 백제 쌍북리 직각삼각형 구구단 목간과 판독 내용

〈그림 1-18〉 일본 법륭사의 백제관음상과 무령왕릉의 금귀걸이

〈그림 1-19〉 발해 상경성 도시 전도

〈그림 1-20〉 발해 도자기의 대칭미

〈그림 1-21〉 상경용천부 출토 용머리상

〈그림 1-22〉 경주 소재 석굴암의 천장 디자인

〈그림 1-23〉 발굴 당시의 목제 주령구와 복제품

〈그림 1-24〉 목제주령구의 단면

〈그림 1-25〉 여러 종류의 준정다면체

〈그림 1-26〉 국내에서 가장 오래된 신라의 정육면체 주사위

〈그림 1-27〉 고려청자의 아름다운 옆선

〈그림 1-28〉 『고려사』 권73 중 수학관리 선발 관련 내용

〈그림 2-1〉 구절판

〈그림 2-2〉 쌍영총의 삼족오

〈그림 2-3〉 청동 솥

〈그림 2-4〉용주서원

〈그림 2-5〉태극선

〈그림 2-6〉북

〈그림 2-7〉창덕궁 주합루 계단의 우선태극과 경복궁 근정전 월대계단의 좌선태극

〈그림 2-8〉삼작노리개

〈그림 2-9〉삼색나물

〈그림 2-10〉삼층장

〈그림 2-11〉동궐도에 보이는 천문의기들과 측우기

〈그림 2-12〉동궐도에 보이는 해시계와 저울

〈그림 2-13〉동궐도에 보이는 간의대와 바람을 측정하는 깃발 장대

〈그림 2-14〉조선 후기의 홍대용이 만든 혼천의

〈그림 2-15〉고려대학교 박물관에 소장돼 있는 혼천시계

〈그림 2-16〉배상열의 선기옥형

〈그림 2-17〉신법지평일구

〈그림 2-18〉해시계의 원리

〈그림 2-19〉지평일구의 원리

〈그림 2-20〉적도일구의 한 종류인 현주일구

〈그림 2-21〉앙부일구의 원리

〈그림 2-22〉앙부일구

〈그림 2-23〉입표횡표일구

〈그림 2-24〉『규일고』입판과 횡판,『규일고』의 표지

〈그림 2-25〉일성정시의 복원 모형과 2021년 6월에 출토된 조선 초기 일성정시의

〈그림 2-26〉조선 초기 일성정시의의 환에 새겨진 눈금과 글자

〈그림 2-27〉유금의 혼개통헌의

〈그림 2-28〉『주비산경』에 실려 있는 구고술의 증명

〈그림 2-29〉최석정의『구수략』에 실려 있는 하도와 낙서

〈그림 2-30〉팔진도

〈그림 2-31〉지수귀문도(地數龜文圖)

〈그림 2-32〉『구수략』의 구구모수명도(九九母數名圖)와 채침에 의한 구구방수도(九九
方數圖)

〈그림 2-33〉『구수략』의 곱셈표와『동문산지』의 곱셈표

〈그림 2-34〉 낙서사구도와 하도사오도

〈그림 2-35〉 낙서사구도의 오궁(伍宮)과 낙서사구도의 구궁(九宮)

〈그림 2-36〉 서유구와 『임원경제지』

〈그림 2-37〉 「유예지」 표지

〈그림 2-38〉 음양오행 사상으로 설계된 경회루

〈그림 2-39〉 황금비율의 파르테논 신전

〈그림 2-40〉 경회루 3중 설계와 기둥의 원리

〈그림 2-41〉 종묘의 정전

〈그림 2-42〉 종묘의 신도와 종묘의 판위를 위한 길

〈그림 2-43〉 폴란드 바르샤바 오초타의 기차 정거장과 스페인의 원자로 굴뚝

〈그림 2-44〉 창경궁 환경전 지붕과 창경궁 경춘전 지붕

〈그림 2-45〉 도산서원의 '도산서당'(왼쪽)과 병산서원의 '입교당'

〈그림 2-46〉 우리나라 전통 조각보 문양, 인디언의 문양, 에서의 테셀레이션 작품

〈그림 2-47〉 경복궁 담의 테셀레이션 문양과 경복궁 문틀의 테셀레이션 문양

〈그림 2-48〉 경복궁 회랑의 대들보

〈그림 2-49〉 경복궁 홍례문 처마의 단청과 중국 이화원 전각의 단청

〈그림 2-50〉 호박고누, 우물고누, 꽃고누의 말판

〈그림 2-51〉 한 줄 고무줄놀이

〈그림 2-52〉 조선시대 윤덕희 〈공기놀이〉

〈그림 2-53〉 그림자놀이 강아지와 토끼

〈그림 2-54〉 땅따먹기

〈그림 2-55〉 가장 널리 사용되는 사방치기 놀이판

〈그림 2-56〉 전남의 사방치기 놀이판

〈그림 2-57〉 윷가락과 말

〈그림 2-58〉 윷놀이판과 원형 윷놀이판

〈그림 2-59〉 7조각으로 된 칠교놀이판과 칠교로 만든 여러 도형들

〈그림 2-60〉 중국 주판과 일본의 현대식 주판

〈그림 2-61〉 배상열의 『서계쇄록』에 나오는 구귀제법

〈그림 2-62〉 상인들의 수첩 형태의 기록

〈그림 2-63〉 송도사개치부

〈그림 3-1〉 호시전

〈그림 3-2〉『칠정산내편』

〈그림 3-3〉『양휘산법』

〈그림 4-1〉 17-18세기에 혼인관계로 연결된 청주 경씨, 남양 홍씨, 합천 이씨 세 가문의 가계도의 일부

〈그림 4-2〉『구일집』의 문제-답-풀이 형식

〈그림 4-3〉『익산』의 설명-예 형식

〈그림 4-4〉『묵사집산법』 상권의 구구단

〈그림 4-5〉『산학원본』 표지와 최석정의 서문

〈그림 4-6〉『구수략』

〈그림 4-7〉 구장분배사상

〈그림 4-8〉『주서관견』 중 구장문답의 일면

〈그림 4-9〉『동산초』의 한 면에 담긴 백자도

〈그림 4-10〉『구일집』

〈그림 4-11〉『산학본원』과 『산학입문』

〈그림 4-13〉『주해수용』

〈그림 4-14〉『서계쇄록』의 하편

〈그림 4-15〉『차근방몽구』

〈그림 4-16〉『집고연단』

〈그림 4-17〉『산술관견』

〈그림 4-18〉『무이해』

〈그림 4-19〉『구장술해』 발(跋)

〈그림 4-20〉『측량도해』

〈그림 4-21〉『유씨구고술요도해』

〈그림 4-22〉『해경세초해』 권2

〈그림 4-23〉『산학정의』 목차

〈그림 4-24〉『익산』 하편 퇴타설

〈그림 4-25〉『산학습유』 서문 및 이어지는 부분

〈그림 4-26〉『주학실용』의 인용서목

〈그림 5-1〉『산학정의』의 평방도

〈그림 5-2〉 최석정과 오일러

〈그림 5-3〉 구구모수변궁양도

〈그림 5-4〉『구수략』의 정편 부록의 마방진

〈그림 5-5〉직교라틴방진

〈그림 5-6〉직교라틴방진으로부터 마방진의 생성

〈그림 5-7〉『구수략』의 낙서칠구도와 낙서육구도(지수귀문도)

〈그림 5-8〉『주서관견』의 직각삼각형에 내접하는 정사각형과 원의 작도

〈그림 5-9〉『구일집』의 천원술에 의한 10차식 표기

〈그림 5-10〉『구일집』의 백자도

〈그림 5-11〉『익산』서문,『산술관견』서문,『측량도해』의 서문

〈그림 5-12〉이상혁의 천문학책『규일고』에 남병길이 쓴 서문

〈그림 5-13〉남병길이 쓴 천문학책『양도의도설』의 첫 부분

〈그림 5-14〉『유씨구고술요도해』중 일부

〈그림 5-15〉남병길의 『측량도해』일부

〈그림 5-16〉남병철의『해경세초해』와 이야의『측원해경』비교

〈그림 6-1〉『주해수용』이 포함된 홍대용의 문집『담헌서』

〈그림 6-2〉할원팔선

〈그림 6-3〉'개방작법본원도'라는 이름으로 제시된 가헌의 삼각형

〈그림 6-4〉『구일집』의 천원술에 의한 3차방정식 표기

〈그림 6-5〉사원술의 배열

〈그림 6-6〉삼재운원의 사원술

〈그림 6-7〉사상회원(四象會元)의 사원술 예

〈그림 6-8〉한성사범학교 전경

〈그림 6-9〉한성사범학교 수업

〈그림 6-10〉《대한매일신보(大韓每日申報)》1905년 11월 21일 기사

〈그림 6-11〉《황성신문(皇城新聞)》1906년 07월 05일 기사

〈그림 7-1〉산가지와『구수략』의 낙서육고도(洛書六觚圖)

〈그림 7-2〉한(漢)대 죽간의 구구단

〈그림 7-3〉박율의『산학원본』에 나타나는 2차식

〈그림 7-4〉홍정하의 개방술의 원리와 현대식 조립제법과의 관계

〈그림 7-5〉홍정하가 발견한 일반 이항전개법(明乘方式)과 이를 도형으로 설명한 그림

〈그림 7-6, 7-7, 7-8〉익적(益積)과 번적(飜積)이 나타날 조건을 직사각형의 넓이를 이
    용하여 설명한 그림

〈그림 7-9〉 교종(較從)

〈그림 7-10〉 감종(減從)

〈그림 7-11〉 화종(和從)

〈그림 7-12〉『주서관견』의 세 변이 주어진 삼각형의 넓이 구하기

〈그림 7-13〉 조희순의 정호삼각형의 차형

〈그림 7-14〉 홍길주의 사호삼각형의 차형

〈그림 7-15〉 홍길주의 정호삼각형 공식 증명

〈그림 7-16〉 홍길주의 사호삼각형 해법

〈그림 7-17〉 이상혁의『산술관견』부록의 '불분선삼률법해'에 삽입된 그림

〈그림 7-18〉 각 A에 대한 참도

〈그림 7-19〉 조희순의 참도의 전도와 매문정의『참도측량』에도 함께 들어 있는 전도

〈그림 7-20〉 참도의 투시도와 이를 입면에 정사형한 그림, 그리고 조희순의 원 그림

〈그림 7-21〉 조희순의『산학습유』의 품자 문제와 이상혁의『산술관견』의 품자 문제

〈참고문헌〉

국문도서

가와하라 히데키, 안대옥 역, 『조선수학사』 (예문서원, 2017).

구미래, 『한국인의 상징세계』 (教保文庫, 1992).

김용운 외, 『일본의 산학제도에서 수학교재』 (한국수학사, 1977).

김용운·이소라, 『청소년을 위한 한국 수학사』 (살림, 2007).

김용운, 『한국수학사』 (살림출판사, 2009).

김인희, 『한국 무속 사상 연구』 (집문당, 1993).

남원상, 유인영·허민 역, 『측량도해』 (교우사, 2006).

노중국, 『백제사회사상사』 (지식산업사, 2010).

리용태, 『우리나라 중세과학 기술사』 (평양: 1990).

박창범, 『하늘에 새긴 우리 역사』 (김영사, 2002).

박성래, 『인물과학사』 (책과함께, 2011).

박성래, 『한국과학사』 (한국방송사업단, 1982).

오문준, 『중국수학사대계』 7권.

오토 베츠, 배진아·김혜진 옮김, 『숫자의 감춰진 비밀』 (푸른영토, 2009).

우실하, 『전통문화의 구성원리』 (소나무, 2007).

이만규, 『다시읽는 조선교육사』 (살림터, 2010).

이상혁, 김상미·허민 역, 『산술관견』 (교우사, 2006).

이상혁, 홍성사 역, 『익산(상편)』 (교우사, 2006).

이용복, 『금헌 유방택선생과 천상열차분야지도』 (2018).

장혜원, 『산학서로 보는 조선 수학』 (경문사, 2006).

장혜원, 『수학박물관』 (성안당, 2010).

전병기, 『한국과학사』 (이우출판사, 1982).

정민,『18세기 한중 지식인의 문예공화국』(문학동네, 2014).

조익순,『四介松都治簿法 前史: 우리나라 固有簿記의 발자취』(해남, 2000).

조익순·정석우,『(조선시대 회계문서에 나타난) 사개송도치부법의 발자취』(박영사, 2006).

주세걸, 허민 역,『산학계몽』(上) (소명출판, 2009).

한영호, "서양 기하학의 조선전래와 홍대용의『주해수용』",『역사학보』170집 (1998).

한영호 등,『칠정산내편』1, 한국고전번역원, 2016: 해제 조선의 역법『칠정산내편』.

현병주,『사개송도치부법 정해: 조선송도 상인의 계산과 기록』(다산북스, 2011).

홍길주, 박무영·이주해 외 역,『표롱을첨』상 (태학사, 2006).

홍이섭,『조선과학사』(정음사, 1946).

황윤석, 강신원·장혜원 역,『산학본원』(교우사, 2006).

보고서

김영욱·이장주, "전통 과학기술분양 고전적 조사 연구(산학)", 한국고전번역원 (ITKC-2014-RE-02) (2015).

외국도서

Konrad Schilling, *Das Schulwesen der Jesuiten in Japan (1551-1614)* (Druck der Regensbergschen Buchdruckerei, 1931).

J.-C. Martzloff, *A History of Chinese Mathematics* (Springer Verlag, 2007).

李儼·杜石然,『中國古代數學簡史』(中華書局出版, 1964).

我人無乘車之制, 何所講於御也.

藝者, 技能也.

논문

강신원, "역사(歷史) 사회(社會) 환경(環境)과 구장산술(九章算術의) 구조(構造)", 『한국수학사학회지』 19권 4호 (2006), 1-22쪽.

강신표, "조선조 전통 문화에 있어서 리더쉽—어른father-man", 『한국 문화 연구』 (현암사, 1985).

권균욱·박상후·송윤민·최성웅·박부성, "합의 범위를 이용한 지수귀문도 해의 탐구", 『한국수학사학회지』 27권 2호 (2014), 111-125쪽.

김양수, "조선후기 專門職 中人의 과학기술활동", 『역사실학회』 27권 0호 (2004), 33-97쪽.

김영욱·홍성사·홍영희, "박율의 산학원본", 『한국수학사학회지』 18권 4호 (2005), 1-16쪽.

김영욱·김옥자, "17세기 朝鮮 算學과 默思集筭法", 『한국수학사학회지』 23권 4호 (2009), 15-28쪽.

김열규, "한국인의 수(數) 개념의 신비", 『기호학 연구』 14권 0호 (2003), 195-214쪽.

문중양, "19세기의 사대부 과학자 남병철", 『과학사상』 33권 (2000), 99-117쪽.

박교식, "지수귀문도를 만드는 근사적 방법", 『한국수학사학회지』 31권 4호 (2018), 183-196쪽.

박성래, "조선 유교사회의 중인기술교육", 『대동문화연구』 17권 0호 (1983), 267-290쪽.

배영기, "한국인의 수사상(數思想) 고찰", 『단군학연구』 15권 (2006), 289-318쪽.

이경언, "정사각형 형태가 아닌 마방진에 대한 고찰", 『한국수학교육학회시리즈 E: 수학교육논문집』 24권 1호 (2010), 195-220쪽.

이상욱·고영미, "홍정하의 구일집의 저술에 관하여", 『한국수학사학회지』 28권 5호 (2015), 233-248쪽.

이장주, "『주해수용』(籌解需用)의 이해와 수학교육적 의의" (단국대학교 박사학위논문, 2007).

장혜원, "Pardies의 『기하 원론』 탐구", 『한국수학사학회지』 31권 6호 (2018), 291-313쪽.

전용훈, "19세기 조선 수학의 지적 풍토: 홍길주(1786~1841)의 수학과 그 연원", 『한국과학사학회지』 26권 2호 (2004), 275-314쪽.

조희영, "『구수략(九數略)』, 송대 도서상수학으로 짜인 조선수학서—인문학적 지평에서", 『Korean Studies Quarterly』 40권 1호 (2017), 105-132쪽.

허민, "산대셈과 수판셈", 『한국수학사학회지』 제18권 제1호 (2005), 49-66쪽.

허민, "『산학계몽』과 『묵사집산법』의 비교", 『한국수학사학회지』 21권 1호 (2008), 1-16

쪽.

홍성사·홍영희·김창일, "18세기 조선의 구고술",『한국수학사학회지』20권 4호 (2007),
　　1-18쪽.

홍성사, "수학적(數學的) 구조(構造)와 산학계몽(算學啓蒙)",『한국수학사학회지』26권
　　2-3호 (2013).

홍성사·홍영희, "조선 산학과 사원옥감",『한국수학사학회지』20권 1호 (2007), 1-16쪽.

홍성사·홍영희·김창일, "조태구(趙泰耉)의 주서관견(籌書管見)과 기하원본(幾何原
　　本)",『한국수학사학회지』31권 2호 (2018), 55-72쪽.

홍영희, "조선 산학의 수리정온",『한국수학사학회지』19권 2호 (2006), 25-46쪽.

황정하, "조선 영조·정조시대의 산원연구" (청주대학교 대학원 사학과 석사학위논문,
　　1987).

Young Wook Kim, "Mathematics of Joseon dynasty—about the Tianyuanshu", *Advanced
　　Studies in Pure Mathematics* 79권 (2018), pp. 157—174.

고서

『세종실록지리지』(국사편찬위원회, 1454).

『칠정산내편』(규장각도서, 1444).

『칠정산외편』(규장각도서, 1444).

홍대용,『담헌서(湛軒書)』.

이암,『단군세기』(1363).

성주덕,『서운관지』(1818).

세종대왕기념사업회 역주,『증보문헌비고』(세종대왕기념사업회, 2000).

영호덕분,『주서』(7세기 당).

조호,『철경』(중국 남제).

양휘,『양휘산법』(1275).

차종천,『산경십서』(교우사, 2006).

경선징,『묵사집산법』(1660년대).

박율,『산학원본』(1700).

최석정,『구수략』(1710~1715).

홍정하, 『구일집』 (1724).

조태구, 『주서관견』 (1718).

황윤석, 강신원 역, 『산학입문』 (교우사, 2006).

황윤석, 장혜원·강신원 역, 『산학본원』 (교우사, 2006).

홍대용, 『주해수용』 (경인문화사, 1972).

배상열, 『서계쇄록』 (1786).

홍길주, 『기하신설』.

홍길주, 『호각연례』.

이상혁, 『차근방몽구』 (1854).

이상혁, 『산술관견』 (1855).

이상혁, 『익산』 (1868).

이상혁, 『규일고』 (1850).

남병철, 『해경세초해』 (1859).

남병길, 『구장술해』 (조선 후기).

남병길, 『유씨구고술요도해』 (19세기).

남병길, 『집고연단』 (조선 후기).

남병길, 조진협 역, 『옥감세초상해』 (2018).

남병길, 『측량도해』 (1858).

남병길, 『무이해』 (1855).

남병길, 『산학정의』 (1867).

조희순, 『산학습유』 (1867).

이순지, 『제가역상집』 (규장각도서, 1445).

매곡성 외, 『수리정온』 (1723).

남상길, 『양도의도설』 (1855).

서호수·민종현·성주덕·김영, 『국조역상고』 (관상감, 1796).

서유구, 전종욱 역, 『임원경제지』 (임원경제연구소, 2020).

서명응, 『고사신서』 (1771).

사마광 등, 『자치통감』 (11세기 북송).

손자, 『손자산경』 (기원후 3-5세기).

주세걸, 『산학계몽』 (1299).

주세걸, 『사원옥감』 (1303).

이지조, 『동문산지』(명나라).

『주학실용』(1822).

왕효통, 『집고산경』(중국 당나라).

서유구, 『유예지』(순조 연간).

세키 다카카즈, 『발미산법』(1674).

『삼국유사』, 1권 기이, 고조선(왕검조선).

『삼국사기』.

『고려사(高麗史)』.

『한국민족문화대백과사전』.

『훈민정음(訓民正音)』.

『산학입문』.

『경국대전』.

『산수서』.

『중국수학사대계』.

『조선왕조실록』.

『주비산경』.

기사

『세계일보』, 경향신문 기사 2011. 10. 13.

윤선태, 『목간이 들려주는 백제 이야기』, 경향신문, 2007.

『고려사』 인종 14년(1136) 11월의 기사.

『세종실록』 60권, 세종 15년 6월 9일 경인 3번째 기사.

『세종실록』 6권, 세종 1년 11월 15일 을묘 3번째 기사.

『세종실록』 41권, 세종 10년 8월 25일 갑진 3번째 기사.

『세종실록』 18년 11월 25일 병진 2번째 기사.

『세종실록』 19년 2월 11일 신미 1번째 기사.

『세종실록』 75권, 세종 18년 11월 25일 병진 2번째 기사.

『세종실록』 76권, 세종 19년 2월 11일 신미 1번째 기사.

『세종실록』 13년 3월 2일자 기사.

『세종실록』 51권, 세종 13년 3월 2일 병인 첫 번째 기사.

『세종실록』 47권, 세종 12년 3월 18일 무오 2번째 기사.

『세종실록』 50권, 세종 12년 10월 23일 기사.

『세종실록』 22권, 세종 5년 11월 15일 임진 4번째 기사.

『세종실록』 12년 기사.

『세종실록』 47권, 세종 12년 3월 18일 기사.

『세종실록』 61권, 세종 15년 8월 11일 신묘 4번째 기사.

『세종실록』 41권, 세종 10년 8월 25일 갑진 3번째 기사.

『세종실록』 50권, 세종 12년 10월 23일 경인 3번째 기사.

『세종실록』 51권, 세종 13년 3월 2일 병인 1번째 기사.

『세종실록』 61권, 세종 15년 8월 25일 을사 2번째 기사.

『세종실록』 25년 11월 17일 기사.

『세종실록』 102권, 세종 25년 11월 17일 무진 3번째 기사.

『세종실록』 119권, 세종 30년 1월 23일 경술 1번째 기사.

『세종실록』 51권, 13년 3월 12일 기사.

『세종실록』 60권, 세종 15년 6월 9일 경인 3번째 기사.

『세종실록』 61권, 세종 15년 8월 11일 신묘 4번째 기사.

『세종실록』 75권, 세종 18년 11월 25일 병진 2번째 기사.

『세종실록』 18년 11월 25일 병진 2번째 기사.

『세종실록』 19년 2월 11일 신미 1번째 기사.

『성종실록』 49권, 성종 5년 11월 18일 기사 2번째 기사.

『성종실록』 5년(1474) 11월 18일.

『세조실록』 세조 6년 기사.

『세조실록』 20권, 세조 6년 6월 16일 신유 1번째 기사.

『세조실록』 36권, 세조 11년 6월 11일 정해 2번째 기사.

『세조실록』 28권, 세조 8년 3월 21일 병진 2번째 기사.

『세조실록』 12권, 세조 4년 5월 11일 정유 3번째 기사.

『세조실록』 6년 6월 16일의 기사.

『태조실록』 4권, 태조 2년 10월 27일 기해 4번째 기사.

『태종실록』 12권, 태종 6년(1406) 11월 15일 신미 1번째 기사.

Epitome Arithmeticae Practicae, 331

가감승제(加減乘除), 150, 206, 297, 413

가결(歌訣), 172-173, 176

가군(加群, module, abelian group), 159

가와하라, 493

가헌(賈憲), 354, 359, 489

가헌삼각형, 359

각법병연단도(角法幷演段圖), 496

간의대, 39, 98

간평의, 105

감성대, 35

감종평방법(減從平方法), 438, 440-441

갑오개혁, 396, 402

강계세삼영래계사(江界細蔘領來計士), 216

강서 고분, 41

강신표, 82

강화도조약, 388

강희제(康熙帝), 288, 332

개방번변지법(開方飜變之法), 496

개방산식(開方算式), 496

개방술(開方術), 142-143, 194, 246, 252, 257, 296-297, 353-354, 358, 362, 370, 425, 430, 434-435, 438, 447, 484, 489-490

개입방술(開立方術), 354

개평방술(開平方術), 354

『거기수법』, 260

거지화(居知火), 29

게이오의숙(慶應義塾), 396

격양, 160

견란(甄鸞), 207

『경국대전(經國大全)』, 68-69, 190, 202, 214-215, 228-229, 241

경복궁, 39, 147-148

경비사, 214

경사육부제(京師六部制), 225

경선징(慶善徵), 204, 228, 230-231, 235-236, 244-246, 260, 266-269, 271-273, 275-276, 278, 290, 293, 297, 313, 342-343, 357, 360, 372, 427, 446-448, 450, 484

경선행(慶善行), 266

경연(慶演), 293

경연(經筵), 188, 208

경의(慶禕), 266

『경제육전』, 185

경종, 219

경회루, 39, 148

계몽산(啓蒙算), 198, 202, 208

계사(計士), 66-70, 214, 216-217, 229, 268

고구려척, 40, 44-45

『고금산법기(古今算法記)』, 495-496

『고등산학신편』, 396

고려대학교 도서관, 251, 272

고려대학교 박물관, 98, 101, 111-112, 313

『고려사』, 61, 63-64, 66-67, 70, 187, 194, 211-212

고무줄놀이, 163

『고사신서(攷事新書)』, 308

『고사십이집(攷事十二集)』, 135

고종, 212-213, 219, 392-393

고흥박사, 42

공기놀이, 161, 164

공민왕, 34

공수학교(工手學校), 392

공양왕, 63, 211

공장(工匠), 225

공헌(貢獻), 214

과천과학관, 281

과학기술인 명예의 전당, 281

곽수경, 100, 109

관상감, 35, 39, 101, 234-237, 257, 289-290, 295-296, 309-310, 318. 335, 366-367, 381, 456, 478

관상수시(觀象授時), 102

관서관향계사(關西管餉計士), 216

관세음보살상(법륭사), 51

관천대, 39

광해군, 219

교서관(校書館), 207

교수대종법(較數帶從法), 440

구결(口訣), 172-173, 175-177, 180, 189, 290, 297, 413

구고술(句股術), 143, 267, 274-275, 307, 361, 369-376, 378-379, 384-385, 434, 445-448, 450, 452-453, 456-461, 478, 484, 499

『구고술요』, 239, 314, 446-447, 450, 452

『구고원류(句股原流)』, 239, 306-307, 374-375, 377-378

『구고의(句股義)』, 331, 371

『구고천미(句股闡微)』, 371

구고팔선, 139, 142-145

구구단(九九段), 46, 48-50, 128, 141, 172-173, 180, 269, 421, 424

구구모수명도(九九母數名圖), 128

구구모수변궁양도(九九母數變宮陽圖), 122, 279, 282

구구모수변궁음도(九九母數變宮陰圖), 122

구구모수상도(九九母數象圖), 128

구구방수도(九九方數圖), 128, 337

구구자모수변궁양도(九九子數變宮陽圖), 122

구구자수명도(九九子數名圖), 128

구구자수변궁양도(九九子數變宮陽圖), 282

구구자수변궁음도(九九子數變宮陰圖), 122

구구자수상도(九九子數象圖), 128

구귀제법(九歸除法), 173, 180, 422-424

구년지수(九年之水), 86

구룡(九龍), 87

구면삼각법, 105-106, 117, 196, 254, 259, 310, 313, 335, 347, 366, 374, 378-386, 405, 457, 462-463, 465, 467, 469-474

구미래, 84, 89

구사일생(九死一生), 86, 88

『구수략(九數略)』, 121, 124, 128, 130, 171, 247-248, 267, 273, 278, 280, 282, 286, 290, 295, 299, 331, 336-338, 340-341, 453

구역(九譯), 86

『구일집(九一集)』, 136, 204, 206, 230, 233, 236, 243-244, 248-249, 256, 271-

272, 275, 291, 293-294, 296-297, 299, 312, 358, 362, 366-367, 425, 432-433, 435, 438-439, 446-448, 459

『구장(九章)』, 58-59, 64-65, 211-212, 486

『구장산술(九章算術)』, 22, 26, 59, 66, 118, 141, 173, 206, 211-212, 250, 252-255, 270, 276, 279-280, 289, 291, 297, 301, 339, 344-345, 353-354, 363, 369-370, 373, 442, 445, 484-489

『구장술해(九章術解)』, 255

구절판(九折坂), 87

구정현시첩법(求正弦矢捷法), 382

구중궁궐(九重宮闕), 86

구천(九天), 86

구천(九泉), 86

국자감, 63, 203, 211-212, 224, 487

국제도량형총회, 187

『국조역상고』, 109

국학(國學), 50, 58-60, 69, 224, 486

군교(軍校), 225

군후소, 63

권근, 38

귀제법(歸除法), 173, 421

『규일고(揆日考)』, 112, 313, 315

규장각, 213, 308, 323

규표, 39

균수수법, 142, 144-145

그리스도, 94

그림자놀이, 165

『근세산술(近世算術)』, 399

근하유법(斤下留法), 175-176, 189

금강비, 148

금강사, 39

기수(奇數), 83

기술관(技術官), 225-226

『기하신설』, 310, 378-379, 457-458

기하실(幾何室), 115, 498

『기하원본』, 230, 248, 288-289, 291-292, 295, 310, 331-332, 371, 455

『기하학 입문(Elemens de Geometrie)』, 332

길수(吉數), 86-87, 91

김빈, 197

김시진(金始振), 206, 235, 238, 246, 265-266, 268, 358, 427

김영, 310

『김영전(金泳傳)』, 310

김용운, 493

김유근(金逌根), 323

김일성종합대학, 35

김자안, 200

김정희, 317

김조(金銚), 109

김진, 98

김창일, 231

김한, 200

꽃고누(곤질고누), 162

나사림(羅士琳), 206, 500

낙서(洛書), 21, 118, 122-123, 279

낙서사구도, 131

낙서육구도(洛書六九圖), 127, 279, 287

난학(蘭學), 497

남병길(南秉吉), 105, 138, 234, 239, 253-257, 259, 296-297, 311-315, 317-324, 335, 343, 358, 367, 371, 381-384, 386, 439, 442, 444, 446-447, 460, 478, 492

남병철(南秉哲), 138, 239, 257, 323-325, 343, 442

남순희(南舜熙), 390, 392, 397-398

네이피어 동류식(Napier's analogies), 476

네이피어의 막대(Napier's rods), 338-339

『노자(老子)』, 25

『논어통고(論語通考)』, 301

농수각(籠水閣), 105, 305
『누주통의』, 310
다보탑, 57, 59
다케베 카타아키라(建部賢明), 497
다케베 카타히로(建部賢弘), 495, 497
단군(왕검), 27-28, 34-35, 91
『단군세기』, 34
단군신화, 85, 91
단오, 83
『담헌서(湛軒書)』, 105, 111, 137, 252, 273,
　　305, 348
닷짝걸이, 164
대간의대, 39
대구사범학교, 391
대보령, 42
『대성산경(大成算經)』, 497
대연구일술(大衍求一術), 489
『대전속록(大典續錄)』, 215
『대전통편(大典通編)』, 215
대종교, 28
대종평방법, 438
대칭(Symmetry), 31, 50, 53, 132
《대한매일신보》, 394
대한제국 중추원, 396
대한천일은행(大韓天一銀行), 181
덕수궁, 147, 150
데카르트, 356, 370
도량형(度量衡), 42, 62, 75, 78, 95, 175,
　　185-189, 193, 212, 215, 250, 274-275,
　　345, 347
'도리'천(33천), 94
도산서원, 102, 155
도시부, 42
도요토미 히데요시(豊臣秀吉), 493
도쿠가와 이에야스(德川家康), 493-494
독립협회, 396

동국명산법, 273
동궁(東宮), 55
동궁관(東宮官), 64
동궐, 98
「동궐도」, 98
『동문산지(同文算指)』, 128, 130, 295, 301,
　　331-332, 337, 371
동반(東班)체아, 228
『동산초(東算抄)』, 248
동승이제, 291
동자군(童子軍), 94
동지사, 248
동형(Isomorphism), 50, 53
두지경(杜知耕), 371
두행곡(斗行斛), 173-176, 180
딱지치기, 160
땅따먹기, 166
라틴방진(latin square), 281-287
로(Giacomo Rho, Jaques Rho, 羅雅谷), 330,
　　338
롱고바르디(Nicolas Longobardi, 龍華民), 330
'루피니(Ruffini)와 호너(Horner)의 방법', 355
류성룡, 155
리브레히트, 141
마방진(魔方陣, magic square), 21, 121-122,
　　126, 130, 206, 279, 281-283, 285-286,
　　299
마테오 리치(利瑪竇), 288, 331, 371, 396,
　　491, 493
만국평화회의, 393
『만기요람』, 216
만월당, 61
만월대, 61
말차기, 166
매각성(梅瑴成), 294, 333, 358, 381, 492,
　　499

매듭(knot), 23, 31-32, 50, 76

매문정, 137, 333, 371, 382, 386, 464, 472, 474, 492

『매씨총서』, 492

『매씨총서집요(梅氏叢書輯要)』, 333

먹자놀이, 166

멘코, 160

『명사(明史)』, 301

명산과, 66, 487

명산업(明算業, 明筭業), 64, 212

목니각(穆尼閣, J. N. Smogolenski), 470

목자(牧子), 225

『몽계필담(夢溪筆談)』, 301

무령왕릉, 50

『무이해(無異解)』, 253, 255, 320

무학, 207

무협진도(武俠陣圖), 125

『묵사집산법(默思集算法)』, 206, 230, 236, 244-245, 251, 267-271, 273, 275-276, 278, 290, 357, 360, 413, 427, 446, 450

문방사우, 86

문종(고려), 63, 211

문종(조선), 124

'문화적 소수', 81, 95

물시계, 98, 102

미륵사지 석탑, 44

민영환(閔泳煥), 392, 398

밀률(密率), 291, 304

박두세(朴斗世), 245-246, 273, 357

박연, 98, 187-188

박영효(朴泳孝), 396

박율(朴繘), 199, 230, 238, 245-246, 250-251, 260, 266, 272-274, 276-277, 303-304, 318, 320, 342-343, 357-358, 360, 372, 425-429, 446, 494-496

박지원, 134, 498

반월성, 36

반화교법, 386, 476

『발미산법(發微算法)』, 496-497

『발미산법언해(發微算法諺解)』, 497

방원법(方圓法), 196, 200

방전수법, 140-143, 145

방정수법, 142

방중통(方中通), 371

배달신(倍達臣), 34

배상열(裵相說), 102-104, 121, 161, 252, 358, 417, 422, 427

배흘림기법, 45, 62

백가(百家), 89

백가지의 성(百個의 姓), 88

백과사전(百科事典), 89

백관(百官), 89

백년가약, 89

백년대계, 89

백년손님, 89

백년해로, 89

백록(百錄), 89

백만장자, 89

백방(百方), 89

백배사죄, 89

백일기도, 89

백일해, 89

백자생성순수도(百子生成純數圖), 122, 283

백자자수음양착종도(百子子數陰陽錯綜圖), 122

백제 관음보살상, 43

백출(百出), 89

백해무익(百害無益), 89

백행(百行), 89

백화(百花), 89

백화점(百貨店), 89

법륭사, 43, 45, 50

베츠, 오토, 85, 88

『변고통원』, 428

변언정(邊彦廷), 259

별시계, 102

「별 헤는 밤」, 82

별제(別提), 214-217, 228-229, 266-268, 313

병산서원(屛山書院), 155

병자호란, 125, 136, 204, 212, 215, 265, 268, 277, 290, 329, 333, 357-358, 360

병제명치지법(病題明致之法), 496

병학(兵學), 63, 205

보성사(普成社), 396

복희, 20-21, 30, 118, 186

부기법(簿記法), 181

부베(Bouvet: 白晉), 288

부역, 213-214

북극출지도(北極出地度), 197, 333

북두칠성, 100, 120

분서갱유, 26, 353

불국사, 54, 57

불분선삼률법, 254, 386, 470

비석치기, 160

4주(四柱), 86

『사가(謝家)』, 64, 212, 487

사개치부(四介置簿), 181

사계치부(四計置簿), 181

사고(四苦), 86

사공부(司空部), 42, 46

사군자, 86

사립보성전문학교, 396

사문학, 63

사민(四民), 86

사방(四方), 86

사방치기, 160, 166

사방팔방(四方八方), 86

사범학교, 391, 393, 400-401

사범학교령, 391

사상의학, 86

사역원, 63

사와구치 카즈유키(澤口一之), 495

사원술, 259, 313, 363-365, 385-386, 459, 461, 477, 490, 492

『사원옥감(四元玉鑑)』, 258-259, 313, 356, 363-364, 385, 439, 442, 461

사율법(四率法), 337, 347

사율비례(법), 139-141, 144-146, 291

사자성어(四字成語), 86

사전(양반의 밭), 214

사지산략, 259, 384-385

사직단, 147

사천왕(四天王), 86

사토 마사오키(佐藤正興), 495

사통팔달(四通八達), 86

사팔허통(四八虛通), 86

사해(四海), 86

『사호지귀』, 259, 384, 386

산가지, 24, 75, 128, 170-173, 199, 339, 361, 487-488, 490-492, 495, 499

『산경십서』, 202, 206

산과(算科), 69

산대(算木), 24-25, 136, 139, 170-171, 250, 269-270, 274. 279, 290-291, 294, 296-297, 354, 356-357, 362-365, 367, 370, 411-415, 418, 420, 436, 438, 490

산박사, 42

산법교정소(算法校正所), 195, 197, 214

『산법근원기(算法根源記)』, 495

『산법대성(算法大成)』, 497

『산법통종(算法統宗)』, 267, 279, 289, 291, 295, 299, 331, 342, 425, 494

산사(算士), 63, 66-70, 212-214, 216-217, 228-229, 268, 278

산생(算生), 42, 212

산수(算數), 49, 69, 76, 88, 190-191, 203, 208, 310

『산수서』, 22, 26, 483-484

『산술관견(算術管見)』, 254, 258, 313-315, 319-320, 356, 381-383, 458, 462, 470, 477

『산술교과서』, 402

『산술신서(算術新書)』, 393, 399

『산술신편』, 396, 402-404

산술전문학교, 394

산원(算員), 26, 69, 171, 190, 197, 204-205, 213-217, 219, 227-229, 231, 234-239, 246, 266, 268, 277, 295, 309, 313-314, 360, 381, 478, 499-500

『산학계몽(算學啓蒙)』, 136, 195-196, 199, 202-203, 206, 208, 235-236, 238, 241, 244, 246, 250-251, 260, 265-268, 271, 275-276, 291, 301, 304, 309, 342, 356-357, 359-360, 421, 425, 427, 429-430, 439, 446, 494-496, 500

『산학계몽언해(算學啓蒙諺解)』, 495

『산학계몽주해(算學啓蒙注解)』, 297

산학교수(算學敎授), 68, 70, 214-215, 217, 229, 293

산학박사(筭學博士), 58, 69-70, 190-191, 203, 211, 213-214

『산학본원(算學本源)』, 137, 246, 250-251, 272-273, 300, 303-304, 332

『산학습유(算學拾遺)』, 106, 259, 384-385, 459-460, 462

『산학원본(算學原本)』, 245-246, 250-251, 272-275, 277, 303-304, 342, 357-358, 425-428, 446, 495

『산학입문(算學入門)』, 137, 189, 206, 249-251, 297, 300-301, 303, 413, 418

『산학정의(算學正義)』, 257, 272, 320, 439, 442

산학중감, 207, 213

산학중감거관법(算學重監去官法), 213

산학청(算學廳), 69

『산학통종(算學統宗)』, 301

산학훈도(算學訓導), 214-217, 228-229, 266, 268

살구(공기놀이), 164

살한, 160

3년상(喪), 94

삼각총률(三角總率), 347-348

『삼개(三開)』, 59, 64-66, 211-212, 486-487

『삼개중차(三開重差)』, 59

삼고(三考), 91

『삼국사기(三國史記)』, 22, 25, 27, 35, 49, 69, 97, 211, 224, 486

『삼국유사(三國遺事)』, 22, 25, 27, 49, 97

삼매(三昧), 91

삼색나물, 93

삼우제(三虞祭), 94

삼위태백(三危太白), 91

삼재론(三才論), 77-81, 83, 91, 93-94, 119-120, 363

삼족오(三足烏), 41, 91, 93

삼짇날, 83

삼층장, 93

삼태극, 93

상공수법, 142-145

상명산(詳明算), 202

『상명산법(詳明算法)』, 180, 203, 206, 208, 241, 265, 267-268, 301, 359, 439

『상명수결(詳明數訣)』, 260, 266-267, 273,

342

상서고공(尙書考功), 68

상서도관(尙書都官), 68

상서도성(尙書都省), 69

상수학(象數學), 31, 103, 121, 123, 252, 279-281, 283

상제법(商除法), 421

샤머니즘, 78

『서경(書經)』, 102, 278

『서계쇄록(書計瑣錄)』, 121, 161, 252, 358, 417, 422, 427

서광계(徐光啓), 288, 330-331, 371, 396

서리(胥吏), 69, 225

서명응(徐命膺), 135-136, 138, 308

서반(西班)체아, 69, 228

서양신법역서(西洋新法曆書), 330

서얼(庶孽), 225-227

서우보, 134

서우사범학교, 391

서운관, 38, 63, 209-210, 236

『서운관지(書雲觀志)』, 35

서유구(徐有榘), 134-136, 138-139, 141, 145, 308-309

서유본(徐有本), 136, 308, 310

서재필(徐載弼), 396

『서전(書傳)』, 100

서전서숙(瑞甸書塾), 393

서호수(徐浩修), 105, 134, 136, 138, 308-309, 374, 456

석가모니, 87

석불사(석굴암), 54, 57, 59

석쇄(釋鎖)개방법, 267, 430, 490

선가식(船價式), 178

선기옥형(璇璣玉衡), 97, 100, 102

선덕여왕, 35-36

선자연(扇子椽), 153

선조, 155, 215, 219

선직면(線織面, ruled surfaces), 154

『선택기요』, 320

설날, 83

『성경』, 320

성균관, 63, 226, 318, 323, 392, 395

성덕왕, 69

『성요』, 323

성종(고려), 63, 487

성종(조선), 188, 213-215, 265

『성종실록』, , 189

세브란스 병원, 395

세잎매듭(trefoil knot), 31-32

세조, 59, 69, 125, 197, 207, 214, 357, 360

『세조실록』, 59, 197, 356-357, 359

세종, 36, 39, 69, 98, 105, 109, 114-115, 124, 136, 176, 185, 187-188, 190-191, 194-202, 205-206, 208-214, 225, 265, 356-357, 359, 384, 425

『세종실록(世宗實錄)』, 27, 34-36, 39, 69, 98, 105, 187-188, 191, 195, 198, 200, 208-209

세키 다카카즈(関孝和), 429, 495-497, 499

소간의대, 39

소광수법, 142, 144

소옹, 122

『소학(小學)』, 161

『소학집성(小學集成)』, 301

『속고적기산법』, 296, 342

『속대전(續大典)』, 68, 215

속포수법, 142-143, 145

『손자산경(孫子算經)』, 206, 301, 416, 489

솔론, 85

송시열, 102

『수도연(數度衍)』, 371

『수리(數理)』, 393

『수리정온(數理精蘊)』, 105, 136-137, 237, 252, 257, 259-260, 267, 288-289, 294, 301, 309, 314, 332-333, 335, 340, 342, 358, 371, 374, 378, 381-382, 385, 404, 442, 446, 450, 456-458, 460, 477, 491-492, 499

『수리정온보해(數理精蘊補解)』, 105, 136, 309, 374, 456

수메르 점토판, 19

『수법전서』, 260

수비학(numerology), 28

『수서구장(數書九章)』, 198, 256, 321, 356, 489

수시력(授時曆), 63, 194-195, 203, 329-330, 356

『수원』, 260

수조신화(數祖神話), 91

『수학계몽』, 260

『수학론(數學論)』, 371

『수학승제왕래(數學乘除往來)』, 497

『수학통종』, 260

수호법, 386, 476

『숙수념(孰遂念)』, 310, 378, 457

숙종, 39, 136, 171, 215, 245, 275, 293, 356

순조, 219, 312

순치제(順治帝), 330

술래잡기, 161

술수(術數), 76, 211, 397

숨바꼭질, 161

숭문언무(崇文偃武), 224

숭정역서(崇禎曆書), 330

스도쿠(sudoku, 數獨), 287

습산국(習算局), 197, 209, 214

『승정원일기』, 204

『시경』, 278

『시헌기요』, 320

시헌력(時憲曆), 137, 238, 306, 318, 329-330, 332-335, 360, 365-366, 371, 373-374, 456

식년시(式年試), 227, 312

식목도감, 63

신도(神道), 152

신라장적(新羅帳籍), 59, 61

신문왕, 49-50, 69, 486

신숙주, 188

신외가법, 418, 424, 433

신유사옥(辛酉邪獄), 306

신인손, 201

『신정산술』, 395, 401-402

신해영(申海永), 390, 396, 403

실드(Shields, Esther), 395

십부산경(十部算經), 486

십분(十分), 88

십시일반(十匙一飯), 88

'12개의 가시문', 90

십전(十全), 88

십천간(十天干), 88

십학(十學), 64, 205,225, 236

쌍북리, 46, 48-49

아담, 30-31

아담 샬(Johann Adam Schall von Bell, 湯若望), 330

아르키메데스, 56

아비지, 46

아스트롤라베, 115

아이열팔달(阿爾熱八達), 314

아제도(阿齊圖), 294

안순(安純), 39

안악3호 고분, 41

안종화(安鍾和), 393, 404

안지제(安止齊), 206

안학궁, 35

알함브라 궁전, 157

앙부일구, 98, 105-106, 109-111

앙의(仰儀), 109

야승(野乘), 277

양경규일의(兩景揆日儀), 324

양도의(量度儀), 324, 382

『양도의도설(量度儀圖說)』, 105, 315, 320, 382-383

양반(兩班), 64, 70, 136, 138, 160-161, 171, 203-205, 212-213, 215, 218-219, 223-231, 233-239, 246, 266, 272-273, 276-278, 295, 306-307, 313-314, 318, 366, 376, 427

양재건, 401

양전제(量田制), 177, 190, 201

양화술(兩和術), 372, 450, 452

양휘(楊輝), 121-122, 206, 342, 356, 370, 446, 489

양휘산, 202, 244

『양휘산법(揚輝算法)』, 59, 121, 124, 195, 201-202, 206, 208-210, 241, 267, 279- 280, 301, 342, 356-357, 359, 425, 427- 430, 439, 494-495, 500

어로(御路), 152

어사대, 69

에셔(M. C. Escher), 158

여와, 20, 30, 186

『여유당전서보유(與猶堂全書補遺)』, 306

역리(驛吏), 225

역산생도권징법(曆算生徒勸懲法), 214

역산소, 197, 214

『역산전서』, 474

『역상고성(曆象考成)』, 137, 198, 237, 259, 309-311, 333, 335, 342, 374, 379-380, 385, 456-457, 460, 462, 469

『역상고성보해(曆象考成補解)』, 309

역수도(易數圖), 122

역학(易學), 42, 103, 122, 132, 207-208, 279-280, 282, 286

역학(譯學), 205

연경사행(燕京使行), 329

『연기산법(硏幾算法)』, 497

연날리기, 160

연산군, 219

연수도(衍數圖), 122

열두하님, 90

영부족술, 271

영수합 서씨, 309-310

영육수법, 142, 145

영조, 67, 171, 212, 215, 219, 308

『예기유편(禮記類編)』, 278

예빈성, 69

예수(隷首), 20

예수회, 330-331, 470, 491, 493-494

『오경산술』, 206

오궁화위구궁(五宮化爲九宮), 131

오일러, 레오나드, 282

오조산(五曹算), 202

『오조산경(五曹算經)』, 206-207, 301-302

오행론, 21, 77-81, 84, 94, 119

『옥감세초상해』, 313

와산(和算), 494-495, 500

왕가필(王家弼), 112

왕릉리, 46

왕인박사, 42

왕효통(王孝通), 253, 370, 445, 488-489

요시다 미츠요시(吉田光由), 494

용오도(用五圖), 122

용육도(用六圖), 122

우(禹)임금, 21, 186, 319

우물고누(샘고누), 162

우사, 91

우수(偶數), 83, 85, 88

우에노 기요시(上野清), 399-400

운과정(雲科正), 313

운사, 91

운수(運數), 76

웅녀, 31

월지(月池), 55

『위량전도(圍量田圖)』, 301

위상수학(Topology), 31

유객도(留客圖), 169

유객판(留客板), 169

유금(柳琴), 105, 115-116, 498

유득공(柳得恭), 52

유리창(琉璃廠), 500

유수석(劉壽錫), 239, 249, 256, 266, 275, 290, 294-295, 372, 446, 450, 452, 499

유승(維乘), 434

『유씨구고술요도해(劉氏勾股述要圖解)』, 256, 314, 320, 322-323, 374-375, 446

유익(劉益), 429, 489

유집일(俞集一), 291

유클리드, 26, 288, 348, 469

유클리드 원론(Euclidis Elementorum libri XV)』, 288, 331

유휘(劉徽), 59, 118, 243, 255, 373, 445, 486

육등전(六等田), 176

64괘, 28, 286

육예(六藝), 135, 138, 230, 247, 318-319, 344, 397

육육양제법(六六禳除法), 150

『육장(六章)』, 58-59, 211, 486

육학(六學), 63, 205, 213, 225

윤동주, 82

『윤리학교과서』, 396

윤증, 102

『율력연원(律曆淵源)』, 332

율학(律學), 63-64, 203, 205

윷놀이, 160, 168

을사늑약, 389, 393-395, 398

음도(陰圖), 122, 282

음양과, 312

음양(론), 21, 75, 77-83, 91, 93-94, 118-120, 122-123, 286, 300, 344

음양오행설(론), 80, 84, 148

음양학, 207

음운학, 300, 303

『응용산법(應用算法)』, 301

『의고근원(議古根源)』, 489

『의기집설(儀器輯說)』, 323

의학(醫學), 26, 63, 205, 300

의학교, 392

이가환, 138

이교승(李敎承), 390, 395, 401

이규환(李圭桓), 399

이극준, 232

이면우, 402

이벽, 138

이병철, 233, 312

이브, 30

이산(李祘), 215

이상설(李相卨), 389-390, 392-393, 399-400

이상익(李相益), 389-390, 392-394, 404

이상정(李象靖), 103

이상혁(李尙爀), 64, 105, 112, 204, 231, 233, 237, 253-254, 256-258, 293, 296-297, 311-317, 323, 333, 335, 343, 358, 361-362, 367, 371, 381-384, 386, 388, 439, 442-444, 457-460, 462, 470-471, 476-478, 491-492

이세호, 215

『이수신편(理藪新編)』, 137, 249-250, 273, 300, 304

이순지(李純之), 197

이순풍(李淳風), 59, 255, 370, 486

이승동제, 291

이암, 34

이야(李冶), 257, 324-325, 356, 439, 489

이영현, 312

이예(李銳), 255

이위종(李瑋鍾), 393

이익(李瀷), 120, 331

『이재난고(頤齋亂稿)』, 300

『이재유고(頤齋遺稿)』, 300

이조(吏曹), 70, 197, 203, 207, 359

이준(李儁), 393

이지조(李之藻), 115, 330-331, 371, 494

이천(李蕆), 109

이충일(李忠一), 266

이케다 마사오키(池田昌意), 497

이태윤, 312

이학, 63, 207

이황(李滉), 155

『익고연단(益古演段)』, 255, 356, 439, 442

『익산(翼算)』, 243, 258, 313-315, 317, 319, 356, 362, 439, 442-443, 459

인조, 227

인종(고려), 63-64, 212

일관부, 42

일성정시의(日星定時儀), 98, 113-115

일출입주야각(日出入晝夜刻), 197

임병항, 397

『임원경제지(林園經濟志)』, 134-135, 308-309

임준(任濬), 235, 238, 246, 266, 273, 360, 427

임진왜란, 125, 136, 204, 265, 268, 290, 329, 357-358, 493-494

입경가식(入京價式), 177-178

입표횡표일구(立表橫表日晷), 112

자르투(Petrus Jartoux, 杜德美), 382, 386

자전거고누, 162

자학(字學), 63, 205, 207

작석법(作石法), 174

잡과십학, 202, 212

잡직(雜職)체아, 228

잡학(雜學), 225, 235-236, 280, 397

『장구건산경(張丘建算經)』, 206, 301

장영실(蔣英實), 98, 109, 226

저포, 160

적도일구, 108

『적수유진(赤水遺珍)』, 333, 358, 381-382, 442, 492, 499

전교사, 63

전등제(田等制), 196

전법사, 63

전세강가식(田稅江價式), 177-178

전악서, 63

전의사, 63

전제상정소(田制詳定所), 190, 213

전제평정소(田制評定所), 201

전중성, 69

전희조(錢熙祚), 470-471

절충장군(折衝將軍), 228

점성대(占星臺), 37

정남일구, 105

정낭(錠木), 24

정대위(程大位), 331, 342, 425, 494

정림사지 오층석탑, 44-45

『정선산학』, 392, 397-398

정신지법(定身之法), 179

정약용(丁若鏞), 239, 306, 331, 374-376

정인지(鄭麟趾), 80, 196, 203, 208

정조, 52, 98, 105, 134, 212, 215, 219, 306, 308-310, 498

정철조, 138

정초, 98, 196

정현시첩법, 386

정호약법, 259, 384-385, 472, 476

『제가역상집』, 98

제기차기, 160-161

제르비옹(Gerbillon: 張誠), 288

제중원, 385

제천단(祭天壇), 34

조개질, 164

『조선과학사』, 45

조선교육령, 391

『조선왕조실록』, 59, 70, 115, 124-125, 197, 200, 204-205, 207-208, 210, 277, 318, 323

조충지(祖沖之), 59, 291, 304

조태구(趙泰耉), 176-177, 230, 239, 248, 266-267, 273, 288-292, 294-295, 331, 333, 336, 339-341, 373, 453

조합론 디자인 편람(組合論DESIGN便覽, Handbook of Combinatorial Design, Chapman & Hall/CRC 출판), 282

조합 수학(組合數學, Combinatorial Mathematics), 123, 282

조희순(趙羲純), 106, 238-239, 259, 311, 318, 333, 335, 384-386, 388, 405, 457, 459-460, 462-464, 470, 472-478

종묘, 147-148, 151, 158

종횡법(從橫法), 269, 413

주공측경대, 37

주령구, 55-57, 59

『주비산경』, 22, 119-120, 206, 334, 369

주산(珠算, 珠筭), 170-171, 279, 338

『주산(籌算)』, 278, 338

『주서(周書)』, 42

『주서관견(籌書管見)』, 177, 230, 248, 267, 273, 288-291, 331, 336, 339-341, 373, 453, 455

주세걸(朱世傑), 206, 313, 342, 363, 385, 421, 439, 489

『주역』, 28, 31, 96, 118, 120, 247, 278, 286, 344, 352, 363

주판(珠板), 25, 170-173, 279, 339, 367, 488

주학(籌學), 215, 411

『주학보』, 213

『주학선생안』, 213

『주학실용(籌學實用)』, 259

『주학입격안(籌學入格案)』, 212-213, 215, 219, 227, 266

『주학팔세보』, 213

『주해수용(籌解需用)』, 111, 137, 201-202, 252, 260, 267, 273, 305-306, 342-345, 347-348, 350, 366, 456

줄고누, 162

『중간산학계몽』, 206, 235, 238, 246, 265, 268, 357

『중경지』, 61

중괘용팔도(重卦用八圖), 124

『중국수학사대계(中國數學史大系)』, 499

'중국의 나머지정리(Chinese remainder theorem)', 489

중양절, 83

중인, 64, 68, 204, 213, 219, 223, 225-227, 229-233, 235-239, 246, 249, 266, 268, 278, 289, 293-296, 312-314, 360, 365-366, 376, 425, 427, 442, 447

중차, 59, 292

중차술, 59, 256

『증보문헌비고』, 36

증승개방법(增乘開方法), 136, 198, 267, 292, 296, 306, 353, 355-356, 359, 361, 365, 367, 370, 429, 433-434, 438-441, 443-444, 447, 490, 499

『지명산법(指明算法)』, 301

『지산(地算)』, 202, 207

지수귀문도(地數龜文圖), 127, 150, 281, 287

지수용육도(地數用六圖), 127

지원설(地圓說), 334

직교라틴방진(orthogonal latin square), 282, 284-285, 287

『진겁기(塵劫記)』, 494

진구소(秦九韶), 198, 321, 356, 489

진대곡, 214

진시황, 26, 353

『집고산경(緝古算經)』, 207, 253-254, 370, 488

『집고연단(緝古演段)』, 253

집현전(集賢殿), 197, 209-210, 214

짜게받기, 164

차근방, 230, 253-255, 309, 313, 332, 352, 491-492

『차근방몽구(借根方蒙求)』, 253-254, 258, 313-314, 381, 458-459, 491

차근방비례(借根方比例), 332, 442, 491

찬수청, 277

참도(塹度), 472, 474-475

『참도측량(塹堵測量)』, 474-475

참성단, 27, 34-35

창경궁, 39, 98, 147

창덕궁, 98, 147

채침, 122, 128, 130, 280, 337-338

천고불멸, 89

천금(千金), 89

천리경, 89

천리마, 89

천리안, 89

천마총, 91

『천보진원(天步眞原)』, 470

천부경(天符經), 28

천부인, 28, 91

〈천상열차분야지도〉, 38, 44

천석꾼(千石꾼), 89

천원술(天元術), 136, 171-172, 198, 203-204, 206, 230, 245-246, 248-249, 253, 255, 257, 274-275, 292, 294, 296-298, 306, 313, 333-334, 352, 354-367, 370, 372, 425-427, 429, 431, 433-436, 438, 446-450, 458-459, 477-478, 484, 490-492, 495-497

천인합일(天人合一), 148

천전리 각석, 29-32

천추, 89

천평일구, 105

『천학천미(天學闡微)』, 112

『천학초함(天學初函)』, 278, 331-332, 494

『철경(綴經)』, 58-59, 211, 486

『철술(綴術)』, 59, 64, 66, 207, 212, 486-487

철종, 219

첨성대(경주), 27, 35-37, 54

첨성대(평양), 35, 39

청일전쟁, 390

체승개방법(遞乘開方法), 355, 490

『초등근세산술』, 393, 404

총교법, 386, 476

최명길(崔鳴吉), 277

최분수법, 142, 145

최석정(崔錫鼎), 121-125, 127-128, 130-132, 150, 171, 230, 239, 246-248, 250,

266-267, 273, 277-283, 286-287, 289-290, 295, 304, 318, 331, 336-340, 343, 357, 427, 453

최치원, 273

『추보속해』, 323

추석, 83

축국, 160

충선왕(忠宣王), 194

츠보우치(投壺), 160

측관의(測觀儀), 105

『측량도해(測量圖解)』, 256, 315, 320-323

『측량이동』, 371

『측원해경(測圓海鏡)』, 255, 257, 324, 356, 439, 442

칠교놀이(탱그램), 160, 169

칠석, 83

칠정산, 137, 194, 196, 234, 329, 356

『칠정산내편』, 98, 194, 196-197

케플러, 56

크세노파네스, 82

클라비우스(Clavius), 288, 331, 371

타향천리, 89

태양력(太陽曆), 318

태양숭배사상, 78

태음력(太陰曆), 318

태조, 38, 205, 213

『태조실록』, 205

태종(당), 36

태종(조선), 38, 185, 205, 225, 236

『태종실록』, 205

『태주양전도』, 301

태학, 63

테렌츠(Johann Terrenz Schreck, 鄧玉函), 330

테셀레이션(tessellations), 50, 150, 157-158

테일러 전개법(Taylor expansion), 382

토갱지병(土羹紙餠), 134

토관(土官), 225

통례원(通禮院), 266

통천의(統天儀), 111

퇴타술(堆垛術), 144, 258, 303, 317, 434, 484

투호놀이, 160

파르디(Pardies), 288, 332

파르테논 신전, 148

판적사, 214

팔괘, 21, 118

팔선총률(八線總率), 347-349

팔선표(八線表), 295

팔작(八作)지붕, 153

팔진도(八陣圖), 124

평방번법, 438

평방번적법, 438-439

평방익적법, 438-439

평방입방, 141-144

평의론(平儀論), 382

포산(布算), 24, 347, 419

포산결(布算訣), 296, 413

『표롱을첨』, 310

풍백, 91

피타고라스, 82, 487

피타고라스 수(정리), 19, 119, 142-143, 369, 372, 452, 454, 484

피타고라스 학파, 85

피터스(Alexander Albert Pieters), 395

필로라오스, 82

필하와(Eva H. Field), 390, 395-396, 403

하국종, 294

하국주(何國柱), 249, 275, 290, 294-295, 358, 498-499

하네츠키, 160

하도(河圖), 21, 122-123, 150, 279

하도사오도, 131

하비에르(Xavier), 493

하위징아, 요한(Johan Huizinga), 160

하윤(河崙), 205

『하후양산경』, 206, 416

『한국과학기술사자료대계』, 242, 245, 272

한국수학사학회, 242

한글, 80-81, 396, 402

『한서』, 186-187

한성사범학교, 392-393

한성사범학교관제, 390

한성사범학교규칙, 390

한영호, 194, 196-197

『항해병함』, 378, 457

『해경세초해(海鏡細草解)』, 257, 323-324

『해도산경』, 59, 206

해복법(解卜法), 176

해복제지법(解伏題之法), 496

해부법(解負法), 176-177

해석기하, 370

해시계, 97-98, 102, 104-109, 111-113, 116, 313, 324

해은제지법(解隱題之法), 496

해키색, 160

행산위(行算位), 413

향리(鄕吏), 225

허원(許遠), 290

『현시첩법』, 259, 384, 386

현종, 219

형부, 69

『호각연례』, 239, 310, 378-379, 457, 462, 468-469

호모 루덴스, 160

호박고누, 162

호부, 64

『호삼각거요(弧三角擧要)』, 386

호시할원술(弧矢割圓術), 196

호조(戶曹), 68-69, 190-191, 203-205, 209-210, 213-218, 229, 234-236, 238, 266, 289, 294-295

『혼개통헌』, 260

『혼개통헌도설(渾蓋通憲圖說)』, 115

혼개통헌의, 105, 115

혼상, 39

혼상의(渾象儀), 111

혼천설, 101

혼천시계, 101

혼천의(渾天儀), 39, 98, 100-104, 111, 116

홍길주(洪吉周), 105, 138, 232, 239, 309-310, 318, 335, 347, 366, 378-380, 382-383, 385-386, 456-457, 462-470,

홍대용(洪大容), 102, 105, 111, 137-138, 201-202, 252, 260, 267, 273, 318, 333, 335, 342-343, 345-350, 366, 374, 383, 456, 498

홍문관, 215, 323

『홍범황극내편(洪範皇極內篇)』, 128

홍성사, 227

홍양해, 138

홍영석(洪永錫), 296

홍영희, 128

홍이섭, 45

홍재원(洪載源), 293

홍정하(洪正夏), 136, 199, 204, 228, 230-231, 236, 248-249, 256, 266, 271-273, 275, 290, 293-297, 299, 311-313, 343, 356, 358, 360-361, 363, 365-367, 372, 426-427, 429-435, 438-439, 446-450, 498

화랑도(花郞徒), 94

화수대종법(和數帶從法), 440-441

환웅(桓雄), 28, 31, 91

환인(桓因), 91

환입송(還入訟), 180

활인서(活人署), 266-268

황금비, 42, 148

황룡사 9층탑, 46

황윤석(黃胤錫), 137-138, 246, 249-251, 272-273, 297, 300-303, 308, 332, 343, 413

황제(黃帝), 20

『황제구장산경세초(黃帝九章算經細草)』, 489

황종관(黃鍾管), 186-188

황종율관(黃鍾律管), 186

황종척, 187-188

회사(會士), 69, 214, 216, 228-229, 235, 293

효종, 219

『훈민정음』, 80-81

흥화학교(興化學校), 392, 397

Contents in English

Mathematics and Civilization in Korea: A History

by Kim, Youngwook

Professor Emeritus

Dept. of Mathematics,

Korea University

by Lee, Jangjoo

Adjunct Professor

Dept. of Math Education,

Sungkyunkwan University

by Chang, Hyewon

Professor

Seoul National University of Education

Chapter 1 Introduction To The Math Civilization Of Korea Before Joseon

  1. Short Account Of The Ancient Math Civilizations Of The World

  2. Math Civilizations Of Goguryeo, Baekje, Silla And Balhae

Chapter 2 Math Civilization Of Korea

  1. Math Used By Ordinary People: Our Culture Through Numbers

  2. Armillary Spheres And Sundials

  3. Science Of Changes And Mathematics

  4. Imwongyeongjeji Yuyeji Volume 2 Mathematics

  5. Architecture, Patterns And Games

  6. Mathematics In Commerce

Chapter 3 Mathematics, The Foundation Of Joseon

  1. Weights And Measures

2. Reading The Sky: The Math Of Geymong And The **Calendar Chiljeong**

3. **Math And Math Education System In Joseon Government**

Chapter 4 Advancement Of Traditional Mathematics

   1. **Jungin, The Professional Manpower Of Joseon**

   2. **Social Characteris**tics Of Joseon Mathematics

   3. Mathematics Books Of **Joseon**

Chapter 5 Revival Of Mathematics

   1. **Another** Golden Era From Ashes

   2. Hong Jeongha: The Peak Of Oriental Mathematics

   3. Hwang Yunse**og: Noble Class Mathematics Of Documents And Records**

   4. **Hong Dae**yong And Jeong Yagyong: Practical Mathematics Of Joseon

   5. Lee Sanghy**eog and Nam Byeonggil, and Nam Byeongcheol**

Chapter 6 The Encounter Of The Korean Traditional Mathematics With The Western Mathematics

   1. **The** Emergence Of A New Calendar

   2. Two Opposite Viewpoints

   3. The Emergenc**e Of Trigonometry**

   4. **Cheonwon**sul (Tianyuanshu) and Chageunbang (Jigeunfa)

   5. Gugosul (Gougushu) and Spherical Trigonometry

   6. Appearance Of **Western Mathematics And The Enlightenment Period**

Chapter 7 The Methodology of The Korean Traditional Mathematics

   1. **Comp**utations With The Oriental Counting Rods

   2. Cheonwonsul

   3. Gaeba**ngsul (Kaifangfa) And Jeungseung Gaebangbeob**

   4. **Gugo**sul (Gougushu)

   5. Sherical **Trigonometry**

Appendix. Mathematics of China And Japan

   1. **Math**ematics From China And Its Influence

   2. Mathematics Of Japan

   3. Mathem**atical Exchanges Between The Three Countries**